On the People's Terms

政治学前沿系列

依照人民的意愿

共和主义民主的理论与模式

【澳】菲利浦·佩蒂特（Philip Pettit） 著
曹钦 译

CAMBRIDGE

江苏人民出版社

图书在版编目(CIP)数据

依照人民的意愿:共和主义民主的理论与模式/
(澳)菲利浦·佩蒂特著;曹钦译.--南京:江苏人民
出版社,2019.6
(政治学前沿系列)
书名原文:On the People's Terms
ISBN 978-7-214-23164-2

Ⅰ.①依… Ⅱ.①菲… ②曹… Ⅲ.①共和制—研究
Ⅳ.①D033

中国版本图书馆 CIP 数据核字(2018)第 302800 号

书　　名	依照人民的意愿:共和主义民主的理论与模式
著　　者	[澳]菲利浦·佩蒂特
译　　者	曹　钦
责任编辑	石　路
出版发行	江苏人民出版社
出版社地址	南京市湖南路 1 号 A 楼,邮编:210009
出版社网址	http://www.jspph.com
照　　排	江苏凤凰制版有限公司
印　　刷	江苏凤凰通达印刷有限公司
开　　本	652 毫米×960 毫米　1/16
印　　张	26.75　插页 2
字　　数	370 千字
版　　次	2019 年 8 月第 1 版　2019 年 8 月第 1 次印刷
标准书号	ISBN 978-7-214-23164-2
定　　价	75.00 元

(江苏人民出版社图书凡印装错误可向承印厂调换)

译者的话

菲利浦·佩蒂特(Philip Pettit)是当代最为知名的政治哲学家之一。他出生于爱尔兰,曾在澳大利亚任教,现任职于普林斯顿大学和澳大利亚国立大学。[①] 就作为政治理论家的佩蒂特来说,其最为知名的作品当属1997年出版的《共和主义》[②]。在该书中,他以自创的"无支配自由"概念为核心,提出了一系列在政治问题上的主张。凭借本书与其他相关研究成果,佩蒂特在政治学界赢得了极高的声望。在《依照人民的意愿》这本2012年发表的新作中,他重申了自己早先建构的共和主义理论,并将其应用于民主问题研究之上,从而进一步丰富和完善了自己的观点。

在《共和主义》中,"自由"被定义为"无支配",而"支配"又被定义为"专断干涉的能力"。佩蒂特由此推论说,只要相关的干涉不是"专断"的,就不会损害自由。然而,我们如何判断干涉的专断与否呢?按照佩蒂特的解释,如果干涉者在进行干涉时,顺应了被干涉者的意见和利益,其干涉就不是专断的。但是,我们又该如何去判断被干涉者的意见和利

① 关于佩蒂特的信息可参见他在普林斯顿大学网站上的个人网页:www. princeton. edu/~ppettit/。

② 佩蒂特:《共和主义:一种关于自由与政府的理论》,刘训练译,南京:江苏人民出版社,2006年。

益是否真的得到了尊重呢？这就涉及了民主问题。在公共政治领域中，佩蒂特最终是以民主为标准来判断政府行为专断与否的。如果一个政府是民主的，其行为就不是专断的，从而也就不会伤害到公民们的自由。因此，为了准确地理解佩蒂特的自由理论，我们最终不可避免地要面对其民主思想。虽然他过去的作品也多次涉及民主问题，但本书中相关论述的全面性和系统性是此前所未见的。

佩蒂特是一位高产的学者，同时也是一个愿意对自己的理论不断做出修正的学者。这肯定不能说是一个缺点，但却实在给深入研究他的人带来了极大的麻烦。以他的自由理论为例，佩蒂特自从 20 世纪 80 年代末开始发表相关著述后，虽然始终都把自己独特的自由概念与共和主义联系起来，但其具体称谓却经历了许多变化。人们通常都称他的自由概念为“无支配自由”，但他实际上还使用过其他许多名称，包括“作为弹性无干涉的自由”“作为反权力的自由”“作为非异己控制的自由”等等①。然而，这些名称（连同相关论文中做出的许多推理论证）往往是用过一两次之后就弃之不再使用。他 2001 年出版的那本雄心勃勃的、力图打通意志自由与政治自由的著作《自由论》②，不仅在政治哲学界反响平平，而且就连他自己在后来的作品里也基本没有做过实质性的引用。在本书（以及同年发表的一篇访谈③）中，佩蒂特最终还是回到了“无支配自由”的用法上来。

---

① 分别见于其：“消极自由：自由主义的与共和主义的”“反权力的自由”，应奇、刘训练编：《第三种自由》，北京：东方出版社，2006 年；“Republican Freedom：Three Axioms，Four Theorems”，in Laborde，C. and Maynor，J. （eds.）*Republicanism and Political Theory*，Oxford：Blackwell，2008。

② Pettit，P. *A Theory of Freedom*：*From the Psychology to the Politics of Agency*，Cambridge：Polity，2001.

③ Dimova-Cookson，M. “Republicanism，Philosophy of Freedom，and the History of Ideas：An Interview with Philip Pettit”，in Browning，G.，Prokhovnik，R. and Dimova-Cookson，M. （eds.）*Dialogues with Contemporary Political Theorists*，Basingstoke：Palgrave Macmillan，2012.

所以，如果想要准确地把握佩蒂特的思想内核，就需要对他的大量论述加以辨析和筛选，从中提炼出那些最为持久、最为重要的观点，将其作为理解他立场的基础。相对于他的许多分散文章来说，本书中的很多内容都体现了佩蒂特多年以来在自由和民主等问题上的一贯思考，可以被视为他的成熟看法（至少是在近期阶段的代表性看法），因而能够为我们对他的研究提供一个坚实可靠的出发点。从这个意义上来说，译者期望本书对于读者了解佩蒂特的思想能够带来较大的帮助。

在进行翻译的过程中，译者秉持的是准确与通顺并重的原则：在不曲解作者本意的前提下，尽量使译文便于读者阅读。然而，任何（认真地）做过学术翻译的人都知道，有些时候"信"与"达"实在无法兼得（至于"雅"，在人文社科类著作的翻译上其实未必总是优点）。这就需要由译者负责做出取舍。这方面的一个例子是本书第二章中对"freedom to choose" "freedom of choice"和"freedom in a choice"等短语的翻译。为了使相关语句不至于啰唆得不忍卒读，译者将这些都统一翻译为"选择自由"，而没有使用类似"在一个选择中的自由"之类的译法。然而，这种译法是不能反映出其中的细微差别的。虽说不了解这种差别尚不至于对理解全书的核心论旨有特别大的影响，但这无论如何仍然是一个缺憾。

还有，像"representative""deputy""delegate"这些词，在过去的其他中文文献中都常常被翻译为"代表"，但为了体现本书作者所做出的区分，就必须分别赋予它们不同的名称，而这些名称的选择不可避免地会带有主观专断性。又比如，"deliberative democracy"在国内学界现在普遍被翻译为"协商民主"（本书也遵从了这一惯例），但"deliberative"本身的含义远非"协商"二字所能概括，因此在具体情况下就需要酌情译为"慎议""慎思"等。此外，在一部专业的英国史译著中，将"yeoman"简单地翻译成"自耕农"，或许难以让专业研究者满意。但在本书中提到"yeoman"的地方（第 130 页），将其译为"自耕农"对理解作者的意图并没有多大影响。要是径直译为"约曼"的话，反而可能会让不了解相关知识的读者一头雾水，从而对阅读的流畅性产生原本毫无必要的破坏。因此，译者在此处仍将其简单地译为“自耕农”。毕竟，这本书首先是一部关于政治哲学的著作，而不是史学著作。

对于翻译工作所必然会带来的种种信息流失与曲解，是不可能彻底予以解决的。完全领会原著本意的唯一方法，只能是先使自己的知识积累与外语水平都达到原作者的程度，然后去阅读最初的未翻译版本。对于翻译作品所能够起到的作用，译者和读者都需要有客观的认识。当然，这绝非为可能出现的翻译错误开脱，更不是说现有的这个译本就没有改进的余地了。特别需要提到的是，佩蒂特是一位研究领域极其广泛的学者，其著作涉及道德哲学、政治哲学、心灵哲学、法学、经济学等诸多方面，且均有不俗见解。我本人的研究方向是政治哲学及思想史，对于其他领域知识的了解并不充分，而这对于学术作品的翻译工作无疑会具有潜在的影响。因此，对于本书中出现的各种专业术语，就尤其要依靠学界同仁们的指正。

本书的翻译工作得益于许多人的帮助。这里要特别对刘训练教授致以谢意。这不仅是由于他帮助联系了本书的翻译与出版事务，更为重要的是，当年正是因为他首先翻译了佩蒂特的《共和主义》和其他一些有关的文章，才使我注意到了后者的政治理论，并撰写了与此有关的博士论文。感谢江苏人民出版社在交稿时间上对我表现出的宽容和耐心，使我得以有时间对译文进行仔细的检查和斟酌。我还要感谢应奇教授、刘擎教授、惠春寿博士、陈晓旭博士等人在一些概念翻译上的建议。对本书中一些名词术语的翻译借鉴了如下文献：佩蒂特：“代表：回应与标示”，欧树军译、王绍光校，《开放时代》，2012 年第 12 期。在此谨对译者们的工作表示感谢。

曹　钦

2017 年 7 月

致　谢

本书的写作酝酿了很长时间。在 1997 年发表了《共和主义：一种关于自由与政府的理论》①(Pettit，1997c)后不久，我决定对共和主义政治理论与民主理论之间的关系给予更多关注。在紧接下来的一些年里，我撰写了一些关于这一题目的论文。在 2005 年于伦德(Lund)大学所作的普芬多夫哲学讲座中，在 2009 年于科隆(Cologne)大学所作的 Albertus Magnus 哲学讲座中，以及最终在 2010 年于剑桥大学所作的 Seeley 政治理论讲座中，我努力发展出了一套对共和主义与民主的完整看法。2010—2011 年度，我在斯坦福大学的行为科学高级研究中心进行了历时一年的学术休假，其间完成了本书最后的草稿。在普林斯顿大学 2011 年秋季学期的“哲学与政治”研究生讨论课上，我重新修订了本书的文字内容。此后，在法兰克福歌德大学的法兰克福政治理论讲座中，以及在伦敦大学的大学学院的 Quain 法理学讲座中，我曾宣读过相关的材料。这两次讲座中的激烈讨论使我做出了一些最终的修改。我要感谢上述所有机构的支持，以及 John Guggenheim 基金会在 2010—2011 年度的 xi

① 中译本见佩蒂特：《共和主义：一种关于自由与政府的理论》，刘训练译，南京：江苏人民出版社，2012 年。—译注

奖金资助。

在写作此书的多年进程中，我不仅受益于许多机构，也同样欠下了大量的人情。我不敢指望向所有帮助过我的人致谢，所以希望寥寥数语感激之辞能略表寸心。在那些组织了关于这一主题的讲座和讨论课的机构中，我的听众和主办方做出了富有价值的贡献。我有幸与一些研究生就相关的主题共同工作过，他们也做出了贡献。在 2011 年的普林斯顿，参与讨论课的学生们连续多周提供了完全难以估价的评论和批评。我要对这些人表示感谢。有些人不辞辛劳地阅读了全书，并提出了常常是极富洞见和极有助益的评论。我必须对他们加以感谢：David Plunkett（他在加州大学洛杉矶分校的一次课程中使用了本书）以及我的
xii 同事——无私且具有启发性的 Annie Stilz。我特别要感谢 Niko Kolodny。作为剑桥大学出版社的审稿人，他撰写了审稿意见（当时是以匿名状态提出的），并迫使我去对大量议题重新进行了思考。①

在普林斯顿大学的人类价值大学中心时，我与中心里的同事有过大量的互动交流。对于我的观点的形成，这种交流绝对是至关重要的。下述人员是必须被提到的：Anthony Appiah，Chuck Beitz，Marc Fleurbaey，Dan Garber，Liz Harman，Nan Keohane，Melissa Lane，Stephen Macedo，Victoria McGeer，Jan Werner Mueller，Alan Patten，Gideon Rosen，Kim Scheppele，Peter Singer，Michael Smith 和 Jeff Stout。我还与其他许多人就相关主题交流过（有时候是内容很长的交流）。这些人包括 John Braithwaite，Geoffrey Brennan，Annabel Brett，Ian Carter，John Ferejohn，Rainer Forst，John Gardner，Moira Gatens，Bob Goodin，Alan Hayek，Kinch Hoekstra，Istvan Hont，Duncan Ivison，Frank Jackson，Susan James，Matthew Kramer，

① 在他未发表的论文“Rule Over None：Social Equality and the Value of Democracy”中，N. Kolodny 对于发展某些观念的方式提出了不同看法，而那些观念对本书的思路来说是至为根本的。在我为自己的文稿准备最终版本的过程中，他的看法不断地向我提出了挑战。

Martin Krygier，Chandran Kukathas，Cecile Larborde，Niki Lacey，George Lestsas，Christian List，Frank Lovett，Jenny Mansbridge，Jose Marti，Josh Ober，Michael Otsuka，Paul Patton，Joseph Raz，Magnus Ryan，Wojciech Sadurski，Tim Scanlon，Amartya Sen，Ian Shapiro，Quentin Skinner，David Soskice，Nic Southwood，John Tasioulas，Larry Temkin，Richard Tuck，Laura Valentini，Miguel Vatter，Jeremy Waldron，Albert Weale，Barry Weingast，Jo Wolff 以及最近过世的 Iris Marion Young。

在推动我思考本书涵盖的议题争论的过程中，上述这些人都扮演了重要的角色。对于他们的兴趣和交流，我要表示感谢。当然，他们中的许多人会认为，我有时候是在没有道理地固执己见（我自然会倾向于认为他们搞错了），我对此要表示歉意。我欠昆廷・斯金纳一个特别的人情，因为是他最初向我展现了共和主义理念的潜力。我还欠 Victoria McGeer 一个非常特别的人情，只要有她在，对话与生活就不会停歇。最后，从我最早受到 Seeley 讲座的邀请开始，剑桥大学出版社的 Richard Fisher 就一直在提供慷慨的鼓励和支持，我要向他表达我的感激之情。

目 录

导论　新旧共和

本书规划 1

每种关于良好社会的哲学都要先说明，国家应当帮助矫正何种主要的疾苦(complaint)。也就是说，通过政治上的组织和创新，社会可以扫清何种弊端。需要用政治手段加以矫正的疾苦有两大类。一类是个体性质的，如苦难、贫穷或不平等。另一类是社会性的缺陷，如分裂或无序，也许还包括习俗上的过多限制。

更富有个体性质的疾苦引发了具有强大动力的计划，因为如果一个国家能够消除这些疾苦的话，我们中的大多数人都会为它感到高兴。然而，人们可能会觉得，这些疾苦会引发过多的政治要求。消除困难、贫穷或不平等当然是好事，但并非人人都认为国家能够或应该负责去解决它们。在去除不那么具有个体性质的弊端时，过多政治要求的问题倒是不会以同样的方式出现，因为人们大多认为国家有能力救治那些缺陷。但是，这些疾苦可能无法激发适当的动力。我们中的许多人会感到，在一个从政治上组织起来的社会里，我们能够而且应该为自己的成员集体提供一些东西，而仅仅对那些疾苦加以矫正，是无法满足这一点的。

共和主义哲学所指认出的疾苦，不仅能在个体层面上激励人们，而且在政治上也是可行的。它的矛头所指向的，是对他人意志的屈从，尤其是在重要的个人选择领域内的屈从。我们都承认这种屈从是一种弊病，而且想要避开它。同时，国家还具有处理这种弊病的良好条件。在本书的论证过程中，我将会指出，通过政治行动，那样的屈从虽然肯定无法被完全消除，但却可以被有效地加以限制和削减。与此同时，我们无需太多想象力，就能认识到这种屈从是多么令人反感。

通过对这种想象力的发挥，你可以设想一下：假如你是一个学生，而你的某一门功课是否能够及格，将完全取决于导师的一念之差，那么，你会有什么样的感受呢？或者设想一下，你是一个妻子，而你是否可以不
2 受骚扰地享受一天的生活，要看你丈夫的心情。或者，你是一个雇员，而你能否保住自己的工作，要看经理是否发善心。或者，你是一个债务人，而如果你想避免公开侮辱的话，就要依靠债权人的好心。或者，你是一个生活极度窘迫的人，假如你想生存下去或是养家糊口的话，就只能让自己仰赖于别人的慈悲之心。或者设想一下，你是某个少数派文化族群的成员，而你是否能够逃脱他人的羞辱，全看多数派群体的脾气性格；或者，你是一个老人，而如果你想安全地步行回家，就得躲开年轻的混混；或者，你是一个公民，而如果你或你所在的群体想引起政府的注意，就得去赢得某些幕后操控者的恩赐。在这些情况下，你又会有什么感受呢？

在大多数文化中，这种非自愿地暴露在他人意志之下的情形，通常会被认为本身就是令人讨厌和应该反对的。即使那些人并未在实际的干涉中使用自己的权力，对于这种情形中所涉及的依附(dependency)本身，我们也会自然而然地感到畏缩。上面的那些例子表明，屈从所可能采用的形式是多种多样的，但国家显然有能力以各种方式对其进行削弱。它可以确保自己的人民获得一定级别上的保护、支持和地位，从而至少能将他们从最恶劣的依附形式中解救出来。而且，在这样做的时候，国家并不需要在人民的生活中扮演利维坦的角色。

早在古典时期的罗马共和国，屈从于他人意志这种恶劣之事已经被认定是典型的弊病，无论那种屈从是否会引发实际的干涉。人们认为，政治组织应该将他们（尤其是那些处于较好地位的公民们）从这种弊病中解救出来。这种弊病被描述为对一个主人（dominus）的从属，即遭受支配（dominatio）之恶。与之形成对照的好东西则是“自由”（libertas）。人们公认，不管是在彼此之间的关系里，还是在与集体的关系里，只有通过获得“公民”（civis）的权力和身份，他们才能够享受自由。成为一个自由的人，指的就是被授予了充足的权力，可以与其他的公民平起平坐。（Wirszubski 1968：Chapter 1）

公民可以在他们的社会中享有这种地位，而无需依赖地位更高者的慈悲之心。在漫长而有力的共和主义传统中，这一理念成了其标志性的主题。我们可以在古典罗马看到这种理念的例示。它随后盛行于中世纪和文艺复兴时期的意大利，并在现代传播到了欧洲各地。它激发了英国内战和法国革命，并在 18 世纪末点燃了英属北美殖民地人民的激情，从而导向了世界上第一个现代民主国家的创建。随着公民身份这一范畴越来越具有包容性，国家被认为可以向所有的公民提供帮助， 3
以使他们可以昂首阔步地过着有尊严的生活，可以无所畏惧地彼此平视。

共和主义思想近年来的复兴就建立在如下理念的基础之上：国家可以促进“被理解为无支配的自由”这种理想，该理想能在个体层面上激励人们，而且在政治上也是可以加以实施的。这并不是说，这种意义上的自由是生活中的唯一价值，或者是具有终极重要性的唯一价值。它仅仅被看作是一种起步阶段的善物（gateway good），适于用来引导人们所建立和保持的政府。可以认为，只要政府关照了这个意义上的公民自由，它就必定会关照到应该关心的其他事物，并在适当的程度上提供它们。它必须去防止分裂、混乱和侵犯性的管制，并且提供合理的措施，以防止苦难和贫困、不公平和不平等。

在共和主义理想（更宽泛地说，在共和主义思想传统）的引导下，政治理论领域中的相关作品与日俱增。[1] 本书也是其中之一。它提供了对这一传统的历史概述，提供了对无支配自由（freedom as non-domination）的分析，并借由人们彼此间关系中的社会正义说明了无支配自由理想的要求。但是，这些并非本书的重点所在。它所特别关注的是，在涉及公民与其国家之间关系的政治合法性（political legitimacy）问题上，无支配自由的理想都有什么要求。本书的论点是：尽管国家必须保卫公民，以防备来自私人的支配（这是社会正义的要求），但国家还需要防备自身实行公共形式的支配。我们将会发现，防范公共支配（并由此提供政治合法性）需要民众对政府加以大量的控制。事实上，这种防范需要一种独特形式的民主。这使得我们可以解释，为什么应该迫使政府，以及如何迫使政府去——用本书标题里的话来说——依照人民的意愿而运作。

4 这种民主理论将在第三章最后成型。如果它想要非常具有说服力的话，那么，对于在制度上实现它的方式，我们就必须至少提供一个粗略的模式。最后两章所做的就是这个工作。对于那些同样想坚持共和主义基本理论的人来说，本书所发展出来的模式可能应该被拒绝或修正。但是，它至少应该有助于表明，这一民主理论在制度上并非是不可行的。

在第四章和第五章发展出来的这一模式认为，最好的民主需要在一种双重过程（dual process）之中加以运作。从短期来看，这种民主涉及民众对政府所施加的影响。从长期来看，它涉及民众对政府所实行的导

① 在我看来，近年来的这一趋势开始于斯金纳论述现代政治思想之中世纪基础的历史著作（Skinner 1978），以及他随后在80年代所写的关于马基雅维利等人的文章，而马基雅维利则是在波考克（Pocock 1975）所界定的共和主义传统中进行写作的。截至目前，关于当代共和主义思想的主要英语著作包括：Pettit（1997c）；Skinner（1998）；Brugger（1999）；Honohan（2002）；Viroli（2002）；Maynor（2003）；Lovett（2010）；Marti and Pettit（2010）；以及如下论文集：Van Gelderen and Skinner（2002）；Weinstock and Nadeau（2004）；Honohan and Jennings（2006）；Laborde and Maynor（2007）；Besson and Marti（2008）；Niederberger and Schink（2009）；以及其他一些在广义的无支配自由概念上所展开的著作：Braithwaite and Pettit（1990）；Richardson（2002）；Slaughter（2005）；Bellamy（2007）；Bohman（2007）；Laborde（2008）；White and Leighton（2008）。

向。根据这一模式,在短期内,民主可以给予人民在选举和争辩(contestatory)方面的影响力,从而使他们在更长的时间里有能力迫使政府遵循被广泛接受的政策制定规范。这两个过程分别对应于不同的时间段,它们结合起来,就能确保“人民”(demos)对于管治和塑造其生活的法律享有很大程度的“权力”(kratos),并由此而避免公共支配。这种模式提供了一幅图景,说明了公共机构如何实现共和主义版本的民主理想:让人民拥有各种施加影响的渠道,这些渠道最终将汇集为一条体现民众控制权的河流。如果有些读者对这一模式感兴趣,但对构成其基础的共和主义理论不感兴趣,那么,他们可以直接翻到最后两章,并使用本书结论部分所提供的命题总结来引导自己的阅读。

在本篇导论剩下的部分里,我会勾画出共和主义思想的历史传统中的主要理念。我会将这些理念与自由主义和社群主义的理念区分开来,并解释我将如何在接下来的哲学论证中使用它们。在第一章里,这一论证将首先说明共和主义的无支配自由理想。之后的两章会继而讨论共和主义所支持的社会正义与政治合法性理论。正如前面所说,社会正义限制了社会成员彼此之间应有的关系,而政治合法性则限制了他们与自己的政府(更宽泛地说,与自己的国家)之间应有的关系。共和主义的合法性理论将会提供一种民主理论,因为这种合法性要求对政府施加一种在形式上非常特殊的、被平等地享有的民众控制。在第三章发展出那一民主理论之后,我会接着前往第四章和第五章,为该理论所要求的那种民主勾画出一个双重面相的模式。

在共和主义的历史和理论方面,本书的某些论述涵盖了我曾在其他作品中详细研究过的内容。但是,经过最近在这些主题上的许多讨论之后,我的相关表述也发生了一些变化。以昆廷·斯金纳的著作为基础,
我在早先的一些作品中展现了共和主义发展历程的故事。本导论中的 5
历史概要仍然与这个故事相吻合,但突出了对两种不同类型共和主义的对比,其中一种是我所认同的意大利—大西洋式共和主义(Italian-Atlantic republicanism),另一种则是由卢梭引入的共和主义思想模式。

大体上来说,前三章中的论述仍然忠实于我在其他作品中所捍卫的思路。不过,这个论述还是体现出了一些新意。它的讨论基础是对于“选择自由”和“人身自由”的区分。它分析了根本性自由权(fundamental liberties)[①]的概念,以及这种自由在公共规范和法律中的基础,并由此阐述了人身自由的理想和共和主义正义的要求。它还适度地发展了共和主义的合法性理论,并且既指出了该理论与共和主义正义理论的区别,又指出了它与非共和主义合法性理论的区别。

三个核心理念

在传统共和主义思想的地界内,矗立着三个地标式的理念。在不同的时期和不同的作者笔下,这些理念得到了不同的解读和强调,但它们都构成了参考的基点。在 18 世纪末之前,几乎每个可以被认为属于共和主义传统的人,都要指明并认可这些基点。

不出意外,第一个理念就是:国家或共和国首先应该考虑的事情,乃是公民们的平等自由,尤其是作为无支配的自由。如果人们不必生活在他人具有潜在伤害性的权力之下,他们就拥有了无支配自由。第二个理念是:如果共和国要保护其公民的自由,它就必须满足一系列的宪制约束,而这些约束大体上是和混合宪制(mixed constitution)联系在一起的。第三个理念是:如果公民想让共和国良好运转的话,他们最好具有集体的和个人的美德,以便追溯和争辩公共政策与行为。就像古老的共和主义格言所说的那样,自由的代价就是永恒的戒备。

混合宪制的意义在于保障法治和分权。在法治这种宪制秩序下,每个公民都与其他人是平等的。而在权力的分割与分享(separation and sharing of powers)这种混合性秩序下,任何个人或团体若是企图超越法

---

① 本书译文在有些地方需要将 liberty 与上下文中的 freedom 区分开,故而将 fundamental liberty 和由于罗尔斯而流行的 basic liberty 概念(通常译为“基本自由”)分别译为“根本性自由权”和“基本自由权”。——译注

律进行统治,都会遭到否定。争辩性的公民体(contestatory citizenry)① 是对这一宪制理想在公民层面的补充。这种公民体应当矢志于拷问政府的所有组成部分,并让自己来掌握对法律和政策的决定权。如果想组织一个如下性质的政府,上述这些制度性举措就会被认为是必不可少的:这个政府既能够促进公民们的平等自由,其自身又不会成为他们生活中的主宰者;换句话说,这个政府能够保护人们免遭私人形式的支配, 6
而自己又不会施加公共形式的支配。②

在罗马共和主义的思想和实践中,无支配自由、混合宪制和争辩性公民体都有所体现。在许多认同罗马制度的作者那里,这些因素也以不同的方式得到了详细阐述。这些作者包括出生于希腊的波利比阿,演说家与法律从业者马库斯·图利乌斯·西塞罗,以及罗马本国的历史学家提图斯·李维乌斯,也就是我们所说的李维。他们并不介意使用早先的希腊思想资源(包括柏拉图和亚里士多德),但他们全都秉持着如下信念:罗马率先为那些关键的共和主义理念赋予了生命和地位。③

在中世纪和文艺复兴时期的意大利,顶尖的思想家们试图寻找一种政治哲学,使其能够反映出佛罗伦萨和威尼斯这样的独立城邦的组织和

① 这里的 citizenry 一词是单数形式,不同于我们通常说的"公民"一词的复数形式 citizens。尽管 citizenry 也是指全体公民,但单数的形式更加凸显了这些公民团结一体的一面,故而在这里译为"公民体",以示与复数形式的 citizens 相区别,因为后者的含义相对更接近"诸多个体公民的集合"。本书其他地方将根据具体语境将 citizenry 分别译为"公民"或"公民体"。——译注

② 根据大多数当代的规范性理论,政府和国家可能会以三种方式令人不满(Fukuyama 2011)。它可能会系统性地偏向某一个特殊群体(例如家族或部落)的成员,从而没有以公正无私的方式来运作。它也可能会公正无私地运作,但在决策时却没有根据既定和稳固的规则来运作;也就是说,它可能是随意的或反复无常的,而不是遵守规则的(constitutional)。或者,它可能既公正无私又遵守规则,但并不对被统治者负责。第一种危险带来了与公正无私的统治相区别的偏私(partial)统治,第二种带来了与遵守规则的统治(或者说法治)相区别的特殊主义(particularistic)统治,第三种带来的则是家长主义统治而非负责任的(accountable)统治。我们可以说,在共和主义传统中,混合宪制里的"混合"部分意在确保公正无私的统治,其"宪政主义"的部分意在确保遵守规则的统治,而公民体的争辩性特色则意在确保负责任的统治。

③ 在更晚时期的共和主义思想中,Eric Nelson(2004)界定出了一个希腊的传统,这一传统与我所感兴趣的新罗马(neo-Roman)传统共同存在着。我在这里不会对这个传统多花心思。

经验。在这一过程中，他们改造了一千多年前的共和主义理念，并且非常倚重于波利比阿、西塞罗和李维的著作(Skinner 1978)。这些思想家在这个实践过程中所打造的新罗马式思想框架——尤其是尼科洛·马基雅维利在《李维史论》中所勾勒的框架——反过来又为那些反抗或推翻绝对主义君主的北部欧洲国家提供了政治上自我理解的条件。① 这些国家包括16和17世纪波兰的贵族共和国，17和18世纪的荷兰共和国，以及17世纪40和50年代的英格兰共和国。

在这些政权中，英格兰共和国是持续时间最短的，但它却有着最为
7 广泛深远的影响。在詹姆斯·哈林顿、约翰·弥尔顿和阿尔杰农·西德尼等共和国捍卫者的思想中，浮现出了一些共和主义的理念，这些理念成了18世纪英国和美国政治思想的主题，尽管它们也经常被加以改造，以便适应立宪君主体制(Raab 1965)。它们还被深深地(如果不总是明显地)融入了孟德斯鸠男爵极富影响力的作品《论法的精神》(Montesquieu 1989)。不管那些理念得到了何种不同的诠释和应用，它们都或多或少地被如下派别所共享：18世纪英国的辉格党掌权者；这些掌权者的托利党反对派(至少对于第一任博林布鲁克子爵所阐释的理念来说是这样的)(Skinner 1974)；激进的辉格党人(他们会让任何掌权者都坐卧不安)(Robbins 1959)；当然，还有一些北美殖民地的人民，以及为他们进行辩护的英国人，两者都感到威斯敏斯特议会统治殖民地的方式背叛了"公益派"(commonwealthman)和共和主义的传统(Bailyn 1967; Reid 1988; Sellers 1995)。在18世纪60和70年代，共和主义理念为支持美国独立事业的论证提供了框架，这包括同时代支持独立的英国人所作的论证，如理查德·普莱斯(Price 1991)和约瑟夫·普莱斯特利(Priestley

① McCormick(2011)提出了一个有力且令人印象深刻的论证。他认为，马基雅维利非常强调争辩性的因素，所以应该被看作共和主义传统里的一个独特人物——一个激进民主派，而不是一个贵族式的共和派。该书的第六章批评了我，因为我没有表现出更多的(激进民主意义上的)"马基雅维利主义"。我希望，本书将有助于表明我所拥护的共和主义并不具有贵族特性，从而反驳他对这种共和主义的描述。

1993)的论证。在18世纪80年代联邦主义者与反联邦主义者关于宪法的争论中,那些理念也为双方提出的论证提供了框架(Madison, Hamilton and Jay 1987; Ketcham 2003)。

在与共和主义传统相联系的三个理念中,无支配自由的概念是最为独特的。这一理念认为,如果你想在某些选择上享有无支配自由,那么,在你做出那些选择时,你就必须不受制于其他人的意志。用罗马共和主义的用词来说,你必须不受支配(dominatio)的伤害(Lovett 2010:附录1)。这就意味着,你必须不会暴露在其他任何人的干涉权力之下,哪怕他们碰巧很喜欢你,并因此而不会将那种权力施加在你身上。如果我无需付出什么代价就能干涉你的选择,也就是说,只要我愿意,就能随时针对你的选择进行干预,那么,这一事实本身就意味着,你根据自己的欲望进行选择的能力,要依赖于我所保持的善意。用罗马法的表述来说,你不是一个“掌握自己人身的人”(sui juris)。正如18世纪的共和主义者理查德·普莱斯所解释的(Price 1991:26),你不是一个自由人,因为你做出选择的机会取决于我的“纵容”或“偶然的仁慈态度”。用17世纪共和主义者阿尔杰农·西德尼的话来说(Sidney 1990:17,304),共和传统中的自由要求“独立于他人的意志”,也就是说,在与他人的关系中“免于受到统治”。18世纪一本流行的作品中有着同样的口号:“自由就是根据自己的意愿而生活,奴役就是完全依赖另一个人的仁慈而生活” 8
(Trenchard and Gordon 1971:11,249-250)。

共和主义者论证说,国家应当首先关怀公民的平等自由。他们主张说,每个公民都应该得到保障,以便能够在一定的选择范围内享有无支配。这个选择范围被称为根本性的或基本的自由权的领域(Libourne 1646;Pettit 2008a)。我们可以使用当代的理论术语,把该领域界定为如下这一类选择的范围:按照特定社会(local society)的标准,一个人如果想生活下去(function),就必须拥有那些选择(见 Sen 1985;Nussbaum 2006)。他们认为,一个在根据混合宪制而组织起来并受到争辩性公民体所规导的国家,最有希望去促进上述理想。

在传统上,公民资格被限制在主流男性的范围内(主流与否通常是根据财产来界定的)。按照共和主义者的看法,只要一个公民在基本自由权的领域内享有充足的权力和保护,从而能够在同侪之中昂首而行,并且能够无所畏惧地与其他任何人对视,那么,他就是一个"自由人"(liber)。约翰·弥尔顿(Milton 1953 - 1982:VIII, 424 - 425)在如下论述中很好地抓住了这一要点:在一个"自由的共和国"里面,"最伟大的人……并未被擢升至其同胞之上。他在家中生活有度,与其他人一样行走在街道上。人们可以自由地、亲切地、友好地与他交谈,而不必怀有敬拜之情"。在当代共和主义者看来,这一理想应当被扩展到一个包容性的公民体之中。对于所有那些或多或少是在永久性地居留的人来说,国家都应该保障他们享有无支配自由,而无论他们的性别、财产状况和宗教信仰为何。

自由主义的反对意见

上述评论勾画了一个最为粗略的轮廓。不过,当这些评论投射在政治史上那些思想与制度的漩涡上时,他们所展现出的模式并非任意裁剪的结果。这一模式不像我们在雪景、云朵或繁星中所自以为看到的那些形状。我们描述过的意大利—大西洋式传统构成了一个确凿的现实,并先后历经了古典、中世纪和现代时期(Pocock 1975)。最能表现这一传统之独立重要性的标记就是:在 18 世纪末,我们所描述的理念被一些人当作了鲜明突出的攻击对象。在关于自由的问题上,那些人采用了一种对立的思路,而这种思路最终导致了古典自由主义的兴起。这其中的主要人物,就是像杰里米·边沁和威廉·佩利那样的功利主义思想家(Pettit 1997c:第一章)①。

9 早在 17 世纪 40 年代,霍布斯就已经在致力于反对共和主义思考自

① Kalyvas and Katznelson(2008)提出了一种有些不同的解读。

由的方式。他提出了一种有些复杂的替代方案，不过这个方案在当时并没有取得持久的影响(Pettit 2008c:第8章;Skinner 2008b)。在18世纪70年代时，边沁在没有明确援引这一先例的情况下，宣称说“我做出了一个发现:自由的理念中并不包含任何积极的因素;它纯粹是一个消极的概念……因此，我把自由定义为‘限制的阙如’”(Long 1977:54)。按照这一定义，只要其他人没有限制你所做出的选择，那么，在对这个特定事物的选择上，你就是自由的。这当然意味着，你实际做出的选择没有受到限制，但同时也意味着，那些你本来可以做出但没有实际做出的选择，也都没有受到限制。(至少，后来成为标准的那种解读方式是这么认为的[Berlin 1969:xxxix①;Pettit 2011b])根据这个概念，只要其他人没有做出实际的干涉，对某项事物的选择自由就能够实现。这种选择自由并不要求其他人干涉能力的阙如。或许，你之所以能够避免被干涉，只是因为我的善意和宽容;也就是说，你能够随自己所愿进行选择，只是因为我允许你这么做。尽管如此，根据上面所说的新思路，这就足以让你自由了。

边沁、佩利和他们的同路人都是改革派。他们所致力于实现的目标，是让国家在提供自由时(更宽泛地说，提供效用[utility]和幸福时)，要涵盖所有的人，而不仅仅是政府传统上加以保护的那些主流的、拥有财产的男性。于是，他们弱化了自由的理想，使得自由只会被主动的干涉所削减，而不会因为仰人鼻息而受到削减。他们为什么要这样做呢?我自己的猜测是，如果为普遍自由的辩护想要更加站得住脚的话，自由就应当能够被仁慈的丈夫手心里的妻子所享有，也能够被宽容的老板管制下的工人所享有;换句话说，与普遍化的无支配自由不同，这种自由理想不需要对权力的不平衡加以矫正，而当时关于家庭和主仆关系的法律恰恰允许那种不平衡的存在(Pettit 1997b:第1章)。可能正是出于这个原因，佩利在谈到宽泛的共和主义意义上的自由时(他认为这种理念就

① 见伯林:《自由论》，胡传胜译，南京:译林出版社，2011年，第32页。——译注

像“日常用语”那样，“把自由与安全混为一谈”[Paley 2002：313]），才会将其描述为具有如下特征的那些“公民自由”中的一种：那些公民自由“在实践中是无法获得的，于是便激起了永远不可能得到满足的期望，并且让公众的满意心态被抱怨所打搅，而那些抱怨是任何政府的智慧与善行都无法平息的”(315)。

对无支配自由的拒斥引起了一个问题。该问题涉及混合宪制与争辩性公民体这一对相互联系的理念。从传统的共和主义视角来看，这两种机制都是必要的，因为它们被认为可以确保如下的情形：当共和国制
10 定法律保护其公民免受私人支配时，这个国家本身不会以一种带有公共支配性的方式来实施那些法律。这是因为，混合宪制大体上可以保证：当国家进行干涉时，这种干涉不会被任何单一的行为机构所控制；而在理想情况下，争辩性的公民体可以保证：那些干涉本身将会受制于那些被干涉的人们。这样的话，这种干涉便不会是支配性的。它不会使人们屈从于一个独立机构不受制约的意志。它将会是一种非支配形式的干涉——或者，就像人们经常称呼它的那样——一种非专断(non-arbitrary)形式的干涉。

然而，一旦自由被解释为无干涉，我们就很难再看出为何那些约束还有必要存在了。每种法律体系都会去强制和惩罚受其管辖的人，而且每种法律体系也都预先假定了税收的存在。所以，没有任何法律会不去进行干涉。因此，如果自由意味着无干涉，那么，从基于自由的考虑出发，就没有理由要求干涉变得不具有支配性。而混合宪制和争辩性公民体恰恰承诺要让干涉变得不具支配性。最好的体系就是总体干涉最少的体系，无论那些干涉来自公共机构还是来自私人。而那种最好的体系可能是这样的：一个仁慈的专制统治者对所有人实行强制，以使得他们彼此互不干涉，而他又把自己所施加的强制保持在最低限度。威廉·佩利——他无疑是边沁的同道中头脑最为清楚的人——早在1785年就对这一观点表示了赞同。他在当时注意到，在某些环境里，“专制君主的法令能够像民众大会的决议一样”服务于无干涉自由的事业(Paley 2002：314)。他指出，在这种情况下，“一种绝对主义形式的政府在自由程度上

不亚于最为纯粹的民主制度”，而且，根据他的看法，那种政府在自由程度上也不亚于最为经典的共和国(Paley 2002:314)。

边沁和佩利的兴趣主要在于推进功利主义的规划。但是，在自由以及自由所需的条件方面，他们塑造了 19 世纪早期自由主义者的思考方式。我们可以把自由主义定义为一种有关政府治理的取向(approach)，这种取向把无干涉自由视为最重要的或最为核心的目标(当然，考虑到“自由主义”一词被赋予的多种含义，这个定义肯定是带有一定倾向性的)。在那种意义上，它与共和主义的取向形成了鲜明的对照。在共和主义的取向中，无支配自由扮演了核心角色。这种意义上的自由主义可能是中右翼的(right-of-centre)。古典自由主义者和自由至上主义者就是如此。他们把无干涉自由看作是政府唯一应该关心的事情。自由主义也可能是中左翼的(left-of-centre)。这类自由主义者仅仅把无干涉自由看作政府的诸多目标之一。他们可能像功利主义者一样，由于关切幸福这一更具有普遍性的目标，才把自由定为需要追求的目标。他们也可能像罗尔
斯(Rawls 1971，1993，2001)、德沃金(Dworkin 1978，1986)和其他平等 11
主义者一样，把自由看作是与其他不同的因素(例如平等)并列的目标。①

在对自由的理解上(两者都把自由当作具有首要地位的价值)，不管自由主义采取的是哪种形式，它都与共和主义形成了对立。按照共和主义的解释，自由的真正敌人，是某些人可以施加于其他人身上的权力。而根据自由主义的理解，人际间的权力不对称并非本身就是应该反对的。只要积极的干涉可以被避免，中右翼的自由主义者就很愿意容忍这类不平衡。而中左翼的自由主义者也不会对其加以拒绝，除非这类不平衡对平等和福利等价值产生了不利影响(那些价值被当作对自由理想的补充)。

---

① 在这种意义上的自由主义原则内部，还可以做出进一步的区分。一类自由主义者把自由视为一个目标。我认为，就像第一章结尾所表明的那样，无支配自由就应当被如此看待(Pettit 1997c:第 3 章)。另一类自由主义者以一种非后果主义的方式，把与自由相联系的权利视为边际约束(side-constraints)。后一种思路的最好例子就是诺齐克(Nozick 1974)。对政治哲学中后果主义与非后果主义思路的讨论，见 Pettit 2001d，2012a。

在自由主义与共和主义的最高理想之间，存在着深刻的差异。不过，两者之间的冲突却不应当被夸大。这是因为，虽然佩利和其他人认识到，严格来说，无干涉自由不需要混合宪制与争辩性公民体，但是，几乎每种形式的自由主义都赞成混合宪制理想中的主要因素，并且对于公民的争辩性角色给予了一定的承认。① 像法治、分权以及言论与表达自由这些自由主义的理想，都是那些更早的制度性理想的反映。共和主义不同于自由主义之处，在于前者拥护一种更为激进的自由理想，在于前者主张那种自由与它的孪生制度理想②之间存在一种独特的联系，在于前者为那些理想（尤其是争辩性公民体的理想）给予了一种独特的阐释。尽管如此，在两种传统之间，还是存在着确凿无疑的、清晰可见的连续性。③

社群主义的反对意见

在 18 世纪晚期，共和主义传统所遭受到的反对意见，不仅来自正在
12 浮出水面的自由主义政治取向，而且还来自一种源于让·雅克·卢梭的传统。尽管这种取向常常被描述为共和主义，我却要将其描述为社群主义，其原因会在稍后加以说明。它代表了一种广义上的欧陆形式的共和主义。这与我之前描绘的意大利—大西洋式传统有所不同。④

这两个版本的共和主义很容易被搞错。这是因为，随着自由主义取代传统共和主义成为英语世界的主要意识形态，“共和主义”这个名字被开始用来指称新的卢梭式原则。例如，像汉娜·阿伦特（Arendt 1958，

---

① 事实上，佩利本人就拥护“政府里三个正规部门的结合”（Paley 2002：331）。他宣称 18 世纪 80 年代的英国就存在这种结合。

② 指混合宪制与争辩性公民体。——译注

③ 正由于此，我们有理由采用理查德·戴格（Richard Dagger 1997）的用法，把这里所主张的理论（戴格的理论与之类似）称为共和自由主义（republican liberalism）或自由共和主义（liberal republicanism）。

④ Pettit 2012b 更全面地讨论了这种社群主义形式的共和主义，其中除了卢梭外，还提到了康德。（在该文中，佩蒂特将这里所说的“社群主义”或欧陆式的共和主义称为“法国—德国”式[Franco-German]的共和主义。——译注）

1973)和迈克尔·桑德尔(Sandel 1996)这样的自由主义批判者,似乎就更多地认同欧陆式、社群主义式版本的共和主义原则,而不是意大利—大西洋式的传统。[①] 尤尔根·哈贝马斯(Habermas 1994,1995)在其著作中连同自由主义一起拒绝的,也正是前一种版本的共和主义。[②] 而那些以自由主义者自居的人在为自己的思路进行辩护时,所经常关注的也是这一原则(Brennan and Lomasky 2006)。

卢梭赞同一种无支配或无依赖(non-dependency)式的自由,并认为国家应当对这种自由给予头等的关注。他宣称,如果人们想要获得自由的话,每个人就必须"对于其他一切公民都处于完全不依赖的地位"(Rousseau 1997:II. 2. 2[③])。他还坚持认为"应当成为一切立法体系最终目的的是……自由与平等",其中自由被理解为无依赖,而平等之所以具有价值,"是因为没有它,自由便不能存在"(Rousseau 1997:II. 11. 1)[④]。然而,尽管他在这方面仍然忠于意大利—大西洋式的共和主义,但在批判混合宪制和争辩性公民体的形象时,他却戏剧性地与那种传统决裂了。

在16世纪的让·博丹(Bodin 1967)和17世纪的托马斯·霍布斯(Hobbes 1994a,1994b,1998)这样的绝对主义者引领下,卢梭拒绝了混合宪制的理念。[⑤] 他接受了他们的如下论证:每个国家都必须有一个单独的、绝对的主权者,不论这个主权者是一个人还是一个团体;没有任何

---

① 当我在早先的著作中讨论这种共和概念时,尤其是在讨论桑德尔那里所体现出的这一概念时,我有时将其描述为新雅典式的(neo-Athenian)(Pettit 1998)。我现在认为这种用法是不妥当的,因为从历史上来看(如果不是从后来深受波利比阿影响的那些表述来看的话),雅典具有许多混合宪制的特征。这个城市并非是由一个拥有卢梭式权力的大会所统治的。参见Hansen 1991。Dowlen 2008的第2章提供了一个强调了这种混合性质的总结性说明。

② 需要加以说明的是,在我看来,哈贝马斯的观点与我所提炼和捍卫的共和主义观点非常接近。

③ 此处标注有误。原文实际上出自《社会契约论》第二卷第十二章第三节。见卢梭:《社会契约论》,何兆武译,北京:商务印书馆,2005年,第69—70页;译文有改动。本章中对卢梭的引用均来自《社会契约论》。引文后面的数字分别表示原书的卷、章、节数。例如,II. 2. 2即为《社会契约论》第二卷第二章第二节。在用这种方式标注出处时,本书英文版在罗马数字和阿拉伯数字的使用上有个别混乱之处,译者已经做了修改。——译注

④ 卢梭:《社会契约论》,第66页;译文有改动。——译注

⑤ 对于卢梭思想背景中的法国传统,Keohane 1980做了出色的概览。

13 行动者可以像混合宪制理论所设想的那样，去基于不同的、相互制约的权力中心之间的协调而运作。霍布斯曾说，混合宪制所支持的“不是一个独立的国家，而只是三个独立的集团，代表者也不是一个而是三个”①(Hobbes 1994b:29.16。亦见 1998:7.4，1994a:20.15)。在攻击这一共和主义核心思想的拥护者时，卢梭用相似的嘲笑口吻说道：“他们把主权者弄成是一个支离破碎拼凑起来的怪物；好像他们是用几个人的肢体来凑成一个人体的样子，其中一个有眼，另一个有臂，另一个又有脚，都再没有别的部分了”②(Rousseau 1997:II.2.2)。

博丹和霍布斯论证说，主权者既可以是一个君主(他们自己认为这是最好的)，也可以是一个贵族委员会，还可以是一个由全体成员组成的委员会。但是，他们允许这种主权者把大部分治理工作委托给另一个机构来完成。卢梭认为，只有一个得到一致赞同的、由全体人员组成的委员会，才能扮演主权者的角色，因为贵族或君主会把异己的意志强加给人民(Rousseau 1997:I.4.4)。他还论证说，尽管主权大会的成员在做出决定时不得不依靠多数票决(IV.2.7)，但至少在理想层面上，他们应当以公共利益为基础来慎思(deliberate)和投票。他认为，只有当那些成员以这种方式行动时，大会才能宣称自己是在颁布公意(general will)，这种公意将所有人视为同等的关怀对象。卢梭所设想的大会成员应当作为公民来思考，应当公正无私地关注他们的共同利益。当他们给他们所支持的举措投票时，他们不应怀有个人或派系的动机，而是应当基于如下这种非个人的、慎思的(deliberative)想法：“这种或那种意见的通过……是有利于国家的”③(IV.1.6)④。

---

① 霍布斯：《利维坦》，黎思复、黎廷弼译，北京：商务印书馆，1986年，第257页。这里对霍布斯著作的标注方式与对卢梭著作的标注方式相似。29.16即表示《利维坦》第29章第16节。——译注

② 卢梭：《社会契约论》，第33页。——译注

③ 卢梭：《社会契约论》，第133页；译文有改动。——译注

④ 根据这种对卢梭的解读，共同利益就不能被程序性地定义为“任何由受到恰当动机驱使的多数人所投票支持的利益”。相反，受到恰当动机驱使的多数人会被期待着能够去追寻共同利益。见Cohen 2010。

怎样才能达到这种公正性呢？卢梭认为，当大会中的人们只能决定一般性的法律事务，而不能决定涉及个人的行政或审判措施时（1997：III. 17. 5），他们就会在一层抽象之幕（veil of abstraction）下进行运作，从而将个人或派系的考虑隔绝出去。他们将只会考虑“臣民的共同体以及抽象的行为，而绝不考虑个别的人以及个别的行为”①（1997：II. 6. 6）。因此，他希望他们不会倾向于被特殊性的动机所驱使，而是会被“关系着共同的生存以及公共的幸福”（1997：IV. 1. 1）的公正无私的、平等主义的关怀所驱动。他们会在公开协商和讨论共同利益之要求的基础上，来形 14
成他们的意见并投票。②

在这种人民主权的概念上，卢梭背叛了早先的共和主义传统。在他的理想共和国里，个人将面对单一的、强有力的“公共人格”（public person），这个公共人格“以前称为城邦，现在则称为共和国或政治体”③（1997：I. 6. 10）。他设计了一种理想，使人们在私人生活中可以互不依赖。这与共和主义的自由观是一致的。然而，他又认为，如果想获得这种互不依赖的局面，其代价就是臣服于公共人格，尤其是臣服于公共人格的公意或团体意志。这与意大利—大西洋式传统的观点是背道而驰的。他宣称说，尽管每个公民应当“对于其他一切公民都处于完全不依赖的地位”，但如果想做到这一点的话，每个人就要“对于城邦处于极其依附的地位”④（1997：II. 12. 3）。卢梭引入了一个全新的、故意具有冒犯性的假定：“每个人既然是向全体奉献出自己，他就并没有向任何人奉献出自己”⑤（1997：I. 6. 8）。

卢梭拒绝了混合宪制，转而青睐于一种大众的、多数至上的主权，这导致他同样拒绝了传统共和主义给予公民的争辩性角色。他追随了博

① 卢梭：《社会契约论》，第 47 页。——译注

② 卢梭的某些评论似乎是在对公开协商的价值进行质疑。但正如约书亚·柯亨（Cohen 2010：75 - 77，171 - 172）所说，从总体上看，卢梭显然期望协商在大会的进程中扮演一个重要的角色。

③ 卢梭：《社会契约论》，第 21 页。——译注

④ 卢梭：《社会契约论》，第 69—70 页；译文有改动。——译注

⑤ 卢梭：《社会契约论》，第 20 页。——译注

丹和霍布斯的脚步,强调主权性的人民大会必须具有绝对权力,而不能受制于公民们的质询——至少在公民基于其个人权利而在大会之外发声时是如此。霍布斯曾说,如果臣民可以"声称由主权者订立的信约有违反情形……在这种情况下,就没有一个裁断者来决定这一争执"[1](Hobbes 1994b:18.4)。卢梭以同样的口气宣称说:"假如个人保留了某些权利的话……个人与公众之间就不能够再有任何共同的上级来裁决"[2](Rousseau 1997:I.6.7)。这是因为,对于法律的内容,只能有一个终极的发言者;如果个人可以在大会之外对立法者的决策进行争辩,就必须有另外一个机构在他们之间来进行裁断。根据这种图景,一旦立法大会发出了声音,个人就必须服从,而不是去抱怨。[3] 公民不再是政府的监视者,不再对其一切可能的恶行保持警醒,不再准备去挑战和争辩立法、行政和司法部门。他们是制定法律的人,而不是制衡法律的人;是提出法律的人,而不是检验法律的人。他们的任务是做出公共决策,而不是控制那些被提议或被做出的决策的质量。

这种观点同传统的共和主义原则截然对立。在采用这个观点时,卢梭受到了一种思想的影响,而这种思想最早是由共和主义的大敌托马斯·霍布斯抛出的(1994b:18.6)。这一思想就是:由无所偏私的公意支持的法律不可能"不公正,因为没有人会对自己本人不公正"[4](1997:II.6.7)。法律远远不是公民批评和挑战的合适对象。相反,每条法律都被罩上了权威与庄严,从而使来自个人的反对意见不能得到容忍。既然每个人都参与了人民主权的创建,那么,作为个体的人就不能再保留争辩集体决策的权利,哪怕他曾经在大会中反对过这些决策。卢梭一开始争

---

① 霍布斯:《利维坦》,第134—135页;译文有改动。——译注

② 卢梭:《社会契约论》,第20页;译文有改动。——译注

③ 但正如卢梭问到的:"反对者怎么能够既是自由的,而又要服从为他们所不曾同意的那些法律呢?"他的回答是:"公民是同意了一切法律的,即使是那些违反他们的意愿而通过的法律,即使是那些他们若胆敢违反其中的任何一条都要受到惩罚的法律"(IV.2.8)(卢梭:《社会契约论》,第136页。——译注)。

④ 卢梭:《社会契约论》,第47页。——译注

取的是无支配自由，然而，通过对公认理念的一种不寻常的反转，这种自由现在与一种新的、社群主义式的绝对主义联系了起来，而这种绝对主义恰恰是共和主义原则一直在加以挑战的。人民或者说共同体被神圣化了，因为它取得了大众式的、不可挑战的主权者地位，这个主权者是不可能对自己的成员行不义之事的。

从总体上看，卢梭的理论与意大利—大西洋式共和主义有很深的矛盾，而且我相信这一理论在规范性上缺乏吸引力。然而，它确实具有一个非常令人感兴趣的因素。这就是他的协商大会（deliberative assembly）理想。在这个大会上，每个人都可以在平等的基础上发言和投票，但只能在考虑共同利益的基础上来发言和投票。[①] 这种约束在尤尔根·哈贝马斯的著作里得到了富有影响力的详尽阐释（Habermas 1984 - 1989，1994，1995）。它所提出的要求是，协商大会中的参与者在为各自的提议进行辩护时，要基于“对如下所有这种人都具有说服力的理由：这些人决心根据地位平等的各方所讨论出来的结果来采取行动，而那些讨论将涉及对各种不同方案之自由且合理的评估”（Cohen 1989：23）。这类考虑包括一些普遍性的理由，这些理由涉及社会整体的和平、秩序与繁荣。但它们也可以包括一些为特定的亚群体或个人而提出的理由。在这种 16
情况下，所需要考虑的就不光是为何那个亚群体或个人感到不满（毕竟，这个事实本身不是向其他人提出要求的理由），而是那个群体或个人何以会受困于这样一种不利局面：根据整个社会都赞同的普遍标准，没有任何人应当遭受那种不利。

---

① 卢梭没有谈到如下问题：参会各方彼此之间具体应该如何协商。但他坚持主张说，各方应该从个人和派系的考虑中抽离出来。我们由此可以认为，他要求某种类似上述限制的东西。不管怎样，从卢梭式的观点来看，对于协商应该有这类限制。如果将其设定为正式的要求，就能够抵御个人或派系的考虑对大会决定的侵蚀。在参与者支持自己的提案时，如果他们被明确要求使用彼此都能接受的理由，那么，这本身就会引导他们去支持公众普遍持有的观点（Elster 1986）。一旦大家意识到每个人都被期望去这样做，那么，对于参与者来说，表现出带有个人或派系色彩的考虑，就可能是令人感到羞耻的事情（Brennan and Pettit 2004）。这一主题是第五章讨论的核心。

在我们后面的讨论中，这种协商式[①]的约束将会有其用武之地。在这方面，本书所采取的立场有着卢梭式的渊源。但我这里想要强调的是，卢梭所赞赏的社群主义观点仍然是与意大利—大西洋式共和主义的核心原则对立的。他本人还是忠诚于后一种传统的，因为他仍然拥护平等的无支配自由理想这样的东西。但在后来的世代里，那些认同他观点的人甚至把这种联系也割断了。随着卢梭的理念在政治圈里的流传，共和思想的最后这点遗迹也被淹没了。在对卢梭自己的分析加以庸俗化之后，人们开始自然而然地认为，自由就是对民主决策的参与权的占有或实施(Spitz 1995)。

邦雅曼·贡斯当大概是完成这最后一步的主要人物，尽管他是作为批评者而非辩护者来这么做的。贡斯当本人受到了一种思想的吸引，这种思想被看作是自由主义的一种(尽管它在很多方面与早先的共和主义非常接近)。于是，他在1819年作了一篇著名的演讲，描述了一种据说来自古代的思考政治与自由的方式，而自由主义的观点正是要与这种思维方式展开竞争(Constant 1988)[②]。他宣称说，根据这种古代的思维方式，共同体内的人民构成了主权者，公民的角色则是作为官员或选民来参与主权者做出决定的过程。而且，与卢梭的真实看法不同的是，自由被贡斯当说成是等于参与共同体的这种自我决定的权利——你的权利就是：在创造统治你的法律时，你会通过参与或选举而起到一定的作用。[③]

随着这一转折的到来，卢梭开始被与一些理念联系起来，而这些理念在各方面都是与意大利—大西洋式传统相对立的。这种新的意识形态用“作为参与的自由”取代了“作为无支配的自由”。它用民众性的、拥有绝对主权的大会取代了混合宪制的制度理想。它还用参与性的立法

---

① 后面根据上下文不同也会译为“慎议式”。——译注

② 贡斯当：“古代人的自由与现代人的自由”，《古代人的自由与现代人的自由：贡斯当政治论文选》，阎克文、刘满贵译，上海人民出版社，2005年。——译注

③ Yiftah Elazar说服我相信，尽管18世纪的思想家理查德·普莱斯(Price 1991)在其他方面坚守了意大利—大西洋传统，但他也开始强调了这种自我立法的主题。

机关取代了争辩性人民的理想，而对于那种立法机关，个人是无法以其 17
自己的名义来伸张权利的。随后，先是合格公民的群体范围变得比卢梭设想的更具包容性了。之后的最终一步，则是政治参与被允许以投票而非立法的方式来进行。于是，与这个宽泛意义上的社群主义观念家族(family of ideas)所联系起来的，不再是像卢梭的日内瓦那样的城邦国家，而是变成了民族国家。那个观念家族采取了许多不同的形式(例如在康德政治哲学中表现出的那种形式[Pettit 2012b])。但无论它采取的是哪种形式，其思路都仍然与它自身所植根的意大利—大西洋式传统有着根本性的差异。

这些思路之间的对立，很好地表现在了它们对自由人或自由公民的不同设想之中。意大利—大西洋式传统中的自由人，也就是罗马思想中的 liber，乃是一个按照自己设定的条件而生活在自己领域内的男人(这种性别规定是与当时的习俗相一致的)。在这个领域之内，他就像罗马法所说的那样，生活在“自己的管辖之下”(sui juris)。他不会“依靠主人的权力”(in potestate)来行事，也不必“在取得恩准后”(cum permissu)才能做出自己的决定。他在行动时不必怀有恐惧和顺从之心，并且在与其他人交往时可以得到保护和权力。甚至是在与那种帮助确立其地位的法律打交道时，他也可以得到这种保护和权力。①

当然，这一传统还强调说，所有指望获得这种身份的人，都必须生活在这样一种共同体里：在这个共同体中，公民们足够有力和警惕，能够对

① 那些自称为自由主义者的人通常并不强调对争辩性美德的需求，但他们确实也经常对这种自由人的理想表示赞同，从而与意大利—大西洋式共和主义保持了一种深刻的共同之处。以赛亚·伯林就支持这种理想。他宣称说，自由需要“一个在其中人是自己的主人的领域”，在这个领域内，“只要他的活动与有组织的社会存在不冲突，就没有义务向任何人报告自己的活动”(Berlin 1969：lx。[伯林：《自由论》，第 52 页。——译注])。这一领域构成了“最低限度的、神圣不可侵犯的个人自由的领域”(Berlin 1969：123。[伯林：《自由论》，第 172 页。原注有误，应为英文版的第 124 页——译注])。很难理解，如果你不享有无支配的话，你怎么能够成为自己的主人。仅仅依靠其他人的善意恩惠而不受干涉，似乎会使你缺少所需的独立性(Pettit 2011b)。不过，把这个问题放在一边的话，我们可以很清楚地看到，在这个议题上，共和主义与自由主义常常是能够取得共识的。

政府形成监督和制约。就像詹姆斯·哈林顿在17世纪所说的那样，他们可以在这种政治约束的基础上"取得自由"。正因为此，自由的公民们才"能自立地生活"①(Harrington 1992：75)。不过，尽管自由人身份只能存在于具有那种公共美德的地方，但根据这种思维方式，构成自由人身份的，仍然只是你所享有的根本性的或基本的自由权，亦即在广泛的个人选择范围内的平等无支配自由。这些个人选择必须是所有公民都能够一起获得的，而且必须是在保护性和授权性(empowering)的法律及文化的共同基础上获得的。

18 在卢梭式的传统里，自由人的意象体现为一种不同的形式。根据这种新的、社群主义式的思维方式，自由人是一个积极的政治形象。对这个自由人来说，最高层次的满足来自在共同体的任何层面上与他人的共同参与，来自共享的协商与决策活动。用汉娜·阿伦特(Arendt 1958)最喜欢的词语来说，所谓自由人，就是拥抱"积极生活"(vita activa)而非"沉思生活"(vita contemplativa)的公民，尤其是在公共事务领域中拥抱积极生活的公民。这幅颇具浪漫主义色彩的画像所描绘的，是一种不知疲倦地从事公共活动的人。这虽然回应了对争辩性公民体之需求的强调，但还是与早先共和思想中的自由人形象截然对立。这种新观点倾向于抬高公共活动，贬低私人生活。然而，意大利—大西洋式思想所赞美的，却是在私人生活领域中对自由的享用。这种自由得到了公共权力的保护。在共和主义的图景中，正是因为有了这种自由，你才可以与其他人平起平坐，而无需依赖于任何人的恩赐或善意。

哲学性地奠基于共和主义的历史之上

正如前面已经提到过的，在寻求建设一种当代的政治哲学时，越来越多的文献都在利用从意大利—大西洋式传统中所吸取的理念(见

① 哈林顿：《大洋国》，何新译，北京：商务印书馆，1981年，第80页。——译注

Lovett and Pettit 2009 的总览)。本书也是其中之一。这一建设过程中所采用的主要理念,就是无支配自由。在第一章里,这种自由观将会得到更为详尽的阐发。不过,正如我们随后会看到的,在本书展开论证的不同阶段,混合宪制和争辩性公民体的理念也会发挥其作用。

在规范性政治理论所涉及的三个主题里,我们已经介绍过其中的两个:关于一国之内公民之间关系的社会正义问题,以及关于国家与其公民之间关系的政治合法性问题。本书并未涉及第三个主题,即不同人民(people)都应当分别享有的主权的问题(在理想情况下,那些人民是由国家[states]来代表的)。[①] 作为一种围绕着这里所考察的理念而建立起来的思路,共和主义政治理论在三个问题上都提供了一种独特的思路(Pettit 2013[②])。

共和主义的社会正义理论将会论证说,国家应当在其公民彼此间的关系里确立平等的无支配。共和主义的政治合法性理论将会论证说,在为公民提供平等无支配的过程中,国家不应当支配它的公民。共和主义 19
的全球主权理论则会论证说,国家应当帮助建立一种国际秩序,在这种秩序下,它和它的人民不会受到外来支配,无论这种支配来自其他国家还是来自跨国组织(见 Pettit 2010a,2010c)。简单来说,国家应当是对其公民之无支配自由的一个在国际上不受支配、在国内不具支配性的捍卫者。在本书中,我会寻求勾勒出共和主义的社会正义理论,并更为详尽地描绘共和主义的政治合法性理论。我们随后会看出,这种政治合法性理论就是共和主义的民主理论。但对于共和主义的国际主权理论,我不会做什么论述。

本书所呈现的理论首先是哲学性的。因此,如下这一点可能会令人惊讶:我将把本书的理论与一种历史传统紧密联系起来,并且会在一些

① 对上述理想的这种描述方式,也许并不能得到所有人的赞同。其他一些人会将那些理想表述为社会正义、政治正义和国际正义。

② 佩蒂特这里所提到的,是他当时正计划出版的 *Just Freedom* 一书。该书最后是在 2014 年出版的。——译注

地方点评该传统的倡导者和批判者所持有的立场。毕竟,大多数当代哲学著作所使用的流行模式,是去竭力效仿科学,并丢下历史的包袱。那么,对于那些在一个理论之内所发展出来的理念,为什么还要去强调它们的传统起源呢?

我之所以试图去加强历史联系,是出于多个原因的。在根据无支配概念来解释自由的理想时,假如这种解释有历史依据的话(尤其是,如果这种依据来自那些所有政治派别都很仰慕的作者之手),它就可能会被更广泛地接受。在当代包容性社会的背景下,在从对这种自由理想的需求中建构出一种政治哲学的时候,假如这种追求能够与其他时代的其他思想家的追求联系起来,那么,它就更有可能具有说服力。而且,更为一般性地来说,政治哲学所采取的某种思路如果带有历史传承的话,就必然会使其在智识上具有更大的可信性。毕竟,我们有多大可能会凭空发现一种完全新颖的政治生活理想呢?

不过,当我研究政治哲学时,虽然我所处的传统对我来说很重要,但是,对历史观念的哲学使用不应当被错误地认为是对那些观念真正的历史探究,或者是对产生那些观念的背景的探究。对于我正在做的事情,我将其视为与观念史领域的互动交流。我依赖于该领域内专家的作品,但有的时候,对于被研究对象的所思所想,我也会用从哲学角度出发的假设来挑战那些专家们。我不认为这种行为能算得上是正规的历史研究。它甚至连非正规的历史研究都算不上。①

---

① 我的作品里最为接近思想史研究的,是我关于霍布斯论语言、思想和政治的著作(Pettit 2008c)。但我认为,即使是在那本书里,我所做的也只是提出了一种解读或者说假设,即:霍布斯最早把语言视为一种转变了其发明者之本性的发明创造。其他人比我更有资格去检验这一解读的可靠性。对于我在像 Pettit 1996a,1997c 这样的作品中所阐述的想法——共和主义传统中的主要人物把自由定义为无支配,我同样是这么看的。当然,这一想法是由昆廷·斯金纳的著作所激发的,尽管我和他的论证有所不同(Pettit 2002b)。

反思平衡 20

因此，在对本书所捍卫的规范性主张进行评判时，就不应该采用历史标准，而是应该采用哲学标准。我所追随的哲学方法论，就是约翰·罗尔斯(Rawls 1971)描述的反思平衡(reflective equilibrium)。这一方法指的是：首先，为准备研究的领域(不管是正义、合法性还是主权)设定一般性的原则；其次，利用经验性的假设，推论出这些原则在特定情况下的应用结果；再次，看看那些结果是否符合我们在反思之后所认可的东西；最后，我们反复应用这一过程，来寻找对原则或特定情况之判断的修正，力图能够促进它们在整体上的一致性。

在诠释无支配自由时，这种方法论也是有用的。正如第一章将会表明的，我并不假定无支配自由是日常用语中唯一的自由观(关于其他不同的自由观，见 Schmidtz and Brennan 2010)。我只是想主张说，在规范性思维中，关于自由的这种思路具有可观的价值。它使得我们能够发展出关于社会正义、政治合法性与国际主权的理论，而这些理论可以很好地经受住反思平衡所提出的考验。①

这一点值得加以强调，因为关于自由的日常用语为我们所提供的，

---

① 当我们遵循反思平衡的方法时，我假定了，对于自由、正义与合法性等价值的本质，我们有着同样的一般性看法；也就是说，我们对这些词汇的涵义具有共识。在诠释那些价值所提出的要求时，一种规范性的理论应当力图去尊重我们的这些看法。我还假定，一种全面的规范性理论将迫使我们在这些价值之间做出权衡，并试图去协调它们所提出的对立要求。最后，我还假定说，那些价值在不同背景下提出的要求(例如，自由在存在权力压迫时所提出的要求，或者正义在存在合理分歧时所提出的要求)不一定非要从纯粹的或抽象的自由或正义理论中推导出来，不管那些理论是什么样子的。我希望情况最好是：在论辩的过程中，通过这些假定在我的论证中所起到的作用，它们的正当性能够得到证明。前两个假定使我拒绝了罗纳德·德沃金(Dworkin 2011a：263)支持的那种“更为雄心勃勃的和冒险性的”整体论。根据他的这种理论，所有价值所提出的要求都要被恰当地加以解释，以使得它们之间“不会有真正的冲突”(119)。对于德沃金方法论的批判性评论，见 Pettit 2011a。我的第三个假定使自己与 G. A. 柯亨(Cohen 2008)的基础主义主张拉开了距离。他主张说，正义在偶然条件下(例如合理的分歧)所提出的要求，应该从正义在抽离于一切偶然事实后的要求中推导出来。对此的批评见 Larmore 2012。

是一个由灵活多变且经常似乎是反复无常的俗语所构成的网络。我们会说，如果你无法做出某个特定的选择，那么，这就不在你的自由选择范围之内。但我们还会说，你可以自由地去做某事——例如去投票，哪怕
21 你被困在床上，无法前往投票站。我们会说，即便某件事情是不被允许去做的，你可能仍然具有选择去做它的自由。但我们还会说，你没有以某种特定方式去行动(例如，去偷窃某人的财产)的自由，因为那种行动方式遭到了禁止。我们会说，你可以自由地去做某事，哪怕其他的选择(你并不知道那些选择)都被排除在外了。但我们还会说，如果没有其他选项的话，如果你事实上是被迫采取了一种特定行为方式的话，那么，对于某个特定的选择来说，你就没有选择它的自由。我们会说，在特定的领域内，如果掌权者允许你自己做出决定的话，那么，你就拥有在不同选项之间进行选择的自由。但我们还会说，如果你只是在他人许可时才能做出决定，那么，你就并不享有选择做某事的自由。

这些多变的用法并未表明与自由有关的词汇和俗语是可以乱用的。我们不能像矮胖子(Humpty Dumpty)①一样，随心所欲地给词语安上我们想要的含义。将一个选择或一项行为描述为自由的，总是意味着将它与其他某些选择或行为加以对比。然而，虽然某项行为在与一项其他行为加以对比时，可以算作是自由的，但同样的行为在与另一项行为加以对比时，就可能被算作是不自由的。因此，由于不同的背景设定了不同类型的对比，我们就可能会把一种情况说成是自由的，而把另一种情况说成是不自由的。设想一下那个“你在选举日被困在床上”的例子。与另一个没有以那种方式被困住的公民相比，你没有投票的自由。但是，与一个不具备公民身份的人相比，我们完全可以合理地说：你事实上拥有投票的自由。在这两种情况下，关于自由的论断都很有助于用来表明某种对比，但是，它在两者中分别表明的对比却是不同的。于是，虽然我

① 英国童谣中的人物形象，后来被刘易斯·卡罗尔在《爱丽丝漫游奇境记》所借用，其名言是“当我使用一个词时，它只意味着我选择让它所意味着的含义”。——译注

们做出了两种看似矛盾的表达，但它们实际上是完全一致的。

对于和自由有关的俗语的这些观察表明，如果我们想围绕着自由的理念来建构一种政治理论，那么，我们就必须稍加梳理，确定对“自由”及其同源词汇的精确用法。这正是我在第一章中所要做的：设定好经过梳理的、随后将要用到的共和主义自由观。这种梳理必须立足于日常用语中所承认的自由含义，否则的话，就算不上是一种关于自由的理论。尽管如此，在最终论证为什么选择共和主义自由观而非其他观点时，我要表明的理由是：那种自由观能够支持一种关于正义、民主甚至主权的理论，而这种理论的吸引力并不依赖于日常用语中的自由含义。

浮现中的民主观

正如已经预告过的，在第一章里，我会提供一种对无支配自由的描述，并针对各路批评者所提出的意见，来进行一系列的澄清。在第二章里，我会勾画出一种共和主义的社会正义理论。我将说明，如果一个社会的成员想在彼此之间享有无支配自由，那么他们大致都需要些什么。22
在这一基础上，我将提出如下问题：如何确保国家在支持其人民对无支配自由的享有时，本身不会施加支配？——换句话说，如何确保国家是一个具有政治合法性的、尊重自由的实体？

我对这种合法性之要求的分析，将会给我们带来一种民主理论。该理论意在为民主的机构提供一份工作指南。根据那种理论，使一个国家具有合法性的条件是：在一个民众对政府加以控制的体系里，它要让每个公民都享有平等的份额。那种体系是一种民主式（democratic）的体系，即“人民”（demos）享有“权力”（kratos）的体系。第三章勾勒出了这种民主理论，并论证说，如果想拥有一种对政府享有平等控制的体系，就得让人民享有一种可以平等地产生的、具有适宜形式的影响。这种影响将驱使国家朝着某个方向前进，而人们应该在同等程度上认为这个方向是可以接受的。随后，接下来的两章将发展出一种模式，以说明那种民主理论的要求如何能够被满足。对那些能达到工作指南要求的各类机构，这种模式将做出一个简要概述。第四章将考察的是，哪种赋予民众以影响的体系能够完成所需的任务。第五章要考察的则是，这种体系如何能够为政府施加适宜的导向，并构成一种由民众进行控制的体系。在本书末尾的结语中，我将对书中所捍卫的主要命题进行总结。与我曾经的计划相比，这部书最终的篇幅要更长，有些地方也更为复杂。我希望书尾的总结能让本书更为简单易读一些。

与当前流行的文献所持有的立场相比，从上述论证中所浮现出来的民主观有三个截然不同的观点。首先，它与佩利等人的思路有所冲突。后者认为民主与自由几乎或完全没有关系。在当代的理论家中，以赛亚・伯林很好地代表了这种观点。他说："在个人自由与民主统治之间没有必然联系"(Berlin 1969:7;亦见 Berlin 1969:130 - 131[①])。针对这种观点，我将论证说，如果从共和主义的无支配自由观出发，我们就能从自由的要求中推论出对（某种经过恰当描述的）民主的需求。那种自由观表明，当人们在他们所无法控制的政府之下生活时，他们就生活在不自由之中。

其次，与本书所捍卫的观点相对立的，还有那种在政治科学中或多或少成了标准观点的民主观。这种观点受到了奥地利裔美籍经济学家和社会理论家约瑟夫・熊彼特的影响。在他初版于 1942 年的《资本主义、社会主义与民主》中，熊彼特在讨论民主时论证说(Schumpeter 1984:
23 272)，民主不会使人民"控制他们的政治领导人"[②]，而仅仅是给予了他们某种形式的影响（这一影响以他们改变心意的潜在可能为基础）。这种影响并不需要强加任何控制性的导向。与此相反，我将论证说，尽管一种非导向性影响的体系能够为公民提供少许保护（它可以防止出现王朝式政权），但它无法使他们在与政府的关系中享有无支配自由。如果想

① 伯林:《自由论》，第 198—199 页。——译注

② 熊彼特:《资本主义、社会主义与民主》，吴良健译，北京：商务印书馆，1999 年，第 399 页。——译注

要让民主有助于无支配自由，它就必须促进民众的控制，并建立起那种控制所需要的机构。

正如我之前提到过的，第四和第五章所捍卫的命题是：通过激发一种双重过程，民主可以提供那种控制。对于掌权者、掌权者决策时所遵循的过程，以及他们真正做出的决定，民主必须为人民提供选举式和争辩式的影响。民主必须对短期的影响加以塑造，从而使得在更长的周期内，当掌权者选择其遵循的过程和决定所采用的政策时，就会被迫去遵守那些得到广泛拥护的规范。对于国家内的各种当局机关来说，这种民众控制可能会为它们留下大量的自由裁量权。然而，只有当这种裁量权不会导致支配时，这种事情才会被允许发生。

这里所捍卫的民主观的第三种对立观点，涉及如下这种极其常见的假设：从总体上看，民主式的制度必定完全是多数至上式的(majoritarian)和选举式的，而且，它在运作的时候，会与其他一些制度发生根本性的冲突，那些制度会为某些权利提供宪法性的保护，并授权司法机关(或其他未经选举而产生的部门)去否决立法议案。尽管很多人都赞同这种对民主与宪政主义的区分，但它常常与威廉·赖克(Riker 1982)联系在一起。赖克论证说，民主式的民粹主义(democratic populism)必须由宪政自由主义加以缓和。与这类观点不同，我坚持认为，在为了让人民控制政府而设立的制度中，很可能会包括许多与宪政保护联系在一起的制度。我们不需要像许多当前的思想家一样，去接受在两种制度形式之间所做的二分法。①

民主所必须采取的任何合理模式，都必定会支持在现存民主国家中实际存在的许多制度。但是，除非一种模式可以被用作支持改革的基础，否则它就不会在规范性方面具有吸引力。我希望，在本书收尾时，我

---

① 关于“民主需要一定程度的宪政保护”的其他看法，见 Cohen 1989；Habermas 1995；Holmes 1995。Schwartzberg 2007 和 Tully 2009 担心，任何程度上的宪政保护，都可能会在一定范围内妨碍民主的积极性。对于选举式、多数至上式民主的合宜性，Waldron 1999a，1999b 做出了一个毫无保留的辩护。

们将能够清楚地看出,这里所提出的共和主义理论有着批判性的、革新性的一面,而不仅仅是意在为我们所熟知的那种民主进行辩护。这种理
24 论既支持选举式的制度,也支持宪政主义的制度。但是,没有理由认为它恰恰会支持现存政权所特别具有的那类制度。它在各种领域中所应当支持的具体制度,既要由这里提出的更为抽象的、哲学性的论述来决定,也要由经验性的考虑来决定。制度设计的本质特征就是如此。然而,在对可能的制度设计进行勾勒时,即使是最为粗略的描述也足以表明,共和主义的论述所支持的规划,在其实际应用方面必将是革新性的和进步性的。

正义与民主

在本书的论证所发展的过程中,我提出,我们有可能利用共和主义的正义和民主理想,来对现存的、不完善的诸种政权进行评判,看看它们离实现那些理想还差多远(虽然我没有在实践方面就此列举具体的指导方针)。但还有一个我未曾触及的话题,就是那些理想的相对重要性。假设我们要在两个政权之间做出选择,其中一个在民主方面表现得更好,另一个则在正义方面表现得更好。现在的问题就是,在抽象的层面上,我们是否事先就有理由偏好其中的某一个?还是说,根据背景的不同,我们可能会给出不同的答案?

我要先声明,我自己的观点是:总体来看,在任何这样的选择中,我们都应该偏向那个更为民主的政权。正如我们所见,无论在社会领域还是在政治领域,无支配自由都不仅要求干涉的阙如,而且还要求其持久稳定的阙如。也就是说,在一系列的情况下,哪怕是我们自己想做的事情发生了变化,我们也不会遭到干涉。尤为关键的是,哪怕是其他人想让我们去做的事情发生了变化,我们仍然不会遭到干涉。与单单社会正义上的缺陷相比,政治合法性上的缺陷会更深地损害自由的持久稳定性。光是社会正义的缺乏,只会使我们在面对自己的同胞公民时变得易

受伤害，但政治合法性的缺乏会使我们在两方面都变得易受伤害。

很容易看出这样说的理由。如果我们受制于一个能够支配我们的
政府（就像在一个不合法的政权下那样），那么，在政府面对我们和我们
的同类时，如果它的意志发生了变化，我们是无法对此进行控制的。但
是，这种政治控制的缺乏意味着，当同胞公民们针对我们的意志发生变
化时，我们所享有的社会控制也会趋于变得有些不稳定。法律可能会确
立起社会控制，以保障我们免遭来自私人的支配。但是，只有当政府愿
意建立和维持那些保障时，它们才是可靠的。因此，在缺少合法性的情
况下——在政府不受法律约束时，我们在与政府以及与同胞公民的关系 25
中，就都是易受伤害的。与只存在私人支配的情形相比，公共支配会导
致更为深重的损害。

我的结论是，对于合法性的价值以及合法性所需要的民主控制，共和主义的无支配自由理想必须要给予一定的优先性。无论政府支持何种政策，也无论我们中的某个人希望政府采取何种政策，除非那些政策是在一种我们都同等享有的民众控制之下实施的，否则，它们就根本不应当得到实施。对于公共支配的双重剥夺性效果，这是唯一的防范措施。

当代的政治哲学大多聚焦于正义的要求。除了偶尔会提及某些政治权利的重要性以外，对正义的讨论基本上就等于对社会正义的讨论。从本书中的共和主义视角来看，正义的这种优先性是值得忧虑的。在我们对国家所能提出的要求里，最为重要的就是：它应当在一种我们都可以平等地介入的控制体系下落实政策。一旦认识到我们作为公民的平等要求，以及我们在政治理想上的观点分歧，我们就应该接受如下看法：在公共事务上，无论我们中的某个人做出了何种提议，只有在那些提议获得了民主性支持的条件下（不管民主在制度上是如何实现的），它们才能够得到实施或维持。

这一立场引出了一种悖谬性的结果：我们要信奉民主，但这种对民主的信念本身却不能受制于上述那种民主式的条件。如果一个社会在

民主的基础上做出决策,而且每个人都平等地享有对政府的控制,那么,从原则上来说,这个社会可以决定永久性地抛弃民主统治,从而否定后代的人们在平等共享的基础上塑造自己制度的权利。举一个极端的例子,人们可能会一致投票赞同取消妇女的投票权。从共和主义的观点来看,这样的一种可能性是令人憎恶的。因此,我们必须让“以民主的方式行事”这一劝诫本身免受民主式条件的限制。不过,也只有它能免于受到那种限制。我们不能提议说:“我们的社会应当让人们平等分享对政府的控制,前提是这一主张本身通过民主方式得到了赞同”。我们应该提议说:我们的社会应当让人们平等分享控制权,就这样。用维特根斯坦的比喻来说,这就是让铲子变弯的地方。这就是基石所在之处。①②

① 此处的典故出自维特根斯坦《哲学研究》一书第 217 节。——译注

② 我相信,我这里的观点与迈克尔・沃尔泽(Walzer 1981)的如下抱怨是完全一致的:哲学家们忽视了民主,其评头论足的方式就好像自己有着圣贤式的权威似的。我和他一样愿意承认,规范性政治理论中的大多数提议(除了对作为背景的民主制度的信念外)都可以通过民主的方式来加以讨论。

第一章　无支配自由

为了获得对无支配自由概念的良好理解，首先聚焦于如下问题是有 26
用的：在一个选择或另一个选择中的自由都要求什么？正如我们已经看到的，从传统上来说，共和主义者着重关注的是人身自由本身，即"自由人"(liber)或公民的自由身份，而不是一个人在特定选择中的自由(Pettit 2007e; Skinner 2008a)。但是，一旦我们知道了选择自由的要求，我们就可以将他们的身份自由表达为他们在寻常范围内的选择自由的函数——那些选择要在共同规范及法律的基础上得到保障。我们将在下一章回到这个话题上来。

一个选择(choice)是由一组互不相容的(mutually exclusive)、合起来后没有留下其他可能性的(jointly exhaustive)选项(options)所界定的，就像你可以在做X、做Y和做Z之间所作的选择一样。在满足了两个条件的情况下，这些选项就是可以被选择的。那两个条件一个是客观上的，另一个是认知上(cognitive)的。从客观上来说，你必须真的能够去做X，或做Y，或做Z，并且仅此而已：你无法转而去做其他事情。同时，这一事实还要在认知方面留下印记：根据你自己对相关场景的感知，这一事实是成立的。[①] 因此,如果你可以在 X、Y 和 Z 之间进行选择,那么,针对这些选项的相关方面,你必须把它们分别理解为“做 X”(X-ing)、“做 Y”和“做 Z”的实例;你还必须意识到,从那个相关的方面来说,你可以选择它们中的任何一个;你还必须明白,没有其他的选项可供选择。你到底是做 X 还是 Y 还是 Z,将会取决于你,而且仅仅取决于你。当你认为“我能做 X”“我能做 Y”和“我能做 Z”时,你的想法是真实的。也许,我们无法保证被选择的选项在逻辑上必然会由于你的决定而成真。你所寄
27 出的信件可能会因为邮局的问题而无法寄达。但是,只要这种可能的阻碍确实没有发生,我们的论述也就足够了。只要外部世界恰好没有发生意外(邮局没有出问题),因而能够使你成功地达到目的,那么,“向你的通信人寄去一封邮件”就是一个在你掌握之中的选项。

这里还有一个形而上的问题:为了使你真的可以自由做出一个选择,作为一个行动者,你必须满足什么条件呢?你必须有能力确保稍后的世界会是一个 X 世界,或是一个 Y 世界,或是一个 Z 世界——一个你寄给朋友的信件正在送达途中的世界,或者是一个它没有在送达途中的世界。这里的关键问题是,你是否可以扮演这种做出选择的角色,同时又像所有其他的自然物体一样,是由符合物理法则的物质成分所构成的。这个话题涉及你是否拥有形而上的意志自由的问题。它超出了我们这里所关心的范围。我将简单地假设你拥有自由意志的力量(无论自由意志是如何被理解的),并提出如下问题:何种社会因素(或其他因素)能够影响你对自由意志之力量的实施,以至于我们从直觉上会认为那些

① 根据对某一选项进行选择的难易程度,实施该选项的能力(ability or capacity)可以体现为不同的程度。或者,这种能力也可以被视为是具有“或者全有,或者全无”的特征,同时,相关的难易程度至少被隐含地体现在了对那一选项的描述之中。按照第一种思路,我们会说“在某个特定的难易程度 L 上”去做 X 的能力。按照第二种思路,我们则会在“或者全有,或者全无”的意义上,说“在 L 这个难易程度上去做 X”的能力。在当前的文本中,我会避免去明确谈论这个话题,但我大体上会遵循第二种思路。因此,我会论证说:如果对“做 X”这一行为强加一种会增大其困难程度的惩罚措施,就会把最初的选项“X”替换成一个不同的选项“受到惩罚情况下的 X”。正如我将会提出的,根据惩罚的大小,这种替换的侵犯性程度会是或大或小的。我要感谢 Raffi Krut-Landau 在这一点上与我的讨论。

因素削减了你的选择自由？①

几乎所有的思想流派都同意，任何能在那种意义上削减你选择自由的因素，都构成了一种使一个或另一个选项无法被获取的阻碍。这种因素移除了获得相关选项所需的某些客观上或认知上的资源。或者限制了你对那些资源的使用。它损害或妨碍了那些资源所建立起来的能力。但是，在两条大的战线上，人们存在着不同的意见。第一条涉及如下问题：在哪些东西受到阻碍时，才能说选择自由遭到了削减？第二条涉及的问题则是：哪些种类的阻碍可以造成对自由的削减？我将在第一节中谈到第一个问题，然后在接下来的三节里讨论第二个问题的不同方面。

在第一节中，我将论证说，能够削减你的选择自由的，是对任何一个构成了那项选择的选项的阻碍，而不仅仅是对你所喜爱的选项的阻碍。在第二节中，我将论证说，你对某一选项的自由选择可能会以两种非常不同的方式之一受到阻碍：其中一种方式涉及我所说的禁绝性因素(vitiating factor)，另一种则涉及带有侵犯性质的因素。在接下来的两节里，我会继而探索你可能由于侵犯(invasion)而非禁绝而丧失自由的各 28
种方式。在第三节中，我将论证说，对于侵犯的出现来说，支配——即暴露在他人不受控制的干涉力量之下——是一个必要条件：在缺少支配性权力的情况下，干涉并不足以构成侵犯。在第四节中，我将论证说，对于侵犯的出现来说，支配是一个充分条件：你可以在没有遭受实际干涉的情况下遭受侵犯。根据这一讨论，第五节考察了如下问题：为了确保你在任何选择上的自由，为了保护你不受禁绝和侵犯，我们其他人都可以做些什么？

---

① 需要声明的是，我自己的看法是：我们应当通过可对话性(conversability)来界定形而上学意义上的意志自由。可对话性指的是表达与回应人际对话中所展现的那种理性(reason)的能力(Pettit and Smith 1996；Pettit 2001b，2005b，2007a)。宽泛地说，这是一种适合进行谈判的人们所具有的共性，而那些谈判者就是彼得·斯特劳森(Strawson 1962)所说的参与者(participant)——他们不同于具有客观姿态者。我后面提到的正律(orthonomy)，是一种当人们在正常人类范围内成功地实行可对话性时所展现出的德行。它构成了心理意义上(而非形而上意义上)的意志自由。

如果假设禁绝不是一个问题的话,那么,这一章的教导就是:选择上的自由所需要的,只是支配的阙如。这与共和思想的漫长传统中所颂扬的那种自由理想是相同的。这种把自由与无支配等同起来的做法,使得我们可以说:在多种不同的方面上,带有干涉的支配要比不带有干涉的支配更恶劣。不过,这种做法也标明了一条基准线,这条基准线表明,一旦支配(即便是不带有干涉的支配)冒了出来,自由就开始受到侵蚀了。有了支持这种自由概念的论证后,我们就可以在下一章中继续问道:建立人们对自由的平等享用——也就是说,保证他们作为自由公民的平等地位,到底意味着什么?正如我们所将要看到的,这一理想就是一种共和主义的社会正义理想。

第一节　对何种事物的阻碍会削减选择自由?

我们已经看到,任何选择都是由一组选项所构成的;通过那些你可以接触和使用的客观性及认知性资源,你就可以获得那些选项。如果你在那个选择上无法享有自由,这是由于何种事物受到了相关阻碍的影响呢?在现有的文献中,对这一问题存在两个答案。第一个答案是,相关的阻碍只需要影响你所喜爱的选项。第二个答案是,对任何选项的阻碍都会削减你的自由,无论你是否喜爱这一选项。我将为第二个答案进行辩护。①

霍布斯的立场

第一个答案最有名的辩护者是托马斯·霍布斯。在他著名的、有意识地用来反对共和主义的"自由人"定义中(Skinner 2008b),他对自由——

① 我忽略了第三种可能的答案:如果要使你的自由遭到削减,那么,除了至少一个选项以外的其他每个选项都必须受到阻碍——你基本上算是被迫使去执行剩下的那个选项了。这个答案很少在现有的文献中露面。

更确切地说，身体自由（Pettit 2008c：第 8 章）——的看法得到了总结： 29
“自由人……指的是在其力量和智慧所能办到的事物中，可以不受阻碍地做他所愿意做的事情的人”①（Hobbes 1994b：21. 2）。根据这一定义，只有当一个障碍妨碍了你“所愿意做”的选项时，只有当你喜爱那个受到阻碍的选项时，那个障碍才会夺走你的选择自由。

这一说法并非霍布斯自由定义的一个无意中的产物，而是一个他在与布拉姆霍尔主教争论时所刻意捍卫的命题。两人当时所争论的问题，涉及了拥有玩网球与否的选择自由的先决条件。布拉姆霍尔主张说，如果你正在考虑是否去玩网球（假设有人愿意陪你一起玩），然后决定不去玩，那么，你仍然可能错误地认为自己拥有选择自由。毕竟，在你不知情的情况下，某人或许已经关闭了（“真正的”）网球场的大门，使你无法入内。霍布斯没有被这个说法所折服，而是提出：对于任何处在你的位置上的人来说，“直到他具有了去玩网球的意愿之前，大门的关闭并不构成对他的阻碍”（Hobbes and Bramhall 1999：91）。

霍布斯这里所采取的论证思路是：只有当你试图满足你在两个选项中最终做出的选择时，对你进行阻挠的障碍才削减了你的选择自由。如果说，某个障碍所阻止你去采纳的选项，碰巧本来就不是你想采纳的选项，那么，你就没有受到任何阻挠。因此，在那种情况下，自由也就并未遭受损失。我们也许都会赞成说，你自由地决定了不去玩网球，并因此要为这一决定担负责任。毕竟，你认为你可以根据你的喜好而行动（不管你最终的喜好是什么），而且，事实上你的确根据你所形成的喜好而行动了（Frankfurt 1969）②。然而，选择自由所要求的，仅仅就是能够根据你所形成的喜好来进行选择吗（哪怕是网球的例子中所表现出来的那种

---

① 霍布斯：《利维坦》，黎思复、黎廷弼译，北京：商务印书馆，1986 年，第 163 页。——译注

② 在这种情况下，按照日常的用语来说，你所采取的行动就是自愿的（voluntary）。也就是说，你之所以采取这个行动，并不是因为你没有其他（可以接受的）选择。关于“自愿”的这种概念，见 Olsaretti 2004。

选择)？我给出的答案是否定的。①

在如下两种情形之间，显然存在着差异：一种是网球的例子中的情形，另一种是所有的选项(而非仅仅是你喜爱的选项)都没有遭到阻碍的情形。在第一种情形里，我们可以说，你自由地做出了一个选择，但我们不能说，你可以在你所喜爱的选项和另外的选项之间做出选择。你无法在玩网球和不玩网球之间进行选择。在第二种情形里，上面的两种说法则都是真实的：不管你如何选择，你都是在自由地做出选择；不仅如此，你还可以在两个给定的选项之间进行选择。需要加以考虑的问题是，在
30 增进选择自由时，我们是否应该试图确保这两件事情都是真实的？还是说，只要确保其中一件是真实的就行了。我们是否应该试图赋予行为者们以能力，使他们可以决定去实现这两个选项中的哪一个？还是说，我们只应该试图去确保他们所偏好的那个选项得到满足？

这些理想是彼此不同的，并且会衍生出不同的政策结果。如果我们想去追寻那个内容更为丰富的目标，想去使你能够选择所有的选项，那么，我们就会想要去投入资源，以便使得每一个选项都是可以获得的，而不论你可能会喜爱其中的哪一个。如果我们想去追寻那个内容更为贫瘠的目标，如果我们仅仅试图去避免对实现偏好的阻挠，那么，只有在你很有可能选择一个选项时，我们才会想要去投入资源，以便使得那个选项是可以获得的。较为丰富的理想需要更多的资源，较为贫瘠的理想则只需要较少的资源。当然，如果我们没有足够的资源去支持第一个理想，去集中关注第二个理想就是合理的。但这并没有告诉我们哪个理想更有吸引力，也没有说明哪个理想能够更好地回应日常的选择自由概念。

伯林的批评

在其他条件相同的情况下，更为丰富的那个理想肯定是更有吸引力的，因为在它得到了满足的同时，那个较为贫瘠的理想也会得到满足：如

① 大冢(Otsuka 2003：第5章)有不同的看法。他把“自愿”等同于“意愿”(willing)。

果你能够去做你可能想做的任何事情，你就能够去做你事实上恰好想要去做的事情。不过，更为重要的是，那个较为丰富的理想还可以更好地回应我们共享的选择自由理念。它支持了如下这种自然而然的假设：如果你享有在某些选项之间进行选择的自由，那么，你必须能够决定去实现哪一个选项。这就能使我们避免一些萦绕在霍布斯式观点之上的、有违直觉的结论。

如果我们接受霍布斯的结论，认为选择自由所需要的就只是偏好的满足，那么，即使当别人会迫使你去做出一个选择的时候，你也可能被认为是拥有选择自由的。只要你被迫采取的行为是你所喜爱的行为，对你的强迫就没有关系。我们可能会去选择接受这种有违直觉的结论，并论证说，霍布斯式思路里的其他优点弥补了接受这种结论的代价。但是，正如以赛亚・伯林(Berlin 1969：xxxix)所指出的那样[①]，如果我们坚持那种思路，就会碰上更为棘手的问题[②](Pettit 2011b)。

如果我们认为选择自由只要求对偏好的满足，我们就必须承认说， 31
当你面对两个选项 X 和 Y 时，假如你想要 X，但却偏偏受到了阻碍，那么，你就有两种不同的方法可以使自己拥有选择自由。你可以排除障碍，这样你就可以获得你想要的东西，即 X。或者，你可以去努力改变你的偏好，这样你就会希望得到你能够得到的东西，即 Y。但是，正如伯林(Berlin 1969：xxxix)所论证的，认为你可以用第二种方式使自己自由，乃是非常荒谬的：“教导人如果他不能得到他所要的，那么就必须学会要他所能得的。这也许会促进他的幸福与安全；但这不会增进他的公民自由或政治自由。”[③]

伯林的论证值得详加表述。

---

① 伯林：《自由论》，胡传胜译，南京：译林出版社，2011 年，第 32 页。——译注

② 显然，只是在 1969 年的文集(1958 年的讲演“两种自由概念”被收入了这一文集)的导论中，伯林才集中关注了这一问题。他将此归功于一位匿名评论者在《泰晤士报文学增刊》上对 1958 年讲演的批评。那位评论者后来被发现是 Richard Wollheim。我要感谢 Albert Weale 和 Jonathan Wolff 向我指出这一点。

③ 伯林：《自由论》，第 32 页。——译注

(1) 假设我们赞成霍布斯的如下观点:在面对X和Y时,只要你事实上所选择的选项没有受到阻碍,你就享有了选择自由;假设说,无阻挠(non-frustration)就足以构成自由。

(2) 根据这一假设,如果你选择了X,而我阻碍了你去获得X(而非Y),那么,你就无法享有选择自由。

(3) 但是,根据上述假设,如果你选择的是Y,那么,你就能享有选择自由。

(4) 因此,如果你了解这一情况,你似乎就可以让自己享有选择自由,而又不必去约束我所做的阻碍。你只需要去改造自己的偏好,从而选择Y。

(5) 但这是荒谬的。如果你想拥有选择自由,就不能仅仅让自己去适应我那种想要阻挠你进行选择的意愿。

(6) 因此,最初的假设——无阻挠就足以构成选择自由——必定是错误的。

为了说明这个问题,设想你是一个犯人。由于受到了强制监禁,你没有在“待在监狱里”和“生活在监狱外面”之间做出选择的自由。如果你碰巧所喜爱的选项是生活在监狱之外,你是否因此而缺少自由呢(就像霍布斯式的思路所意味着的那样)?如果答案是肯定的,那么,只要你改造自己的喜好,使自己变得希望留在监狱里,你就可以让自己自由——你就可以赋予自己在“待在监狱里”和“待在监狱外”之间进行选择的自由。这就像伯林(Berlin 1969:139)对这一想法的表述:“我仅需要使欲望收缩或灭绝就能获得自由”。[①] 但这明显是荒谬的,并且极为有力地说明了为何应该拒绝霍布斯式的思路。无论根据哪种合乎情理的思维方式,对约束的顺应都不能算作是从那个约束下获得解放的一种方式。[②]

---

① 伯林:《自由论》,第188页。——译注

② 尽管这种顺应不能在所需要的意义上合理地使你自由,但在另一种独立的意义上,它可能会有助于自由:它能够拓展你可以获得的选择的范围。假设说,在是否陪我度过一个空闲周末的问题上,你希望自己有能力去进行选择。但是,只有在你准备进行远足的情况下,你才能和我一起共度周末,而你现在对远足并没有兴趣。通过改造自己的喜好,让远足变得可以忍受,你就可以为自己提供这样的一种选择。

我们可以把一个选择中的每个选项想成一扇门，当门打开的时候，32
相关的选项就是可以被获得的(Berlin 1969：xlviii)。上述论证教给我们的是：即使你碰巧选择去推的那扇门是开着的，这也不足以让你获得通常意义上的选择自由。要想获得选择自由，则那个选择中的其他任何选项，亦即你可能去推的其他的门，也都必须是开放的。假设我们正在考虑的是：你是否有在X和Y两个选项之间进行选择的自由。如果你真的能够被认为是在现实世界里拥有选择自由，那么，当你在现实世界里倾向于选择X时，你必须不能受到阻挠；但同样地，在你会倾向于选择Y的可能世界里，你也必须不能受到阻挠。① 你必须能得到你在现实中想要的东西，但如果你转而想要获得其他的选项，你也必须能够得到满足。② 所有的门必须都是开着的。

为了反对这种观点，霍布斯式立场的支持者可能会争辩说，如果你认为自己极其不可能去选择某个特定的选项(比方说Y)，那么，还去关心在你选择Y时会发生什么，就是不理性的。基于这一观察，那位唱反调者可能会敦促说，你对一个选项所受到的阻碍的关心程度，只应该反映出你选择该选项的概率。

---

① 如果说，无论是在你倾向于选择X的现实世界中，还是在你会选择另一个选项Y的最为接近的可能世界中，你都不会受到阻挠，那么，这就足够了吗？还是说，你必须在自己会倾向于选择X的、更为广泛的一系列世界(包括现实世界)中都能获得X，并在自己会倾向于选择Y的、更为广泛的一系列世界(包括最为接近的可能世界)中都能获得Y？我自己的看法是，你必须能够在更为广泛的一系列世界中摆脱对每个选项的阻碍。这些世界的范围只能在一种直觉性的、需要根据背景而判断的基础上得到辨明，且不会包括所有的可能世界。这些关于无阻碍与自由之间关系的话题——也就是关于无阻碍必须有多大程度的稳固性的话题(Pettit 2001a；List 2004，2006b)——与认识论中关于真实信念和知识之间关系的话题是相类似的。例如，见Williamson 2000。我在当前的讨论中不会涉及这些问题。

② 严格来讲，如下说法是存在问题的：为了拥有选择X的自由，你必须在转而想要Y的情况下(在你偏向于这个选项的情况下)能够去选择Y。这个条件可能无法得到满足，因为你可能是这样的人：只有在你无法获得Y这个选项的时候，你才会想去做Y。Groucho Marx的如下趣话表明了这种可能性：只有在某个俱乐部拒绝接受他时，他才会有兴趣加入这个俱乐部。为了克服这一问题，我们可以做出如下规定：如果你试图去选择Y，你必须能够去那样做，但在那种情况下，你最终不必真的倾向于选择Y。为了表达上的简便起见，我在行文中会忽略这种复杂性。我要感谢Lara Buchak提醒我注意到了这一问题。

这种反对意见找错了靶子。当你作为一个慎思的(deliberative)主体来行动时,你会认为自己是一个能够在可获得的选项之间进行选择的人,一个奠定了选择活动的人。换句话说,你会把自己视为一个裁断者和创制者,来决定是世界里的这个选项还是其他某些选项得到实现。对
33 于任何选项所受到的阻碍抱持着无所谓的态度,都是和这种自我认知不一致的,哪怕你不太可能去采纳那种选项。任何那种阻碍都会预先限制你认为自己所拥有的能力(我们假设你确实拥有那些能力),从而削弱你作为主体(agent)的地位。因此,任何受到那种阻碍的前景都必然是缺乏吸引力的。

上述讨论起始于如下问题:如果一个障碍能够削减行为者的自由,它必须在给定的选择中对哪些东西进行阻碍?我会像伯林一样,主张以如下方式理解自由:在给定的选项之间(如X、Y和Z,或仅仅是X和Y)所进行的选择中,对任何一个选项的阻碍都会削减你的自由,无论你实际上所喜爱的是哪一个选项。这样的障碍会使一个或多个选项无法被获得,从而会破坏你的客观性资源或认知性资源。这将意味着,你不再有资格去正确地宣称或认为"我可以去做X,或者我可以去做Y,或者我可以去做Z"。从事实的角度来说,或者从你的认知的角度来说,上述三个说法中的一个或另一个将会是错误的。

自由、稳固性与概率

对于能够削减选择自由的障碍,如果我们按照上述方式去进行理解,就可能会问道:在一个于X和Y之间进行的特定选择上,如何才能够促进你所要拥有的自由?粗略地说,如何才能使对这种意义上的自由的预期最大化。最为合理的答案是:我们应当使两种概率最小化,即你在选择X时受到阻碍的概率,以及你在选择Y时受到阻碍的概率。如果X是一扇敞开的门,则你在选择X时受到阻碍的概率就应该会很低;而如果Y是一扇敞开的门,则你在选择Y时受到阻碍的概率就也应该会很低。因此,我们应当使能够以某种方式反映这两种概率的函数最小

化。例如，用一种过于简单的方式来说，我们应当使两种概率相加的总和最小化。① 如果采用这种能起到说明性作用的进一步要求，我们就应 34 当使 P(H if X)＋ P(H if Y)的值最小化。② 这里的 P 表示概率，H 则表示阻碍。③

无论在何种情况下，如果能够用来减少阻碍的资源不是问题的话，我们就应该力争去使两种概率之和最小化。如果资源是稀缺的，那么，显而易见的是，我们在使用资源的时候，就应该力图使那个你更有可能选择的选项受到阻碍的概率最小化。偏好的满足是好事，因此，在其他条件相同的情况下，与你遭受了阻碍却未遭受阻挠(frustration)的情形④相比，如果你既遭受了阻碍也遭受了阻挠，你就承受了更大的损失。你不仅会在自由上有所损失，还会在偏好的满足上有所损失。当然，在你遭受了干涉却未遭受阻挠的情形里，发生阻挠的概率越大，你的情况

① 如果我们接受这个进一步的要求，就必须规定说：两种概率的值都不能是 1 或者 0。这种规定是合理的，因为根据标准的概率公理，只有逻辑上的必然事件的值才能为 1，只有逻辑上不可能发生的事件的值才能为 0。加上这个规定的理由是：正如 Emily Chapman 向我所指出的，从直觉上来说，在如下两种情况里，第一种情况下的自由概率要远远小于第二种情况下的概率，尽管这两种情况下的概率之和是相等的。在第一种情况下，一个选项受到干涉的概率是 1，另一个选项受到干涉的概率是 0。在第二种情况下，两个选项受到干涉的概率都是 0.5。这一观察可能意味着，我们应该使之最小化的，不应该是两种概率之和。我们应该找出一种将它们结合起来的方式，使其对于与不同选项联系在一起的不同干涉概率之间的变化具有敏感性。例如，为了做到这一点，我们可能要求使“选择 X 时受到阻碍的概率”的平方与“选择 Y 时受到阻碍的概率”的平方之和最小化。这一做法是基于如下的理念：与不同选项联系在一起的干涉概率之间的差别越大，对于自由的概率来说就越危险。我将忽略这个关于自由度量的问题，以及许多其他的度量问题。

② P(H if X)和 P(H if Y)分别表示“选择 X 时受到阻碍的概率”和“选择 Y 时受到阻碍的概率”。——译注

③ 出于与证据式(evidential)和因果性(causal)的决策理论之间争论相似的理由，“选择 X 时受到阻碍的概率”和“选择 Y 时受到阻碍的概率”这种假想性(hypothetical)的概率不应被理解为条件性(conditional)的概率，而是应当以和因果性决策理论相一致的其他模式中的某一种来理解。见 Joyce 1999。比方说，条件性概率 P(H / X)——即在给定 X 的情况下 H 发生的概率——可能会很低，但不是因为 X 是一扇敞开的门，而是因为那些有能力阻碍你进行选择的人希望你去选择 X。

④ 例如，当你面临 X 和 Y 两个选项时，其他人准备阻碍你获取 X，但你选择了 Y，于是便没有与他发生冲突，从而没有受到实际的阻挠。——译注

就越糟糕。以可能发挥较小效果的方式来使用稀缺的防御性资源,乃是不理性的。因此,寻求去捍卫你不太可能去喜爱的选项,而不是去捍卫你更有可能会喜爱的选项,就是不理性的。①

无论"自由需要我们去使 P(H if X)+P(H if Y)最小化"这一说法是多么的合情合理,有些作者还是采取了一种不同的思路。他们宣称,如果我们关心使阻碍最小化,那么,只有在某个特定的选项有可能会被选择时,我们才应该在相应程度上关注于使该选项受到阻碍的概率最小化(Goodin and Jackson 2007)。我们应该试图去使之最小化的,不是上面所说的概率总和,而是在通过相应选项被实际选择的概率分别进行折算后,那两个概率所相加的总和。换句话说,我们应当寻求使如下两者之和最小化:P(X)P(H if X)+P(Y)P(H if Y)。②

然而,如果选择了这种思路,就等于是去赞成之前描述的霍布斯式立场,而拒绝伯林的"敞开的大门"式的观点(Pettit 2008b)。为了理解为什么这种思路是霍布斯式的,请想想它会引导你去如何思考如下问题:如果想在 X 和 Y 之间的选择上拥有自由,你都需要去做些什么?如果自由所要求的,只是使折算后的概率之和最小化,而不是使最初的概率之和最小化,那么,它就可能会要求你在决定选择 X 还是选择 Y 时,要考虑哪一个更有可能避开阻碍,即"选择 X 时受到阻碍的概率"和"选择 Y 时受到阻碍的概率"哪个更低。比方说,如果"选择 X 时受到阻碍的概
35 率"更高,那么,通过选择 Y,你就会将"选择 X 的概率"设定为 0,从而将 P(X)P(H if X)+P(Y)P(H if Y)缩减为 P(Y)P(H if Y)。这个概率也许会非常之低,因为(比如说)那些有权力去阻碍你的人希望你选择 Y。通过调整自己的喜好并选择 Y,你就降低了受到阻碍的概率。根据那种

① Waldron(2007)注意到了如下事实:在选择的概率的基础上来使用资源是合理的。他由此而做出的论证实际上是在说,我们应该把自由与阻挠的阙如联系在一起。对此的回复见 Pettit 2007a。Waldron 采取的立场与 Goodin 和 Jackson(2007)的立场相似。对于后两者的立场,我将在后文中予以讨论。

② 即"'选择 X 时受到阻碍的概率'乘以'选择 X 的概率'"和"'选择 Y 时受到阻碍的概率'乘以'选择 Y 的概率'"。——译注

霍布斯式的解释，这就提高了享有选择自由的概率。

通过使用这种概率式的语言，可能会有助于粗略地表明争论双方的立场分歧。我用表 1 - 1 来说明这一点。

表 1 - 1　障碍上的变化

受到障碍的概率变大的前提是	你选择了 X	你选择了 Y
你实际上	1. 选择了 X	2. 选择了 X
你实际上	3. 选择了 Y	4. 选择了 Y

那种霍布斯式的观点意味着，如果场景 2 或 3 得到了实现，你很可能就会免受阻挠，从而在 X 和 Y 之间的选择上获得自由。那种"敞开的大门"式观点则意味着，你获得这种选择自由的概率与你实际的选择无关。不管你的选择是什么，那一概率都是由"选择 X 时受到阻碍的概率"和"选择 Y 时受到阻碍的概率"所决定的。

这两种立场之间的对比是尖锐而鲜明的。但是，这种对比仍然与前面提到的如下说法是一致的：对你所喜爱的选项的阻碍，比对你所不喜爱的选项的阻碍要更差。在这两种情形下，你都是不自由的，但在第一种情形下，你会遭受更大的伤害。在对自由进行度量时，我们应该把这种更大的伤害考虑进去吗？这取决于我们的看法。我们是否认为，你所受到的那种阻挠中包含了自由上的损失，而这种损失是当任何选项受到阻碍时都必然会存在的？还是说，那种阻挠应该算作一种特殊类型的伤害？我倾向于后一种思路，但这是一个涉及精细度量的问题，我们在此无须加以太多考虑。在第二节里，我会提到一些自由度量方面的问题，但从总体上来说，我在本书中会绕过那些问题。①

① 如果我们确实认为，从某些方面来看，那种阻挠是一种与自由有关的损失，那么，我们就有相应的理由去对与"选择 X 时受到阻碍的概率"和"选择 Y 时受到阻碍的概率"相关的伤害进行加权处理(例如，用 0 和 1 之间的数字来表示)，使其反映出对 X 或 Y 的喜爱程度，从而反映出"选择 X 的概率"和"选择 Y 的概率"。只要这种加权的数值足够低，这里所提出的主张就会与 Goodin 和 Jackson(2007)所支持的主张有所不同。

第二节 禁绝性和侵犯性的障碍

我们已经看到了，对构成一个选择的任何选项的阻碍，都会削减选
36 择自由。我们在这一节里要询问的是，哪种阻碍可以削减你的选择自由？我在这一节中将论证说，区分如下两种阻碍是很重要的：一种是我称之为侵犯(invade)自由选择的阻碍，另一种是禁绝(vitiate)自由选择的阻碍。在某种意义上来说，侵犯性的阻碍要更为严重。在随后的两节里，我将会考察选择自由遭受侵犯的不同方式。

自由选择所需要的资源

对自由选择的所有阻碍，都会影响到自由所需要的资源，无论是客观性的还是认知性的资源。因此，不妨先纵览一下，如果你想要在X、Y和Z这样的一组选项中获得选择自由，都会需要什么样的资源。你所需要的资源会分为三大类：个人的、自然的和社会的。

在个人的层面上，你必须拥有做出选择所需要的、精神上和身体上的力量和知识，并且必须意识到自己拥有这些能力。只有当你能够有意识地去举起或不举起你的手时，你才能在这件事情上有所选择。只有当你能够有意识地去发送电子邮件或寄信时，你才能在“通过何种媒介传达信息”这件事上有所选择。①

实现特定选项所需要的自然性资源，指的是在你周围环境中使那种行为成为可能所需要的条件。如果天气冷得都让你冻僵了，你就没有能力去举起你的手。如果互联网被一场雷暴搞得瘫痪了，你就没有能力去发送电子邮件。因此，如果你想在举手和不举手、发送和不发送电子邮

---

① 特别是，在你能够有意识地去做这些事情时，你必须具有举手或不举手、发送电子邮件或寄信的欲望。你必须有能力根据自己的喜好或意志来决定选项，不管你的喜好和意志是什么。如果出现了反常的情况，使你只有在并不想去选择某个选项的时候，才有能力去实现这个选择，那么，你就没有充足的个人性资源去选择这个选项。

件之间拥有选择自由的话，你就必须避免自然环境中的这类问题。当然，你还必须能够知道自己不必面对这些问题。

如果把举手仅仅看作一个身体运动的话，这一行为就不需要什么特别的社会性资源。但是，如果举手的动作被用来表达某些信号，这种社会性资源就是必需的。如果你想举手向某人问好，或者在比赛中判罚犯规，那么，只有当你的社会建立了使这种交流行为成为可能的惯例时，并且只有当你意识到了这一事实的时候，你才有能力去那样做。甚至更为明显的是，如果你想发送电子邮件或寄信，那么，只有当你的社会为你提供了这种行为所预设的技术和基础设施时，并且（再次提醒），只有当你 37
意识到了这一事实的时候，你才有能力去那样做。如果你想在发送电邮和寄信（或依靠某种需要更多步行的交流方式）之间有所选择的话，你就需要依赖于如下事实：在社会里，有足够多的他人愿意去提供这类服务，而且有足够多的他人愿意去购买这类服务。

社会性资源的范围可能是含糊不清的。考虑一下如下案例：只有在一位理疗师（他正在训练你从一次意外事故中恢复健康）的帮助下，你才能够把自己的手举起来；或者，只有在懂电脑的人的协助下，你才能够发送电子邮件。在这样的案例中，你是否有能力去完成所提到的那些选项呢？另一个人的自愿协助是否应该被算作相关的社会性资源呢？

我的回答是：如果说，你必须依靠某个或某一组人的善意，才能去完成相关的选项，那么，你就不具有自由所需要的那种意义上的能力。如果你想具有自由选择所需要的能力，其他人就必须受到独立于其意志的压力或动力所驱使，去提供你所需要的协助；或者，必须存在一批愿意提供协助的人，使得在某些协助者不能予以帮助时，会有其他人愿意取代他的位置。但是，根据这里所提供的思路，如果仅仅是有人碰巧愿意帮助你，则你就并不具有相关的能力。上述回答在直觉上的可靠程度，要依赖于对下面两种情形的明确区分：在一种情形里，你所能获得的协助取决于其他人的善意；在另一种情形里，你能够（我们可能会说）控制那种协助，也就是说，你可以对那种协助提出要求，就如同你拥有相应的权利一样。稍后,当我们考虑产生支配的条件时,这种区分将会发挥作用。正如我们将会看到的,第一种情形会容许支配的存在,第二种则不会。

两种障碍

这些观察表明,如果你能够在任意一组选项中进行选择的话,那么,在客观性和认知性的层面上,你必须可以获得挑选每个选项所需的个人性、自然性和社会性的资源。在选项 X、Y 和 Z 之间做出自由的选择,就是去使用那些资源,以满足你针对那些选项而产生的喜好或意愿,而不管那种意愿的具体内容是什么;或者说,就是去施行那些资源使你所获得的能力,以满足你针对那些选项而产生的喜好或意愿。

但是,如果选择自由需要你能够去使用你的资源,以满足你的意愿,那么,我们就可以区分出两种可能的障碍。一方面,某些障碍会影响你
38 无论出于何种目标而对资源的使用,因此会影响你为满足自己的意愿而对资源的使用。另一方面,某些障碍会影响你为“满足自己的意愿”这一特定目标而对资源的使用,而不会以某种一般性的方式去影响你对资源的使用。

假设你有一部汽车,而且从原则上来说,它能够以多种不同的方式来为你服务,包括运送你前往本地的市中心。你可能会被两种明显不同的障碍(一般性的障碍或特定性的障碍)之一所阻碍,以至于无法驾驶自己的汽车进城。你可能会受阻于某些一般性的障碍,这些障碍使你无法用汽车去达成任何目的,更无法开车进城。例如,燃料可能不够了,引擎可能无法发动了,或者车子可能被毁坏了。你也可能会受阻于某些专门影响你开车前往市中心的障碍,只有当你为了这一目的而使用或试图使用汽车的时候,那些障碍才会启动。例如,也许某条法律禁止开车前往市中心;其他人也许会被吸引着去效仿你的行为,从而导致了交通堵塞;或者,某个环保团体也许会愤而弄坏你的座驾。

在你为了某个目的而使用自己的汽车时,可能会存在一般性的和特定性的障碍;同样,当你想针对某个给定的选择来满足自己的意愿时,也

可能会有一般性的和特定性的障碍来影响你对可用资源的使用，不管是客观性的资源还是认知性的资源。我将把特定性的障碍描述为对自由选择的侵犯性因素(invader)，把一般性的障碍描述为对自由选择的禁绝性因素(vitiator)。① 在如下意义上，侵犯性因素固有地(inherently)会损害自由：只有当你试图(或者将要试图)通过可用资源来满足自己的意愿时，侵犯性因素才会启动。禁绝性因素对自由的损害是偶然性的，而非固有的，因为它们不必以这种方式被启动。使它们得以出现的理由，与你满足自己意愿的尝试(或进行这种尝试的能力)没有关系。禁绝性因素所影响的，是你在满足自己意愿时将会用到的那些能力；侵犯性因素所针对的，则是你满足自己某些特定意愿时所需要的能力。我们可以说，侵犯性因素的目的就是去挫败你的意愿。

无论在什么时候，如果另一个人或团体把自己的意志强加给你，如果你只被允许在他们划定的界限和他们决定的条件下进行选择，那么，他们的阻碍无疑就是在针对你满足自己意愿的能力，并且构成了一种必然具有损害作用的攻击——一种对你的选择的侵犯。仅仅通过把他们的意志强加给你，他们就影响了你能够为满足自己的意愿而活动的范围。我们可以说，他们把意志强加给你的行为，意味着你的意志被替换掉了。在对你的行为的控制上，他们的意志与你的意志展开了竞争。这 39
最终可能导致他们篡夺了你对选择的控制力，进而主导了你的行为。或者，这也可能导致他们宣称自己应该插手你对选择的控制，从而限定了你根据自己意愿进行选择的范围。

这一观察表明，屈从他人的意志(不管是彻底的还是部分的屈从)代表了一种使你的选择遭受侵犯的方式。这时候，你是在受制于一种特定性的障碍，而非一般性的障碍。但是，对另一个行为人或行为机构的这种屈从，似乎是使选择遭受侵犯的唯一方式。对于一个侵犯了你在不同

① 在先前的作品里，我依靠的不是侵犯性和禁绝性障碍之间的区分，而是一种与之有紧密联系的区分，即在“威胁(compromise)自由的障碍”和“限制(condition)自由的障碍”之间的区分(Pettit 1997c：第二章)。

选项之间进行选择的障碍来说，只有当你寻求去满足自己进行那一选择的意愿时，这个障碍才会启动。它不会因为与此无关的原因而出现。如果有一种意志在和你自己的意志争夺对你行为的控制，启动那种障碍的条件就得到了满足。很难看出那种条件还能以其他什么方式被满足。比方说，在你寻求去满足自己进行选择的意愿时，这几乎不可能启动对你行为的自然阻碍。出于这些原因，我们可以用如下方式界定对选择的侵犯性障碍：那些障碍反映了他人对于你应该做什么事情的意志。

当我们在下一节里讨论侵犯性障碍的不同种类时，我们将会看到，其他人在将他们的意志强加于你时，可能并不会去有意地阻碍你。在那种意义上，当他们把意志强加于你时，就可能并不会去干涉你。但是，许多思想家把他人加诸你的干涉看作是侵犯选择的典型情况。他们把对选择的侵犯等同于有意地尝试去越俎代庖，或者去要求插手对你的控制；或者，他们还可能将这种侵犯等同于准意向(quasi-intentional)类型的那些尝试，例如，由于忽视而未能实施达到预期程度的关照，从而削弱了你的控制(Miller 1984)。以赛亚・伯林(Berlin 1969:122)就属于这些思想家之一。他认为，对选择自由的首要侵犯就是“别人的故意干涉”。①

何种因素应该算是对自由选择的禁绝而非侵犯呢？答案现在应该清楚了。无论是哪些因素，只要它们剥夺了你进行自由选择所需要的资源，或者限制了你使用那些资源的范围，但同时又没有用他人的意志来强行规定你应该做什么，那么，这些因素就应该算作是禁绝性的因素。换句话说，这些因素损害或者妨碍了你使用自己的资源来满足自己意愿的能力，但它们并非来源于其他行为人或行为机构的侵略性意志。因此，个人资源、自然资源甚或是社会资源的缺乏，就会禁绝你的选择自由，前提是，这种缺乏并非来源于其他行为人或行为机构在如下事项上的意志：你这个人，或者属于你这一类的人，应该如何做出选择。这种资

① 伯林：《自由论》，第170页。——译注

源上的缺乏可能随时来自你自己的疾病或残障，来自你所处的自然环境
的限制，来自对早先选择的侵犯对你或你的环境所造成的逐步损害，来 40
自其他人受不同动机所驱使的独立行为的结果总合，或者来自其他行为者出于某种必然性而被迫做出的行为(Olsaretti 2004)。

在大多数情况下，侵犯性障碍和禁绝性障碍之间的界限是一清二楚的。但是，对于由他人所采取的行动而衍生的障碍，那种界限就不那么明晰了。在如下两种情况之间，存在着巨大的差别：在一种情况下，你否决了我阅读报纸的选项，也就是说，你进行了侵犯性的干涉；在另一种情况下，“阅读报纸”这个选项已经丧失了可能性，因为其他大多数人开始变得依赖于电子新闻，结果导致了纸媒行业的消失，从而禁绝了我阅读报纸的选项。但是，对下面这个例子该怎么看呢？在只剩下一份报纸时，你和我都想去阅读它；你认识到了我们之间的竞争关系，于是便抢先将这份报纸拿走，从而阻挠了我。或者，对下面这种情况又该怎么看呢？新闻从业者工会发动了一场罢工，旨在惩罚自己的上司；但是，他们同时也充分意识到，这会对像我这样的读者构成阻碍。这样的行为应该算侵犯呢，还是应该算禁绝呢？

我想说，在这两种情况下，那种行为应该算是侵犯。你的本意也许不是将你的意志强加于我，并且你还对“我们中只有一个人可以阅读报纸”这个事实表示惋惜。然而，你还是把你的意志强加给我了，也就是说，你主动且有意地干涉了我。你这样做是出于如下这种工具性的理由：这是你满足自己意愿的唯一途径。同样，新闻从业者工会的目的并不是将其意志强加给像我这样的读者。他们这样做也许只是出于如下这种工具性的理由：这是他们向管理层施压以改善工资和工作条件的最佳途径。与那种专门指向我们的侵犯相比，我们或许会认为，这些由其他动机所驱动的侵犯并没有那么坏。而且，根据下一章将会提出的论证，我们也许并不认为自由社会必须总是禁止这类侵犯。但是，按照这里所采取的思路，我们显然必须承认说，那种行为无疑还是得算作侵犯。

不管你对我造成的伤害是必然的还是偶然的，在你进行侵犯时，你

都行使了一种可以任意选择干涉或不干涉我的权力。不过,这两种形式的干涉都不同于如下这种禁绝性的限制:你之所以将这种限制强加于我,是因为你除了强加一定的限制之外别无选择(无论对这种情况的判断是基于什么标准而做出的);你干预了我的选择,但你这样做是受必然性所迫,而不是出于一种倾向于进行干预的意志(我们或许可以说,一种自由意志)。因此,如果我们认为,在一种特定的背景之下,你除了力求去保护自己之外别无选择,那么,一旦你的行为对我产生了负面影响,你所强加的限制就对我的选择构成了一种禁绝性的障碍,而不是一种侵犯性的障碍。你多多少少是在非自愿的情况下将其强加于我的。

41 禁绝性障碍的相关性

在前面曾提到过的如下言论中,霍布斯承认了禁绝性障碍的重要性:如果一个人"在其力量和智慧所能办到的事物中"没有受到阻碍,他就做出了一个自由的选择。他由此而推论说,如果你想自由地选择一个选项,你就必须拥有能够借以去实施这一选择的"力量和智慧"——用我们的话来说,就是客观性的和认知性的资源。也就是说,你所进行的这种选择必须在你的能力范围之内。他还对比了你的自由遭到剥夺的两种方式。一种方式是在这方面的禁绝性匮乏,例如当你像一个"卧病的人"时那样。另一种方式则是你受到了"外界障碍"的侵犯(Hobbes 1994b:21.1)[①]。在后一种情况下,我们可以说,你确实是处于了不自由(unfree)的状况。在前一种情况下,你处于的是非自由(non-free)的状况,也就是说,你没有资格去拥有享受自由的机会(Pettit 2008c:第8章)。

在两个相互联系的方面,我们对"侵犯自由"和"禁绝自由"的区分与霍布斯有所不同。首先,我们的区分对"资源"的认识,超越了他所关注的力量和智慧这类内部资源。其次,我们的区分与霍布斯的思路有所分歧,因为前者只把侵犯性的资源同蓄意强加的阻碍联系了起来,而不是

① 本段中引用霍布斯的话均来自《利维坦》,第162—163页。——译注

像他一样，将其与所有的外界障碍都联系了起来。① 尽管如此，如果撇开那些不同之处的话，则大体上来说，我们的主张——“存在两类截然有别的对自由的阻碍”——还是符合霍布斯式的观点的。

上一节所采纳的观点使我们站在了伯林的一边反对霍布斯。但是，本节所采纳的观点则不仅使我们站在了霍布斯这一边，还使得我们站在了与伯林相反的立场上。这是因为，伯林自信满满地宣称说（Berlin 1969：122），选择自由并不需要没有禁绝，而只需要没有侵犯。他说道：“纯粹没有能力达到某个目的不能叫缺少政治自由”。② 在这里，他显然指的是由禁绝所产生的那种能力缺乏。他的这个主张所基于的是如下证据：只要（比如说）政府没有否决你的投票权，我们就可以说你拥有选择是否去投票的自由，而不必考虑你是否有能力前往投票站（例如，你是否卧病在床）。伯林对这种自由观加以普遍化，并论证说，即使根据我们 42
赋予“选择自由”一词的通常含义，选择的自由也从来不意味着拥有做出那一选择的能力。选择自由不要求拥有能使那一选择成真的资源。

我们确实经常在如下意义上谈论自由：只要一个选择没有被政府或其他某个行为者所封闭，选择自由就是存在的。但是，我要回到本书导论中的一个主题。我认为，“自由”的这种用法是非常特殊的，只有在一定的语境之下才能适用。因此，在表明人们拥有公民权时，说一个卧病在床的人拥有投票自由，就可能是有用的。然而，如果更为泛泛地宣称说，哪怕在你缺乏实践（exercise）选择的能力时，你也可以享有在某些选项之间进行选择的自由，这就会造成严重的误导（Van Parijs 1995）。在大多数语境中，说你可以在不同选项之间自由地选择——说你在这种意义上拥有选择自由，就意味着你可以决定去实现哪一个选项。只有当你

① 尽管存在这些不同之处，但如下的想法也不算具有误导性：霍布斯是在寻求一种与我们相类似的区分，这种区分可以指出，在对自由的各种剥夺里，哪些是必然对其造成伤害的，哪些是由于偶然的原因才对其造成伤害的。既然他认为所有的资源都是内在的，而所有剥夺了行为者资源的匮乏都是偶然的，他可能就会认为，外界的障碍所针对的，就是使用（当然，肯定是在外部世界里的使用）那些资源来满足行为者的意愿的尝试。

② 伯林：《自由论》，第 171 页。——译注

拥有做出这种选择所需要的资源和能力时——只有当你既未遭到禁绝也未遭到侵犯时,相关的决定权才在你手里。

自由与责任之间的关联支持了这种直觉性的主张(Pettit 2001e)。假设你相信自己拥有在选项X、Y和Z之间进行选择的自由。基于对于自由与责任之间关联的标准假定,你必须认为你可以为自己的选择担负责任。根据你所选定的选项的优劣,你可以被恰当地谴责和称赞。但是,如果你相信自己缺乏选择某个选项或其他选项所需要的客观性或认知性资源,那么,你就不可能认为自己可以为选择那一选项而担负责任。因此,如果你相信自己拥有在那三个选项之间进行选择的自由,这就要求你相信,自己拥有选择它们中的任意一个所需要的一切资源。[1]

在对自由加以分门别类这方面,这里的观点和伯林的观点之间的差别是很重要的,但这并不表明两者在最终的目标上有实质性的分歧。这是因为,尽管伯林认为,严格来说,在特定选项间进行选择的自由并不需要进行那种选择的能力,但他还是坚持说,在缺少那种能力的情况下,自由几乎是没有价值的。"对那些不能使用自由的人,自由又是什么呢?"他问道。"没有运用自由的适当条件,自由的价值何在?"(Berlin 1969:124;[2]亦见lii[3])约翰·罗尔斯(Rawls 1971)把自由(freedom)看作一束法律上的(而不必然是有效的)自由权(liberties),从而也区分了"严格意
43 义上的自由需要些什么"和"为了使自由有价值都需要些什么"。我们在下一章中将会看到,这是罗尔斯观点的一个重要特征。而且,对于他的正义理论与共和主义思路所支持的理论来说,这种特征对两者之间的比较是密切相关的。

侵犯性障碍的严重性

我们已经论证了,你的选择自由既可以被禁绝性因素所削减(这些

---

[1] 我感谢 Daniel Berntson 在这一点上的讨论。
[2] 伯林:《自由论》,第173页。——译注
[3] 伯林:《自由论》,第43页。——译注

因素并非必然会伤害你的自由)，也可以被侵犯性因素所削减(这些因素必然会伤害你的自由)。但是，根据任何一种对自由的理解，侵犯性的障碍都自然而然地会被视作尤为可恶和严重的。由于对选择的禁绝而受损，相当于无法拥有享受自由的先决条件，也就是说，相当于缺乏所需的资源。由于侵犯而受损，则相当于无法拥有被等同于自由的那种条件本身，也就是说，相当于在根据自己的意愿进行选择时受阻。

我们赋予侵犯的那种不同于禁绝的严重性，表现在了我们对两类阻碍的不同反应上面。对于那些并未强加他人意志的障碍，你可能会感到挫折和烦躁(be frustrated and exasperated)。那种障碍的例子包括：你在某些技能或知识上的不足，天气对你的计划的影响，马路上愈发严重的交通拥堵，或者仅仅是狗在地毯上排泄的方式。但是，如果你受阻于强加意志式的障碍，即那些反映了对他人意志的屈从的障碍，那么，你的感觉就不只是挫折和烦躁而已了。除非你拥有不寻常的自我约束力，否则的话，你就还会具有强烈的怨恨和愤怒感(resentment and indignation)(Strawson 1962)。

假设当你将汽车停在镇上的一个陌生地点时，有人警告你说，如果你把车留在那里，它就很可能会被即将到来的冰雹所损坏。想像一下这个警告所引发的对冰雹的担忧，以及对提供信息者的感激之情；再反过来想想你在如下不同情形中会产生的反应：那个人威胁说，如果你把车留在那里，他就会对它进行类似程度的损坏。在第一种情形中，对于那种对汽车的损坏，你当然会感到焦虑。但是，除非你的脾气迥异于其他人，否则的话，对于第二种情形中他所威胁要造成的损害，你就会感到勃然大怒。对你的警告提醒你要面对风险，而在决定是否要停车时，对这种风险的考虑肯定是很重要的。然而，尽管对你的威胁也指出了你所面临的相似风险，它却还有其他的后果。这种威胁表明，在你根据环境做出调整时，你并不是在出于自己的意愿而行动。在你所处的情境中，另一个人的意志想要去管制你的行为。从直觉上来说，这当然是可恶得多的。

44 正如我们这里所勾画的，对于自由选择的禁绝性和侵犯性阻碍来说，它们之间的区别恰好对应于如下两种限制在心理意义上的区别：一种限制会使人们烦躁，另一种则还可能会使人们勃然大怒。考虑到它们与这种愤怒之间的关联，这种障碍在社会生活中会占有头等重要的位置，并且是最为亟须矫正的。凭借一条在他之前很早就存在的传统，康德(Kant 2005:11)在对卢梭《社会契约论》的评论中强调了这一点。“从人类发现自己所处的环境来看，他要依赖于许多外在的事物……但是，比这种必然性的枷锁更为艰难和非自然的，乃是一个人对他人意志的屈从。对于习惯于自由的人来说，没有哪种不幸会比这更为可怕了。”①

这也就是说，总体来看，对自由选择的侵犯要比对它的禁绝更坏。但是，对于禁绝性因素的影响，也决不可加以轻视。在没有侵犯的情况下，这种因素会影响到你有望享有的选择范围。不仅如此，它们可能会对你的选择范围造成很大限制，以至于你因此而屈从于他人更大程度的侵犯。因此，尽管社会中的事物得以被组织起来的方式，可能并非相关意义上的“意志”的结果，且可能并未侵犯人们的选择本身——它可能是人们基于不同动机的行为所带来的无意识的聚合结果；但是，它能够以一种与侵犯密切相关的方式来影响选择自由。这种组织方式可能会构成一种结构或模式，继而促进某些人对其他人可拥有的选择的侵犯。我们也许甚至可以说，这种方式可能会导致一种间接的、结构性的侵犯，这种侵犯不同于它所引发的那种直接的、个人性的侵犯。②

---

① Van Parijs(1995)否认了强加意志于人(这通常被等同于干涉行为)的障碍的优先性。有些其他人对这一观点表示了同情，但又让步说，强加意志于人的障碍应当被给予优先性。他们所根据的是一种缺乏深度的理由，即：与其他种类的障碍相比，政治上的补救措施更适于针对这种障碍(Steiner 1994；Carter 1999；Kramer 2003)。关于政治的优先地位的相关性，见Carter(2008:62)。大多数的论证思路(如这里所采取的思路)在赋予强加意志的障碍以优先性时，所根据的是更深层次的、不那么偶然的原因。

② 上述评论解释了，为何这里所发展出的自由理论能够允许涉及对自由的体系性威胁(Clarissa
2011 Hayward 正确地强调了这种威胁)。这种自由理论为我们提供了理由，使我们能够认识到我稍后描述为“结构性支配”的那种东西。我要感谢与 Maeve Cook 在这一点上的有用交流。

自由的度量

上述讨论的结论是，在为自由的障碍加以说明时，我们应该区分以下两者：一种障碍是否定你在特定选项之间做出选择的禁绝；另一种是 45
对他人意志的屈从，即他人的侵犯，这种侵犯否定了你根据自己意愿做出选择的机会。由此产生的图景表明，选择的自由存在两个维度。一方面，自由是未受禁绝的可行选择范围；另一方面，自由是在实践那些选择时不受他人的侵犯。你所能处置的、未受禁绝的资源界定了有效机会的范围，这一范围越广，你就拥有越大的选择空间和机会自由。如果你所处的地位可以使你不受侵犯地使用那些资源——也就是说，在如何实践那些资源所给予你的能力的问题上，你丝毫没有屈从于他人的意志——那么，这种地位就会使你能够更为有效地利用那些机会。[①] 未受禁绝的资源确保了你的机会自由，屈从和侵犯的阙如则确保了你实践或控制的自由。[②]

在选择自由的度量问题上，上述观察教给了我们重要的一课。假设我们想要判断两个人分别拥有多大的选择自由。最显而易见的度量方法，就是去找一批选项组(option-sets)或者选择[③]作为参照点(在 X 和 Y 之间的选择，在 V 和 W 之间的选择，等等)，然后比较一下两者的“机会”自由和“实践”自由，比较一下他们在那些选择上的范围和控制程度。也就是说，一方面，比较一下他们在多大程度上避免了禁绝，另一方面，比

---

① 在这里，我使用了因查尔斯·泰勒(Taylor 1985a)而流行的“机会”与“实践”(exercise)概念。他是在区分“机会”的自由观与“实践”的自由观时提出这些概念的。

② 在 19 世纪，传统共和主义思考自由的方式是如何慢慢被新的“商业”或“市场”自由观所驱逐的？对于这一问题，Eric McGilvray(2011)给出了富于启发的解释。他将后一种自由观与早先的自然自由(natural liberty)概念联系了起来(自然自由在法学传统中占有显要的位置)。在他所描述的两种自由概念中，我们或许可以说，共和主义自由观倾向于关注奴役的阙如，而商业自由观所倾向于关注的，则是存在一个自由的领域。

③ 参见本章开头对“选择”(choice)的定义。——译注

较一下他们在多大程度上避免了侵犯。①

不过，即使我们认为对选择自由的比较必须参照范围相同的选项组，我们还是有多种不同的路径可供选择。一种方法是，先假定人们对于那些选项组具有同等的未被禁绝的能力（也就是说，假定他们拥有同
46 等的机会自由），然后试图表明人们对他人侵犯的屈从上的程度差异（也就是说，他们的"实践"或"控制"自由上的差异）。另一种方法是，先假定人们拥有同样的实践自由，再表明他们机会自由上的差异（也就是说，他们在不同的选项组中未被禁绝的实行选择能力上的差异）。还有一种方法则是，先不考虑这两类自由，而是试图去在同一个选项组的两个维度上寻找两人的差异。这项工作需要我们去为禁绝性和侵犯性的障碍分别规定各自的重要性。

不管我们选择这些路径中的哪一条，对自由的度量都是一个令人生畏的挑战。我们究竟应该如何衡量禁绝性和侵犯性障碍的相对重要性呢？这个问题是非常难以回答的（尽管我之前的评论主张给予侵犯性障碍以一定的优先性）。同样难以回答的是，在"实践"和"机会"这两个范畴的内部，我们该如何度量和比较不同层次上的自由？

在接下来的两节中，我们将看到，你的"实践"或"控制"的自由可能会通过不同的方式而遭到阻碍。也就是说，你的选择可能会通过不同的方式而遭到侵犯。这里先简短地说明一下。你在X、Y和Z之间进行选择的自由，既可能会由于遭受他人不受控制的干涉而被削减（干涉可以包括对一个或多个选项的移除、替换或误导），也可能会仅仅由于遭受支

① 除了这种方法以外，最容易想到的方法就是追随霍布斯，认为这两个人所享有的自由度取决于如下因素：根据他们个人的特有能力所能涵盖的选项来看，他们分别享有多大的"实践"自由——也就是说，每个人"在其力量和智慧所能办到的事物中"，在多大程度上没有受到阻碍。然而，这种方法会带来如下荒谬结果：一个能够做许多事情的君主——一个拥有广泛机会自由的君主——可能并不被认为比一位几乎没有机会自由的乞丐更自由。对选择自由的度量必须与选项有关。霍布斯也会赞成这一点。但是，如果两个人的自由是根据范围相同的选项组来度量的，而不是分别根据不同范围的选项组来度量的（那些选项组碰巧分别位于他们各自的能力范围之内，并构成了有效的选择机会），对自由的比较才会最有意义。

配而被削减(也就是说,仅仅由于暴露在他人不受控制地进行干涉的权力之下而被削减)。我们还可以进一步加深这种区分所带来的复杂性:一个特定的选项可以在不同的程度上被移除、替换或误导;你可以在不同的程度上缺少对那种干涉的控制;你还可以在不同的程度上暴露在不受控制地进行干涉的权力之下。很难说究竟应该如何去度量或者换算这些程度上的差异。因此,去度量一个障碍可能在多大程度上削减你对一个选择的实践自由,显然会是极度困难的。

同样,"如何度量和比较机会自由"这个问题,尽管已经在近期的文献中得到了大量关注(Sugden 1998; Carter 1999;Kramer 2003),但还是存在类似的困难。让我演示一下这里所出现的那类问题。选择一组选项X、Y和Z,假定你和另一个人对于这些选项都有同等的实践自由。没有人能够使你们中的任何一个屈从于他们的意志。现在想像一下,你只有选择X或Y的机会,而另一个人则有着在那三个选项之中任意选择的机会。这应该意味着你拥有较少的机会自由。但是,对于你相对缺少自由的程度,我们应该做何评价呢?例如,我们是否应该认为,不管那个新选项Z在直觉上与X和Y的差别是大是小,我相对缺少自由的程度 47
都是相同的?或者,不管我是在较大或较小的程度上珍视(或应该珍视)选项Z,我相对缺少自由的程度都是相同的?如果X和Y涉及饮用两种不同的啤酒,那么,Z是一种啤酒还是一种葡萄酒,对于我的相对自由程度有影响吗?假如Z是一种我特别想要的啤酒(或者葡萄酒)呢?

这些迹象是否应该使我们对度量选择自由的前景感到绝望呢?我认为,我们有理由不要去期待会出现一种可行的、或多或少是机械化的计算方法,能在一个通用的自由标尺之上,来为人们命运中一切可能的差异进行排序。但是,我们仍然有希望去建立某些公认的标准,并在给定的选择范围之内,通过应用那些标准,来对特定社会之内(或者两个或更多个不同社会之间)公民们身上更为突出的差异进行比较,并对之进行排序。

这一问题会占据下一章的核心位置。我们在该章将要考虑的是,如何追求"保障社会成员们平等的无支配自由"这一目标。在相关的语境中，我们将会看到，如下做法是很有意义的：界定一批重要的选择或选项组(即我认为的基本自由权)，并寻求建立一种体制；当人们拥有做出那些选择的机会时，以及当他们在不必屈从于他人意志的情况下去利用那一机会时，那种体制可以保护他们不会掉到一种根据文化背景而确定的、通用的标准之下。我会用我所说的"直视测试"(eyeball test)来确定那种相关的标准。在这种测试所确定的层次上，人们会得到保护，从而(根据地方性的标准)能够去直视彼此的眼睛，而不会有理由感到恐惧或驯服。从直觉上来看，如果能实现这种清晰而且可行的理想，就会使人们获得平等的自由人身份或自由公民身份，也就是共和主义思想长期奉为理想的那种自由身份。

展现出来的意志和真实的意志

现在，我们可以开始看看之前提到过的干涉与支配概念，以便讨论侵犯你选择自由的不同模式了。但是，在转向对那一问题的讨论之前(相关讨论将在下两节中得到展开)，我要先谈谈一个值得关注的重要话题。假定你拥有未被禁绝的能力，能够在X、Y和Z之间进行选择，假定你拥有一切所需的内部和外部资源，并且在使用那些资源和实践那种能力时不必屈从于他人的意志。这是否就意味着，不管你选择去做什么，你都可以算是享有"选择自由"了(无论这个词的意思是什么)？

48 根据一种特定的心理自由理想——这种理想常常被称为"自律"(autonomy)，答案是否定的。你可能会受制于一种潜在的不安，而这样的不安是他律(heteronomy)的一种形式。这种不安使得你在针对相关的选项产生意愿时，无法形成(就像人们常说的)自己反思性的或稳定的意志，亦即你的真正的或真实的意志。你可能属于这样的一种人：你的意志形成过程遭到了扭曲，以至于在你心中所形成的意志采取了一种异己力量的形式，而不能去真正地代表你。这种意志可能并未反映你对自己的最高期许，而是反映了这样的一种脾性：你把这种脾性看作是意志上或智识上的一种软弱表现。于是，在向那种脾性屈服时，你就会倾向于把自己看成是——用传统的形象来表达的话——激情的奴隶，同时也是那些激情在传统上所象征的各种压力的奴隶(James 1997)。你将无法把自己想象成是完全掌控自己行动的人。相反，你大概会认为，你被一些病症所背叛了。这些包括狂迷、强迫症和易冲动等欲望方面的病症，以及偏执、疑神疑鬼和盲目轻信等信念方面的病症。

在这个意义上所理解的"自律"这一话题，已经造就了大量的文献。当以赛亚・伯林(Berlin 1969)说起如下这种积极的、心理上的自由时，他所想到的就是自律：这种自由在于成为自己的主人，如果不能在社会世界中做到这一点，至少也要在灵魂的城堡里做到这一点。① 哈里・法兰克福(Frankfurt 1988)论证说，这种自律所需要的是：你所据以行动的欲望，也正是你所认同的欲望；最起码，与成瘾式的渴望不同，那些欲望是受一种更高阶(higher-order)欲望所控制的，而你应当是被那些更高阶的欲望所驱动的(亦见 Dworkin 1988)。Michael Bratman(2007)没有把这种自律或自治(self-governance)与对更高阶欲望的控制联系起来，而是将其与一种由长期计划所决定的控制联系了起来。我自己倾向于遵循佩蒂特与史密斯的看法(Pettit and Smith 1996)，把自律当作一种"正律"(orthonomy)的理想，即一种由正确的事物(orthos)所进行的统治，而非由自我(autos)所进行的统治。我想论证说，正律所需要的是，你在形成欲望并根据它来行动时，要使得这种欲望能够响应你的评价(evaluation)，尤其是那些反映了所有相关事实的评价(亦见 Watson 2003：导论；Watson 2005)②。

---

① 在这里，我会像麦卡勒姆(MacCallum 1967)那样，为简单起见而假设说，即使是积极自由的概念，也可以被理解为是需要障碍的阙如。但是，积极自由的概念经常被与 19 世纪末的英国自由主义(当时被称作现代自由主义[Gaus 1983])联系在一起，而在那个传统里，自由并不在于逃脱外部的阻碍，而是在于达成某种形式的自我实现，从而积极地利用那些阻碍的阙如(Baldwin 1984)。需要注意的是，尽管我在这里赞同麦卡勒姆的主张，但在下一章里，我会与他分道扬镳。我在下一章里将论证说，人身自由不仅需要某些阻碍的阙如。更为具体地说，人身自由所需要的，是由得到广泛接受的规范与法律规则来确保消除阻碍。

② 另有一批思想家也使用了自律或自治的概念。他们的目的不是要借此发展出一种个人生活的理想，而是要发展出一种能够涵盖政治领域的理想。例如，见 Christman 2009。

49 下面这种说法是完全合乎情理的:选择自由需要某种版本的自律或正律;或者可以说,某种版本的心理自由(Pettit 2001e)。不过,在当前的情况下,我会忽略这一点。我们所关心的,是你所展现出来的意志(revealed will)的自由,而不是那种意志能否算作你真正的或真实的意志。在一本政治哲学著作里,这种处理方法是恰当的。我们所有人都要面对如下这种挑战:我们在某一个或另一个选择领域里所形成的意志,是否能够符合自律或正律的标准?但这是一种心理上或伦理上的挑战,而非一种可以合理地由国家这种集体性的、强制性的机构来负责的挑战。

我在本章的前文中曾提到过,在这本书里,我们并不关心"是什么赋予了你形而上的自由意志"的问题。这个问题指的是:是什么使得你成为一个拥有能力(不管如何理解能力一词)在特定的选择中挑选某一个或另一个选项的行为者。我们刚才所看到的则是,我们同样也不关心"是什么赋予了你心理上的自由意志"的问题。这个问题指的是:是什么使得你能够自主地(autonomously)形成自己的意志(不管如何理解自主一词)。我们所关心的,仅仅是社会性的自由意志,或者说,实际上就是政治自由。有了这种自由后,无论你形成自己意志的过程是如何的不完善,你都可以根据这种意志来做出自己的选择,而不会遭到禁绝和侵犯。

第三节 没有支配就没有侵犯

上一节所论证的结论是,给定能够做出任何选择的未被禁绝的能力——给定任何一组你能够在其中拥有有效选择机会的选项,"你在多大程度上可以自由地做出选择"的问题就变成了"在实践那种能力时,你是否会屈从于另一个人的意志"。但是,你都可能通过哪些途径而屈从于他人的意志呢(不管那是一个个体行为者的意志,还是一个有组织的行为机构或群体的意志[List and Pettit 2011])?

如果一个行为人或行为机构对他人的选择进行了干预,而且它的用意在于限制那一选择,(或至少是由于它的忽视而造成了限制那一选择的效果[Miller 1984]),那么,对这一做法的标准用词就是“干涉”(interference)。干涉被认为是涉及了对选择的有意限制(或者,在由忽视而导致限制的情况下,涉及了对选择的准意向性[quasi-intentional]限制),因此,只有当某人自己可以选择干涉还是不干涉时,他才具有干涉他人选择的能力。在讨论对他人意志的屈从所涉及的问题时,这一讨论所引起的主要话题是:这种屈从——对你选择自由的这种侵犯——是否就等同于遭受他人的积极干涉。

我要先说明一下我所将要捍卫的立场。共和主义的无支配自由理 50
论主张,对于那种对他人意志的屈从而言,由积极干涉所构成的对选择的限制并非充分条件,甚至也不是必要条件。只有支配才能够起到那种作用。支配是根据干涉而得到定义的,但又与干涉有所不同。某个人 A 会在某个选择上被另一个行为人或行为机构 B 所支配,前提是 B 拥有干涉那个选择的权力,而这一权力本身又不受 A 的控制。当我说 B 拥有干涉的权力时,我的意思是说,B 有能力去干涉或不干涉,而这一能力没有受到禁绝或侵犯。当我说那种干涉的权力不受 A 的控制时,我的意思是说,这种权力并不根据 A 所设定的条件而行使。它并不根据 A 所能影响决定的方向或模式而行使。在那个方面,它不同于某人在(比方说)雇人来为自己做出特定决策时所引入的干涉。

在本节中,我首先要处理的是如下问题:假定干涉是一种积极地限制你选择的方法,从而也是使你屈从于我的意志的可能方法,那么,干涉的构成要素都是什么呢?这一讨论是非常重要的,因为在我刚刚对支配所给出的定义里,已经预设了干涉的概念。尽管这会涉及一些细节性的分析,但其基本内容还是很清楚的,而且会在一个简单的矩阵中得到总结。在这一讨论之后,我会继而论证说,没有支配的干涉并不构成屈从。实际上,就像本节标题所说的,没有支配就没有侵犯。对于对自由的侵犯性削减来说,支配乃是必要条件。在下一节里,我将会论证一个相对应的命题:没有侵犯就没有支配,因此,对于对自由的侵犯性削减来说,支配不仅是必要条件,而且也是充分条件。

干涉的本质

如果干涉能具有限制你在X、Y和Z之间进行选择的能力，那么，它就必须能够影响你使用某些原先可以获得的客观性和认知性资源，而你本来被认为是凭借这些资源而具有去做X或Y或Z的未被禁绝的能力。这种干涉必须能够确保，从客观事实上来看，或者从你的认知感觉上来看，你已经无法再获得那些选项了。

我限制你使用客观性资源的最明显方法，就是去移除一个或多个选项，从而使你无法再得到它们。如果你要在X、Y和Z之间进行选择，并且拥有挑选其中一个或另一个选项的未被禁绝的能力，我就可以通过在
51 客观层面移除一个或多个选项，来影响你的选择。例如，我可以把选项组“X、Y和Z”转变为“X和Y”。在我这样做的时候，我可能不会去提示或通知你这一事实，但是，如果我非常急切地希望你选择余下的某一个选项，我就会告诉你说，你已经无法获得那个被移除的选项了，希望你不要浪费时间去试图获取它。①

如果我可以通过移除你的一个选项，来把我的意志强加给你，那么，通过把选择中的一个选项替换成其他选项，我就应该能产生同样的影响。假设我更改了选项，使得你无法在X、Y和Z之间进行选择，而是只

---

① 也许是因为想去更容易地度量和比较人们所享有的自由度，某些晚近的思想家主张说，对于能够削减选择自由的干涉，要限制其范围，使其仅仅包括那些在上述意义上移除选项的行为——也就是通常所说的防止(prevention)(Steiner 1994; Carter 1999; Kramer 2003)。这种自由观的代表有时将其描述为“纯粹消极理论”(Carter 2008)。他们详细阐释了最为系统的建基在自由概念之上的、用来替代共和主义的理论。我相信，对于这两种理论之高下的判断，最终必须建立在反思平衡的方法论的基础之上(就像导论中所指出的那样)。但是，我认为，对于“自由如何在某个特定选择中被削减”的问题，这种对立的理论必然会产生某些极其违背直觉的判断。一方面，它会迫使我们忽略如下行为：我没有移除一个选择中的选项，但是我替换了一个选项(有人会说，在这种情况下，我还是削减了你的“总体自由”。关于这种说法的争论，见Kramer 2008和Pettit 2008d)。另一方面，那种理论会迫使我们忽略如下行为：我没有对事实上的事态进行干涉，但我干涉了你对事态的认知——我对你强加了一种认知性的而非客观性的限制。而且，就像正文中所说的那样，从表面上来看，这种干预有能力将我的意志强加给你。

能在 X、Y 和 Z＊之间进行选择。这种干预同样意味着，我改变了你所面对的选项的范围，从而限制了你的选择。在前面所说的那种情况下，你无法选择那个被移除掉的选项；同样，在现在所说的这种情况下，你无法选择那个被替换掉的选项：你不再能够去获得 Z，而是只能获得用来替换它的选项 Z＊。与之前所说的那种情况一样，我可能不会通知你说我已经以这种方式替换了 Z。不过，如果我非常急切地希望将你的选择导向其他的选项（而不是把你的时间浪费在试图获取 Z 上），我就会把相关事实通知给你。

当我要替换你在 X、Y 和 Z 的选择中的一个或多个选项时，标准的方法是给被替换的选项加上惩罚。这会把（比如说）选项 Z 变成“受惩罚后的 Z”，或者，如果你愿意的话，也可以说“Z 减”。我在这样做的时候，可能不会去告诉你。不过，如果我想让你去选择 X 或者 Y（而不是仅仅想对你的生活施加负面影响），我就最好还是把我的行为通知给你，从而对你进行威胁或强制。通过这种方法来惩罚一个选项，可能无法真正阻止你去选择那个被惩罚的选项。也就是说，无法阻止你去选择“带有惩罚措施的 Z”。如果你确实选择了这个选项，我们也许可以说：你自由地选择了它——你以一种使你要为自己行为负责任的方式选择了它（Frankfurt 1969）。然而，我通过惩罚和替换那一选项而进行的干预行为（不管是多么的轻微），仍然会否定你在 X、Y 和 Z 之间的不受限制的选择。这种干预将你的选择替换成了“在 X、Y 和‘Z 减’之间的选择”。 52
它防止了你去选择 Z，尽管并不是在“真正移除了 Z”的意义上来防止的。

为什么说惩罚一个选项就意味着替换它呢？这个问题引发了许多关于“选项的个别化”（individuation of options）的棘手难题。我想说明的是，我采用的是如下这种思路。我假定说，对任何行为者来说，某些特征和属性的存在都会可靠地奠定他对特定前景或选项所感到的喜爱或厌恶（Pettit 1991，2005c）。我认为，对一个特定的选项来说，如果这种欲求型的特征（desiderative feature）发生了任何的改变，它就不再是同一个选项了——它的本质（identity）就发生了转化。所以，对你的一个选项施加惩罚

(甚至只是有施加惩罚的概率),就想必会改变其欲求型特征,并将其替换为一个不同的选项。但是,如果所施加的改变并没有使欲求型特征发生变化,一开始的那个选项就没有被替换。它确实被改变了,但并没有被替换。①

现在解释一下应该如何理解这种规定。假如我把一本书从你的左侧移到了你的右侧,我就并没有替换你的"读这本书"的选项(与这个选项相对的是"不读这本书"的选项)。在移动这本书时,我改变了这个选项,但并没有以欲求型的和相关的方式来改变它。假如我向你提出,如果你不去读这本书,我就会奖励你,那么,我也并不是在替换这个选项。这一行为造成了欲求型的变化,但并没有改变这个选项本身。② 就像经济学家所说的那样,我的提议增加了这个选项的机会成本。但是,这只不过是意味着,与之前的情形相比,现在有了一个更为吸引人的候选方案。③ 假设不同的人(或者,至少是在同一个文化里的不同的人)在欲求型特征上没有多大区别,我们就可以认为,在对一个选项进行替换时,总
53 是会涉及在得到社会承认的欲求型特征上的改变——用伊丽莎白·安斯康姆(Anscombe 1957)的术语来说,总是会涉及对既有的可想望性

① 根据此处所描绘的思路,我可以对你的任何选项加以改变,方法是把它和你所关心的某些属性联系起来,无论你对那些属性的关心是基于个人的、涉己(self-regarding)的因素,还是基于完全无所偏私的因素(也就是说,那些因素反映了你对世界的道德观)。通过把相关的属性限制在涉己的范畴之内,我们可以改变这一图景。这样可以避免出现如下后果(虽然我并不在乎这种后果):假设你对其他地方的人有一种道德上的(虽然不是个人的)关切,那么,如果在你选择了某个选项的情况下,我能够确保那些人会遭受不幸的后果,我就可以藉此而限制你的自由。

② 在这里,我依赖的是对下述两种变化在直觉上的区分:一种是改变了一件事物本身的那种变化,另一种是所谓的"剑桥变化"(Cambridge change)。例如,当有人移民去了别的国家,使我成为本国年龄第 N 大的人时,我就经历了剑桥变化。我们可以说,当一个选项的特性或后果发生了变化时,它就发生了变化;但它不会仅仅由于世界上其他地方的变化而发生变化。在我们的例子里,读书这个选项并没有因为其他候选方案的变化而发生变化——或者,考虑到下一个脚注里所提到的情况,我们可以说,这个选项并不必然会因为其他候选方案的变化而发生变化。

③ 尽管增加一个选项的机会成本并不必然会改变这个选项的本质,但其他候选方案的性质有时会影响一个选项的本质。"拿走一个苹果(同时给你留下一个橘子)"与"拿走一个苹果(同时给你留下一个较小的苹果)"是不同的选项。在前一种情况下,"拿走一个苹果"这个选项是完全得体(polite)的,但在后一种情况下,"拿走一个苹果"这个选项就不够得体了;而"得体性"应该是一种欲求型的特征。见 Pettit 1991。

(established desirability characterization)的改变。①

与“Z减”不一样的是，对选项Z的替换使我们完全不可能去选择Z。不过，这种替换会允许我们区分出许多不同等级的干涉。一个选项可能会在不同的程度上被移除或替换，因为它可能会在较多或较少数量的可能情景中被移除或替换。但是，在一个选项可能会被替换的程度方面，还存在着其他更为突出的差异。用我们之前的例子来说，附加在Z上的惩罚可大可小，而“Z减”也可能在较小或较大的程度上偏离Z。那种惩罚甚至可能是如此之小，以至于我们会说，它几乎或完全无法阻止你去忽略它并继续选择“Z减”。在一系列相关的不同情景中，对选项Z的移除将会防止你选择任何与Z挂钩的选项。而对这一选项的替换，则只会防止你选择在狭义上被个别化的Z——事实上，也就是不受惩罚的Z。你的选择自由会被任何惩罚或替换所削减——你会完全无法拥有包含了X、Y和Z三个选项的选择。但是，从直觉上来说，你的选择自由也许不会被削减很多。上述观察向我们指出了一个尤其引人注目的方面，在这个方面上，对自由的度量必然是一项复杂的工作。

如果说，一项惩罚(或者惩罚的威胁)能够侵犯你的选择自由，那么，我们是否也必须要说，一项奖励(或者奖励的提议)——一项普通的、不带有迷惑效果的奖励——也具有同样的效果？例如，如果我提出，一旦你选择了X，我就会向你提供一项常规的、不带有迷惑效果的奖励，从而引入了加强版的选项“得到奖励的X”或“X加”，那么，我们是否必须要说我限制了你的选择自由？这要取决于你是否能够拒绝这个奖励。如果你无法拒绝，你现在所拥有的选项就是“X加”、Y和Z。这时候，我们就必须要说，我已经替换了一个选项，从而限制了你在X、Y和Z之间的选择。但是，如果你可以拒绝那个奖励(一般情况下都是如此)，则我就

① 这里的前提假设意味着，我们不能轻易地改变对一个或另一个特征的依附。在我看来，这一点本身就是很重要的。否则的话，为了使自己在特定的选择上变得自由，你也许就只需要去改造自己的偏好，以使各种选项能够以一种不再受到阻碍的方式来被个别化。也就是说，对自己的改造或许就能够使你获得解放。我要感谢 Hrishikesh Joshi 提出这一点。

不会带来任何限制性的影响。你仍然可以在最初的那三个选项之中做出选择。无论我做了些什么，你都仍然拥有所需的一切客观性资源。我也可以假定，你也仍然拥有所需的一切认知性资源。我会向那组选项里
54 加上一个新选项“X 加”，但我不会去触动最初的选项 X、Y 和 Z。① 因此，奖励的提议并不会对你的选择形成限制。②

我们已经看到，为了限制你的选择，我可以移除或替换你所面对的一个或多个选项，以改变在客观上可以获得的那一批备选项。但是，为了限制你的选择自由，我还可以改变你对那些备选项的认识。我可以拿出一些显而易见但却徒有其表的选项，从而歪曲那些真正的选项。如果一个选项位于你的选择范围之内，你就必须首先能够运用选取它（而非其他选项）所需的客观性资源，其次能够运用确定和理解所提供的选项所需的认知性资源。由此，你才会知道自己有能力去选择某一个选项，并进而决定自己想要什么。为了改变你所面对的选择内容，我可以去影响你对自己客观性资源的使用。除这种方法外，为了造成类似的效果，我还可以去影响你对自己认知性资源的使用。那种类型的行为应当同样算作是对你的一种干涉，即一种限制你进行选择的潜在方式。

为了歪曲你的选项，我可以采用两种不同的策略。就像对选项的移除和替换一样，这两种策略都能够在不同的程度上被实施。一种策略是欺骗（deception），另一种是操控（manipulation）。对于可供选择的选项，以及它们可能会引发的后果，如果我对你进行了欺骗，我显然就可以引导你去相信，那些选项不同于它们事实上所具有的状态。我可以去对你做手脚，使你感觉自己面对的这组选项并非 X、Y 和 Z，而是移除、替换或

① 加上“X 加”之后，会改变选取其他选项（尤其是 X）的机会成本。但是，就像在前面的文本中所说过的那样，我假定，一个选项的机会成本的变化，并不会导致它的本质发生改变。

② 假如奖励的提议是带有剥削性质的，是利用了你缺少其他可接受的备选项的机会，所提供的“X 加”选项明显是不公平的，那又该怎么说呢？严格来说，那项提议不会削减你在那个特定选择上的自由，尽管你也许应该被认为是非自愿地选取了所提供的选项（Olsaretti 2004）。但是，那种奖励的提议还是有可能在我们之间建立一种关系，使我对你形成支配（就像人们通常认为剥削会导致的结果那样）。对于勒索者的奖励提议，也可以作如是观。

添加了某个选项。为了做到这一点，我可以(比方说)给你关于可获得的选项的错误信息，或者虚张声势地宣称要惩罚某个选项，或者甚至虚情假意地要为你对某个选项的选择提供奖励。这些都是我能够借以对你所实施的选择施加认知性的(如果不是客观性的)限制的手段。

上述观察自然会引起一个问题。很显然，通过使你认为我移除或替
换了一个选项，我能够限制你的选择，因为真正地移除或替换那个选项
会有同样的效果。在这两种情况下，我都阻止了你去获得受到影响的选
项。但是，当我真的加上一个额外的选项时(例如，提出要给你好处，从
而把“X 加”添加到了选项组里)，我并没有限制你的选择。那么，如果我 55
诱导你错误地相信自己可以获得像“X 加”这样的额外选项时，为什么我
就限制了你的选择呢?

客观上来说，如果我向你的选择中添加了一个选项，并使你知道你实际上可以获得哪些选项，则你仍然可以去选择 X 或 Y 或 Z。你只不过是拥有了选择“X 加”的额外可能性。因此，我仍然在允许你根据自己的意愿或偏好而行动，不管你的意愿和偏好是什么。然而，当我在像“X 加”这样的额外选项的可获得性上欺骗你时，“X 加”在表面上的可获得性影响到了 X 的表现形式。这使得 X 这个选项看上去好像是一个能带来奖励的选项，尽管你事实上只能获得 X 本身。于是，这就在认知层面把选项 X 替换成了一对选项:“选择 X 并拒绝奖励”和“选择 X 并接受奖励”。

如果你意识到了我是在骗你，并对我的许诺视而不见，那么，我就无法成功地欺骗你，也就无法成功地限制你的自由。但是，假如我成功地欺骗了你，却没能阻止你像在没有我的情况下那样去选择，那又会怎样呢?假如我虚张声势地宣称要惩罚(比如说)选项 Y，但仍然不足以改变你选择 Y 的决定，那又会怎样呢?在这类情形中，能说我限制了你的选择吗?我将会迫使你在一组表面上的选项里进行选择，而那组选项与你实际可以获得的选项并不吻合。你事实上可以在 X、Y 和 Z 之间做出选择，但我却强迫你在看起来只有 X、“Y 减”和 Z 的情况下进行选择。如果你决意要去选取“Y 减”，事实上却获得了更好的结果(即 Y 本身)，这或许

会是一个令人高兴的结局。尽管如此，我仍然是在迫使你在受蒙蔽的情况下去形成自己的意愿，而不是在事实的基础上去形成自己的意愿。

除了欺骗之外，通过使用我称之为“操控”的手段，我也可以破坏你在做出特定选择时对自己认知性资源的使用。操控使你无法基于对可选项的正确理解来做出选择。它对你施加了压力，影响了你的能力发挥，使你无法好好思考支持不同选项的理由，因此也无法好好思考可选项的本质。操控可能会包括对你的催眠、用诱人的奖赏前景来迷惑你、让你因为没有去做我希望的事情而感到愧疚、用过多的信息把你玩弄于股掌之上，或者是(在我有能力的情况下)让你被我的花言巧语所制服。

与成功的欺骗一样，成功的操控即使并没有触动你的客观性能力，也会影响你在选择特定选项时对自己认知性能力的行使。通过操控，我可能会成功地使你按照我的意愿来进行选择。但即使我没有做到这一
56 点，我还是能够限制你的选择，因为我使你面前所表现出来的选项与实际可获得的选项出现了差别。我做了手脚，使得你对 X、Y 和 Z 的意愿(在你能真正看清那些选项时所形成的意愿)无法决定你所采取的行动。相反，你的行动是由你对那些被扭曲的选项的意愿所决定的，而那些被扭曲的选项则是我编造出来的。①

① 如果说，只有当操控行为扭曲了选项的外在表现时，它才能影响自由的选择，那么，认识到如下这一点就是很重要的：试图改变一个行为者看待特定选项的方式，并不都是在对他进行操控，也并不是总会不利于自由。可以考虑一下最近的文献里提到的“推动”行为；有些人希望将此作为一种可以接受的政府资源(Thaler and Sunstein 2008)。例如，考虑一下如下这种涉及询问人们“选择退出”还是“选择加入”的“推动”方式。当人们获得驾驶执照时，他们会被问道：当由于车祸而丧生时，他们是否愿意把器官捐献给其他人。对于人们的捐献意愿，提出问题的方式具有巨大的影响。当人们需要主动声明“我不希望捐献器官”时，大部分人选择签订捐献协议书。而当他们需要主动声明“我希望捐献器官”时，大部分人选择了不签订捐献协议书。这样的一种“推动”行为算是操控吗？对于这个问题的答案，我们或许无法提供某种普遍性的衡量方法。但我认为，在上述这类例子里，答案显然应该是否定的。“需要主动声明不捐献”的机制往往能激发更为积极的选择，因为它传达了如下这种被认为是正确的和不带欺骗性的信息：选择捐献不会带来可怕的后果。如果捐献真的会带来可怕的后果，“需要主动声明捐献”的机制基本上就不可能存在。这里涉及的“推动”行为并没有把任何所提供的选项替换为被扭曲过的相应选项，也不会对人们签订或不签订器官捐献协议书的选择自由带有潜在影响。它的作用只是去提供更多的关于那些选项的信息(至少在那些信息是正确的情况下是如此)。

所以，总体来看，我可以通过三种方式来干涉你并限制你的选择：移除选项、替换选项或歪曲选项。歪曲可以包括在你对事物的认知里移除、替换或添加选项。在表 1－2 中所列出的问题和答案里，干涉的不同形式得到了突出的展现。

表 1－2　干涉的方式

我是否干涉了你在X、Y和Z间的选择……	a. 在客观性方面的干涉（不管是否指出了这一点）	b. 在认知性方面的干涉（但并非客观上的干涉）
1. 通过移除选项？	是的。真实的障碍	是的。假装的障碍
2. 通过替换选项？	是的。真实的惩罚	是的。假装的惩罚
3. 通过添加选项？	不是。真实的奖励	是的。假装的奖励

干涉不是屈从的充分条件

上面所定义的干涉总是会限制你的选择，并影响那些实际上或表面上可获得的选项。但这是否意味着，它总是会使你屈从于干涉者的意志呢？令人惊奇的是，答案是否定的。

假设你希望限制自己的酒精摄入量，于是便把你酒柜的钥匙交给了 57
我，并要求我承诺说：只有在你提前二十四小时通知我的情况下，才能把钥匙还给你；如果你让我马上把钥匙给你，我就不能答应这一请求。当我拒绝马上把钥匙还给你时，我就干涉了你的选择，并移除了“现在就来一杯”这个选项。我否决了你根据自己当前意愿进行选择的可能性。但是，我使你屈从于我的意志了吗？例如，我用一种可能激发合理怨恨的方式把自己的意志强加给你了吗？当然没有。[①]

在拒绝交还钥匙时，我是在根据你的指令来行动，而没有根据我自己的愿望或冲动来行动——我不是在根据自己的意愿或判断来行动。

---

① 在这个例子里，以及在我将其教导所应用到的其他例子里，我都会先做出如下这类假定：与你的指令所需要我去违背的那个意志相比，你在做出那个指令时的意志可以被认为是更为稳定合宜的，或者说是更具权威性的。我可以用许多方式来为这一假定进行辩护，但我不想在这里加以探讨。

因此，我们可以假定，我之所以拒绝交还钥匙，仅仅是因为你的指令要求我去这么做。我不可能真的试图去违反你的愿望，在提前二十四小时得到通知的情况下仍然拒绝交还给你。这样的行为会损害一段我所看重的关系。很显然，在这种情境中，即使我拒绝把钥匙立即交还给你，你仍然在控制我的行为。我对你进行了干涉，但只是在根据你的意愿来进行干涉。

我们可以说，关于钥匙的这种安排，是一种你借以把你的长期意志强加给自己的手段，而不是一种我把我自己的意志强加给你的手段。设定这一安排的人是你，决定它所强加的条件的人也是你。你利用我来对你自己的意志施加影响，而不是去依赖于你对自己施加影响的能力。当我封锁了你现在想去采取的选项时，当我去干涉甚至阻挠你时，我遵循了你的那种意志，并使其对你的行为产生了影响。我就像一个机器人，被设定好了去满足你的指令。我是作为你的仆人而行动的，不是作为你的主人而行动的。这个例子的启发是，我（或者其他任何人）对你的选择所实行的干涉，并不会把一种异己的意志强加给你，因此也就不会侵犯你的选择自由，但前提是我实行干涉时的决定要服从你的控制。这种决定要由你的影响来加以塑造，以使其能够具有一种令你满意的形式。这种决定要根据你所规定的条件来得以实现。

我们对“干涉”的定义足够宽泛，可以涵盖他人任何合理形式的行为，只要那些行为的意图是去限制你的选择。实际上，这一定义的宽泛程度，使得只有它能够表示如下这种主动侵犯的形式：这种侵犯不需要
58 他人不受控制的权力的存在。因此，上述例子的启发在于：如果没有支配的话，就没有对选择的主动侵犯。其他行为人或行为机构对你的选择的主动、有意的干涉，只有在反映了一种你无法控制的意志时，才会是侵犯性的。

对于不受控制的干涉，共和主义所带来的启发常常通过下述说法被表达出来：只要干涉是非专断的（non-arbitrary），它就不会使你受制于异己的意志。根据这种解读，所谓专断的干涉，就是根据另一个人的意志

而实行的干涉。这正是我此处所描述为"不受控制的干涉"的那种东西，即由干涉者的意愿或决定所实施的干涉，亦即受干涉者所无法控制的那种干涉(Skinner 2008a)。

在下文中，我会很少使用或干脆不使用"专断"一词，而是倾向于说"不受控制的干涉"。这是因为，尽管我相信，在早期共和主义的语言里，"专断"的含义与我这里归之于该词的含义有些相近，但在今天，它还会带有其他一些误导性的含义。根据某种用法，专断的干涉就是不受制于既有规则的干涉。但是，即使干涉是符合规则的，从而在那种意义上是非专断的，它仍然可能不受你的控制，因而在我们所使用的意义上可以算作是专断的。根据另外一种用法，专断的干涉就是错误的或者应该加以反对的干涉。因此，从某一种评价性(evaluative)立场来看是专断的东西，在从另一种视角来看时，就不是专断的。然而，尽管在大多数道德观念里，不受控制的干涉都会被一致认定为是应该反对的，但即使是那些采用了相反观点的人(比方说，即使是像霍布斯那样的人)，也应该能够在如下问题上达成一致：根据我们的用法，一种干涉行为到底能否算是不受控制的和专断的，或者说，在多大程度上能够算是不受控制的和专断的。根据那种用法，"专断"这个词就带有一种完全是描述性的、决定性的含义。人们能够在"何时可以使用这个词"的问题上达成一致，而不必考虑他们所拥护的不同价值观。"专断"不是一个非价值中立的(value-dependent)或道德化的(moralized)名词。①

对于选择自由来说，得到管制或控制的干涉并不构成侵犯。在这个问题上，多说一句或许是有用的。我要说的是，对干涉的这种特许并不会允许家长主义式的干涉。当我以家长主义的方式行事时，我会根据你的利益来干涉你的选择，但我并不必然会根据你的愿望来干涉你。然

① Lovett(2010)所提出的对"非专断"的理解，保留了"遵守规则"的涵义，不过尚未在我们之间制造太大的差距。Richardson(2002)对该词有一种评价性的理解，但这也不会使我们的观点之间产生实质性的分歧。对于一种通过联系相关话题而对我的立场所进行的批评，见McMahon(2005)。相关的讨论见Costa(2007)。我对这一批评的回应见Pettit(2006a)。

而，我们总是可以对“利益”提出不同的诠释。这是因为，大体上来说，“利益”存在于如下这类愿望之中：假如你能够精确地、理性地看待自己
59 所处的状态，那么，你就会希望自己拥有那类愿望(Geuss 1981；Smith 1994)。如果说，我把我对你利益的诠释强加给了你，从而把你贬低成了一个地位低下的人，那么，我就是在以家长主义的方式来行事(Shiffrin 2000)。就其本性来说，这种家长主义式的干预所涉及的，是根据我自己的意志所进行的干涉，而不是根据你的意志所进行的干涉。因此，这种干预就是一种典型的支配。在共和主义的观点看来，我们所可以允许的，最多是根据你倾向于的或者愿意承认的(这种承认的意愿必须能够很容易地加以检验和确立)利益来进行干涉。只有这样去做，才能够给予你避免支配所需要的控制(Pettit 2001e)。

第四节　没有侵犯就没有支配

上述考虑表明，如果我在没有支配你的情况下主动干涉了你(也就是说，你控制了我的干涉)，我就不会削减你的选择自由。但我们还要考虑一个对应的话题：如果我想侵犯你实施选择的自由，是否可以不借助于任何行动——不借助于对任何选项的干涉，而只是借助于对选项的选择拥有一种不受限制的干涉权力——只是凭借支配你?

根据我们截止到目前所提供的论证，如果你在做出选择的时候，屈从于我的意志(当然，也包括其他任何行为者的意志)，那么，你的选择就是不自由的。对于你在X、Y和Z之间所做的选择，我如果想把自己的意志强加于其上，就可以通过你无法控制的步骤，来改变那些选项的客观性或认知性的外貌。但实际上，即使我并不以这种方式将自己的意志主动强加于你，你的选择仍然可能会屈从于我的意志，而且这种屈从关系也可能会改变你面前这些选项的外貌。如果我对那个选择拥有不受控制的干涉权力——即没有受到禁绝和侵犯的干涉能力，则你就会遭受那种屈从之害。换句话说，如果我支配了你，你就会遭受那种

屈从之害。

假设说，对于你在X、Y和Z之间的选择，我拥有上述那种不受控制的干涉权力。再假设说，我并不会真的去使用那种权力，因为我对你颇具好感。我并非被迫要去允许你依照自己的意愿进行选择，不过，由于我对你怜爱有加，所以乐意让你根据自己的愿望来选择。但实际上，即使在这种温情脉脉的境况下，在某种意义上，你还是要屈从于我的意志，而你的选项也与我不具备那种权力时的选项有所不同。

你会在如下意义上屈从于我的意志：你能否具有根据自己的愿望进行选择的能力，要取决于我是否仍然对你怀有善意。如果我继续对你保持友善，你就能够随意选择X或Y或Z。但如果我变得不再友善，你就无法那样选择了，因为我将会使用我的干涉权力，来改变你面前的选项 60
的外貌。这种对我的意志状态的依赖，构成了对我的意志的一种屈从形式，哪怕我并没有将自己的意志主动强加于你。这种屈从会体现在你面前的选项的变化上。你所面对的将不再是X、Y和Z之间的自由选择。那些选项的客观性或认知性外貌将会被改变。结果，你面对的就会是“我高兴的话你可以获得X”“我高兴的话你可以获得Y”和“我高兴的话你可以获得Z”之间的选择。那些选项所发生的变化，就类似于与不受管制和控制的干涉联系在一起的移除、替换和误导所产生的变化。

但是，如果我是一个充满善意的主人，你为什么还要担心对我的屈从呢？如果你确实认为我是如此的友善，以至于极其不可能去进行干涉，那么，你为什么还要担心遭受我干涉的可能性呢？对于我或其他任何人进行干涉的可能性，你担心的程度难道不应该是与那种干涉的概率成比例的吗？

对这些问题的回答是：如果你从这种纯粹的概率角度来看待我的话，那么，你就肯定已经采用了一种客观性的立场，这种立场使人们不应再对我抱有感激或怨恨之类的反应性态度(reactive attitude)，并把我贬低到自然性力量的地位上(在上面所说的情况里，是一种充满善意的自然性力量)(Strawson 1962; Pettit and Smith 1996)。如果你把我当成一个在正常环境中行事的正常人类,你就必须做好准备,来对我的选择感到其应得的感激或怨恨、赞赏或愤慨。你必须准备让我来为那些选择承担责任。因此,对于我所面对的选项,你必定认为我具有选择其中的某一个或另一个的能力。在这样的前提条件下,你才能准备以反应性的态度来对待我,才能去希望我为自己的选择承担责任。因此,从那种你或多或少都必须采用的视角来看,你就会把我看成是选择的中心,并认为我既可以进行干涉,也可以不进行干涉。你将会认为,对我来说,"是否去进行干涉"乃是一个开放性的问题。所以,你就会认为自己要依赖于我的善意。正因为此,哪怕你认为我极其不可能去进行干涉,我的干涉能力仍然会让你感到焦虑。这种干涉能力会体现出你对我的意志的依赖性,而这与我实际进行干涉的概率是没有什么关系的。

监视和吓阻

就像干涉本身可以通过多种方式来实施一样,在没有干涉的情况下,我也可以通过多种方式来支配你。这些方式分为两大类:监视
61 (invigilation)和吓阻(intimidation)。虽然两者通常一起出现,但它们也可以分别出现:既存在没有吓阻的监视,也存在没有监视的吓阻。

在进行监视时,我会盯着你的所作所为,随时准备在我产生干涉的意志时进行干涉。在具体的情境中,我也许没有任何进行干涉的打算。但即便如此,我所处的位置决定了,一旦我的想法有所改变,我就能够并且确实会进行干涉。这种监视将会导致你屈从于我的意志,不管你是否意识到了这一点。为了保留进行选择的能力,你需要依赖于我的善意。于是,你所面对的选项就不再是X、Y和Z本身,而是"我高兴的话你可以获得X""我高兴的话你可以获得Y"和"我高兴的话你可以获得Z"。换句话说,我的出现改变了那些选项的客观性外貌。从而使得你只有——用老话来说——cum permissu(在我的许可之下)才能依照自己的愿望来进行选择。如果你能依照自己的愿望来进行选择,我们或许

可以说你能够自由地(at liberty)选择X、Y或Z。但是，这种意义上的“自由”不同于“摆脱对他人意志的屈从”那种意义上的自由。你的选择也许反映了你的意愿，但它之所以能反映你的意愿，是因为“你能依据自己的意愿进行选择”这一事实符合了我的意愿。我处在了主人的地位上。

如果我对你的选择进行了监视，而你也意识到了这一点，那么，那些选项的认知性外貌就会像它们的客观性外貌一样发生改变。在这种情况下，由于你认识到了自己的依附性和脆弱性，你就很有可能不但会受到监视，而且还会受到吓阻。吓阻会放大监视的效果，并使你产生变得小心翼翼和毕恭毕敬的动机。这种作用机制类似于：如果你认识到了我会对某个特定的选项进行惩罚，这种认识就会放大惩罚的效果，并使你产生避免惩罚的动机。事实上，即使我愿意让你自行其是，吓阻也可能会导致你按照我显然喜爱的那种方式来行动。吓阻可能会确保你在选择前要揣测我的偏好，哪怕我并没有做出任何表示。

不过，即使缺少监视，吓阻也可能会具有这种效果。在同时存在监视和吓阻的标准情况下，我借以进行干涉的资源并不依赖于你的如下信念：我是拥有那些资源的。那些资源也不依赖于你的那种信念所产生的吓阻性效果。但是，哪怕我并不拥有任何独立的资源，哪怕我其实并没有能力去进行监视，如果你相信我拥有那些资源，并且被这一想法所吓阻，那么，我就仍然会拥有控制你的权力。我将有能力去欺骗你。例如，我可以做出一种可信的威胁，宣称要去惩罚某个特定的选项(当然，这只是虚张声势而已)。由此，我就能够使你在一定程度上屈从于我的意志。这将会意味着，呈现在你面前的选项并不是X、Y和Z，而是“我高兴的话你可以获得X”“我高兴的话你可以获得Y”和“我高兴的话你可以获得Z”。对这一点的观察，表明了霍布斯(Hobbes 1994b：10.5)的如下评论所体现出的真知灼见：“权力的名声也是权力”(reputation of power is power)，不管那一名声是否名符其实。这使得我们有理由去承认，吓阻 62
和监视一样，都是使你屈从于我的意志的方式，哪怕我并没有主动地通过干涉将那一意志强加于你。①

上述观察足以表明，如果我能使你暴露在遭受干涉的可能性之下（也就是说，我拥有一种不受你控制的权力，可以对你的选择进行干涉），我就能削减你的选择自由。特别值得注意的是，即使我并不希望拥有或者实行这种权力，我也能够削减你的选择自由。假设我既无法放弃也无法削减自己的权力基础。我不可避免地会了解到你的行动，从而就拥有了干涉所需的认知性资源。而且，我还拥有无法让渡的客观性资源——比方说，我拥有某些法律优势、更大的身体力量或更多的社会关系。在这类情境中，我可能并不希望去支配你。我可能会希望你不要依赖于我的意志。但无论我愿意与否，你就是在依赖于我，而我也就实行了支配。即使我并不想让你遭受那种支配，但你仍然会依赖于和屈从于我的意志。

我会使你屈从于我的意志，哪怕我并不希望你以那种方式屈从于我，这似乎是异想天开的。但这种非自愿的支配并没有什么不可能的。在任何不可让渡的非对称性权力的关系中，都可能存在这种支配的例子，比如说，一种性别歧视的文化中丈夫对妻子的支配，一种不受规制的经济中雇主对雇员的支配，一所传统的学院中教授对学生的支配。如果我以这种方式支配了你，你就会在如下这种意义上依赖于我的意志：你在相关选择上的能力范围（例如，你是否能在 X、Y 和 Z 之间进行选择）要随着我针对你的意志的变化而变化。在我保有善意时，你就仍旧可以获得那些选项。然而，一旦那种善意减少或消失了，你马上就会无法继续获得那些选项。但是，我并不会从你遭受的这种屈从中获得乐趣。而

① 需要注意的是，如果你相信我拥有进行干涉的能力，这种信念就会激发出一种非标准性的资源，而如果我们把这类资源也包括进来的话，吓阻就应该被算作是监视的一种形式。两者的区别在于，监视所需要的是标准的、事先就存在的干涉资源。还需要注意的是，尽管缺少监视的吓阻要依赖于你错误地相信我拥有进行干涉的资源，但它并不同于欺骗。欺骗是一种特定的、有意的行为，会针对相关选择中可以获得的选项来对你撒谎。上述辨析是为了澄清本书在这些问题上的看法，但并不是说只有这种看法才是恰当的。我要感谢 Dorothea Gadeke 在这一点上的讨论。

且，假如我能够消除这种屈从关系，我一定会去这么做。我们的关系意味着我使你屈从于我的意志，而如下事实则表明我并不是有意这么做的：我对随之而来的支配权力避之唯恐不及。

如果我能够说服自己，从而认为干涉你的选择是错误的行为，那么， 63
我是否就能够把自己的干涉权力让渡出去，并中止我所实施的支配呢？我由此而加以承认的道德约束，是否能够对我的意志形成制约，从而完全地或者部分地解放你呢？我不这么认为。即使我形成了“干涉你是错误的”这样的观点，我还是有可能会倾向于进行干涉。这或许是由于意志的薄弱，或许是基于憎恨，或许是出于一种向恶的意愿。“进行干涉”这个选项仍然处于我的能力范围之内。只有通过外来的制约，才能限制我干涉你选择的能力和我对你的支配。那种制约必须能够移除或替换“进行干涉”这个选项，或者从认知角度将其否决掉。如果我相信干涉是错误的，那么，只是在如下层面上而言，我才受到了外来的制约：从我的角度来看，对干涉行为的道德谴责构成了一种惩罚。

缺少干涉的支配仍然对你的自由构成了侵犯，并使你屈从于我的意志。如果有人还对这一点感到犹豫的话，我们可以最后再引入一项值得考虑的因素。这项因素就是：那种屈从本身就足以引发怨恨，而正如我们所见，怨恨明显来自对选择的侵犯（而非禁绝）。如果我凌驾于你的权力来自社会习俗或者自然力量，你也许就不会对我产生怨恨，因为我对那种权力的掌握是身不由己的。但是，如果你还具有人性特征的话，就必然会怨恨我对那种权力的放纵。特别是，你会怨恨社会为什么没有矫正这种不平衡的状态并确认你的平等地位。就像在口头和文字传统中所记载的那样，你也许会为此而怒不可遏，哪怕你能够认识到：我并不想拥有这种干涉权力，甚至认为使用这种权力来压迫你是错误的。

这些观察本身就很有意思，但它们同时还指出了，我们在认识到先前描述的那种直接的或个人的（无论是不是有意的）支配形式时，也要认识到一种间接的或结构性的支配形式（Hayward 2011）。一般来说，由于一个社会在文化、经济或法律上的组织方式，使得某些人具有了一种相关于其他人的权力，并由此而得以直接支配其他人，但同时又并不一定会去有意地追求这种支配，甚至并不一定会认可这种支配。因此，丈夫和雇主之所以能对他们的妻子或雇员具有支配权力，通常是由于涉及婚姻和劳资关系的法律的构造方式。这些组织模式可能仅仅是禁绝(而非侵犯)了选择。比方说，当它们产生于习俗性实践的范例中时就是如此。但是，它们可以间接地促进社会中最坏形式的侵犯和支配。我们在下一章中讨论的共和主义正义理论，在很大程度上针对的就是这类结构性的
64 支配。这种正义理论寻求采取一些措施，使人们藉此可以在公共基础上得到保证：在一个广阔的基本自由权范围内，他们不会受到其他人的支配。

三种自由理论

让我们先假定说，就像之前所论证的那样，任何合理的自由理论都应该接受如下这一点：自由选择要求不存在禁绝性因素。有了这个前提之后，我们就可以区分出三大类不同的自由理论。对于“什么条件能够确保自由不受侵犯”这一问题，每种理论都给出了不同的答案。其中一种受霍布斯启发的理论会说，选择自由是指对你实际偏爱的选项的侵犯性阻碍的阙如。这就把自由等同于无阻挠(non-frustration)。第二种理论是伯林式的，认为选择自由是指对任何选项的侵犯性阻碍的阙如，不管你是否喜爱那些选项。这就把自由等同于无干涉——包括实际上的无阻挠和反事实(counter-factual)情况下的无阻挠。第三种理论是共和主义的，认为选择自由是指其他任何人干涉权力的阙如。这就把自由等同于无支配。在结束这一讨论之际，如下看法可能是有所助益的：伯林反对霍布斯的论证(实际上就是无干涉自由反对无阻挠自由的论证)指向了一种无支配自由反对无干涉自由的类似论证(Pettit 2011b)。

反对无阻挠自由的论证认为，这种自由观导向了一种荒谬的结果。这种自由观意味着，与我们那些强有力的直觉相反的是，只要你改造自己的偏好，就可以赋予你选择自由。反对无干涉自由的论证则认为，通

过类似的论证方式,无干涉自由也导向了一种类似的荒谬结果。这种自由观意味着,与那些同样有力的直觉相反的是,讨好的行为(包括对有权势者的溜须拍马、卑躬屈膝和曲意逢迎)也能够赋予你选择自由。我把这种语境下的讨好理解为一种介入行为,这一行为能够赢得有权势者的宽容,而又不会使他们面对任何代价或惩罚,甚至连尊严受损的代价都不必面对。

我下面会把这一论证分解为若干步骤,以便聚焦于它与伯林用来反对霍布斯的论证的对应之处。

1. 假设我们赞成伯林的如下观点:在面对 X 和 Y 时,只要你能免于干涉,你就享有了选择自由;假设说,无干涉(不管有没有支配)就足以构成自由。

2. 根据这一假设,如果我拥有干涉的权力,并且由于恶意而想要去干涉某一个或另一个选项,那么,你就无法享有选择自由。

3. 但是,根据上述假设,如果我虽然拥有干涉的权力,却不想去干 65
涉任何一个选项,那么,你就能享有选择自由。

4. 于是,如果你了解这一情况,你似乎就可以让自己享有选择自由,而又不必去削减我的干涉权力。你只需要让自己去讨好我,并使我愿意让你自行其是。

5. 但这是荒谬的。如果你想拥有选择自由,就不能仅仅使自己拜服于我的干涉权力之下。

6. 因此,最初的假设——无干涉就足以构成选择自由——必定是错误的。

“无干涉就足以构成选择自由”这种观点意味着,讨好是获得解放的一种可能手段。这类似于,霍布斯那种“有了无阻挠就足够了”的观点意味着,对偏好的改造是获得解放的一种可能手段。这种推论用来反对无干涉自由理论的方式,与相应的推论反对无阻挠自由理论的方式是一样的。如果我们认同了反对改造偏好的前提假设,无阻挠的理论就必定会失败。如果我们认同了反对讨好的前提假设,无干涉的理论也必定会失败。

问题不在于"相关语境下的偏好改造或讨好在直觉上是令人排斥的"(虽然它们肯定是令人排斥的),甚至也不在于"这种改造和讨好会经常发生"(他们或许并不会经常发生)。真正的问题在于,从直觉上来说,无论是改造偏好还是讨好,都不能算作是使人在特定选择中获得解放的手段。任何理论如果得出结论说,它们能够起到那种解放的作用,那么,这种理论必然是不充分的。如果你改造了自己的偏好,以使自己向往那些我允许你获得的事物,你就是在把我的干涉当成了一种事先预定好的东西,并试图去确保一种无疑是次优的结果:避免阻挠的发生。如果你让自己讨好我,以便使我允许你去做那些你想做的事情,你就是在把我的干涉权力(从而也就把你自己的屈从)当成了一种事先预定好的东西,并试图去确保一种虽然多少要好一些,但仍然是次优的结果:避免干涉的发生。在这两种情况下,我们都想说:这不是那种最富于吸引力的意义上的自由。在那种意义上,自由要求你能够获得每一种选项,而且在行动时能够独立于其他任何人的意志。如果你宣称说,通过顺着我的干涉来改造自己,或者依靠使我软化,你就赢得了选择自由,那么这就真的是自欺欺人了。这两种办法都只是在给苦药丸裹上糖衣,而不是在拒绝吞下药丸的要求。①

66 对于他人所施加的阻挠,改造自己可能是一种理性的回应,因为这确实给你带来了次优的结果。即使它不能带来让你满足自己偏好(不管是什么偏好)的自由,至少也可以让你形成一种能够得到满足的偏好。

---

① 需要注意的是,与改造偏好的案例相比,在讨好的案例里,上述观点更不容易被领会。我们可以轻易地想象出如下情景:做出一次讨好行为,就能保证你获得一系列不受支配的选择。在这种情况下,你很容易忘掉"讨好行为使我获得的选择本身是不是自由的"这一问题(我认为答案是否定的),转而关注于如下事实:考虑到你新获得的选择,讨好行为就在一种独特的意义上产生了解放的效果。回到我们之前的例子,假设你对典狱官或保释官足够讨好,以至于能够在"留在监狱里"和"生活在监狱外面"之间做出选择。这种讨好行为意味着,虽然你此时的选择不是自由的,但这样的讨好在如下这种独特意义上产生了解放的效果:它使你现在可以享有监狱外面所提供的一切不受支配的选择。

对于另一个人的干涉权力，讨好同样也可能是一种理性的回应，因为这也给你带来了次优的结果。即使它不能带来让你满足自己偏好(不管其他人希望你去做什么)的自由，至少也带来了足够的喘息空间，使你在其中可以按照自己的意愿来行事。也许，讨好行为无力使你获得你和有权势者之间的稳定和平，但它至少可以用脆弱的停火协定来安慰你。

这些情况所能够保障的收益，使我们可以用日常的用词说道：与那些你没有做出那种回应的情形不同，通过改造偏好和讨好，你可以为自己赢得一定程度的自由。这是由于，正如我们之前所见，在日常用语里，有关自由的说法经常被用来标示出敏于语境的对比。因此，同样的一个选择，根据用来加以比较的不同语境，就可能会被描述为自由的或者是不自由的。但是，无论在何种用词语境之下，在我们前面所发展出的那种严格的意义上，通过改造或讨好所赢得的收益，都不能算是自由。在我们的那种意义上，选择自由要求每个选项都是可以获得的，而且，你获取任何选项的能力，必须独立于其他人对你所应做之事的看法。

通过详细阐述伯林关于“敞开的大门”的比喻，我们就能很好地表达出那种自由的含义。那种反对改造偏好的前提假设意味着，在一个自由的选择中，所有的选项必须都是敞开着的大门。而反对讨好的主张则意味着，并非任何形式的“敞开”都是可以接受的。在 X 和 Y 之间的选择里，如果两扇门都是敞开着的，你是否就是自由的呢？并不一定。在理想状态下，自由需要的不仅仅是“大门是敞开的”，而是“不存在拥有关闭大门权力的看门人”——为了使那些大门中的某一扇或另一扇保持敞开状态，我不需要去依赖于某个看门人的善意。因此，假如我处于那种看门人的位置，你对选项 X 和 Y 的获取就不能以选择自由所严格要求的那种方式得到支持。

如果反对改造的前提假设是合理的，在一个自由选择中的所有大门就必须都是敞开的。同样，如果反对讨好的前提假设是合理的，就不能
存在对看门人好意的依赖。如果你讨好了我，然后我才让你通过了一扇 67
本来关闭着的大门，那么，你就仍然是在屈从于我的意志。你并没有逃

脱那种原先就使你不自由的约束,也没有为削减那种约束的效力做出任何努力。你的行动仍然处于我的意志的限制之下。你只不过是做出了一些调整,从而使自己的生活变得更加舒适罢了。

再论自由、稳固性与概率

无干涉自由的观点认为,一个选择中的所有选项都应该是敞开着的大门。这就意味着,在理想情况下,你不仅必须在你喜爱 X 的这个真实世界里不受阻挠,而且还必须在你喜爱 Y 的可能世界里不受阻挠。这就要求你不但能够真正地享有无干涉,而且还要稳固地享有它。也就是说,在与可以获取的选项相联系的一系列可能世界里,你都可以享有无干涉,不管其中的某些世界存在的可能性多么小。

无支配自由理论不仅要求所有的选项都是开放的,而且更进一步,要求不能存在看门人。这就意味着,在一个更大的范围之内,无干涉应该是形态式地(modally)稳固的(Pettit 2001a;List 2004)①。仅仅能在一系列世界中(你的喜好或意愿在这些世界里会变化,一会想要 X,一会想要 Y)享有无干涉,还是不够的。如果在那一系列世界中,其他行为者对于你所应做之事的喜好或意愿也发生了变化,但你仍然能够享有无干涉,这才是完整的或理想的选择自由。

因此,你必须既能在其他人对你友善的 X 世界里享有无干涉,也能在其他人对你不友善的 X 世界里享有无干涉。你必须既能在其他人对你友善的 Y 世界里享有无干涉,也能在其他人对你不友善的 Y 世界里享有无干涉。你必须以这样一种方式来享有无干涉:无论是你自己意愿上的相关变化,还是其他人对于你所应做之事的意愿的相关变化,都不会改变那种无干涉。我们在第 1 节中看到了,根据无干涉自由理论,为了增加你在 X 和 Y 之间的选择自由上的概率,我们就必须使如下概率

① 一种略有不同的处理方法,见 List(2006b)。从这种处理方法中推衍出的对自由的讨论,见 List and Pettit(2011:第 6 章)。

的总和最小化(假定使用加法是恰当的方式):“选择 X 时受到阻碍的概
率”加上“选择 Y 时受到阻碍的概率”。要是我们想增加你无支配自由的
概率,事情就会变得更为复杂一点,因为我们既要考虑到其他人保持友
善的世界(F),也要考虑到其他人并不友善的世界(U)。如果我们继续
使用那种加法式的版本,我们就应该去使如下概率的总和最小化:“在他 68
人是友善的情况下选择 X 时受到阻碍的概率”加上“在他人不友善的情
况下选择 X 时受到阻碍的概率”加上“在他人是友善的情况下选择 Y 时
受到阻碍的概率”加上“在他人不友善的情况下选择 Y 时受到阻碍的
概率”。①

使这种概率的总和最小化,就意味着使预期的无支配最大化。这将涉及保持或树立起屏障,以防范那些本来对你的相关选择具有干涉权力的人的可能干涉。这还将意味着要保持或树立起障碍,以防范那些可能拥有那种权力的行为人或行为机构组织起来(假如那些人或机构确实出现了的话)。因此,这可能意味着要去采取措施,来预防一批松散的个体的集合(比方说,一个好斗的少数派群体,或一个潜在地具有压迫性的多

① 在先前关于无干涉自由的一个脚注里,我曾建议说,如果你想在一个 X 和 Y 之间的选择上获得无干涉自由,那么,仅仅在真实的世界中(你在这个世界里喜爱 X)和在最为接近的可能世界中(你在这个世界里喜爱 Y)不受阻碍,是不够的。无干涉自由的合理要求是,你可以在范围更大的一系列世界中获得 X(包括你喜爱 X 的这个真实世界),也可以在范围更大的一系列可能世界中获得 Y(包括你喜爱 Y 的那个最为接近的可能世界)。如果你要享有无支配的话,那么,对于你必须在其中能够避免干涉的可能世界的范围,我也持有相似的看法。在这里(就像在另一种情况下那样),我认为这种世界的范围只能在一种直觉性的、敏于语境的基础上得到辨识。于是,这一范围当然就不会包含所有的可能世界。例如,在有些世界里,无支配要求你能够不受干涉地选择 X。在能使 X 得到实现的具体的身体运动方面,以及在其他人所表现出的善意和恶意的程度方面,那些世界就可能互不相同。但是,这类世界的范围不可能扩展到所有你选择了 X 的可能世界。因此,当你做出行动时,假如处于你周围的人不仅态度变得恶劣了,而且还发展出了超人般的力量,那么,我们就不能仅仅由于你对 X 的选择遭到了干涉,就认为你无法自由地在 X 和 Y 之间进行选择。在决定相关的可能世界的范围时,我们需要依赖于语境方面的前提预设,这是令人遗憾的。但是,从将自由理论加以正规化的视角来看,这又是不可避免的。就像在之前的脚注里所提到的,这种不确定性与如下认识论问题中所产生的不确定性是同类的:如果存在某些配得上被称为知识的东西的话,真实的信念必须在多大范围的可能世界中得到呈现(也就是说,真实的信念必须在多大程度上是稳固的)?

数派群体)整合成为一个对他人生活具有支配性的存在物。

对于支配、干涉和阻挠之间的关系,我最后还要再补充一个评论。我们之前曾注意到,与不带有阻挠效果的阻碍相比,带有阻挠效果的阻碍要更为有害。而且,随着阻挠发生的概率增加,不带有阻挠效果的阻碍就会变得更坏,因为这体现了一种具有更大伤害性的前景。同样,从直觉上来说,与不带有干涉的支配相比,带有干涉的支配要更为有害。因此,我们可以认为,在如下三种境况中,伤害的程度是逐步增加的:不带有干涉或阻挠的支配;带有干涉但不带有阻挠的支配;既带有干涉又带有阻挠的支配。相应地,我们还可以说,随着干涉的概率变大,不带有干涉的支配会变得更坏;而随着阻挠发生的概率上升,不带有阻挠效果的干涉也会变得更坏。我倾向于把干涉和阻挠所导致的额外伤害视为
69 不同于自由的受损所导致的伤害。但是,正如我在讨论阻碍和阻挠时所说过的,从原则上来说,没有理由反对把它们视为与自由相关联的伤害。[1]。我们完全可以认为,尽管支配已经足以导致自由受损,但干涉和阻挠则使这种损失变得更为严重了。[2]

第五节　我们如何才能确保你的选择自由?

资助与保护

我们在本章里集中关注了如下问题:在像 X、Y 和 Z 这样的选项之间进行选择时,你会因为什么而失去选择自由。我们论证说,如果这些选项中的某一个受到了阻碍,你就会失去自由。这种阻碍可能会来自非个人性因素的禁绝,也可能会来自另一个行为人或行为机构的侵犯。我

① 如果我们采纳了这种观点,那么,与讨论干涉与阻挠之间关系时所提出的观点类似的是,我们将必须赋予干涉的概率和阻挠的概率以一定的分量。见之前论干涉与阻挠之间关系的脚注(见第 45 页的脚注。——译注)。

② 这一观察表明了我们可以如何理解森(Sen 2002)所强调的如下教导(这一教导部分是为了批评他在我著作中发现的共和主义观点):存在着许多与自由的度量相关的维度。

们还看到了,侵犯(即屈从于另一个人的意志)可能会涉及另一个人的干涉,也可能不会涉及。但无论是否涉及干涉,侵犯都需要他人拥有某种进行不受控制的干涉的权力,并且可以在那一意义上算作是对选择进行了支配。

那么,我们如何才能确保你在实行选择时是自由的呢?有两件事情需要去做。首先,我们必须要在如下意义上为那一选择提供资助(或者说,去促进它):确保你能够获得任何你碰巧缺乏的所需资源(这可能会包括个人性的、自然性的或社会性的资源)。换句话说,我们必须要为这一选择遭到的一切禁绝进行补偿。其次,我们必须要去保护你所实行的选择。假定你需要这种保护,我们就必须去防备你在实行选择的方式上屈从于另一个人的意志,也就是说,防备你遭到侵犯。

资助(resource)或促进选择可能会涉及多种不同的事情。例如,如果这是一个有关开车或骑车到某个目的地的选择,就会涉及确保你拥有一辆汽车或者自行车,确保你拥有开车和骑车所需要的技术,确保存在交通网络和一套管理其使用方式的规定,以及确保你了解行路规则和到达目的地的路径。这甚至可能会涉及帮助你克服某些不寻常的身体或精神缺陷,包括提供适宜的协助或治疗。你无需我们的任何帮助,就可 70
以获得进行选择所需的大部分资源,所以上述步骤通常是不必要的。但它们表明了资助选择的行为可能会包括什么内容。

我之前曾经提到过,如果你在获取资源时不得不依赖于另一个人的善意,那么,你就没有得到恰当的资助,也就是说,资助你的那种方式就没有给予你自由所需要的能力。现在,这项约束条件背后的理念就很清楚了。如果说,为了获得选择一个选项所需的资源,你需要依赖于我,那么,我就会在那个选择上拥有一种不受控制的干涉权力,并对你形成支配。这一约束条件意味着,如果我们想以恰当的方式为你提供资助,则在提供的时候就不能引入对任何特定行为人或行为机构的依附。为了避免引入依附,我们为你提供资助的方式会与为我们中的每一个人提供资助的方式一样,就像提供共享的道路及道路规则那样。在涉及你专门需要的资源时,我们可以在关于所需资源的一般性规则下将其赋予你,从而避免引入依附。

与对选择的资助不同,对选择的保护所涉及的,是在必要时对你加以保卫,使你在进行选择时避免陷入对其他任何个人或群体之意志的屈从。这种保护将会关注其他任何人的潜在干涉,并制造出障碍和负担,以便在可能的范围之内,确保没人拥有干涉那一选择的权力——至少,确保没人拥有不受你控制的干涉权力。

在保护你免遭那种干涉(确切地说,那种干涉的权力)时,最重要的是指明如下这一点:这种保护截然不同于对无干涉的促进。对无干涉的促进指的是:采取措施使无干涉的可能性达到最大。通过收买潜在的干涉者(也就是说,如果他们不来干涉你,就向他们提供奖励),我们可能会使干涉的可能性变得很低,甚至比身处保护性机制下时还要低。然而,即使你在那种基础上说服了其他人不去干涉你的选择,这一事实也不会使你免于对他们的意志的屈从。就算我们能用奖励去诱惑他们,他们还是可以选择进行干涉。我们的奖励只不过意味着:除了单纯的"不进行干涉"之外,他们又多了一个选项,即"不进行干涉并接受我们的奖励"。保护的目的不是使预期的无干涉最大化,而是使预期的无支配最大化。这意味着要去采取措施,使得你无论是在自己所希望做出的选择上,还是在别人希望你做出的选择上,都能够抵御其他人的干涉。

71 进行保护所需的条件

我们该如何保护你在某一个或另一个选择上免遭他人干涉呢?看起来,我们似乎应该削减人们在决定干涉还是不干涉时的选择自由。但是,出于两个重要的理由,这种想法是不正确的。

第一个理由是,如果一个人面临的是对不干涉行为(而非干涉行为)的阻碍,他在"干涉还是不干涉"问题上的自由还是会遭到否定。如果我们对某个人"不去进行干涉"的选项进行阻碍,我们就会削减他在"干涉还是不干涉"问题上的自由,但这并没有对你形成保护。假如那种阻碍足够严重(比方说,假如“不去进行干涉”的选择被移除了),就会意味着,严格来说,那个人并没有干涉你的选择,因为他并未有意地去限制你的选择。但在这种情况下,我们自己就进行了干涉,因为我们利用了那个人去限制你的选择。假如那种阻碍并不是那么严重,它就会让那个人继续去进行干涉(即有意地限制你的选择),同时使得我们在那种干涉行为中扮演角色或进行参与。为了通过防范其他个人或集团来保护你,我们必须力图削减他们的干涉能力,而不是削减他们在干涉和不干涉之间进行选择的自由。

在保护你免遭他人干涉时,我们不能仅仅削减其他人在干涉和不干涉之间进行选择的自由,这样说的第二个理由是:如果我们想替换那一选择中的“干涉”选项,并削减那个人的自由的话,我们就只需要去安置一个几乎没有防卫性或威慑性价值的障碍或惩罚(这种障碍或惩罚可能是真实的,也可能是表面上的),或者是提供产生那种障碍或惩罚的可能性(这种可能性可能是真实的,也可能是表面上的)。去保护人们免遭干涉,并不仅仅是以某种老套的方式去干涉其他行为者的“干涉”选项。在极端的情况下,保护意味着对干涉的预防阻止(prevention),也就是说,去安置显而易见的、不可逾越的障碍。而在不那么极端的情况下,保护就意味着提供产生那种具有阻挡效力的障碍或威慑性惩罚的可能性(这种可能性或者是真实存在的,或者是表面上的),以使得其他人干涉你选择的能力被削减到如下的程度:在这种程度上,根据地方性的标准,你就没有合理的理由去感到焦虑了。对于其他人来说,干涉或许不是不可能的,但会为干涉者带来如此之大的困难或危险,以至于干涉行为相对来说是不可接受的或不合意的。

我们之前说过,如果某些人对某一个或另一个选项拥有不受控制的干涉权力,他们就会支配你,并威胁到你的选择自由。针对其他人的各种态度,预防阻止性的保护可能涉及或大或小的范围。在这种意义上,它就可能具有不同的预防程度。但这类保护都会以一种激进的方式来移除干涉的权力。其他形式的保护不具有同样的影响,但它们能够把其 72

他人的干涉权力削减到如下这种程度:在这种程度上,干涉显然会是不合意的,而不干涉就成了一种被迫的或非自愿的选择(Olsaretti 2004)。

对于用来断定保护是否充分的那种基准,我们不用去担心其主观性,前提是,在地方性的文化之中,这种基准得到了广泛的接受。正如前面已经说过的,在下一章里,我会引入"直视测试",以便对如下问题做出判断:为了使你能够算作是一个自由人或是自由的公民,在你行使我所说的基本自由权时,你必须享有何种程度的自由。"直视测试"意味着,你应该在那些选择上获得一定程度的资源和保护,以使你能够(根据地方性的标准)去直视其他人的眼睛,而不必有理由感到恐惧或敬畏。这将会提供一种符合基准线的充分保护。

我们知道,某些形式的干涉不如另一些严重。例如,这可能是由于用来替换X的选项与X的差别很小,比方说,用来替换的选项是"在有点不舒服的情况下做X"或"在有一点额外代价的情况下做X"。"直视测试"的效果是要求一定程度的保护来抵御其他人,从而使"进行干涉"这个选项变得即使不是实际上不可能的,也是不适合的。随着干涉的形式越来越严重,"直视测试"的效果会越来越明显。①

出于上述理由,用来抵御干涉的保护是有不同程度的。但值得强调的是,这并没有减弱如下两者之间的对立:一边是享有通过保护措施而促成的、遭受较少干涉的前景,另一边是仅仅有很低的遭受干涉的概率,但只是因为潜在干涉者突然翻脸的可能性很低。只有当你受到保护的时候(不管那种保护有多大的成功概率),你才能够在一定程度上独立于他人的善意,从而能够去根据自己的愿望进行选择。正如我们前面所看

① 上述思路与一种老的说法存在联系。根据那种说法,如果你暴露在了各种形式的干涉之下(假定是非常严重的干涉),而其他人可以不受惩罚地随意进行那种干涉,那么,你就缺少选择自由。如果其他人在准备干涉的时候,不会遭到(或者不太可能遭到)预先制止,他们就能够随意地进行干涉。而如果其他人没有受制于某种惩罚(这种惩罚禁止并威慑了干涉行为,导致干涉变得不再合意了),他们就能够不受惩罚地进行干涉。因此,根据这种理念,如果我们能够在合适的程度上预防或者禁止干涉行为——如果我们能够不让他们"用能够承受的代价"来进行干涉,我们就可以使你自由。

到的，如果发生(不受控制的)干涉的概率下降了，这是一件好事，哪怕这种下降源于有权势者的善意的增进(也许这种增进是由你的讨好所促成的)。如果保护促使发生(不受控制的)干涉的概率下降了，这在同样的意义上也是一件好事。但是，这还在另一种意义上是一件好事。这不仅使(不受控制的)干涉变得更加不可能了，而且还削减了有权势者的干涉 73
权力。①

行为与忽视

当我们有能力去资助和保护你的自由时，将会出现一个问题：如果我们未能为你提供资助和保护，这是否与对选择的侵犯一样有害于自由？从自由的角度来看，这里所出现的不作为(failure)或忽视(omission)是否与更为主动的伤害一样严重？进行忽视的权力是否因此就与构成了支配的干涉权力一样严重？在有些状况下，这里所设想的那种忽视或不作为也许与侵犯一样，在道德上、政治上甚至法律上是应该承担责任的。但是，未能提供资助或保护，本身并不是一种侵犯选择能力的方式。拥有不作为的权力也不是支配的一种模式。如果这种不作为要算作一种过错的话(它肯定经常要被算作过错)，它也是一种不同于侵犯的过错。

尽管如此，在某些未能提供资助与保护的情况与真正的侵犯之间，其界线是相当模糊的。假设我在一定范围的选择内为你提供了资助和保护，而随着时间的推移，这开始变成了一种不言自明的预期。我们对将会发生的事情有了共同的看法。在这种预期以及它所确立的单向依赖模式的背景下，"拒绝提供帮助"这种消极的行动，就无法与对你自由选择的侵犯区分开来。事实上，通过占据这样一种惯例性的资助或保护

① 借助于如下的图表，本段的要点可以被很好地展现出来：图表的纵轴代表其他人干涉你的事务的机会成本的渐次递进，横轴代表进行保护所需要的成本的渐次递进。在你看来拥有同等价值的境况，会表现为一条无差别曲线。这条曲线所被勾画的方式将表明，在任何程度的干涉行为上，通过保护来防止干涉都比通过机会成本的变化来防止干涉更有价值。

的角色,我甚至会处于一种能够支配你的地位。你是否能继续得到我所提供的资助和保护(在新背景下则是:你是否能继续不受我对你相关选择的侵犯),将要取决于我的善意。至少,假如我是唯一能够施以援手的人,假如后面没有一串人排着队要取代我的位置,而且不存在或多或少会迫使我为你提供资助或保护的压力,那么,上述情况就会发生。

我们对于资助和保护这类行为的本质的讨论,自然而然地就会将我们引向本书所追求的规划。我将在接下来的几章里论证,国家如果对正义与合法性感兴趣,则它的公民的无支配自由就具有至高的重要性。而
74 在正义与合法性方面,国家的首要责任都是要使其公民获得自由。国家要受制于如下的约束:将它的公民们作为平等的人来对待。因此,它必须被如下理念所引导:促进那种自由,并安置好可以使人们抵御支配的资源和保护。

在论证国家应以这种方式促进自由时,我赞同一种对国家任务的宽泛的目的论或后果论的看法(Pettit 1997a,2001d,2012a)。采取这种后果论思路的原因是:它表达了一种令人满意的正义与合法性的理论。这种理论与我们深思熟虑的判断相吻合,并且能够满足反思平衡的要求。我们将会看到,在我们对正义与合法性的讨论中,对无支配自由的促进是如何在共和主义传统的指引下得到诠释的。我们还会看到,根据对本书规划的那种诠释来促进自由的国家,会为我们提供具备有力的、独立的吸引力的合法性与正义理论。①

① 就像我们将要看到的,我认为国家应该在“把所有公民作为平等的人对待”这种规范性约束下来寻求使人们享有无支配自由。但这并不意味着要放弃后果论。这只是说,“国家把人们作为平等的人来对待”这件事本身就是一种善,应该被嵌入到国家所采用的策略中去。后果论并不会对值得赞许的善施加任何限制。它只是规定说,任何行为人或行为机构所应该采取的策略,都要由它藉此所能期望去加以促进的善来决定。

第二章　社会正义

让我们先暂时假定，为了在强制的基础上组织社会生活，国家和政 75
府是必需的。在那种社会的背景下，所有的政治哲学都还需要回答两个重大的问题。第一个问题是，为了在其公民之间的关系中确立社会正义，国家应该实施什么样的决定和政策？第二个问题是：在涉及正义的问题上（事实上，在其他相关事务上也是一样），倘若国家想要在其公民面前成为政治上的合法决策者，它应该遵循什么样的决策程序？在“正义”一词的宽泛意义上，这两个问题都可以被看作事关正义的问题。但是，由于我认为它们有重要的区别，我将把第一个问题视为关于社会正义的问题，把第二个问题视为关于政治合法性的问题。

我在这一讨论中所说的公民，不仅包括官方意义上的公民，还包括一个国家里所有那些基本上是定居于此的居民。作为成年人和心智健全的人，在对共同关切之事的概念化问题上，以及在国家应如何促进那些被关切之事的问题上，那些居民可以在任何时候扮演一种充分知情的角色（可与 Tully 2009：I，3 相比较）。对于那些未成年和心智不健全的人，对于那些不是永久性居民的人，还有那些尚未出生的人，会产生关于正义与合法性的特殊问题，恰如在对待其他动物的态度上会产生相关问题一样。但我基本上会专门关注如下问题所引起的一般性议题：国家应该如何对待当前的那些（在我所说的那种宽泛意义上的）公民？

我会把国家和政府看成以如下方式相联系的团体性实体（corporate entities）：国家会通过政府中的行为人或行为机构（包括立法的、行政的和司法的）来行动，而无论那些机构在什么时候行动，国家都在通过他们而行动。也就是说，他们是以国家的名义在行动。我所讨论的社会正义问题与政治合法性问题，既可以被描述为涉及国家的问题，也同样可以被描述为涉及政府的问题。这两种描述方式我都会加以使用。每一种描述方式所涉及的问题，都预设了相关的实体——国家或政府——是一个行为者。这个行为者可能会牵涉到许多不同个体的参与，但它被设定
76 为（也被期待着）要去形成和标明一套协调一致的目标和判断，并根据这些目标和判断来行动。在这种意义上，它可以算是一个团体性的行为者（corporate agent）（List and Pettit 2011）。

每个社会里的国家或政府都会推行一种法律秩序（不管我们选择如何去定义法律）。社会正义问题与政治合法性问题涉及了那种秩序的两个不同方面。社会正义方面的问题是：国家在选择自己所推行的秩序时，是否善待并平等对待了它的公民？政治合法性方面的问题是：国家在推行那种秩序时所使用的方式，是否善待并平等对待了它的公民？这两个问题都可以被当作如下问题的一种普遍化形式（每个公民都可以针对自己所处的境况而提出这一问题）：就国家所推行的秩序的本质来说，以及就它在推行秩序时所用的方式来说，它是否善待了我？这种提问形式的普遍性来自如下前提假定：没有理由赋予任何一个公民以不同于其他人的特权，对每个人来说，上述问题都具有同样的紧迫性。

一般来说，国家所推行的法律秩序既包括公民之间如何彼此相关联的实质性条款，也包括他们如何与国家相关联的程序性条款——例如，关于他们应当享有的投票权利和担任公职权利的条款。这种程序性条款与政治合法性的问题有关，从本书所采取的思路来看尤其如此。因此，为了方便起见，我在谈论社会正义问题时，只会考虑国家所推行的秩序的本质；那种秩序是人们（不管是作为个体的人，还是作为各种群体之

成员的人)彼此之间关系的决定性因素。所以,当问到“国家是否推行了一种合适的秩序”的社会正义问题时,我们所关注的就是:作为一种社会性的秩序——一种塑造人们彼此之间关系的秩序,那种秩序在多大程度上能够令人满意。而当问到“国家是否在以恰当的方式推行秩序”的政治合法性问题时,我们所关注的就是(至少在一定程度上是如此):作为一种程序性的秩序——一种塑造人们与国家本身之间关系的秩序,那种秩序在多大程度上能够令人满意。

我将推迟到下一章来讨论政治合法性的问题(这一问题会将我们引向民主理论)。本章讨论的是社会正义问题。[①]。有些人认为,这两个问题分别体现了那种更为全面的(comprehensive)、兼具社会性与程序性含义的正义观(例如,约翰·罗尔斯所说意义上的正义[Rawls 1971, 1993])的不同方面。我对此没有意见,但我会继续用不同的名称来描述 77
它们。我将在下一章表明我的看法:在一种全面的正义理论之内同时处理这两个问题的做法,已经导致了对第二个问题的误解。

大体来说,我在本章中将要论证的立场是:共和主义的社会正义(根据语境的不同,我经常会将其简称为正义)理论要求,不论在个体与个体之间、群体与群体之间还是个体与群体之间,人们都应该在彼此的关系中享有无支配自由。我在下一章中将要论证的立场是:共和主义的政治合法性(同样,我经常会将其简称为政治合法性)理论要求,人们在与它们的国家或政府的关系中应该享有无支配自由。根据这种思路,共和主义正义主要反对的是私人支配,共和主义政治合法性主要反对的则是公共支配。在本章中引入这一思路时,我将像之前所说的那样假定,国家是必不可少的,并且带有一种团体性的特征。我将在下一章中尝试为这些假定辩护。

---

① 对不同于政治合法性的社会正义的关切,就是麦迪逊在《联邦党人文集》第 51 篇里所表现出来的那种关切。他在那一篇里说道:“在共和国里极其重要的是……要保护一部分社会反对另一部分的不公”(Madison, Hamilton and Jay 1987)(汉密尔顿、杰伊、麦迪逊:《联邦党人文集》,程逢如等译,北京:商务印书馆,1995 年,第 266 页。——译注)。

本章分为四节。在第一节中,我会介绍共和主义的正义理想,即公民之间对无支配自由的平等享有。我将论证说,这种理想只能意味着,在用公共资助和保护加以保障的基础之上,人们能够平等地享有某些特定的根本性选择(即基本自由权)。出于方便起见,当公共提供的资助和保护以这种方式确保了那些选择时,我会把那些选择描述为安全的(secured)、或得到确保的(safeguarded)、或得到护卫的(entrenched),虽然这种意义上的护卫并不一定意味着用宪法方式进行的护卫。在第二节中,我会使用两条合理的约束,来界定应该在这种意义上被公共地护卫的基本自由权。在第三节中,我会粗略地勾画一下共和主义正义理论所要求的政策。就像我在本书最后两章中力求提供的共和主义政治合法性(实际上就是共和主义民主)的制度模式一样,这里要指明的是一种共和主义正义的制度模式。然后,在第四节中,我会对正在浮现之中的理论的独有特征进行一些评论。

第一节　社会正义与平等

两者之间的关联

几乎每个人都会赞同说,一种正义(无论是社会正义还是全面的正
78 义)理论所要面临的挑战是:界定在某种背景下所产生的“相互竞争的主
张之间的一种恰当平衡”(Rawls 1971:9)①。在特定国家内部的背景下,我会把公民看作是提出相关主张的人。这里所说的公民包括所有成年的、心智健全的、基本上是永久性定居的居民。我还会把国家或政府(即国家借以完成其事务的行为机构)看作是那些主张的回应者,从而也就是担负界定与实施正义的需求之任务的实体。那么,公民在国家中都提出了哪些主张?这些主张之间的恰当平衡又是什么样的?

① 罗尔斯:《正义论》,何怀宏等译,北京:中国社会科学出版社,1988 年,第 7—8 页;引文有改动。佩蒂特此处标注的信息有误,原文应出自《正义论》英文版的第 10 页。——译注

几乎每个人都会赞同说，这是国内正义（无论是社会正义还是全面的正义）理论中的核心问题。他们还会赞同说，对这一问题的任何合理答案，都必须满足一定的平等主义约束。为了在其公民的各种主张之间建立一种恰当的平衡，国家在决定那种平衡的时候，必须把他们作为平等的人来对待。它必须对每个公民都表达出或者宣示出同等程度的关怀（Dworkin 1978）。因此，无论国家会基于正义的要求去赋予其公民何种利益，它都要受到约束，以使自己用一种公开（expressive）的平等主义方式来赋予那些利益。该约束并不必然要求国家所采用的政策在公民之中强加某种实质性的平等。这种约束本身所要求的只是：在选择政策时，国家应该承认每个人都具有平等的地位。它应该根据"所有人都有权利受到尊重"（Raz 1986：219）[①]的原则来行动。

社会正义与公开的平等之间的关联不足为奇，因为不正义的最典型范例就是如下情景：那些属于特定种姓、肤色、宗教、性别和族裔的人在国家建立的制度下遭受歧视。由此可以推论说，正义的体制不可能根据任何那类基础对其成员进行歧视。它内在地就是不偏不倚的（impartial）。

我在本章中对社会正义的讨论和在下一章中对政治合法性的讨论——换句话说，我对全面的正义观的两个方面的讨论——始于如下规范性假定：国家应该公开地表现出前述意义上的平等主义特征。国家应该把人们作为平等的人来对待，以便公开满足平等主义的要求，而这一假定就意味着，在公民这方面，当他们去过社会生活时，必须愿意接受一种把他们当作平等的人来对待的安排。我们可以说，他们必须去准备在平等的方式下与其他人一起生活，而不是为自己要求一种特殊的地位。这就意味着，在公民对他们的待遇进行抱怨时，如果他们期望能够确保被聆听，这种抱怨就必须能相容于一种在平等的方式下与同胞公民一起

---

① 拉兹：《自由的道德》，孙晓春等译，长春：吉林人民出版社，2006年，226页注释1。佩蒂特此处标注的信息有误，原文应出自《自由的道德》英文版的第220页。——译注

生活的意愿。事实上,那种抱怨必须是在一种互相交流的背景下能够得到公开声明的。

79 为什么要信奉这种意义上的公开的平等主义呢?这其中的理由要回到本章导论中提到的一点。我们中的每一个人都可以合乎情理地问道:在国家所推行的秩序的本质方面,以及在它推行这种秩序所用的方式上,它在多大程度上善待了我?如下的假定则引出了那两个问题的普遍化形式:我们每个人都应该能够以同等的合理性来提出那些问题。这一假定是暗含于如下事实之中的:我们愿意在彼此之间讨论那两个问题。因此,一种社会正义理论需要回答如下问题:国家应该推行什么样的秩序,才能在这方面善待并平等对待其公民。一种政治合法性理论则需要回答如下问题:国家应该以何种方式推行秩序,才能在这个不同的方面同样做到善待并平等对待其公民?

在对于社会正义之需求的思考上,我们已经提到的两点一般性的一致意见只能做出有限的帮助。国家应该在哪种或哪些善品(good)上将其公民作为平等的人来对待?也就是说,国家怎样才能做到善待他们?对于这个问题,各种特定的正义理论有着不同的答案。同样,这些理论对如下问题也有着不同的答案:在善待其公民时,国家怎样才能满足平等所施加的约束?也就是说,国家怎样才能平等地对待他们?无论对于"国家应该以公开的平等主义方式追求什么"这种实质性的问题,还是对于"公开的平等化意味着什么"这种方法论问题,那些理论都有着不同的看法。

首先来谈谈实质性的问题。自由至上主义理论认为,国家应该在保护人们据称所拥有的自然权利方面,把他们作为平等的人来对待。根据对那些权利的不同诠释,这种理论分为右翼(Nozick 1974)和左翼(Vallentyne and Steiner 2000a,2000b)两个版本。运气平等主义理论认为,国家应该在资源的分配上,把人们作为平等的人来对待,除非他们所遭受的不幸纯属咎由自取。就像有些时候所说的,他们所遭受的不平等是"选项运气"(option-luck)而非"原生运气"(brute-luck)的结果

(Dworkin 2000;Fleurbaey 2008)。功利主义理论认为,国家应该在对人们的效益(或者也许是获得效益的机会)的关切上,把他们作为平等的人来对待(Arneson 1989;Roemer 1998)。可行能力理论(capability theory)则主张说,国家应该在为人们提供在特定社会中运作所需的基本能力时,把他们作为平等的人来对待(Sen 1985;Nussbaum 2006;Alexander 2008)。而某些混合性的理论或是寻求在不同的领域里针对不同的事物来平等地对待人们(Walzer 1983),或是寻求在如下事物上把人们作为平等的人来对待:那些事物赋予了人们他们应该拥有的利益(Cohen 1993)。

罗尔斯(Rawls 1971)的理论(我们稍后将会继续讨论它)属于这种混合类型,因为它要求国家在如下方面将其公民作为平等的人来对待:为每个公民提供他的正义两原则所规定的基本善(primary goods)或者 80
说适用于多种功能的善品(omni-functional goods)的混合。无论人们的特定目标或愿望是什么,这种善品都是必不可少的。那些善品包括自由与机会、收入与财富以及自尊的基础。罗尔斯对用来派送基本善品的正义原则的描述如下(其中第一条原则拥有词典式的优先性,也就是说,无论第二条原则带来的好处有多大,都不能侵犯第一条原则):

a. 在一有关平等的基本自由之完全充分的图式(该图式是与所有人都享有的类似自由图式相容的)中,每一个人都享有一种平等的权利。

b. 社会和经济的不平等要满足两个条件。第一,它们必须附属于在公平的机会平等的条件下对所有人开放的各种职业和职位;第二,它们必须最有利于获利最少的社会成员(Rawls 1993:291)①。

不管各种正义理论分别偏好哪种善品(或哪些善品的混合),它们都同样在如下的方法论问题上存在分歧:就那种善品来说,国家怎样才能把人们作为平等的人来对待?为了理解这种分歧,我们可以想一想,当家长用一定数量的资金来为子女提供诸如教育这样的善品时,他们可能

① 罗尔斯:《政治自由主义》(增订版),万俊人译,南京:译林出版社,2011年,第269—270页。引文有修改。——译注

会用哪些不同的方式来思考“把孩子们作为平等的人来对待”的问题。假定没有哪个孩子存在认知上的或者相关的问题，则家长可能会遵循下列五种策略中的某一种（这些策略都是显而易见的，但并不是说肯定不存在其他的策略了）。

● 平等的投入。家长可能认为，公开的平等要求为每个孩子的教育提供完全相等的资金。这将会给予孩子们平等的成功机会。

● 平等的直接回报。家长可能认为，应该为一些孩子提供资金，但不为另一些提供，以确保孩子们无论有什么样的不同能力，最终都能达到同样的教育水平或者地位。这将会给予孩子们平等的教育结果。

● 平等的衍生回报。家长可能认为，公开的平等要求为每个孩子提供足够的资金，以使他们发展自己的教育潜力，从而在其工作和生活中获得同等程度的满足。这将会在另一个方面给予孩子们平等的结果。

● 平等的回报率。家长可能认为，应该根据孩子们从投入在其身上的资金里获得教育回报的不同能力，来按比例提供资金。

● 平等的利益基准线。家长还可能认为，所提供的资金应该能够使每个孩子都享有特定基准线之上的利益。这会在某些孩子只能勉强达到基准线水平时，容许其他孩子获得高出基准线的利益。

81 在我们的小小案例中，家长可能会根据这五种策略中的某一种，来把自己的孩子们作为平等的人来对待。同样，一种正义理论可能以其中一种相对应的方式，要求国家将其公民作为平等的人来对待。只要每种策略都能被看作是反映了对相关群体成员（无论是孩子们还是公民）的平等关怀，它们就都是公开地平等主义的。然而，只有前三种策略可以被看作是反映了如下关怀：平等应该在那些个体之间具有优先性（Temkin 1996）。那三种策略不但是公开地平等主义的，而且还是实质性地平等主义的。①

第四种关于回报率的策略带有实质性的非平等主义特征。这体现

① 优先论（prioritarianism）的策略（Parfit 2000）虽然并非实质性地平等主义的，但也可以被看作是反映了对孩子们的一种平等关怀。我稍后将对其进行简单的讨论。

在如下事实之中：它的典型范例是在社会中最大化整体幸福的功利主义规划，而这种规划并不关心个体之间的分配可能会多么不平等。这种策略要求，在任何时候都将资源投入到回报率最高的地方，直到资源用尽，并且在任何人身上进行投资所获的边际回报率都相等。第五种利益基准线策略的实质性非平等主义特征，则是体现在如下事实之中：只要人们都达到了恰当的水平，这种策略就允许某些人比其他人获得远为更多的相关利益。该策略的一个例子是哈里·法兰克福（Frankfurt 1987）的充足论（sufficientarianism）。这一理论认为，为了使所有的人在社会中得以生息，他们都应该得到根据适当标准所确定的充足资源。从表面上来看，阿马蒂亚·森（Sen 1985）和玛莎·纳斯鲍姆（Nussbaum 2006）所采用的可行能力（capability）思路也是充足论的，因为它认为只需要向所有人提供在特定社会中运作所需的基本能力。[①]

对于我们期望共和主义正义理论所采取的形式，上述观察为我们做出了有用的引导。在实质性的问题上，它们会建议说，当国家根据正义的要求来将其公民作为平等的人来对待时，它所提供的善品中应该包括某种版本的无支配自由。否则的话，这种理论就很难算是一种拥有独特品质的共和主义理论。而在方法论的问题上，它们会建议说，尽管这种理论必须是公开地平等主义的，但它可以采取多种不同的形式，其中有些形式是实质性地平等主义的，有些则不是。我现在要考察一下如何最好地诠释共和主义正义的目标，然后再考察一下，对于这一理论所必须认同的平等策略来说，那种诠释会意味着什么。

82

共和主义正义的自由目标

为了在这些观察的基础上继续努力，我们需要更详细地界定国家所要培育的这种无支配自由理想。原则上讲，国家应该在“把公民作为平等的人来对待”这种公开的平等主义约束下，去促进公民享有自由的或

① 至于这种思路在多大程度上是充足论的，相关讨论见 Kaufman 著作（2006）的第一部分。

不受支配的选择。但这种要求在实践中意味着什么?

为了给这种要求找到一个更为具体的版本,我认为,我们应该把共和主义传统中的"自由人"(liber)这个形象作为引导性的指标(heuristic)。那种图景据称表达了一种身份(status),拥有这种身份的人们都可以充分地享有选择自由,而同时又能平等地享有此种自由。在用这种指标引导共和主义的目标时,我们已经先有了如下预设:社会环境还不是特别悲惨,人们之间的分歧也不是特别严重,因此他们仍有可能普遍获得自由人的身份。用约翰·罗尔斯(Rawls 1971:126 – 130)的话来说,这就要求存在正义的环境,也就是说,社会是在一种基本正常的物质稀缺与个人能力的范围内运作的。①

在那种传统的共和主义形象里,自由的人可以昂首阔步,并与其他人互相对视。为了能够选择自己的生活方式,他们不需要依赖于任何人的恩赐或偏爱。他们彼此之间通过如下这种共享的、相互加强的意识联系了起来:我们拥有这种独立的身份。因此——用共和主义者常用的那些贬义词来说——他们就不用去俯身逢迎、溜须拍马、卑躬屈膝、摇尾乞怜和吹捧奉承。他们不必去虚情假笑和蹑手蹑脚来安抚其他任何人。简单地说,他们无需提心吊胆地生活,不管那是出于恐惧还是驯服。那些男女是自己命运的掌管者。无论他们彼此有多么依恋(就像在爱情、友谊和信任的关系中那样),都是出于自愿的。他们可以在相对来说同等安全的位置上彼此展开接触。②

对于"我们该如何使作为正义之目标的无支配自由理想具体化"的问题,自由人的传统形象对我们有三个重要的教导。第一个教导为自由人所应该享有的自由选择之范围提供了指引。第二个教导指出了用来

① 见罗尔斯:《正义论》,何怀宏等译,北京:中国社会科学出版社,1988年,第121—124页。——译注

② 通过这种方式所表现出来的自由人形象,似乎没有什么政治意涵,无法说明人们的政治权利或义务。但对于我们的目的来说,这种表现方式也就足够了,因为我们对正义(即社会正义)的讨论不涉及公民与政府的关系。当我在接下来的章节里开始讨论合法性与民主时,我会重新引入那种关系。

使那些选择得到保障和护卫的基础。第三个教导向我们指明了那种护 83
卫何时才足以赋予人们自由人的身份。

第一个教导是，自由人之所以是自由的，不是因为他在做出随便什么样的选择时都能得到保障，而是因为他在进行某类特定的选择时能够得到保障。例如，他们在对他人施加暴力时，在去无限占有土地时，或者在从事投机时，是不会受到护卫的。他们只能享有一定范围内的选择所需的资源和保护。在那个范围之内，所有人都可以同时行动(有些人也许需要特殊的协助)，而不会彼此妨碍。用17世纪的激进派约翰·李尔本(Libourne 1646)的描述用语来说，这个范围就是根本性自由权的领域。在他所处的年代和地区，那些自由经常被当作是英格兰人的古老的、从历史中汲取了神圣性的权利。但对于李尔本来说，它们为“自由人的自由”提供了制度性的表达。它们反映了如下事实：男人们(实际上女人们也一样)“在现在和在过去一样，凭其本性就都在力量、尊严、权威与威严方面是平等和相似的，没有任何人(凭其本性)能在权威、治权或行政权力方面压倒其他人”(Sharp 1998)①。

自由人形象的第二个教导是，为了享有实行那些基本自由权的自由，人们应该拥有一种相对于其他人的、被公开地确立起来并广而告之的身份。只有这样，才能使他们昂首阔步并与他人对视。在那些自由权的领域内，人们应该在公共的基础上得到护卫，以抵制他人的入侵。他们应该享有客观上的保护，而不用去管其他人希望他们在那一领域内如何选择。而他们得到了这种保护的事实，则应该在社会里成为一种共享的意识。无论在“身份”一词客观的、主观的或主体间的意义上，他们都应该拥有一种不受支配的身份。

传统观点认为，对那种身份的享有所需的公共防护措施包括一些法律。那些法律以显著的平等方式为人们的自由提供了护卫。但是，当人

① 我们没有讨论合法性的问题。这意味着，这里所设想的基本自由权并不包括政治权利，而罗尔斯在他的正义第一原则里是把那些政治权利算作基本自由权的。

们对服从法律的行为表现出认可态度、对不服从法律的行为表现出不认可态度时，那些能带来普遍利益的法律就很可能会得到那种态度的支持，因此，那些公共防护措施必定也会包括相关的规范和道德。这种意义上的规范指如下这类行为习惯（regularity）：作为被公开意识到的事实，大多数成员遵守这些习惯；大多数成员预期其他人会认可服从习惯
84 的行为，或不认可不服从习惯的行为；大多数成员被这种关于何者会引来认可和不认可的预期所约束，从而服从习惯。①。

我们或许可以期待会发现，与禁止欺诈、暴力或谋杀的法律相呼应的是，某些规范会产生一些补充性的、表达认可态度的效果，从而通过集体性厌弃的威胁来震慑住潜在的规范破坏者。在《李维史论》第1卷第18章中②，马基雅维利（Machiavelli 1965）以如下方式评论了可以用来支持法律的规范的重要性："如同良好的风俗习惯要想得以维持就需要法律一样，法律要想得到遵守也需要良好的习俗"。③ 在接近本章末尾的地方，我们将会更加深入地探寻这种关联。

我从自由人的指标中所吸取的第一个教导，涉及的是应该得到保护的对象，即根本性的或基本的自由权。我所吸取的第二个教导所涉及的，是应该用来保护那些自由权的方式，即依靠公共法律与规范的保护。第三个教导则确定了判断如下问题的标准：对那些自由权的保护何时才是充足的？也就是说，何种程度上的支持才足以让我们认为，就实践性

① 这一定义遵循了 Pettit（1990）和 Brennan and Pettit（2004：第3部分）的用法，但做了一处修正。这里的定义说的是，规范"是这样的一种习惯：几乎每个人都预期其他人会认可对习惯的服从"，而不是像旧的定义那样说，规范"是这样的一种习惯：几乎每个人都认可服从的行为"。这一改变使得我们可以将如下这类习惯也承认为规范：这类习惯并没有获得普遍的认可，但这一事实却不为人所知（Prentice and Miller 1993）。对这种可能性更充分的讨论，见 Pettit（2008e）。尽管我没有为这种对规范的定义提供辩护，但应该注意的是，这一定义非常吻合更大范围内的文献对规范的理解，尤其是在它把规范和认可连接起来的方式上（Hart 1961；Winch 1963；Coleman 1990；Sober and Wilson 1998；Elster 1999；Shapiro 2011）。

② 马基雅维利：《君主论・李维史论》，潘汉典、薛军译，北京：吉林出版集团，2011年，第203页。——译注

③ 亦见 Tyler（1990）。

的目的而言，人们全都在相关的选择中享有无支配自由了？这一教导指出，人们应该安全地享有资源和保护，直到他们能够满足我们所说的“直视测试”为止。他们能够去直视其他人的眼睛，而不必有理由产生被干涉性权力所激起的恐惧或驯服感。他们可以昂首阔步，并认为自己在这方面拥有和其他人同等高贵的公共身份，无论是主观上的还是客观上的身份。这种“直视测试”与我们在上一章末尾的讨论很吻合。我们当时讨论了能够有效抵挡支配的预防及禁止措施的程度。对“直视测试”的满足将意味着，对于每个人的事务而言，其他人都无法（用习语来说）不受惩罚地随意进行干涉。

“直视测试”并不会要求说，不管每个人的性格如何，都要能够去直视彼此的眼睛。它所要求的只是：除非是因为（哪怕是根据其社会中最为苛刻的标准来看的）纯粹的胆怯或懦弱，人们都有能力去直视其他人的眼睛。胆怯的因素是极其重要的，因为任何公共保护都无法弥补个人 85
性格上的差异，也无法弥补人们处理外来压力的能力的不同。加上“根据人们所处社会的标准”的条件，也是有必要的，因为对于“什么能够算作是纯粹的胆怯，而不是理性的恐惧或驯服”的问题，不同的文化也会有不同的看法。在不同的社会中，人们易于受到伤害的程度是不同的，他们对“其他人的态度变得恶劣”这一事件的概率估计是不同的，他们彼此之间的信任程度也是不同的。如果在这方面存在文化差异的话，那么显而易见的是，为了判断人们的恐惧或驯服是非理性的还是明智的，提供相关基准的就应该是地方性的标准。不会有任何普遍有效的标准可以用来代替那些标准。

“直视测试”的效果是，我们可以据此要求一定水平的资助和保护，这些资助和保护在所有人的基本自由权领域内都应该得到保障。我们从上一章中得知，人们的干涉能力会在两个方面存在差异。他们会在或大或小的程度上有能力去进行某种形式的干涉，并面对或大或小的困难以及或大或小的危险。他们还能在各种程度上以较为严重或不太严重的形式来进行干涉。在某种极端情况下，他们能够导致对一个选项的选择成为不可能。在另一种极端情况下,他们只能强加一种大体上说是无足轻重的代价。在对"直视测试"的理解和应用上,上述这些差异给予了我们很重要的教导。既然这两个方面的变化都是重要的,"直视测试"的要求就是:在任何选择区域内,干涉的程度越是严重,用来抵御干涉的保护的水平就要越高;而在同等的干涉程度上,干涉者越是容易进行干涉,我们所需的保护水平也就要越高。

自由人的指引所带来的第三个教导,使得共和主义正义理论的目标更为可行了。正如我们所见,这将意味着,你不能依靠国家来弥补自己的胆怯或其他缺陷。只有当你展现出了一定程度的个人毅力和勇气时,你才能享用公共资助和保护所带来的全部好处。这还意味着,拥有多于满足"直视测试"所需要的资源和保护(例如,享有高于平均水平的财富),是超过你自由公民身份的需求的。正如我们将要看到的,财富和权力上的某些差距会危及处境较差者的无支配自由,因此是需要反对的。但是,假定这些差距不被允许产生那种效果,它们就与所有人(包括富人和穷人)都能够获取的自由公民身份没有矛盾。

86 对于自由人的指引所带来的三种教导,我的描述表明,它们各自的应用是互不关联的。为表达简便起见,我通常会继续假设这一点。但是,"直视测试"的第三个教导具有一种重要的优先性,并且必定会对前两个教导的应用产生影响。这一测试不仅会影响应该为特定选择所确保的资助和保护水平,还会影响应该以那种方式所护卫起来的选择范围,以及应该提供的公共护卫措施的性质。

以第一个教导为例。它告诉我们说,自由人只能在特定的选择区域内享有资源和保护。对这种区域的界定是:所有人都应该能够同时在该区域内活动(至少在某些人得到特殊协助的情况下是如此),而又不会彼此妨碍。对于那些有特别需求的人,那种特殊协助应该在什么时候得到提供(按理说,是由国家来提供的)?假设某些人受到了伤害或者身有残疾,因而若没有国家协助就无法在特定的选择区域内活动。他们也许需要某种康复性的援助,以便能够在那些区域内行动,但他们自己却无力承担那种援助的花费。我们如何决定他们是否应该得到那种援助，以及相关的选择是否应该作为所有人共享的基本自由权而得到护卫？答案只能由“直视测试”来决定。如果说，一旦人们没能获得某个选择，就无法通过其所处的特定社会中的“直视测试”，那么，国家就必须以特殊方式来为有需要者提供资助，并将那种选择作为所有人共享的基本自由权来护卫。因此，一个典型的例子就是，我们可以要求为买不起轮椅的人提供轮椅，并在公共建筑里修建供轮椅通行的斜坡。

也可以考虑一下第二个教导。根据这一教导，自由人对基本自由权的行使应当在公共基础上得到护卫。具体来说，应该提供哪种护卫呢？想一想“在社会中随意出行”这种应有的基本自由权。这是否仅仅需要对出行者的保护，而不需要提供任何特定的资助呢？或者说，这还需要提供（与那些私人提供的路途不同的）公共性的公路、铁路或航空交通网络？或者还需要提供用于出行的公共手段，如依靠公共财政补贴的铁路、公交或航空交通网络？是否甚至还要为那些无力承担公共或私人交通费用的人提供补贴？就像在其他地方一样，这里也涌现出了很多问题，而只有“直视测试”才能在具有说服力的基础上提供相关答案。因此，当我在下面说到护卫、保障或保护各种基本自由权的需求时，我将不会涉及如下问题：这究竟是意味着保护那些自由权呢，还是意味着保护它们并提供每个人都需要的一般性资源呢，抑或意味着不仅要做到这些 87
事情，而且还要为那些有特别需求的人（无论是由于财务上的原因，还是由于需要轮椅那样的机械性援助）提供特殊资源呢？在每一种情况下，相关问题只能在“直视测试”的基础上得到回答，但我不会去探寻适用于不同情况的精确答案。

在赋予“直视测试”一种核心地位时，我遵循的是阿马蒂亚·森（Sen 1983b）在发展他的功能性活动的可行能力（functioning capability）标准时所开启的那种思路。他主张说，正如亚当·斯密（Smith 1976：351－352）所论证的那样，处于贫困状态——即在你的社会里缺乏基本的功能性活动的可行能力——与如下事实紧密相关：你无法在不感到耻辱的情况下生活在你的同胞之中。也就是说，你无法达到社会中的其他人期望所有“体面人”都能获得的物质水平。① 斯密所使用的标准比这里用的标准要低，但也是出于同样的精神，甚至可能还反映了他自己对共和主义思维方式的拥护(Winch 1978)。斯密认为，贫困意味着无法直视其他人的眼睛而不必有理由感到恐惧或驯服，而耻辱的根源就在于此。这里所采取的思路则是，尽管斯密所说的无疑是正确的，但满足“直视测试”不仅需要消除贫困，还需要充分的无支配自由。逃脱贫困所带来的耻辱，只是朝向享有人际间身份和达成自由的第一步。

共和主义正义的平等策略

在如下问题上，自由人的指引所支持的教导给予了我们有用的帮助：在正义环境下，在公民(按照我的用法，公民就是指成年的、心智健全的、基本上是永久性定居的社会居民)之间的关系上，共和主义正义理论要求国家去追求何种目标。那些教导告诉我们说，我们应该要求国家在促进公民们的人类自由时，把他们作为平等的人来对待；而如果想要在任何选择上获得自由的话，就需要有无支配。国家应当在公共法律和规范的基础上，在可能达到的最大程度上护卫人们的根本性自由权，直到每个人都能通过与他人的“直视测试”。②

88 在上述观察的基础上，我们可以看到，说国家应该在满足公开的平等主义约束的情况下，把公民们作为平等的人来对待，这种说法要求的

① 斯密：《国民财富的性质和原因的研究》(下卷)，郭大力、王亚南译，北京：商务印书馆，1983年，第431页。——译注

② 我在上一章中观察到，兼有干涉和阻挠的支配可以被合理地认为是比有干涉但无阻挠的支配更坏，而后者反过来又比既无干涉也无阻挠的支配更坏。但这这种观察在本章中(包括在下一章中)不会起到任何作用。在确保人们自由地享用得到充分资助的选择时，至关重要的是去防范支配，因为支配对不自由来说既是充分条件也是必要条件。而如果我们消除了支配的话，我们同时也就彻底消除了有害于自由的各类干涉和阻挠。只有在我们评判各种不完全正义或不完全合法的政体的好坏程度时，上一章中的观察才具有相关性。在那种情况下，那种观察会认为某一种不完善的政体比另一种好，因为虽然两者都会放任支配，但与后者不同，前者所放任的支配并不会带来实际的干涉或阻挠。

是：就像之前描述的充足论策略所要求的那样，在“自由的或不受支配的选择”这种事物上，国家要为每个公民提供一定的基础性利益。这种说法要求，在特定的选择范围内，国家应该提供特定水平和种类的护卫，以使得每个人都拥有传统上被理解为自由人或自由公民的那种身份。被护卫起来的那些选择就是基本自由权，所提供的护卫是包括法律和规范的那种公共形式的护卫，而需要保障的护卫水平则取决于在特定社会中通过“直视测试”所要求的护卫水平。每个人都应该能够享受这种基础性地自由的、不受支配的选择，这一点与如下事实是不冲突的：有些人所拥有的私人性权力与财富资源，使得他们可以在更大的范围内享有自由的、不受支配的选择，并且这种选择能够获得更大的保障。因此，上述思路可以被看作是充足论的。

不过，因为享有这种充足的自由的或不受支配的选择，就意味着享有自由人或自由公民的身份，所以，我们还可以用其他方式来描述那种策略。我们可以像上面提到过的第三种策略那样，将其看作一种要求使衍生回报平等化的思路。根据那种思路，自由人的身份是一种从所要求的“为选择所提供的资助和保护”的模式中衍生出来的回报。在“自由的或不受支配的选择”这种事物上，共和主义的正义理论构成了一种充足论，但在“自由的或不受支配的身份”这种事物上，那种理论则会支持一种实质性的平等主义。在涉及不同的相关事物时，共和主义的正义理论就体现出了不同的面相。

在本书余下的部分里，我一般都会把共和主义的正义理论说成既是公开地平等主义的，也是实质性地平等主义的。也就是说，这种理论要求去促进人们在无支配自由方面的平等，而这种自由现在应该被理解为不受支配的身份上的自由，而不是不受支配的选择上的自由。当西塞罗(Cicero 1998:21)对自由人所享有的自由之本质做出如下这句经常被引用的评论时，他所想到的也许就是共和主义的这种实质性平等主义的方面：“没有什么比自由更为甜蜜了。但是，如果这种自由不是完全平等的，它就根本不是自由。”

作为一种实质性的平等主义理论，共和主义的正义思路似乎会碰上一种现在已经颇为知名的抱怨：就像其他这类理论一样，它会支持降低
89 境遇较好者的水平，以便使他们达到与境遇较差者的平等，哪怕这没有任何其他的有益效果。也就是说，共和主义的思路会支持向下拉平(levelling-down)的行为(Parfit 2000)。但是，只要所有人都实际获得了一种不受支配的身份，这种反对意见就是无关紧要的。在那种情境里，有些人可能会拥有更多的财富或权力，但正如我们所见，这不会给予他们更大的身份自由，因此也就不会提供要求向下拉平的理由。如果所有人都在原则上能获得不受支配的身份，但并非所有人都能真正获得这种身份，那种反对意见仍然是无关紧要的。在这种情况下，通过某些转让，所有人都会提升到那种不受支配的水平上。但是，如果不可能使每个人都享有一种不受支配的身份呢？如果某些人被剥夺了身份自由，而且他们遭受剥夺的方式使我们无法通过对境遇较好者的再分配来恢复他们的地位呢？共和主义的思路会不会主张说，在这种情境里，国家应该去使境遇较好者的处境恶化，而其目的仅仅是为了实现平等——也就是说，仅仅为了剥夺社会中每一个人的不受支配的身份，并建立一种“损人利己”式的平等？

不，不会的。共和主义思路的首要目标是公开的平等主义，而其首先的要求则是：国家应该促进人们对不受支配的选择的享用，前提是它要把他们作为平等的人来对待，并展现出对每个人的平等关怀。我们已经论证过，这种理想会支持所有人平等的自由身份。这种身份借用的是自由公民这一传统形象，并建立在如下假设之上：正义的环境是存在的，而且所有人在原则上都能获得这种身份。如果那种假定不成立(就像这里所设想的那样)，则唯一能够得到保留的理想，就是最初那种公开的平等主义目标了。如下假定应该是合乎情理的：如果没有紧急情况，且不同的人在能力上也并非天差地别，就会有一种所有人在原则上都能获得的、能够被实现的自由公民理想。这是因为，那种理想在不同社会中会得到不同的诠释，因此可以相容于各种背景条件。但如果情况实在太糟

糕，以至于那种理想无法在所有人身上实现，那么，唯一需要追求的目标就是公开的平等化，而非实质的平等化。

在这种困难的局面下，自由选择领域里的公开平等化要求什么？在这种局面下，说国家应该在把所有人作为平等的人来对待的前提下，去促进其公民自由的或不受支配的选择，又意味着什么？对此可能存在多种答案，其中一种是德里克·帕菲特（Parfit 2000）所支持的某种版本的优先论（prioritarianism）。这种观点认为，在我们所想象的环境下，国家对每个人的平等关怀会要求更侧重于（无论在多大程度上更侧重于）改善境遇较差者的处境。这并不是说，对境遇较差者的优先对待是一种缩 90
小他们与其他人差距的方法。这种对待的动机不是促进实质性的平等。之所以要优先对待境遇较差者，是因为他们是在较为贫苦的绝对水平上生存和运作的。如果国家想要平等地关心它的每一个公民，那么，这种侧重境遇较差者的行为就是非常合理的。

前面所提出的反对意见认为，如果像共和主义的正义理论一样，假定社会中的人们都可以得到恰当安置，从而获得自由人或自由公民的身份，那么，这种理论就可能会提出过高的要求。但是，对这一理论的另一种反对意见则是：它所提出的要求可能会过低，以至于从直觉上来看是不合理的。这是因为，它在寻求一种平等的身份自由理想时，允许人们在私人的财富和权力上存在差异。这种反对意见认为，共和主义的正义理论允许在私人资源上出现过大的差距，结果使自己失去了直觉上的吸引力。用前面提到的约翰·罗尔斯（Rawls 1971）的考验方法来说，在"我们能够允许私人资源上的多大差距"的问题上，共和主义的正义理论没能使我们各种深思熟虑的判断达到反思平衡。

但这种反对意见同样是错误的。在决定不受支配的身份所需要的资源与保护水平时——在决定那种身份所必需的保障基准线时，其他人所能获取的资源和保护也会被加以考虑。假如国家允许不同的人在所拥有的事物上存在过大的差距，那么，境遇不太好的人就难以达到那种基准线。固然，身份自由上的平等（我们也可以说，无支配自由上的平等）能够相容于私人财富和权力上的差别，也能够相容于资源和保护上的相应差别。但是，对于那些差别被允许达到的程度和范围，那种理想仍然会施加严厉的约束。

该理想这种约束性的一面产生了两种相关效果，并且将会在许多（尽管也许不是所有）情境中表现出来（Pettit 1997c；Lovett 2001）。假设你所拥有的资源和保护要少于你的邻居，而我们在代表国家行动时，会面临如下的选择：我们可以赋予你更多的资源和保护，也可以赋予你的邻居更多的资源和保护。在提供服务、支付补贴或征收税金时，都可能会产生这种需要进行选择的局面。如果我们把更多的东西给了你的邻居而不是你，我们对支配的防范就会是相对较差的。这是因为，你面临着更大的遭到支配的危险，从而也更有可能从额外的补助中受益。如果我们把更多的东西给了你的邻居而不是你，我们就有可能恶化了绝对意义上的支配危险，因为那些额外的补助更有可能会使你的邻居来支配你或其他人。

那些效果中的第一个意味着，在境遇较好者身上投入资源和保护，
91 会产生递减的边际生产率。这种投入越是指向境遇较好者，它所产生的效果就越差——也就是说，它就越不可能增加无支配。那些效果中的第二个则意味着，那种投入还会产生递增的边际负面效应。它越是指向境遇较好者，就越有可能产生负面效果——也就是说，它就越有可能减少无支配。把这两种效果结合起来看，我们就有理由认为，假如国家要寻求去促进平等的无支配自由（也就是说，要使所有人都能够得到自由公民的身份），那么，它就必须被系统地加以设定，以减少人们在资源和保护上的物质不平等。

平等身份自由的理想之所以会反对物质不平等。是因为它从本质上来说带有社会性。与传统上对“享有无干涉自由”的理解不同，在一个不存在其他人的地方，你是不会享有无支配自由的。对这种自由的享有预设了与其他人的关系。它指的是在一种清除了支配的模式下与他们相关联。这种享有所要求的，不是支配的阙如本身，而是在具有如下关

系的情况下消除支配：那种关系使得支配明显可能会存在，并相应地使无支配变得值得欲求。享有相应的无支配自由，就是在你的同侪之中拥有一种特定的地位。

平等的无支配自由这一理想的社会性意味着，它带有一种互动式(interactional)的性质，而这一性质得到了最近一些平等理论家的赞赏(Anderson 1999；Scheffler 2005；O'Neill 2008)。重要的不是让诸多个人在特定方面分配到相同的事物，而不管这会如何影响他们彼此之间的关系。重要的是，他们能够在某个方面拥有相同的事物，而这个方面会影响他们彼此互动的方式，以及他们在彼此眼中所能获得的地位。因此，如下说法是完全可以理解的：你在多大程度上享有不受支配的身份，并不仅仅取决于你所掌握的资源和保护，而是还要取决于它们与其他人所掌握的资源和保护的比较。如果你在这方面的比较上劣势过大，你就很难享有不受支配的身份。①

本节的讨论能够使我们很好地理解，在详细阐述一种共和主义的正 92
义理论时，应该如何去展开。在本章第 3 节中，我会试图为那种理论的制度化体现来提供一种模式。但在勾画那种模式之前，我们需要花些时间来做一个铺垫性的工作。这个工作就是去刻画出“根本性”或“基本”自由权的概念。正如我们所见，在共和主义的理论中，这种自由是需要得到保障的。

---

① 以一个来自德里克·帕菲特(Parfit 2000)的想法为基础，我们可以用一个不错的测试来强调互动性平等的重要性。想象一下一个不同社会间彼此隔绝的世界。假设我们要在 A 和 B 两种平等主义政策之间做出选择。在用数值衡量平等的程度时，不管使用哪种我们喜欢用的指标，那些政策都会产生相同的平均数值。但在达到这种结果时，政策 A 会为每个社会带来高度的内部平等，而政策 B 会使各社会内部像它们彼此之间一样不平等。从平等的视角来看，我们应该选择哪种政策呢？看起来显然应该是 A。如果是这样的话，就表明了我们在多大程度上是基于对人们之间互动的影响而珍视平等的。

第二节　基本自由权

两条标准

促进人们平等无支配自由的一种思路是：寻找到一种体系，在这种体系之下，人们在不同的选择中拥有同等水平的自由，而那些每个人都能获得的选择会使任何人都没有理由去嫉妒其他人的地位。我可能在某个对我非常重要的选择领域里拥有自由，而你则在某个能更好地回应你的关切的不同领域里拥有自由。① 然而，即使我们能够找到专门的选择领域，使其在任何时候都能够满足那种“嫉妒测试”(envy test)，但随着社会成员的变迁及其偏好的变化，那些领域将无法继续满足那一测试。何况，我们也很难想象如何将所设想的那种体系付诸实践。在寻求使无支配自由平等化时，唯一可行的方案就是：寻找到一种体系，在这种体系之下，人们在同样的选择中会趋近于获得相同水平的自由。

但是，人们应该被安排去平等地享有哪些选择呢？那些选择必须是每个人都有能力去实现的，至少当某些人得到国家的特殊协助时是如此。正如我们前面所见，那些特殊协助是否合适，需要由“直视测试”来决定。当然，那些选择还必须是国家能够加以保护的选择，是国家能使人们在免受他人支配的情况下做出的选择。那么，假如国家要为人们提供正义看来会要求的那种平等自由，它应该去保障哪些选择呢？有哪些选择是人们应该能够去做出，并且应该是在不受他人支配的情况下——在不依赖于他人的善意和容忍的情况下——所能做出的呢？

93 在对这个问题的处理上，“自由人”这一指标为我们提供了有用的引

① 我们或许可以把这视为霍布斯所推荐的那种情形。正如我们所见，他认为，在其力量和智慧所能办到的事物中，每个自由人都可以不受阻碍地去做那些事情。我们可以把他的说法理解为：人们本身所具有的智慧和力量，决定了他们每个人想要去避免阻碍而做出的选择。

导(Pettit 2008a)[①]。这种指标里所蕴含的自由观是这样的一种理想：社会中的所有公民都应该能够在法律之下享有这种自由。因此，对基本自由权的解读就应该能够使这种普遍的享用成为可能。对基本自由权的行使不能是一种高不可攀、无人能及的理想，不能是一种只有某些人能够达到的精英式理想，也不能是一种竞赛式的理想(即如果某些人达到了这一理想的话，就会减少其他人达到它的机会)。在这方面忠实于共和主义思维的约翰·洛克(Locke 1960：II. 57)清楚地表明了这一点。在论证道"哪里没有法律，那里就没有自由"后，他提出，我们应该只向每个人提供一种"在他所受约束的法律许可范围内……不受另一个人的任意意志的支配，而是可以自由地遵循他自己的意志"去行动的自由。[②]

这一观察促使我们去采用两条标准。任何有望被作为基本自由权而护卫起来的选择，都必须达到这些标准。首先，得到护卫的选择必须能够被每一个人加以行使，并且不会与所有其他人的行使相冲突。其次，那些选择必须能够满足每一个人，并且不会妨碍所有其他人的满足(见 Anderson 1999)。我会称前者为"共同行使性"(co-exercisability)的标准，后者为"共同满足性"(co-satisfaction)的标准。如果共同行使性的标准被违反了，则人们就不得不为了能去行使基本自由权而相互竞争，从而导致自由人的身份无法平等地被所有的人获取。如果共同满足性的标准被违反了，则基本自由权就无法使人们获得一定程度的满足，而我们很容易认为，自由人的身份是与那种程度的满足紧密相连的。

基本自由权只应该包括那些达到了这两条标准的选择，同时还应该包括所有能够达到这些标准的选择。无论国家遗漏了哪些它本应保障的选择，都会对公民所能享有的自由构成不必要的限制，并且会与自由人的传统形象不符。因此，我们可以把基本自由权界定为：在社会中可

---

① 我遵循的是 Pettit 2008a 中所发展出的思路，但做了一些小的修改，并且略过了许多细节问题。

② 洛克：《政府论》(下篇)，叶启芳、瞿菊农译，商务印书馆，1996 年，第 36 页。——译注

以“共同行使”和“共同满足”的所有那些选择(但也只能包括那些选择)。[①] 我现在要进而加以细究,来看看哪些选择能有资格成为这种意义上的基本自由权。

94 需要注意的是,在界定基本自由权时,我所使用的这两条标准并非“负荷了价值”的(value-laden)。各种拥有非常不同的信条的思考者,都应该能够去应用这些标准。“基本自由权的范围越大越好”这一假定,将几乎所有潜在的自由选择都纳入了考虑范围内;然后,“共同行使性”和“共同满足性”的约束就开始发挥过滤作用,以缩小基本自由权的范围。这种思路与两种更为标准的方法产生了分歧。一种方法是,先为我们提供少数几个例子,然后在不借助任何标准的情况下,仅仅通过简单的“以及其他自由”来向我们指出基本自由权的范围。另一种方法是通过“负荷了价值”的标准来界定基本自由权,例如,将其界定为那些对道德人格的发展来说是必要的自由(Rawls 1993)。与第一种方法相比,我们的思路在其所提供的指引上更为直接。与第二种方法相比,我们的思路则不那么依赖于特定的道德观点。[②]

可以共同行使的选择

上述第一条标准认为,任何应该得到保障的选择,都必须能够被社会中的所有公民(大体上说,就是所有那些成年的、心智健全的、基本上永久定居的居民)所行使,并且基本能够被他们同时行使。这一标准可以被用来排除两种选择。作为个体可行使性上的约束,它排除了这样一些选择:特定人群即使在得到国家的特殊帮助后,也无法获取那些选择。

① 在以这种方式对一组选择进行扩展时,如果新加的选择对已有的选择没有影响,这种扩展就不会引起争议。但是,如果在两组或多组扩展后的选择里,不同的选择分别得到了护卫,那么,就必定会产生度量和比较各种自由权的问题。不过,我在这里会忽略那些问题,因为在我看来,对那些问题不可能轻易地予以抽象的回答。对相互竞争的各组选择的优劣之处,也不可能通过算术来加以决定。对于那些选择之间的比较,只能根据语境来对其相对的吸引力进行判断。

② 我要感谢 Annie Stilz 促使我意识到这一点。

而作为集体可行使性上的约束，它排除了这样一些选择：人们即使在得到了国家的适当资助后，仍然无法一起去行使（大体上说，就是在同一时间去行使）那些选择。

就第一项约束来说，有许多选择显然不是每个人都能去实施或行使的。不是每个人都能决定你应该思考什么、谈论什么或者向往什么。只有你自己才能那样做。因此，根据这一要求，我们就不可能去护卫所有人在那些问题上“替你拿主意”的基本自由权。能够得到护卫的，只是每个人在那些问题上自己拿主意的自由：你给你自己拿主意的自由，我给我自己拿主意的自由，等等。在“拿主意”问题上所适用的原则，也适用于任何涉及你的行为，或者是任何涉及身为行为者（agent）的特定个人的行为。这表明，所有的基本自由权都必须具备自我指涉（self-referential）或行为者相关（agent-relative）的特征。它们必须被限定为“由 A 决定 A 如何行动”的自由，或“由 B 决定 B 如何行动”的自由，以此类推。它们不能延伸到“由某人决定其他人如何行动”的自由。

个体可行使性上的约束之所以会为基本自由权施加这种限定，乃是 95
出于一种逻辑上的或形而上的必然性。但是，对于我们中的大多数人能做和不能做的事情，它所施加的其他限定则是源于一些偶然（contingent）的事实。并非每个人都能攀上珠穆朗玛峰，这是一个偶然的事实。并非每个人都能（也许任何人都不能）跳到十英尺高，这也是一个偶然的事实。我们无法合乎情理地要求国家帮助人们克服这些限制，因此，只有在这些限制所建立起来的可行使性的边界内，基本自由权才能发挥作用。基本自由权必须限于如下这类选择：这种选择处于每个人的能力范围之内；至少，在国家帮助人们提升了他们的能力后，那种选择是处于他们能力范围之内的。每个人都可以拥有在国家的公共地域上迁移的基本自由权（如果另一个国家允许的话，他们还可以拥有离开那一公共地域的基本自由权），哪怕这种迁移也许会需要国家为那些无法行走或无法负担交通费用的人提供交通设施。这种基本自由权会使某些人得以行使他们特有的登山能力，但登山仍然不是一项基本自由权。

它最多是一项被推导出的自由。那些拥有登山技能的人因为拥有旅行方面的基本自由权，才得以拥有了这项自由。

通过个体可行使性上的约束，基本自由权不仅被限定在了我们每个人分别有能力行使的选择（至少是在得到公共支持时所能行使的选择）范围之内，还将其限定在了那些我们不依赖于其他人的自愿合作就能行使的选择范围之内。我们中的任何人都无法确定自己能够去跳探戈舞，能够去在唱诗班中歌唱，或者能够去与其他人结合为一个集体行动者，因为这种行为需要其他人愿意与我们一起行动。因此，凡是涉及这类活动的选择，就都不能算作是应当由国家的资助和保护来加以保障的基本自由权。能够要求被作为基本自由权而加以护卫的选择，只能是“与那些愿意和你跳探戈的人来跳探戈”的选择，或者“与那些愿意和你以其他方式一起行动的人来一起行动”的选择。①

与个体可行使性上的约束不同，集体可行使性上的约束为那些有望得到国家保障的选择施加了更多的限定。② 这种约束显然不会去护卫如下这类选项：由于受到必然性的限制，不可能让每个人都同时采用那些选项。因此，如果某一选项要求获得一种超越于他人之上的地位，它就不可能是一种基本自由权。你不可能拥有一种在测验中获得高于平均
96 分的基本自由权，或者赢得“年度最杰出公民”奖项的基本自由权，尽管你当然可以拥有尝试赢得那种荣誉称号的自由（O’Neill 1979 - 1980）。除了会排除这种地位性（positional）的选项外，那种约束还排除了如下这类选项：只有在其他人不去争取这一选项的条件下，你才能够得到它。现在的情况是，你可以在“以当前的市场价格卖掉自己的房子”和“继续保有这栋房子”之间做出选择。但并不是每个拥有房子的人都可以同时行使这一选择。如果所有的房主都试图以当前的市场价格卖掉他们的

① 我们或许还应该补充说，国家也不应该去保障已有群体的选择，因为这会偏向那些碰巧已经组成了那类群体的人，从而未能做到平等地对待人们。

② 这种限定接近于希勒尔·斯坦纳（Steiner 1994）对基本权利所施加的那种共存性（compossibility）的限定。

房子,则房产的市场价格就会不可避免地跌落到远低于当前的水平之下。

集体可行使性上的约束之所以会施加这些特有的限定,也是出于一种逻辑上的必然性。但是,它会在偶然性事实的基础上施加更为有趣的限定。因此,既然某些选择所需要的许多资源是稀缺的,这一事实就使得那些选择不可能成为基本自由权。在这种情况下,正如赫伯特·哈特(Hart 1955:175)所说,"由于稀缺性的存在,一个人的满足就导致了另一个人的失败"。农场主与牛仔是可以做朋友的,前提是乡村的土地要足够多,从而使他们可以根据各自的愿望来加以使用。农场主可以在一块土地上竖起栅栏,牛仔则可以让牛群在另一块地上漫步。但如果可用的土地是有限的,则在稀缺的境况下,他们就不可能都根据自己的愿望来使用土地了。因此,集体可行使性的条件意味着,根据你的个人喜好来使用土地的自由不能是一项基本自由权。①

哈特自己提到了对土地的无限制使用,以表明如下事实:有些自由是不能同时被所有人享用的。在同时寻求行使这一自由的人群当中,会在物理层面上发生不可避免的冲突(Hart 1973:546 - 547)②。正如他所指出的,这种自由的另外一个例子是根据个人所喜爱的交通方式来出行的行为,因为这会导致一种类似的"行人通行自由与汽车司机的权利之间的冲突"(Hart 1973:546,n. 49)③。另一个例子是从银行里取钱的行为。如果每个人都试图去取钱的话,银行体系就会崩溃。我们很容易想象出更多的例子。G. A. 柯亨(Cohen 1979)的如下观察很好地把握住了引导出那些例子的原则:尽管一个房间里的每个人都能单独地穿过房门

① 农场主和牛仔的故事来自罗杰斯和汉默斯坦的音乐剧《俄克拉荷马》,但早在公元前5000年的农耕者和觅食者的冲突中,他们所表现出的困境就已经存在于人类经验之中了。见Morris(2010:112 - 114,127 - 128,271)。

② 哈特:"罗尔斯论自由及其优先性",《法理学与哲学论文集》,支振锋译,北京:法律出版社,2005年,第250—251页。——译注

③ 同上,第251页,注释49。——译注

而离开，但他们并不一定能够一起离开。房门有可能太窄了。[①]

97 无论国家以何种合乎情理的方式来进行资助，都无法克服出于逻辑必然性的集体可行使性问题。[②] 但是，国家是否能够去做一些事情，以克服由稀缺性这种偶然事实所引起的问题？是否可以采取一些法律措施或者政治措施，以使人们能够共同行使一些本来会被稀缺性所排除的选项？或者，至少使人们能够共同行使一些与那些被排除的选项密切相关的选项？如果国家在这方面无计可施的话，那么，我们面临的前景就会极为黯淡。例如，在土地使用或交通问题上，我们将不得不放弃建立基本的、可以共同行使的选项的想法。于是，我们可能就不得不接受一种无法无天、各行其是并且胜者通吃的状态。或者，我们还可能不得不采用一种中央配给式的制度。根据这种制度，在土地使用或交通问题上，人们只能依靠中央机构分配给他们的份额来行动。这两种方案都是没有什么吸引力的。

不过幸运的是，国家还是可以采取一些措施，来为这些领域内的可集体行使的选择提供资源。它可以引入协调性的规则，来消除土地使用和交通方面的竞争问题。根据那些规则，国家就可以定义或界定出一些所有人都能同时行使的选择。比方说，假如国家能够建立共同的所有权规则，就有可能使每个人都根据这些规则来同时拥有和使用土地（或者任何其他的物品）。因此，一种基本的、由规则所界定的（rule-dependent）拥有并使用财产的自由，是能够存在的。假如国家建立了道路规则，每个人就都有可能同时使用他或她所喜爱的交通方式。司机和行人可以分别走不同的路。因此，我们又一次可以看到，可以有一种基本的、由规则所界定的自由，使你可以用自己所喜爱的方式来依照道路规则出行。

这种规制性或者协调性的举措，能够使社会去资助某些所有权或出

① 柯亨："资本主义、自由与无产阶级"，刘训练编：《后伯林的自由观》，南京：江苏人民出版社，2007 年，第 213—214 页。——译注

② 我会忽略那些不合情理的措施，例如，每个人都可以当一天的领头羊。

行方面的选择，使其有可能成为受保护的基本自由权。相似的举措可以缓和大量的类似问题。管理银行的规则使人们有可能去规制或者协调他们提款的方式。对于那些不可能由所有人同时获得的东西来说，对其所进行的协调（可以参考让人们从拥挤的房间内出门的方法）都会使人们有可能在行使相应的、由规则所界定的选择时，拥有一种基本自由权。

98

可以共同满足的选择

如果某些选择值得作为基本自由权而被加以护卫，那么，它们就不仅应该能够在个体和集体层面上被行使（也就是说，既能够被每个人加以行使，同时也能够被所有人一起行使），而且还应该满足一个更进一步的条件。这个条件就是：那些选择应该足以既满足每个人，同时又满足所有人。正如共同行使性的标准分别为个体与集体的可行使性施加了约束一样，上述标准也施加了两项约束，其中一项要求个体性的满足，另一项要求集体性的满足。

个体满足性的标准主张说，那些被我们当作基本自由权而加以护卫的选择，必须是如下这样的选择：根据既有的社会标准，从长远来看，这些选择能够促进那些选择它们的人的享受和福利。原则上来说，对于某些被断定为对行使选择者有害的选择，这一标准允许否定对它们的保护，甚至允许将它们作为“没有受害者的罪行”而加以定罪。然而，正如我们后面将会看到的那样，在实践中，共和主义的思路不太可能主张去推行这种具有侵犯性效果的定罪方式。这样做会把集体的判断与偏好强加在某些个人选择之上，而那些选择本来被假定是可以共同行使的。把这种选择当作没有受害者的犯罪行为，或者哪怕只是不去对它们进行保护，就会将社会对人们利益的诠释强加给他们，从而会表现为一种与上一章所说的无支配自由相冲突的家长主义（paternalism）（Shiffrin 2000）。

正如前面已经预示过的那样，恰恰是在这个节点上，“直视测试”可以起到一种重要的作用，以决定各种选择应该如何被加以公共的护卫。

如果某些选择可能会伤害那些选择它们的成年的、心智健全的人，那么，“直视测试”虽然不会要求将这些选择定罪，或者不对它们进行保护，但也不再支持对它们进行任何积极的供给。例如，我们可以看看那些与消遣性毒品（recreational drugs）的使用或者与某些形式的赌博联系在一起的选择。“直视测试”认为，这类选择无权要求获得任何积极形式的资助，甚至可能应该被课以重税。① 但它强烈支持如下观点：由于其他任何思路都是家长主义式的，都未能对相关行为者的地位予以承认，因此，那些选择还是应该得到保护。它们至少应该被给予那种最低形式的护卫。

99 现在谈谈“共同满足性”标准的另外一个方面，即不同于个体性满足的集体性满足。这种满足意味着，如果某些选择想要被算作是可以得到护卫的基本自由权，它们就不能出现如下情况：假如某些或者所有个人实行了这些选择，许多人（也许包括那些行使这些选择的人）就无法享用这些选择了。只有如下这类选择才有可能作为基本自由权而得到护卫：即使每一个人都做出了这种选择，每个人基本上也都是可以得到完全满足的。这种约束排除了三大类选择：缺乏效率的选择、过分授权的选择和有害的选择。

先来看看有害的选择（harmful choices）。值得注意的是，许多选择包括了会对他人造成有意伤害的选项，但却能够逃过“可共同行使性”的约束。这种约束无法阻止人们拥有说谎、偷窃甚至互相施加暴力的能力。但显而易见的是，把这些会造成伤害的选择确立为基本自由权，绝不会有助于人们总体上的满足。因此，不足为奇的是，集体性满足的约束会反对给予那些选择以得到护卫的地位。我们可以说，那些被确立为基本自由权的选择，应该都是纯洁无辜（innocent）的选择。

再来看看第二类选择，即过分授权的选择（over-empowering choices）。对这些选择所进行的护卫，可能会容许在人们之间出现资源与权力对比

① 即使约翰・斯图亚特・密尔（Mill 1978）也论证说，这样的思路是完全可以得到辩护的。他建议说，在某些情况下，对于那些威胁着选择者长远利益的选择，社会应该对其所需要的资源课以相对较重的税，以寻求去减少那些选择的吸引力。

上的严重不平衡。正如前面所见到的那样，我们有很好的理由去建立一些规则，以管理土地的使用（以及对更大范围内的财产的使用）。在所有权、交换和赠予的领域内，那些规则会引入一些由规则所界定的选择。每个人都可以行使这些选择，而又不会产生冲突（就像牛仔和农场主为占有同一块土地而进行的那种争斗）。但有一点应该清楚：关于财产的规则可能会使某些个人获得如此之大的经济权力，以至于他们必定会在某些情境中支配其他人——例如，在劳动雇佣、法律行为或者对医疗保健资源的竞争中。集体性满足的约束会认为，如果一种选择体系有可能产生这种过分授权的效果，那么，我们就不应该引入这样一种体系。这种约束会支持任何其他不那么危险的可行方案。①

有害的和过分授权的选择所表明的问题，是从赫伯特·哈特（Hart 100
1973：550）所观察到的如下事实中推衍出来的：把某一选择作为基本自由权来加以护卫，“必然会做到两件事情：首先，施与人们行使该自由的好处；但是其次，这也将使人们易于遭受其他人行使该自由时所造成的不利”（550）②。但这一观察还解释了，为什么集体性满足的约束还会排除第三类的缺乏效率的选择（counter-productive choices）。如果有一定数量的人（最多时是所有的人）在行使这类选择，就会损害这些选择的某些益处，而正是由于存在这些益处，那些选择才会对某些人或所有人具有其特有的合理性与吸引力（见 Parfit 1984：第一部分）。

哈特（Hart 1973：543）③描述了一种情况，在这种情况下，只要有人行使了某种选择，就会损害这一选择承诺给每个人所带来的益处。假设人们都拥有向某一群体（比方说，由他们的同侪公民所组成的群体）随意发言的选择。显然，他们中的每个人都可以向那个群体发言，并且都在

① 考虑到集体性满足的要求，我们应该如何处理这一问题呢？有多种不同的措施可以加以尝试。一种可能是引入累进税制，使其成为财产体系中的一部分（Murphy and Nagel 2004）。另一种可能性是在相关情境下的一套对经济状况较差者进行资助或补助的体系。还有一种可能性是对金钱可以购买到的相对优势加以限制。

② 哈特：“罗尔斯论自由及其优先性”，第 255 页。译文略有修改。——译者注

③ 同上，第 246—247 页。——译者注

同一时刻进行发言。因此,之前所说的约束在这里就不会引起任何问题。然而,我们可能还是会停下来想想:这个选择应该被确立为一种基本自由权吗?因为,如果有一定数量的成员试图在同一时刻对大会发言,则谁的话都不会被人们听到。所以,没人能够享有"对群体发言"这一行为所带来的特有益处。如果对某一选项的个人选择会承诺为每个人带来一定的回报,但在一定数量的人进行了这一选择之后,却会最终导致无法提供那种回报,那么,就会出现属于上述那类情况的其他例子。每个人都可能希望拥有一支枪,以便保护自己,但如果每个人都真的拥有了一支枪,大概就无人能够得到比没枪时更好的保护。每个人可能都希望驾车到市中心,但如果每个人都真的这么做了,去市中心对大家来说就没什么意义了。①

如果某些选择会把外来的成本强加给其他人(这常常会引发根据侵权法[tort law]而提出的索赔要求),就会出现另一类可以归之于"缺乏效率"范畴的情况。对于一条流经人们居住地的河水,如果人们拥有随意利用它的自由,麻烦事肯定就不远了。上游的人对河水的利用可能会
101 严重限制下游的人所希望的利用方法。例如,上游的工厂会使在下游饮水的牛处于危险之中。如果说,任何被确立为基本自由权的选择都必须不仅要能够由所有人共同行使,而且还要能够使所有人共同满足,那么,上述这类选择就不能以那种方式得到护卫。

在我们所说的这三类有害的、过分授权的和缺乏效率的选择中,国家能够去帮助克服它们所引起的那种问题吗?是的,它显然是可以的。

---

① 在这些情况下,正如在向群体发言的情况下那样,如下描述一般来说是准确的:首先,如果其他人都不去进行那种活动,则每个人都有理由去进行它;其次,每个人都宁愿没有人进行那种活动,也不愿意每个人都在进行它。但值得注意的是,在与群体的例子不同的某些情况下,还有一项条款也会得到满足:如果其他所有人都在进行那种活动,则每个人都会有理由(而且是一条新的理由)去进行它。不考虑美德问题的话,没人会喜欢在一个充斥着枪支的社会中成为唯一没有枪的人。这使得那些特定的例子都带有了一种宽泛意义上的搭便车性质(Pettit 1986)。在这些情况下,哪怕所有其他人都在进行那种活动,每个人也都有理由去进行它(就像人们有时候所说的那样,他们不想当蠢蛋),但这一理由并非那种使该选择起初具有吸引力的考虑。

就像在解决集体可行使性上的约束所引起的问题时那样，国家可以引入一些规则。根据这些规则，人们被给予了一些选项，这些选项与那些最初的、造成问题的选项相近，但与后者不同的是，它们不会超出集体性满足的约束。因此，“向一大群人发言”这种情况所展示出的问题，就可以依据《罗伯特议事规则》(Robert 2011)这样的规定来加以解决。这些规定允许人们轮流发言。它们构成了一种发言的模式，使人们可以各自做出提议，可以建议对他人的提议做出修改，可以对在讨论中出现的各种议题进行争论和投票。这种规则也许能够解决争论中所形成的困局。同样，类似的规则也许能够解决枪支拥有和汽车使用的案例中所展现出的问题。人们可以被给予“拥有枪支”这一由规则所界定的选项，条件是他们要通过特定的检验。他们也可以被给予“使用免费或廉价的停车设施”以及“乘坐公交设施前往市中心”这些由规则所界定的选项。

河水的上下游使用所展示出的情况，则明显需要以不同的方式来加以解决。侵权法允许原告请求法院以具体案件具体分析的方式进行判决，以决定某人是否应该被允许行使那样一种选择，以及在得到允许的情况下，是否应该要求他们采用预防措施，以避免对他人造成损害。“汉德测试”(以美国法官伦德·汉德命名)在这一领域内提供了有用的指引。简单来说，这个测试的意思是：当一个行为者行使某项选择时，如果他采取有效预防措施时所需付出的预期成本，要少于这一选择在没有预防措施时对他人的伤害所造成的预期代价，那么，只有当相应的预防措施已经到位时，这一选择才能够得到允许。如果把这个测试应用到河水的案例上，它就会要求说，如果上游的人想使用河水，他们就必须采取限制或者预防措施，而这些限制或预防措施给他们所添加的预期成本，必须要低于没有那些限制或预防措施时他们的行为给他人造成的预期成本。

朝向一种有意义的生活

现在可以考虑一下，还有哪些选择有资格作为基本自由权而得到护

卫。它们都是能够在个体层面上被行使的(至少在得到国家资助时是如
102 此),也都是能够在个体层面上令人满足的。同样,它们还都是能够在集体层面上被行使并令人满足的。或许,在适当的协调性规则之下,对它们的设计可以使得任何数量的个人都能够去采用这些选择,而不会影响它们的可行使性,也不会影响它们在共同体之内所提供的满足。这类选择——所有那些可以满足上述条件的选择——的可获得性,能够使自由公民获得一种充实的、有意义的生活吗(Wolf 2010)?还是说,得到护卫的那些选择在某些方面仍然无法提供我们所需要的东西?

除非很好地理解相关标准要求我们所护卫的那类选择,否则就难以回应这一问题。从表面上看,这会引起问题,因为能满足我们所提出的约束的选择,其范围似乎没有明显的界线。不过,值得庆幸的是,我们可以绕过这一问题,因为我们会发现,在满足那些标准的选择之中,我们只需要去考虑其中的一小部分。那些被证明是可以共同行使和共同满足的选择,会在两个方面有所差异,即相关选项的深远性(distality)与宽泛性(generality)。我们将会发现,只要去护卫那些更为深远和宽泛的选项就足够了。只要国家对这类选项进行了护卫,它也就会自动地护卫所有其他的选项。

在如下情形里,一个选项会比另一个更为深远:尽管两者是通过同一个行为而得到实现的,但前者所涉及的影响离行为者有更大的距离。换句话说,这种影响能更为深入到外部世界之中。随着我张开和闭上我的嘴巴、发出你能够听到的声音、让你知道我的假期计划,我就逐步落实了越来越深远的选项。但是,在这种意义上来说相对较为深远的那些选项,即使是通过同一个行为而得到实现的,也可能会在宽泛性这个不同的方面有所不同。把我的假期计划告诉你不同于给予你我私人生活的信息,不同于给予你随便什么信息,不同于以任何方式对你说话(不管是否给予了你信息)。在上述这些选项里,越靠后的选项带有越大的宽泛性。

通过这种对深远性和宽泛性的说明,我们应该能够清楚地看出,如

果我们保障了那些更为深远和宽泛的选择，则我们也会自动地保障那些不那么深远和宽泛的相应选择。如果我能自由地告诉你我的假期计划，我就能在面对你时自由地发出某些声音（这要取决于我所使用的词语）。如果我能够去自由地以任何方式与你交流，那么，我就能自由地告诉你我的假期计划，或者在任意话题上与你自由地交谈。换句话说，如果我们保障了言论自由本身，则我们就会护卫到发出与言辞相关的不同声音的自由，讨论那些言辞所能涉及的不同话题的自由，以及对某一个或者另一个听众发表言辞的自由。

将上述观察推而广之的话，相应的教导就很清楚了。在那些满足了 103
基本自由权所需要的约束的选择中，如果我们护卫了那些更为深远和宽泛的选择，我们就会护卫到所有那些满足了那种约束的相关选择。于是，我们所需要考虑和护卫的，就只是“那些更为深远和宽泛的选择”这一恰当的子集。事实上，我们有很好的理由去仅仅把这一子集中的元素视为真正的基本自由权。在接下来的部分里，我就会遵循这一做法。

那么，根据我们之前所力图提出的主张，哪些宽泛的、深远的选择会需要加以护卫呢？下述清单可能无法穷尽相关的选择，但它无疑是具有指引作用的。

- 根据你的喜好而思考的自由
- 表达你的想法的自由
- 践行你所选择的宗教的自由
- 与其他愿意和你结伴的人一起结社的自由
- 拥有一定物品并将之用于交易的自由
- 改变职业与工作的自由
- 在社会内旅行以及定居在你喜欢的地方的自由

现在回到那个关键的问题。假设在一个社会里，公共的资助和保护最大限度地保障了上述基本自由权。对这类自由权所加以的护卫，其本身是否足以使人们有可能过上一种充实的、有意义的生活？假设你拥有做出那些选择所需要的资源，并且在范围如此之大的领域内没有受到支配。也就是说，按照直觉上的标准，你能够根据自己的想法行事，而又不必去费心确保他人的善意。对这种在一系列机会中行使选择的、未被禁绝且未遭侵犯的能力的享用，是否足以使你过上那种我们认为自由人能够获得的生活？

如果依照浪漫主义或后浪漫主义的看法（例如，那种尼采式的“超人”生活的意象），对那种自由的享用并不足以满足有意义的生活。但共和主义传统中的假定则是相反的。这种理念认为，人们有可能像一种充实的、有意义的生活所要求的那样自由，同时又仅仅与其他人一样自由，即仅仅在相同的选择范围、在相同的公共基础之上享有相同的自由。人们在没有获得社会性特权的情况下，仍然有可能获得个人的满足。

我毫不犹豫地站在这种传统观点一边。看着那张得到护卫的自由权的清单，我禁不住想要去问一个修辞性的问题。如果这些选择的可获得性不足以使一种有意义的独立生活成为可能，我们还需要什么呢？如果这些选择是不够的，那什么才算够呢？不过，也许捍卫一种肯定性态
104 度的最好方法，是去看一看如下问题的答案：如果想要使人们真的在最大限度上获得那些得到护卫的自由权，那么，他们需要能够享用什么样的资源和保护呢？这就把我们引向了下一节的话题。在那里，我将为共和主义正义理论所需要的制度与政策勾画一个模式，以表明我们如何去平等地保证所有人的基本自由权。我还会主张说，这一模式将会像反思平衡所要求的那样，很好地吻合于我们对正义的深思熟虑的判断。

不同的基本自由权

不过，在转向那一模式之前，对已在我们的讨论中浮现出来的基本自由权的性质做一个一般性的观察，可能是有用的。这一观察的结论是：尽管基本自由权似乎具有一种普遍化的性质（至少当它们被抽象地表述时是如此），但在不同的政制之下，对它们更为具体的诠释与实践也会有所不同。基本自由权不是浑然天成的。宽泛地说，它们能够以两种方式产生变化。一方面，在（比方说）过去的和现在的文化之间，或者在

农业社会与工业社会之间，基本自由权的内容就可能会发生很激进的变化。另一方面，在非常相似的各种管理体制之间，甚至在当代的发达民主国家之间，基本自由权也可能会以不那么激进的方式来表现出不同之处。

那种更为激进的分野在如下事实中体现了出来：在古代罗马或中世纪的意大利或 17 世纪的英格兰，将某些选择作为基本自由权而加以护卫看起来是很重要的；同样，在当今那些极度贫穷的国家里，对某些选择的保障也被认为是重要的。但是，这些选择却迥异于我们期望在当前的自由民主政制中所确立的那些选择。发达社会所具有的技术和富足程度，使得人们有可能去共同行使范围大得多的选择，并从中获得满足，而其他地方的人们所拥有的选择范围则没有那么大。这有两个原因：首先，与其他地方的人相比，发达社会中的每个人都可以去做更多的事情，并且在选择做这些事情时得到保障。想一想我们在发达社会中出行的能力，或者表达自我的能力，或者谋取工作的能力。其次，在发达社会中，即使是那些受到自身能力所限制的人，也可以被帮助去行使那些在其他地方无法行使的选择。想一想眼镜、助听器、轮椅或各种假肢器官所带来的影响。

与此相关的是，回顾一下阿马蒂亚·森（Sen 1983b，1985）对贫困与非贫困标准的建议，可能是有用的（亦见 Nussbaum 1992，2006）。他主张说，贫困不应该在相对的基础上被加以概念化。否则的话，根据定义，任何社会中都会有一定比例的人口注定陷于贫困之中。但贫困也不应 105
该在绝对的基础上被加以概念化。否则的话，某人所拥有的资源数量就可能不仅让他在发达民主国家里被算作穷人，而且在不发达的农业社会里也被算作穷人。处于贫困的境地，就是指缺少足够的资源，因而无法在你所处的特定社会里在基本的水平上运作，也无法——用亚当·斯密的话来说——在不感到耻辱的情况下生活在你的同胞之中。去避免贫困，也就是在该社会的特定条件下去享用基本的“功能性活动的可行能力”（functioning capability）。根据这种思路，功能性活动的可行能力是一种可以得到普遍理解的理想,但在不同的文化、经济与社会背景下,这种理想可能会需要非常不同的资源。

适用于功能性活动的可行能力的这些道理,同样也适用于个人自由,以及与之相关联的基本自由权。这种自由理念是一种可以得到普遍理解的理想,并将我们引向了人们在满足了"直视测试"时——在他们可以直视其同伴的眼睛,而不会有理由感到恐惧或驯服时——所享有的那种地位。但是,在不同的社会中,个人自由的这种固有含义可能会需要对不同的选择范围加以保障。罗马的平民、中世纪的市民、现代的自耕农和当代的职业工作者都可能在各自的社会中得以享有个人自由。但在不同的历史时期,每个人被期望拥有的、得到保障的选择可能会是极为不同的。

不同的文化会提供不同的行为可能性,并为"直视测试"的通过设置不同的条件,因此,这些文化中的基本自由权可能会有很大的不同。不仅如此,在非常相似的社会之间,甚至在像当代发达民主国家这样相似的社会之间,基本自由权仍然可能会有较小的不同。这种较小的不同有三个来源,而这三者都植根于如下事实:对于基本自由权而言,不存在一种自然而然的诠释。对它们的详细阐述需要引入习俗的成分,而习俗必然是会随着政治上的分野而不同的。

那些不同之处的三个来源中的第一个,就是如下事实:"可共同行使性"的要求使许多基本自由权都是由规则所界定的,就像所有权和行动方面的自由权那样。有许多种不同的财产习俗,它们之间的不同在于:它们分别在多大程度上承认集体性或社群式的财产权,以及它们分别予以私人所有权什么样的名号、权利和纳税责任。正如各种规定财产权的习俗之间存在差别,在不同的社会中,出行与定居权利方面的习俗也有很大不同。正如我们所见,出于某些考虑,我们可能会基于无支配的需求而反对其中一些习俗。例如,有些习俗可能会允许出现过分授权的选
106 择。但是,某些特定的习俗很可能并不一定比其他习俗更好或更坏。因此,哪怕是在非常相似,而且都同样值得颂扬的不同社会中,在它们所采

用的不同习俗以及所护卫的不同自由权之间，我们也应该会发现差别。

基本自由权上的不同（这些不同甚至在相似的社会之间也会存在）的第二个来源是：为了使某些选择不仅可以被共同行使，而且还能实现共同的满足，就需要一些规则，而这些规则是随着文化的不同而变化的。我们想要使人们能够享用某些自由，并且使所有人或许多人都能同时行使那些自由。于是，我们就需要那些规则。所以，为了创造出让你向某个群体中的同伴发言的基本自由权，我们就需要《罗伯特议事规则》（Robert 2011）这样的规定。我们还需要与此类似的规则，以解决诸如汽车使用或枪支使用这样的问题。虽然从共和主义的角度来看，某些这类规则会比其他规则更好，但许多不同的规则都有可能同样出色地帮助促进无支配自由。因此，这一因素也解释了，为什么在相似的、同样具有吸引力的社会之间，我们也可能预计会发现，它们所确立的基本自由权是不同的。

预计将会出现的那些不同的第三个理由，来自界定适当的基本自由权范围上的困难。对基本自由权的约束并非总是能够事先加以界定。河水上下游使用的案例已经表明了这一点。想要在抽象层面上明确地确立各种自由权，以使得某些人对它们的行使既不会影响其他人行使它们的能力，也不会影响其他人所能够获取的满足，这必然会产生问题。想要找到一组自由权，并使其能够预先排除掉那些负面影响，这也必然会产生问题（Sen 1970；Dietrich and List 2008）。唯一合理的解决方案是：在法律上（不仅要在侵权法中，还要在刑法、契约法和宪法条律中）确立处理所出现的不同问题的方式，给司法部门的干预，甚至是在立法或宪法上的修正留出空间，使其能够对基本自由权加以诠释和修改，以便减少我们所不希望看到的影响（Zucca 2007）。我们能够认识到，有必要让所有的基本自由权体系受制于这种动态调整；因此，我们就能够看出，在两个相似的社会中，即使它们一开始对基本自由权的界定是相同的，也会趋于在各自的发展过程中产生差别。

上述三种因素解释了，为什么在像当代发达民主国家这样相近的社会里,对基本自由权的诠释还是会存在可以接受的不同之处。考虑到如下事实,这些不同之处就极有可能会产生具体效果:那些社会里的人们在处理公共事务时,常常会依据不同的文化预期。在一个社会里,对于
107 持枪者需要通过的背景测试,人们可能会抱有一种非常宽松的态度。在另一个社会里,那种测试就可能会极其严格,以至于大多数公民都不被允许持有枪支。或者,在对于冒犯性言辞的危害有多大、应该受到何种程度的限制的问题上,一个社会里的人可能会采取一种非常宽容的态度,另一个社会里的人则会采取一种非常严厉的态度。相关的可能性是数不胜数的。

对不同之处的这三种来源的回顾表明,在我们这里所理解的意义上,基本自由权在很大程度上依赖于诠释性的规则。这种对规则的依赖性,并不会妨碍我们在抽象层面上去界定当代社会中应该加以护卫的基本自由权范围。但这种依赖性确实表明了一种重要的复杂性。在不同的社会背景下,甚至在只有相对较小差别的当代发达社会之间,对平等无支配自由的促进也必定会有微妙的差别。因此,基本自由权就不光是要由法律的资助与保护来加以保障。对那些需要被作为基本自由权而加以护卫的选择来说,它们的具体内容甚至是要依靠法律来进行界定的。

第三节　对正义模式的描画

超越罗尔斯

我们在多大程度上可以合理地宣称,正义在公民之间所要求的,仅仅就是我们阐释过的那种平等无支配自由理想,而不是其他任何东西?考虑到如下事实,上述说法似乎是毫无道理的:约翰·罗尔斯的(Rawls 1971,1993,2001)正义理论提出了两条原则,一条规定了平等的自由,另一条规定了近似于物质平等的要求,而上面所说的理论只提出了第一条

原则。毕竟,对于我们所应该期望的正义理论内容来说,罗尔斯的理论是个中典范。如果我们的理论与他的理论偏离太多,前者的合理性似乎就成问题了。

但事实上,我们不能认为,共和主义的理论试图在拥护罗尔斯第一原则的同时抛弃他的第二原则。哪怕我们假定两种理论所针对的是同样的基本自由权①,情况也是如此。有两个理由支持这一点。首先,与共和主义的思路不同,罗尔斯的第一原则不要求为基本自由权提供充分的资助。第二,它不要求保护基本自由权免遭支配,而只是要求进行一种较弱意义上的保护。

根据罗尔斯的用法,如果人们能够得到法律许可去做或不做某些事 108
情,他们就可以去自由地做或不做那些事情。他们在相关的选择上拥有受到法律保护的权利。或者换一种方式来说,"政府和他人……负有不干涉的法律义务"②(1971:203)。正如他所说,"自由是制度确定的多种权利和义务的复杂集合"(Rawls 1971:230)③。但是,根据这种含义,在两个选项之间进行选择的自由,就完全相容于做出那一选择的能力的阙如。自由本身并不要求拥有那种能力,只有自由的价值(worth or value)才需要那种能力④(Rawls 1971:204－205)。因此,按照罗尔斯的第一原则的要求,对于那些被确立为基本自由权的选择,就不需要以公共资助的方式来保障所有人都获得它们。这与共和主义的思路形成了直接对立。

罗尔斯的原则未能满足共和主义要求的第二点是:它并不支持对基本自由权的同等强度的保护。与标准的实践一样,罗尔斯假定说,只要

① 与我们所针对的基本自由权不同,罗尔斯的基本自由权不是在一种系统性的基础之上被推导出来的。而且,由于罗尔斯没有区分(我这里所理解的意义上的)合法性问题与正义问题,他的基本自由权还包括了某些与政治权利相关联的自由权(如投票的自由)。

② 罗尔斯:《正义论》,第193页。——译注

③ 罗尔斯:《正义论》,第229页。佩蒂特此处的标注有误,原文应出自《正义论》英文版第239页。——译注

④ 罗尔斯:《正义论》,第194—195页。——译注

其他人负有不去干涉他的某项基本自由权的法律义务，那些人就受到了惩罚的制约。但他认为，这种惩罚要根据其他人确实进行干涉的概率来划定。所以他才会说，尽管为了使人们相信其他人会尊重其法律义务，惩罚可能总是必需的，但在那种人们普遍服从的政制下——那种他在自己的“理想理论”中所寻求描绘的政制下，就不需要出于其他的理由而进行惩罚了：“在一个组织良好的社会中，制裁是不严厉的，甚至可能是不需要强加的”①(Rawls 1971：240)②。

这清楚地表明，对于罗尔斯来说，支配本身并不是一个问题。他的理想理论中所设想的社会之所以是秩序良好的，或许只是因为有权有势者普遍对其他人表现出了善意。因此，如果用来保护人们抵御有权有势者的，只是那些得以让他们相信后者不会干涉的惩罚(如果有证据显示后者的善意的话，这种信念是很容易达成的)，那么，这就可能使有权有
109 势者实际上不受约束。这会使他们有能力在付出相对较低代价的情况下进行干涉。假如罗尔斯把支配看成是一个问题的话，他就不可能采用这种思路。他就会认识到，即使在秩序良好的社会中，也必须置放好适当的保护性阻碍和负担，以确保没有人会为了避免干涉而依赖于他人的善意。

什么才能造就抵御他人的适当程度的保护以及(在更为一般性的意义上来说)护卫呢？有些保护会源于否定有权有势者的资源或机会。这

---

① 罗尔斯：《正义论》，第230页。——译注

② 罗尔斯的自由观很复杂。他是从如下想法开始起步的：任何形式的自由都是免于约束的自由：“这个或那个人(或一些人)自由地(或不自由地)免除这种或那种限制(或一组限制)而这样做(或不这样做)”。根据这种解释，“各种条件”都可能起到约束性的作用，包括“法律所规定的种种义务和禁令”以及“来自舆论和社会压力的强制性影响”，因此，自由就理应在于这些约束的阙如。(罗尔斯：《正义论》，第192页。——译注)但接下来，正如我这里所呈现的，他很快就赋予了自由以一种制度属性，认为你去自由地做某事的前提是你拥有做它的法律权利，或者换一种方式来说，是“政府和他人……负有不干涉的法律义务”(Rawls 1971：203)。“正如我曾说过的，自由是制度确定的多种权利和义务的复杂集合”(Rawls 1971：230)。根据这种制度性的解释，能够去自由地做某事，并不必然意味着避开禁绝性的因素，因为你也许没能避开自然的限制，而这种限制现在被说成是只会剥夺你的自由的价值(Rawls 1971：204-205)。照此来说，你就也可能无法避开“来自舆论和社会压力的影响”。

等于是限制了那些个人或群体的能力。另一些保护源于帮助个体去抵御有权有势者，不管是在对方试图进犯的时候进行抵御，还是通过事后的补偿进行抵御。但无论采取什么形式，这种保护都很可能会体现出不同的程度。那么，为了处理支配带来的危险，何种水平的保护才是充足的呢？共和主义对此的回答自然是：保护必须延伸到由“直视测试”所确定的基准线上。这种基准线将被公众意识所认识到，因此，如果那些处于或高于它之上的人表现出了担忧他人权力的倾向（从而也就会带来——比方说——试图讨好有权有势者的倾向），人们就会认为，这种倾向显示了一种没有根据的（甚或是非理性的）高度胆怯或懦弱。无论“直视测试”要求人们都能享有的是何种水平的保护，都肯定要高于罗尔斯眼中仅仅满足了他的第一原则的社会所能提供的东西。

罗尔斯的第一原则并不保证会为相关选择提供资助，或是为那些选择提供抵御支配的保护。因此，这一原则绕过了许多不平等现象，而这些现象从直觉上来说是不正义的。由于它不保证行使相关基本自由权所需要的资源，它就可能会使某些人处于无法行使那些选择的境地。由于它未能保护那些自由权免遭支配，它就可能无法像共和主义的规划中所表现出的那样，去对脆弱性以及所需的保障加以同等程度的关怀。正是由于这一原则所未能触动的那些不平等现象，罗尔斯才引入了第二条正义原则，以寻求与他对正义问题深思熟虑的判断相吻合（这或许需要他在两边都做出一些调整）。这种吻合会有助于在他的诸多判断之间建立一种反思平衡，而这正是他的方法论所要求的。[1]

我说过，如果我们用共和主义的方式去阐述那种以自由为核心的关切，去依靠“直视测试”对其进行诠释，就会产生非常不同的结果。我们要像第一章所表明的那样，让那些资助（而非仅仅是保护）基本自由权的行为成为无支配自由的重要一环。我们要让所需的保护足够充分，从而 110

① 罗尔斯（Rawls 2001：177）明确评论了为什么要去满足第二原则，以为基本自由权提供补充——用他的话来说，赋予基本自由权以价值（见罗尔斯：《作为公平的正义——正义新论》，姚大志译，上海：三联书店，2002年，第290页。——译注）。

能根据“直视测试”的标准来抵御支配。我的看法是，如果能够做到这些，那么，从直觉上来说，护卫基本自由权的事业所能提供给我们的，就接近于我们中的大多数人愿意视之为正义的那种东西。它不会留下那些促使罗尔斯求助于其第二原则的缺憾。

为了理解这一点，有必要简单地去看一看，对基本自由权的平等护卫可能会需要何种政策模式。基于两个原因，这是一项略有危险的行为。就像政策需要受哲学原则的引导一样，它也需要受经验性假定的影响，所以，原则本身并不能稳稳地将我们引到政策上去。在资源有限的真实世界场景中，任何政策纲领都必定会要求做出各种取舍，其中有些取舍是难以事先追踪的。因此，下面对共和主义所支持的各类政策的勾画，就不免只是暂时性的和粗略的。为简洁起见，我在描述时不会对细节多加论证，虽然我几乎在每一点上都会依赖于“直视测试”所提供的那种直觉性引导。①

任何意在护卫基本自由权的合理规划，都必须去面对三个主要的政策制定领域。如果对它们分别加以描述的话，可以说第一个领域事关基础设施，第二个领域事关公共保险，第三个领域事关使人们抵御他人带来的危险的公共隔离。基础设施项目会建立一个所有公民享用无支配自由的框架。保险项目会保护每一个人，使其免遭那些能够毁坏平等无支配自由之成就的厄运。隔离项目则会为人们提供保护，使其能够抵御其他人所带来的危险，这种危险既可以展现在特定的关系之中，也可以展现在更为普遍的方面。

基础设施项目

共和主义的正义理论需要三种基础设施项目。为了建立一种适当

① 不过，需要注意的是，共和主义的政策并不一定要随着实际环境的每一处变动而发生变化。不管实际环境是什么样的，我们都需要这些政策，以便在一系列可能的环境下去促进无干涉。无论人们是对自己应做之事的偏好发生了变化，还是对其他人应做之事的偏好发生了变化，共和主义的政策都必须使无干涉能够被稳固地获取。我会在本章的最后一节回到这一点上来。

的、广泛的选择范围，这些项目是必不可少的。而在那种选择范围之内，111
人们就可以在彼此的关系中享有平等的无支配自由。

第一项要求是，社会中的每个儿童都应该能够获得必需的那类教育，以向其提供必要的技能，使他们的特殊才能开花结果，给予他们一种完整的公民权利与义务感，并让他们意识到，如果有人在基本自由权的领域内经受了支配的话，将会是一件多么糟糕的事情。如果人们缺少这些发展方式，他们就没有能力去向他人展示自己，也没有能力去获得自由人的身份。事实上，他们甚至可能成为对其他人的威胁，因为他们认识不到加诸他们身上的那些互惠性的、基于自由的要求。

第二和第三种所需的基础设施项目是环境性的，而非发展性的。一种涉及人们在其中进行运作的制度性环境，另一种涉及人们生活于其中的物理环境，不管是自然形成的还是人为建构的。

为了使人们有能力平等地享用基本自由权，就必须存在一种法律治理体系，以便为人们的共同生活提供一种适宜的制度环境。那种治理体系将会建立起有关财产的惯例，以及为了获得可共同行使并共同满足的特定选择所需要的其他安排。该体系还会为人们提供对侵权或过错行为的定性和补偿——人们可能会由于其他人的忽视（如果不是侵犯性的意志的话）而遭受那些侵权或过错行为（Goldberg 2005：6）。该体系会使人们在一种适当的契约性基础上（不管是商业式的、雇佣式的还是婚姻式的契约）彼此联系与结合起来（Cohen 1933），还会允许他们通过法院或其他渠道发声，以争取对得到保护的基本自由权进行调整。除此之外，该体系还会使人们能够享用一些额外的选择，而这些选择是由于稳定的经济和金融制度才得以受到护卫的（McGilvray 2011；Tomasi 2012）。同时，它还会进行限制与管制，以防范金融危机、经济衰退、无序竞争、商业垄断和没有做出补偿的外部性，以及那些使得某些人骑在其他人头上的权力和影响上的不平等。所有这些问题都可能会限制或阻挠人们对基本自由权的平等获取。

假如国家想要促进对无支配自由的广泛享用，它所必须处理的第三

个政策制定领域就会涉及物质上的(而非制度上的)环境。至少从长期
来看,自然环境越是不能得到维持,能源网络的效率越低,运输和信息的
112 组织越是不可靠,公共保健体系越是无效,国家的领土越是不安全,人们
所能获得的基本自由权就越少。因此,共和主义的纲领要求(对国家的
任何其他合理安排也会要求)去制定一些政策,以促进相应的、大体上来
说是环境方面的目标。

假如国家想要促进平等的无支配自由,并将一个适当的、广泛的范围内的选择树立为能够得到护卫的基本自由权,那么,在它需要在国内所做的事情中,一个基本的部分就是为公民的发展提供条件,并维持适宜的制度环境与物质环境。其他两个部分所需要的,是使得个人能够抵御特定危险的公共保险措施,以及使其能够抵御他人权力与恶意的公共隔离措施。

保险项目

在许多不同的条件下,人们都会无法行使他们的某些基本自由权,或是会暴露在他人的支配之下。如果人们无法确保自己可以获得住所和营养、疾病治疗或残障协助,或是无法作为原告或被告而在法庭上出庭,那么,他们就会在那些易受伤害的方面遭受苦痛。根据共和主义的思路,由此而来的明确结论就是:人们应该获得公共的保险(或是由公共手段所规定或促成的私人保险),以便防范那些可能性。他们应该得到社会保险、医疗保险和法律保险。这可以通过社会保险、全民医疗和法律协助的体系而实现,也可以通过其他的方式来实现,例如向每个公民提供的基本收入(Raventos 2007)。在这些领域里,人们应该获得森(Sen 1985)所说过的、根据特定运作标准而判定的基本能力(Nussbaum 2006)①。

① 这种政策建议预设了一定的经验性假设。正如我所说过的,几乎所有这类建议都会具有这一特征。在这里所涉及的情况下,相关的假设就是:市场通常无法为有所需求的人们提供那些保险。Quiggin(2011)捍卫了那一假设,并批判了那种据说能由市场适宜地提供的"风险大转移"。

为什么我们需要对所列举的危险进行保险，而不能仅仅去设立那些使得有需要者很可能得到救助的安排呢？为什么不能去仅仅提供激励措施（如减税），以促使富人和有权势者去帮助有需要的人呢？或者，为什么不能仅仅依靠人们的那种想要照顾其他人需求的天然慈善之心呢？对那些在身体方面需要帮助的人来说，如果他们能够求助于由私人资助的食宿供应，他们的境遇或许会更好。而对那些在医疗和法律方面需要 113
帮助的人来说，如果他们能够享受职业慈善机构的无偿服务，他们的境遇或许也会更好。

共和主义理论必定会拒绝这种想法。它不会让境遇较差者被迫以这种方式依赖于自愿形式的慈善。否则的话，缺乏必需品的人就会依赖于自愿行善者的好意，以避免暴露在那些有条件干涉他们的人的干涉行为之下。这已经非常接近于以一种支配性的方式去依赖于自愿行善者的好意了。[①] 而一旦缺乏必需品的人被整合进了这种依附关系，他们所预期的生活水准就必然会发生变化。于是，对任何慈善性援助的撤销，都将会算作是对某种既有选项的否定，也就是说，都将会算作是某种形式的干涉。在这种情况下，缺乏必需品的人就会暴露在其资助者显著的干涉权力之下，即暴露在他们未被禁绝、未遭侵犯的干涉能力之下。这样的话，他们肯定就会受到支配。至少，如果那些资助者并不是因为受到压力才去提供服务的，或者如果只有很少的资助者来提供帮助，致使缺乏必需品的人无法做到不依赖于某个特定的人的善意（这无疑都是极有可能发生的情况），则他们就会受到支配。

缺乏必需品的人应该获得保险，以抵御我们所考虑过的那些不幸。不仅如此，他们还应该在这方面得到公共的保险，或至少是由公共手段所规定或促成的私人保险。对公共保险的需要源自共和主义的如下要

① 这就回到了第一章结尾所讨论的话题：对侵犯自由的行为疏于防卫，是否像这种侵犯本身一样恶劣？面对侵犯时袖手旁观的权力，是否像侵犯的权力一样恶劣？我在这里假定，任何慈善机构都会处于这样一种地位：为了它自己的目的，它可以随意撤销对某个特定个人的帮助，或至少是撤销在某个特定范围内（无论是地理范围还是活动范围）的帮助。

求：作为能够获得所需的资源和保护的公民，人们能够凭借对这种公共身份的享有而得到防护，以抵御来自私人的支配。如果人们所享有的对私人支配的防卫没有得到公开宣示，他们的生活中就不可能表现出传统的自由人形象。公共保险并不要求提供普遍性的社会、医疗和法律保障，但它确实提出了如下要求：如果人们无法以那种方式为自己提供保障，他们就可以获得公共财政的支持。

在社会、医疗和法律方面，许多发达社会都未能为其成员提供适当的保险。但值得注意的是，几乎所有这些社会都承认，其他一些方面的公共保险是可欲的。因此，他们在原则上很难反对我们这里的论证。例如，没有哪个发达社会能够否认说，对于那些处于特定区域的、暴露在自
114 然灾害（如地震、飓风或海啸）的危险之下的人，我们应该去提供帮助。几乎没有人愿意否认说，对于那些太过不幸的、先天或后天患有某些特定残障的人，我们应该去提供特殊的救助。在某家大银行陷入困境时，也很少有人会愿意让存款者丧失他们一辈子的积蓄。这些灾难会使人们暴露在遭受支配的可能性之下，正如更为个人化的危机能够导致这种可能性一样。如果说，政府对这些灾难的危险进行防范是合理的，那么，政府对那些个人化的危机进行防范，就应该是同等合理的。

但是，如果那些个人化的危机是（就像我们可能会说的那样）自我的呢？如果他们的霉运都得怨他们自己呢？比如说，他们可能会在赌博中输光了自己的钱，会吸烟过量或鲁莽地开车，或者介入带有法律风险的冒险活动中。简单地说，如果他们的问题来源于坏的选项运气而非原生类的坏运气呢？这是否意味着国家没有理由去帮助他们？

共和主义在这些问题上的思路并不会支持这种推论。因为，在这类案例中，无论问题的根源是什么，那些危机都会使人们暴露在支配之下，所以仍然需要救助（Scheffler 2005）。但是，如果一个人要为某个事件的不良结果担负一定的责任，而我们还是为之提供了公共保险的收益，这会不会存在一定的道德风险（moral hazard）呢？这不会导致有些人从事鲁莽的冒险行为吗？这种可能性是存在的，但并不会很大。这么说的理

由有两个。首先一点是，鉴于这里所说的那些危机的性质，几乎没有人会愿意去冒遭受那些伤害的显著风险。其次，他们所能获得的保险收益不太可能很丰厚，无法充分补偿在那些危机中所遭受的损失。无论怎样，如果一个共同体或国家准备以某种方式来为其公民进行保险，那么，让它去采取某些措施，以防范鲁莽的冒险行为所带来的结果，看起来就是完全合理的。那些措施可能会采取下列形式：命令人们在开车时系安全带，或者对他们进行赌博或承担过分的契约义务的机会进行限制。

隔离项目：特殊的保护

在共和主义者计划对基本自由权进行护卫时，他们所规定的第三个具有特定模式的政策制定领域，就是对人民的保护与隔离，其目的是防止来自他人的特殊与一般性的危险。我会首先考察关于特殊隔离(special insulation)的问题，然后考察由一般性的情况所引起的问题。

特殊隔离指的是在那些经常出现不对称权力的关系中所需要的那种保护。那些关系的例子包括妻子与丈夫、雇员与雇主、债务人与债权
人。在这类领域里，标准的思路是：通过立法实现平等，并让被认为是处 115
于强势的一方(通常是丈夫、雇主和债权人)担负法律义务，从而建立起处于弱势一方的相应权利。然而，无论那些权利得到了怎样良好的支持，它们常常还是极其脆弱的，因为它们需要由处于弱势的一方来触发，而这种触发行为本身可能是要付出代价的。遭受虐待的妻子如果打电话让警察来制止她的丈夫，可能会发现自己因此招来了后者的愤怒和更多的虐待。那些向检查员抱怨工作条件的雇员，可能会发现自己因此被分配到了所有令人不快的工作。如此等等。

在这类关系中，哪怕我们只是想提供一种一般程度的保护，所采取的措施也必须要超越那些形式上的法律权利。这种措施可能包括去保护处于弱势一方的各种选项，例如为受虐待的妻子提供在“妇女之家”的避难住所，或者是将雇员组织工会的活动与对罢工的诉求合法化。这种措施也可能包括去限制处于强势一方的各种选项，例如用法院指令来约

束有虐待行为的丈夫，或者是限制或规制雇主任意解雇的权利。① 这种措施还可能包括去为弱势的一方创造新的机会，例如允许婚姻中的某一方申请无过错离婚(no-fault divorce)，或者是使失业者有可能去依靠公共资源的支持。

需要指出的是，公民社会中必须存在一些对此持有支持态度的规范，以对国家的行为构成补充，否则的话，那些措施就不太可能产生效果。如果妇女想要摆脱虐待她们的丈夫的支配，就必须存在一场妇女运动，以便在她们陷入困境时提供来自同伴的支持与团结。如果雇员想要摆脱在雇主手下遭受的支配，他们之中就必须具有组织起来并为彼此挺身而出的意愿。国家本身所能做到的事情是有限的。

人们不仅仅是在个人与个人的关系中才需要特殊的保护。晚近时期以来最为戏剧性的发展之一，就是团体性实体(包括商业实体或其他实体)的扩散。在与个人及个人的集合体的关系中，那些群体式的行为者造成了巨大的支配危险(Coleman 1974)。这些行为者只能通过它们自己的个体成员而行动，但通常来说，那些成员会分别完成不同的工作，并轮流(可以说是在固定的时间)去完成自己的相应工作，且他们的工作
116 不会受到仔细的监察。而他们的行为所累积产生的效果，可能不会被他们之中的任何人所透彻地了解(List and Pettit 2011)。于是，他们所构建起来的这个团体式行为者，就不会具有个体通常会表现出来的那种脆弱性和设身处地替人着想的能力(Bakan 2004)。一般来说，与个体的人类相比，这种组织在存续时间上没有界限，对活生生的人的焦虑抱有一种系统性的漠不关心态度，同时还有着充足的资金。

考虑到它们目前在大多数社会中所享受的权利，团体性的行为者代表了明显的支配来源。可以想一想，如果一个跨国公司有能力在花费不

① 这里所可能会支持的政策，将会直截了当地拒绝“那种传统的消极自由至上主义式的‘随意’原则。这种原则要求说，在与契约义务相一致的情况下，雇主可以‘出于正当的理由、没有理由甚至出于在道德上是错误的理由’而解雇一个雇员”(Levin 1984：97)。相关历史背景见Cornish and Clark(1989：294-295)。

多的情况下迁走它的基地，而工人们的工作与福利又严重依赖于它，则它会如何去对待那些工人们（比方说，如何去决定他们的工作时间和工作条件）。或者想一想，如果这个公司的离去会使得当地社群陷入严重的经济困境，则它会如何去对待那里的人们或那里的环境。或者再想一想，如果这个公司能够得到更好的法律顾问，能够把法庭上的案子拖上很多年，同时又不会受限于那些塑造了个体精神状态的压力（它甚至不用面对“人终有一死”这种压力），那么，它会如何去对待那些因为它的疏忽而受到伤害的人（无论是个体的消费者，还是爆炸或石油泄漏事故的受害者）。

以上所列举的这些问题仅仅限于商业领域，而没有考虑到其他情况所引起的问题，例如想要与教会对簿公堂的受害儿童，试图从学校或大学那里获得补偿的愤怒学生们（或是他们的父母），甚至是想要与强大的工会谈判条件的小型企业。不过，已经提到的问题应该已经充分地表明了，如果要在个体与团体性存在物的关系中减少支配，我们必须去克服什么样的困难。

我这里之所以提到这些问题，并不是为了列举出一些轻巧的解决方案。我主要想去做的，是强调共和主义的纲领所要求的特定保障措施的力度，以及这种力度对设计适当的保护性制度所提出的挑战（Lovett and Pettit 2009）。但我还是忍不住想提个建议：对于上面所说的那些团体性存在物，应该通过不同途径对其进行预防性的限制；限制的途径除了被普遍认可的侵权法之外，还可以有刑法上的惩罚（我很快会对这一点进行讨论）（Pettit 2007d，2009a；List and Pettit 2011）。

刑法预设了行为者的如下这种能力：理解某一选择中所呈现出来的各选项（尤其是那些受到禁止的相关选项）的优劣之处，并对于针对那些优劣之处所下的判断进行恰当的回应。但我们有充足的理由认为，一个得到适当组织的团体性实体能够拥有（或是能够发展出）这种能力。同 117
样，我们也有充分的理由认为，我们可以让这种实体为它所发起的任何行为担负责任，并让它以适当的方式去对事物加以组织，以使其成员能够以它的名义去做出那些行为。让这种实体本身作为一个整体而担负责任,与同时让那些成员为他们所需要扮演的角色而负责,这两者之间并不矛盾。

如果我们果真使团体性实体面临了承担刑事责任的可能性,则我们就能够去实行一些惩罚措施。从长期来看,这些措施应该会威慑住不法分子。虽然那些惩罚大部分只能体现为罚金(我们无法把团体性实体投进监狱,尽管我们能够解散它们),但也会不可避免地招来名誉受损的代价,即在尊严方面的惩罚(Brennan and Pettit 2004)。对任何团体性行为者来说,这种代价都必然会是特别令人困扰的。这些代价会影响商业团体吸引或留住顾客的能力,以及非商业团体(如教会)吸引或留住成员的能力。这些代价能够惩戒势力最为强大的那些组织,并且会引导我们建立对团体行为的重要政治控制。

隔离项目:一般性的保护

最后,让我们来看一看,对共和主义意义上的基本自由权的护卫,都会需要哪些一般性的保护措施。我会集中关注国家之内的(而非国际上的)一般性保护,从而也就只会考察刑事司法(而非全球安全)的问题。我将会专门讨论刑事司法理论所产生的四个问题。国家对一项行为进行定罪意味着什么?它为什么要对某些行为进行定罪?它应该对哪些行为进行定罪?它又应该如何去对那些行为进行定罪?①

问题1:什么是定罪?

对某些特定类型的行为进行定罪,就是去引入一套法律体系,而设计这套体系的目的,是去通过施加刑罚上的代价,来管制那些行为的发生(特别是使其发生的可能性最小化)。通过这种刑罚代价所施加的管制,乃是一种特殊形式的管制。它尤其有别于机会成本(opportunity-

① 在接下来的讨论中,我会广泛地利用 Braithwaite and Pettit(1990)与 Pettit(1997b)中的材料。我深受 Braithwaite 在这一领域中的著作的影响。

cost)式的管制和许可成本(admission-cost)式的管制。机会成本式的管制之所以能够管制某类特定行为,靠的是对其他不同行为所进行的奖励。许可成本式的管制在对相关行为进行管制时,会允许人们去实行那 118
种行为,但条件是付出一定数量的绝对成本。实际上,这种管制是在为授予人们实行那种行为的权利而收费。

与机会成本式管制不同的是,定罪行为所施加的是绝对的而非相对的代价。它对那些犯罪的人进行威胁,而不是对那些避免犯罪的人提供奖励。与许可成本式管制不同的是,对于那些愿意接受因其行为而带来的惩罚并付出代价的犯罪分子,它也并不予以宽恕。它还是会去谴责那些行为。藉此,对于任何做出那些行为的人,它就是在代表整个共同体去进行一种暗含的批判(Duff 2001)。在阐述上面这些观点时,我认为,我所依赖的那种对定罪行为的理解基本上是人们所共享的。我给自己设定的任务是解释定罪的含义,而不是去规定它所应采取的形式。

问题 2:为什么国家要对某些行为进行定罪?

不用说,对于公民们可能会彼此进行的、某些特定类型的敌意行为,国家必须对之加以管制。但是,它为什么应该以定罪这种惩罚性的、谴责性的方式来进行管制呢?从共和主义的角度来看,对这一问题的答案是显而易见的。机会成本或者许可成本式的管制可能会减少干涉人们基本自由权的概率,但它们不会扼制或减少支配本身。机会成本(实际上就是可以加以拒绝的奖励)会允许潜在的侵犯者继续保有进行干涉的权力。许可成本则会允许他们在不必感到愧疚的情况下进行干涉,只要他们愿意付出相应的代价。

当然,在对潜在侵犯者的抑制上,苛刻的许可成本或许会起到不错的效果。然而,在缺少谴责因素的情况下,即使是极端苛刻的许可成本,也不太可能像带有谴责涵义的成本一样有效。前者无法以同样的方式去抑制侵犯行为,或者去在这种侵犯行为面前伸张受害者得到保护的地位。许可成本很可能也不具备同样的威慑性效果。犯罪学上的证据表明,大多数人之所以能够遵守刑法,乃是因为如下事实:法律传达了对于犯法者的公开批评。这导致大多数人在考虑真正可行的选项时，会把大多数犯法行为排除在外。

问题3：国家应该对哪些行为进行定罪？

定罪行为会涉及国家的压迫性角色。扮演这种角色的国家可以使
119 用暴力，从而预防被定罪的行为，并对已被实行的那些行为施加惩罚性的报复。国家可能会变得过于强大，并构成了进行支配的威胁。鉴于这种危险，我们就需要限制刑法的应用范围，使其只针对那些对人们基本自由权的未经许可的干涉（那些自由权是在社会中得到定义的），以及通过各种方式加大了这种干涉行为之可能性的那些行为。这些行为会以如下方式加大干涉发生的可能性：破坏将干涉行为定罪的措施（如蔑视法庭）；开展预备性的行动（如购买犯罪所需的工具）；煽动他人进行干涉行为（如破坏公共秩序）；创造可能使事情逐步变坏的事态（如对环境进行轻微的，但可能会扩散到具有灾难性影响地步的破坏）；等等。

把刑法的应用范围限制在上述各类行为中，并不意味着所有那些行为都应该被定罪。只有当对一项行为的定罪能够带来净收益时，我们才应该以那种方式去处理它。① 例如，把欺骗行为普遍加以定罪，就没有什么用处。只有那些在严格定义的情境下所进行的欺骗（如伪证）才应该被加以定罪。如果刑法的应用范围应该被限制在特定种类的行为上，那么，在当前的法律体系中（尤其是在美国和其他实行普通法的国家里）被算作犯罪的许多行为，就应该被规定为不触犯刑法的违规行为。它们不应该受到刑法的全力谴责（Husak 2008）。对犯罪的界定应该局限于暴力、欺诈和盗窃这种典型案例（它们在所有的地方都被认为是有罪的），以及那些为它们大开方便之门的行为。

---

① 在采取这种限制性的思路时，我追随了约翰·斯图亚特·密尔（Mill 1978）的伤害原则的涵义。那条原则指的是：“违背其意志而不失正当地施之于文明社会任何成员的权力，唯一的目的仅仅是防止其伤害他人”。（穆勒：《论自由》，孟凡礼译，桂林：广西师范大学出版社，2011年，第10页。译文略有修改。——译注）说这是可以正当地施加权力的唯一目的，同如下这一点并不矛盾：为这一目的而施加的权力并不总是正当的。

问题 4:国家应该如何去对那些行为进行定罪?

这是一个庞大而困难的问题,会涉及对犯罪者的抓捕、起诉、审判和量刑方面的安排。不过,根据共和主义的思路,在这一领域内,政策应该受到三条合理原则的引导(Braithwaite and Pettit 1990;Pettit 1997b)。第一条原则是,人们只有在应该受到责备(culpable)时——只有在适于为一项犯罪行为承担责任时,才能被定罪判刑。假如不用考虑人们是否应该受到责备,就有权去对他们施加制裁,则它就得到了一种超常程度的支配权力。这条原则要求,如果被恰当地定罪的罪犯被认为不具备充分的行为能力,对他的惩罚就应当与通常所实行的惩罚有所不同。[①] 这 120
一原则还会支持一种强硬的正当程序标准,即:除非在使控方负有举证责任的情况下,相关的安排能够证明当事人具有担负责任的能力,否则,他就不应当被指控犯有罪行。[②]。这种标准应该会减少当局让无辜者充当替罪羊的能力,从而能够保护人们免于一种明显的支配威胁。如果警察或法院系统能够用机会主义的方式去找人当替罪羊,那么,任何人(不论他是多么无辜)都将无法被保护起来以免遭那种支配。如果这成了一种共同意识,则每个人就都会趋于被刑事司法体系里这种蛮横权力的存在所威吓住。

但是,尽管共和主义的思路以这种方式防止了对无辜者(或者对无

---

① 在出现缺乏充分行为能力的情况时,不同的情况可能会要求对惯常程序进行不同的偏离。有很多种类的能力不足会意味着,相关的犯罪行为没有涉及构成“伤害”的三种要素中的第一种(即目前正在讨论的这种),或者至少是没有完全涉及。那种犯罪行为不会把一个具有充分交流能力的行为者的意志强加于人。这表明,对惯常程序的偏离应该尽量体现出宽大。但是,考虑到那种非常危险的(尽管可能是无法完全为自己负责的)罪犯——例如某种特定类型的精神病人,我们也不必总是要体现出宽大。尽管那种罪犯不应该受到与刑法联系在一起的那种遣责,但为了公共安全起见,可能有必要对他们施加严厉的限制。在共和主义的治理机制下,我们应该如何对待那种罪犯呢? 这是一个困难的问题,但我在这里无法对此继续加以探索。我要感谢 Ben Ewing 在这些问题上的讨论。

② 出于在其他地方讨论过的理由,我相信,团体性的存在物也可以成为刑法管制的对象;而且,在涉及这种存在物的情况下,有很好的理由去要求说,我们不必根据它们的实际不法行为或犯罪意图来定罪——不必根据担负责任的充分能力来定罪,而是可以要求它们具有能力去发展出一些程序,以便防止我们所讨论的那些犯罪行为(Pettit 2007d,2009a; List and Pettit 2011)。

法充分担负责任的人)的惩罚,它又会如何主张说被判定有罪的人应该受到惩罚呢?在这里,第二个原则明显就有用武之地了:我们所施加的惩罚应该力求矫正罪行,对受害者与潜在受害者的身份加以保护,同时又应该使犯罪者有望重新融入公民共同体之中。这种矫正性的目标必然会带来若干要求。首先是要重申受害者的自由人身份,谴责犯罪者对权力的谋取,理想情况下还应使其做出可信的道歉。其次是尽最大可能去补偿受害者的任何物质或相关损失(或者,在发生命案的情况下,去补偿受害者的家人)。第三是向共同体(尤其是向那些与受害者具有相同身份的人)重新做出保证说,他们不会因为这一犯罪行为而变得处境更差,他们遭受这种犯罪行为的概率并没有增加。

共和主义思路所支持的第三个原则是,尽管支配的威胁表明,刑事
121 司法当局不能拥有强加"杀一儆百"式惩罚的权利(这种权利很容易被滥用),但我们不应根据与之相对应的理由说,他们没有权利在特定的境况下进行宽恕。因此,如果一名犯罪者在犯罪过程中变成残疾了,向共同体重新做出保证的需要可能就不是那么迫切,而其他的独立考虑可能会要求宽大为怀。进行宽恕的权利不会导致支配,除非这种权利使得当局用不受约束的自由裁量权去同案异判,或者是这种权利被过于广泛地使用,以至于犯罪者普遍可以指望逃脱法律所宣示的严厉惩罚。

任何融入了矫正性特征的判决,都会带有一种威慑的性质,因为它必然会让犯罪者付出代价。这包括谴责所带来的名誉代价,以及补偿所带来的物质代价。但是,这还特别包括了为向共同体重新做出保证而付出的代价,因为这恰恰是由对有效威慑的需求所决定的。设计刑事司法体系的首要目的,是为人们提供适当水平的公共保护以抵御犯罪,并由此而向他们保证说,他们不太可能会屈从于犯罪分子的意志(Kelly 2009)[①]。这种保护与保证需要威胁进行惩罚,其目的是为了威慑潜在的

① 这就意味着,在设定制裁的严厉程度时,其目的常常是为了去补偿检测相关犯罪行为的困难和渺茫机会,而不仅仅是将其作为犯罪者所造成的伤害程度和他们所能负责之程度的一种函数。

罪犯。正是由于对这种威慑性惩罚的实行(即对那种威胁的具体实施),才提供了对犯罪的矫正所可能需要的那种重新保证。在遇上惯犯时,这种重新保证会来得更困难一些,因此,上述考虑也可以允许对重复犯罪的人加重惩罚(Braithwaite 2002)。

与威慑的这种联系本身并不意味着说,这里所采取的思路会带有一种后果论(consequentialist)的特征。这是因为,报复论者(retributivist)也可以论证说,尽管惩罚应该基于独立的、非后果论的理由而与罪行相配,但是,在不同的程度上所使用的惩罚,其本质则应由威慑性的考虑所决定。[①] 然而,与贯穿本书的思路一样,这里所勾画的思路在性质上确实 122
是目的论的(teleological)或者说后果论的。我所论证的是,国家的司法与惩罚实践应该根据一种矫正模式来加以设计,这种模式会在整体上促进平等的无支配自由。当然,这种涉及广泛实践的后果论,与下述要求是一致的:个体的法官与法院应该基本上严格遵守特定的实践要求,将那些要求视作具有无条件的约束力(Rawls 1955)。因此,尽管上述实践会允许法官和法院在特定案件中宽大处理(前提是他们能够证明如此决定是正当的),但它绝不会允许他们施加“杀一儆百”式的惩罚,即用一个特定的罪犯来达到普遍性的威慑效果。

---

① 我所理解的报复论是由如下信念所定义的:1. 在对犯罪行为的惩罚中,存在一些特定的约束,而它们并不是完全敏于后果的。2. 这些约束包括一种上限式的约束,或许也包括一种下限式的约束。前者排除了“杀一儆百”式的惩罚,后者排除了宽大的处理。3. 惩罚应该涉及令人痛苦的对待方式。这不仅仅是因为这种对待方式具有威慑效果,或者是因为它是为刑事惩罚的保护性目的所必需的。4. 惩罚只应该与所造成伤害的严重程度以及罪犯能为其行为负责任的程度成比例(除非宽大处理是被允许的,见上面的第二条信念),无论这种比例是以序数式的还是以其他方式体现出来的。5. 单纯的序数式成比例性要求,惩罚与罪行应该从最为残酷/最为恶劣到最不残酷/最不恶劣进行排序,然后进行恰当的配对,使最残酷的惩罚用于最恶劣的罪行,次一等残酷的惩罚用于次一等恶劣的罪行,以此类推。非序数式的成比例性则可能会在两组排序或其中之一上要求一些别的东西,其极端表现就是对同态复仇的信仰:以眼还眼,以牙还牙,等等。

第四节　共和主义正义的特征

我们在前一节中的观察只是粗略的描述，不过，对于共和主义在正义理论中的走向，它至少应该能够提供一幅大体的图景。在我们对合法性进行讨论之前，了解共和主义正义的要求是很重要的。这种正义理论意在提供一种意象，以说明如果每个人都要享有平等的无支配自由——如果每个人都要避免私人性的支配，则他们的社会关系应该被加以怎样的组织。稍后讨论的合法性理论所意在提供的意象，则会说明国家需要如何在正义和其他问题上做出决定，才能使公民在与政府的关系中享有平等的无支配自由——才能使他们每个人都能够避免公共性的支配。除非我们明白私人的无支配要求什么，否则就难以对公共无支配的要求做出判断。

在为这里的讨论作结时，我想强调一下共和主义正义理论的一些典型特征。这些特征之前已经被描画过了。这种理论在三个宽泛的方面来说是独特的：首先，在它所使用的正义原则或标准上；其次，在它所认可的正义需求上；第三，在它为那些保障基本自由权的法律（及相应规范）的公共承认所赋予的重要性上。

123 共和主义正义的原则

正如我们所见，这一理论所使用的原则或标准只不过是：在设计公民之间的安排时，其目的应该是促进人们对无支配自由的平等享用，即在公共法律及规范基础上对他们基本自由权的平等护卫。这一原则在其前提预设上是温和的，在其形式上是目标导向的，在其范围上是普遍的——特别是，这种范围是足够普遍的，以至于在理想或非理想理论中都能派上用场。下一章会逐渐表明，共和主义合法性的原则也具有相应的特点。不过，现在只需表明这些特点在正义问题上是如何体现的。

共和主义原则是极为温和的，因为它仅仅通过平等自由的要求来描绘正义，而没有提及许多其他正义理论所援引的那些更为丰富也更具争议的价值。在用来证明它所支持的政策的正当性时，它需要的依据是极简主义的(minimalist)(Cohen 2004)。使它获得这种温和性的，是如下这种本身就具有合理性的论证：对于相关的、未被禁绝的选择来说，选择自由要求不能暴露在他人的干涉之下，而不仅仅是那种干涉的阙如(这种阙如可能是偶然的)。对自由的这种解释是合理的，而且，正如我们在导论中所见，它也具有悠久的历史传承。只是到了18世纪，在杰里米·边沁和威廉·佩利这些人的作品中，自由才开始被习惯性地描述为是要求无干涉而非无支配。当代各种正义理论都把自由看得很重要，但它们对平等自由的要求是如此之低，以至于这种要求必须由其他来源(如罗尔斯的第二原则)加以补充，才能够确定正义的需求。

现在谈谈第二个特征。共和主义理论所使用的正义原则提供了一种目标导向的或后果论的评判标准。这一原则认为，一种社会—政治安排(用罗尔斯的话来说，一种基本结构)的正义性，取决于它能在多大程度上促进其公民中自由的或不受支配的选择(还要在"将他们作为平等的人来对待"这种公开的平等主义约束下)。更为具体地说，假定存在正义的环境，这一原则要求去促进"所有人的平等身份自由"这种实质性的平等主义目标。正如前面已经提到过的，这并不意味着说，那种社会——政治体系中的行为者会普遍被允许去以机会主义的或策略性的方式行动，即根据他们碰巧认为促进该目标的最好方法而调整自己的反应。被设计用来促进那一目标的，是那种结构本身。如果想让它达到这一目的，在所建立起来的制度下行动的行为者们(不管是官员还是公民) 124
就都得根据他们在那种结构下的义务和权利而行动(Rawls 1955)。

这不仅是一种涉及广泛实践的后果论，而且还是一种构成性的(而非因果性的)思路(Pettit 1997c：第3章)。正如我们在上一章的结尾所见，平等无支配自由这一目标对不同的模态(modal)有很高的要求。它要求一种在各类情境下都很稳固的无干涉模式，而在那些不同的情境中，人们所希望做的事和其他人希望他们去做的事都会有所变化。但是，一旦建立了旨在保卫人们的制度，以提供资助和保护，则他们马上就能享有与正义联系在一起的那种稳固的无干涉，即自由人的身份。当那些制度的存在为人们提供自由身份时，它们不是在通过一种“顺流而下”的方式来产生一种因果性的影响（这种影响需要花一些时间才能产生效果），而是无需等待任何偶然的因果性过程的结果，就能够为人们确立起那种身份。那些制度与它们所建立的自由身份之间的关系，就像你血液中的抗体与它们所构成的预防某种疾病的免疫力之间的关系。我们可以理解那种自由所提出的要求，而又不必知道需要哪些制度去支持它（因此，自由不是根据那些制度而定义的），就像我们可以理解免疫力，而又不必对抗体有任何了解一样。然而，那些制度与自由之间的联系，或者抗体与免疫力之间的联系，也并非因果性的。就像抗体通过形成免疫力而促进后者一样，我们也可以说，那些制度是通过一种类似的、构成性的方式而促进自由与正义的。

我们已经看到，共和主义正义的原则是温和的与目标导向的。它值得一提的第三个特征是，它可以用来实际衡量与比较各个政权的正义程度，而不是只能从理论上去界定完全正义的社会。我们可以说，它是一种一般性的正义理论，而非阿马蒂亚・森（Sen 2009）所描述的那种只能去判断完美正义的超验理论。我们当然可以利用这一原则去界定理想中的正义社会（比如一个正义得足以通过“直视测试”的社会），但也可以利用它去对现实世界呈现给我们的、不够理想的体系进行评估和排序，并循之而在其内部谋求渐次的改进（Marti and Pettit 2010：第 5 章）。

出于两个理由，这一原则会有助于我们去衡量与比较现实存在的、不完美的政权的正义程度。首先，它是一种后果论式的理论，是把正义与对特定目标的接近程度联系在一起的。其次，它并不会——或并不必
125 然会——对人性以及守法程度做出任何理想化的假定，以至于使其在日常世界中难以应用。这两个特征结合起来后，会确保我们在原则上能够去衡量与比较实际存在的各政权的正义程度。我们只要看看它们与相关的目标有多接近就行了。在这两个方面，这里的思路都与罗尔斯的正

义理论形成了对照。罗尔斯的理论坚持了一种非后果论的精神，把正义与对特定模式——即正义两原则——的示范（而非促进）联系在了一起。而且，或许更具有局限性的是，它是在如下这种理想化的假定下运作的：在根据这种模式而对各个政权进行排序时，我们应该假定，在每一个政权里，无论其所建立的法律是什么样子的，人们都会完全服从那些法律。[1]

但是，说共和主义正义理论允许对现实存在的政权之正义性进行衡量和比较，并不是说我们的讨论已经为这种衡量和比较做好了充足的准备。对于一个社会离建成平等无支配自由的接近程度，我们可以从不同的方面加以描述，而一种可以得到充分应用的理论必须考虑到这些维度。例如，在两个不同的社会之间，人们在享用自由时，既可能会享用到不同的选择，也可能会享用到不同程度的护卫。而当他们在同样的选择上受到了同样的拙劣护卫时，他们还会在实现偏好满足的可能性上有所差异，因为在行使他们较有可能和不太可能偏好的选项时，他们所享用的护卫可能会有所差异。在实践中，只有在确定了这些方面和其他方面在衡量自由与其他价值的相对重要性后，共和主义理论才能被用于衡量与比较正义的程度。如果对这两个方面的相对重要性没有合乎情理的定论，就会意味着，假如一个社会在某一个方面做得更好，而另一个社会在另一个方面做得更好，则我们也许就必须认为，这两个不同的社会展现出了相同水平的正义（这在很大程度上是一种直觉性的结论）。[2]

共和主义正义的要求 126

共和主义正义理论的典型特征不仅表现在它所使用的原则上，而且

[1] 罗尔斯（1971：第三部分）论证说，他的两条原则会倾向于被那些生活在它们之下的人所内化，并构成一种稳定的结构。但更令人满意的方法似乎是：首先在假定人们普遍服从的情况下考虑各种不同的原则，然后根据它们能够引致普遍服从并展现稳定性的程度（以及其他标准）来为它们进行排序。

[2] 一种充分的、可以得到应用的政治理论不仅必须允许社会正义在不同方面的差别，而且还要允许各个社会在政治合法性以及国际主权上的相关程度差别。虽然（正如在导论中简单地提到的）我们有理由赋予政治合法性以一种基本的重要性，在这些不同方面的绩效上进行权衡的问题还是太复杂了，无法在这里充分讨论。

也表现在它所支持的要求上。正如我们的共和主义制度模式所表明的，这一理论所推导出的原则是温和的，但该理论本身的要求则是非常富有实质内容的。那些要求的目的是确立提供资助和保护的措施，以防范基本自由权领域内的个人支配，从而使人们能够通过“直视测试”。这些要求意在削减人们之间发生支配的概率，并消除那些滋生支配的制度性或结构性因素(Hayward 2011)。

有些平等主义理论寻求消除(比方说)原生运气对人们命运的所有影响。[①] 共和主义理论肯定不会提出这么广泛的要求。它甚至不会提出像罗尔斯那样广泛的要求。毕竟，罗尔斯的正义第二原则所寻求的，是一种物质上的平等；除非可以改善处境较差者的绝对收益，才能对其进行调适，允许一定程度上的相对不平等。然而，那些理论看起来常常像是道德幻想。它们更像是关于“上帝应该如何去安排事物的秩序”(或“我们应该如何去矫正上帝的失误”)的操作手册，而不是对真实世界中的国家在规制其公民事务时所应做之事的宣告。[②]

但是，不考虑这些比较者的话，共和主义的正义理论仍然会追求一些非常广泛的、甚至是激进的措施。它的正当性证明之基础是极简主义的，但它的实质却不是极简主义的(Cohen 2004)。正如我们所见，在那些基础设施方面的要求之外(那些要求是任何明智的理论都应当赞同的)，它还会寻求一种高水平的社会保险，一种隔离易受伤害人群的坚实基础，以及由刑事司法体系所提供的一般性隔离措施的适当基础。它会为所有公民提供森(Sen 1985)和纳斯鲍姆(Nussbaum 2006)所描述的那种基本的功能性活动的可行能力(functioning capability)，还会使人们能够去直视彼此的眼睛，而不会有理由感到恐惧或驯服——至少，不会有

① 对运气平等主义的一种新近的诠释及捍卫，见 Tan(2008)。我认为 Sanyal 在即将出版的著作中的回应也具有同样的性质。

② 黑格尔(Hegel 1991:80)对这一主题有一个有用的评价：“我们不能见到占有和财产的分配不平均，便说自然界不公正，因为自然界不是自由的，所以无所谓公正不公正”。(黑格尔：《法哲学原理》，范扬、张企泰译，北京：商务印书馆，1961 年，第 58 页。——译注)

与干涉的危险相关的理由。

共和主义的正义理论认为，正义的国家应当去促进其公民之中的平 127
等无支配自由。但它并不主张说无支配自由是唯一重要的价值，就像功利主义理论可能会论证说效用是唯一相关的价值一样。它所认为的是，如果我们照顾到了平等无支配自由的要求，那么，我们就同样会照顾到许多其他价值的要求，例如享用功能性活动的可行能力的价值。如果你照顾到了公民之间关系中的平等无支配自由，你就会对正义的需求提出一种直觉上的、中左翼式的解释。而且，就像我们在下一章中将会论证的，如果你照顾到了公民与国家之间关系中的平等无支配自由，你就会对合法性的需求提出一种直觉上的、民主式的解释。无支配自由不是政治中的唯一价值，但是，根据这里所捍卫的解释，它扮演了一种起步性的角色。如果我们为保障无支配自由而付出适当的代价，就足以保障社会正义与政治合法性了(Pettit 2005a；与此不同的观点见 Markell 2008)。

法律与规范在共和主义正义中的作用

如果不去建立一种高度的(也许是高不可攀的)物质平等，共和主义正义的要求能够在多大程度上得到满足？富人的额外物质资源也许会使他们能够给予自己额外的保护，而公共提供的保护就必须要足够好，才能使任何这种私人措施成为多余。同时，富人的额外资源也许会使他们能够冲破穷人的防护，而公共提供的保护就必须要足够好，才能够抵挡这种私人侵犯。对基本自由权的公共护卫能够抵御这种危险吗？

对这个问题的一种回答可能是：国家可以规制对财富的使用，从而对富人所能享用的额外保护或权力构成一种限制。这无疑是正确的，但我在这里想要强调的有所不同：至少在一切顺利的时候，法律能够为公共资助与保护所提供的品质，乃是私人财富所能提供的品质无法匹敌的。只要法律源自具有合法性的国家，它就会与公众心灵的习惯联系在一起，并从整个社群所拥护的规范中获得支持。在做到这一点时，法律能够为公民们确立一种得到护卫的身份，即他们作为自由人的公共身 128

份，而这种身份足以成为一座壁垒，对富人所倚仗的优势进行抵御。

根据我们之前的解释，规范指的是社会中的如下这类行为习惯(regularity)：作为被共同意识到的事实，大多数成员遵守这些习惯；大多数成员预期其他人会认可服从习惯的行为，或不认可不服从习惯的行为；大多数成员被这种预期所推动，去使自己的行为符合那种模式。因此，并非每种习惯都会成为规范，例如人们每天要进食若干次这种习惯，就可能不会引来认可或者不认可。甚至也不是每种能引来认可的习惯都会成为规范，例如，对于定期洗澡这种习惯，即使人们预期这一行为会引来认可，这种预期也几乎不会起到支持这一行为的作用。一种行为习惯(假定是能引来认可的习惯)如果要成为规范，这种习惯就应该至少部分是由引来认可的预期所驱动的。为了达到充分的效果，所有这些还都必须成为被共同意识到的事实。每个人都要能够认识到相关条件得到了满足，都要认识到其他人也认识到了这一点，以此类推。

根据这种定义，任何社会都必然是被规范所约束的，因为任何地方的人类都有对他人行为表示认可或不认可的倾向，也都同样有珍视认可和躲避不认可的倾向(Brennan and Pettit 2004：第一部分；Appiah 2010)。亚当·斯密尤其强调了这一点。“当大自然为社会造人时，就赋予人以某种使其同胞愉快和某种厌于触犯其同胞的原始情感。她教导人在被同胞们赞扬时感到愉快而在被同胞们反对时感到痛苦。她由此而把同胞们的赞同变成对人来说是最令人满意和愉快的事，并把同胞们的不赞同变成最令人羞辱和不满的事。”(Smith 1982：116)①

我们预期将在所有的社会中浮现出来的规范里，会包括某些适用于特定群体的规范，而这些规范会带有令人厌恶的、自私自利的影响，例如特定行业或政党或犯罪团伙中的规范。不过，在我们预期会出现的规范里，也很可能会包括一些有利于社会的规范。一方面，这些规范会有助

① 斯密：《道德情操论》，蒋自强等译，北京：商务印书馆，2003年，第144—145页。译文略有改动。——译注

于管理处于特定位置上的人的行为(如家长与子女、教师与学生、统治者和被统治者)。另一方面,这些规范会有助于谴责那些对人们普遍造成伤害的行为(如欺骗与暴力、不忠、欺诈和搭便车)。

法律的秘密力量在于,如果它得到了很好的塑造和支持——如果它是相对正义与合法的,那么,它就能够吸引到这类有益的社群规范,以帮助推行自己(Richardson 2002;Bohman 2007)。事实上,在以适当方式加以公布和捍卫后,法律还能够去重塑任何与正义背道而驰的现存规范。129
一旦法律得到了规范上的增援,它就不再需要依赖(用那个古老的比喻来说)公共之剑的力量来赢得公民的服从了。如果公民们倾向于认可服从行为,不认可不服从行为,那么,他们就可以成为非意向性(non-intentional)的执法源头,因为他们会观察彼此的行为,并通过形成认可或不认可的态度来进行回应(Pettit 1997c:第 7 章)。当然,那种执法行为还会由人们的如下倾向进一步加强:他们会彼此谈论违反规范者的行为,也许还会同违反者本人谈论后者的不当行为。

法律能够得到这种类型的支持,这一事实意味着,在它保障了对个人的资助与保护时,从原则上来说,它就会强大得足以造就人们相对地位上的平衡,哪怕人们在所掌握的私人资源上有很大差异。因此,尽管人们的资源会继续存在差异,法律仍然可以为全社会对无支配自由的平等享用做出很大贡献。事实上,正是出于这一理由,我们才能预期说,即使没有达到物质上的平等,人们还是能够通过"直视测试"。他们仍然能够在生活中表现出"自由人"(liber,或者说"自由者")这种居于共和主义思想核心地位的形象。

第三章　政治合法性

130 在上一章里，我们关注的话题是社会正义，即国家内部人们之间关系上的正义。这些关系包括通过他们所归属的各类群体与团体而产生的关系。根据我们所发展出的理论，正义要求国家去促进其所有公民（宽泛地说，这包括所有成年的、心智健全的、基本上是永久性定居的人）的无支配自由，在公共法律及规范的基础上去保障他们的根本性自由权。对公民之间关系的这种关注，没有考虑到作为整体的公民与国家本身之间的关系。它忽略了如下问题：当国家推行一种社会秩序时（不管那种秩序可能会多么的正义），它的运作方式是否具有政治合法性？说国家所推行的社会秩序是正义的，是一回事；说推行那种秩序的政治手段是合法的，则是非常不同的另外一回事。

根据这种解释，社会正义并不必然意味着政治合法性，政治合法性也并不必然意味着社会正义。因此，从后半句话可知，一个国家或许根据任何标准来说都是完全合法的，但仍然未能很好地成功促进社会正义的事业。它可能会去支持错误的（如果不是动机不善的）政策。正是由于想到了这种不足，卢梭才会承认说，一个完全合法的政权——用他的话来说，一个寻求去宣示公意的政权——仍然可能会误入歧途：“人民永远是愿望自己幸福的，但是人民自己却并不能永远都看得出什么是幸福”①(1997:II. 6. 10)。

现在，让我们转过头来看看前半句话。正义的社会也可能是远非完全合法的。不合法政权的传统范例，是由暴君或外国势力控制的政权。但是，我们可以想象一种仁慈的专制主义，或者一种开明的殖民主义。在它们的统治之下，对人们彼此之间关系的管制是符合社会正义的。那种秩序或许缺少我们(尤其是从共和主义的角度出发)将之与正义联系起来的那种稳固的护卫。奠立这种秩序的意志可能不具有《法学总论》所要求的那种可靠性，即那种对于暴政式的和殖民式的裁断的抵制。用 131
乌尔比安的话来说，《法学总论》宣称：“正义是给予每个人他应得的部分的这种坚定而持久的愿望”(Watson 1985:第 1 卷，第 1 篇)②③。但在其他方面，那种秩序或许会是无可指摘的。

上述评论所意在强调的，是社会正义与政治合法性两者的需求之间的概念性分歧。这并不是说它们在实践中会截然有别。如果人们在正义方面没有得到很好的待遇，他们也很难去约束国家来满足合法性的要求。而不受约束的国家也不太可能去费心在其公民之间确立正义。但是，政治合法性可以在任何方面与社会正义相分离，这一事实意味着，前者提出了一种不同的需求，而我们必须重新开始思考它的要求。

政治合法性不仅提出了一种要求，而且它所提出的还是一种我们不能忽略的要求。说到社会正义对人们的关系组织所提出的要求，在任何社会里，对此都会有不同的看法，所以就会出现如下问题：如果人们认识

---

① 卢梭：《社会契约论》，何兆武译，北京：商务印书馆，2005 年，第 48 页。——译注

② 查士丁尼：《法学总论》，张企泰译，北京：商务印书馆，2009 年，第 5 页。——译注

③ 这句话的拉丁文是：“Justitia est constans et perpetua voluntas ius suum cuique tribuendi”。在他对希腊传统的解读中，列奥·施特劳斯(Strauss 2000:75)表述了“正义并不要求意志的这种持续性”这一观点，而他本人既可能赞成也可能反对这种观点(见 Vatter 2011)：“公正的人就是不伤害任何他人，并帮助与他有来往的人。换言之，公正就径直意味着仁慈。那么如果正义本质上是超越法律的，没有法律的统治也可以是正义的，仁慈的绝对统治就是正义的了。”(施特劳斯、科耶夫著，古热维奇、罗兹编：《论僭政——色诺芬〈希耶罗〉义梳》，何地译，观溟校，北京：华夏出版社，2006 年，第 96 页。佩蒂特在这里的标注有误，原文应出自该书英文版的第 74 页。——译注)

到了他们彼此之间的分歧，那么，他们是否应该接受国家用来约束他们所有人的决定，并服从国家对那些决定的强制性应用？按理说，如果他们应该去这样做的话，就必须存在某种使国家成为公民生活的合法裁断者或决定者的东西，这种东西所涉及的，是国家相对于公民整体的地位，亦即国家与其公民之间的关系。合法性理论的问题在于去界定能够给予国家那种地位的因素（Nagel 1987）。

我在本章中的讨论分为五节。在第一节里，我会去考察合法性问题本身，去探询这一问题的具体来源与本质，去力图与使这一问题淡出视野的趋势相斗争。在第二节里，我会论证说，在合法性与自由之间存在紧密的联系。我还会表明，无支配自由会给合法性提出一个直截了当的要求：对国家的一种民众的（popular）或公民的（civic）控制形式。在中场休息式的第三节里，我会对控制的概念进行总体性的分析，并将其与同意（consent）加以对比。在第四节里，我会论证说，如果民众的控制能够
132 支持合法性的话，这种控制的性质就必须是个体化的、无条件的和有效的，以满足一种丰满版本的民主理想。然后，在简短的第五节里，我会对这样一种得到民主控制的国家的可欲性做出一些观察，并使人们注意到这里所采用的视角与其他思路之间的差异。

本章提供了一种民主理论，表明了民主制度的任务是去确保政治合法性所需要的那种形式的民众控制。但是，这里的讨论并不会去具体界定那种能够完成这一任务的制度。这项工作会在第四和第五章里进行。那两章会提供一种民主的制度模式，以表明共和主义理论的要求。

在上一章里，我们论证了共和主义正义的要求。我们的出发点是如下这种公开的平等主义假定：国家应该将其公民作为平等的人来对待。正如之前的那个论证所解释的那样，当我们去探查共和主义合法性的要求时，同样的平等主义假定将会引导这一章里的论证。相关的规范性假定是：一方面，国家应该将其公民作为平等的人来对待；另一方面，公民们应该愿意接受这一点，并且愿意以平等的方式彼此生活在一起。这一假定在直觉上是具有说服力的，而且也并不是共和主义的思路所独有

的。任何一种合乎情理的政治哲学都支持这一假定。[1]

第一节 合法性问题

问题的来源

我们在关于社会正义的讨论中假定说，对正义的促进需要国家。正是这一假定引出了如下问题：当国家推行一种社会秩序时（在理想的情况下，它所推行的是一种正义的社会秩序），它是在用合法的方式去推行的吗？然而，对于正义的促进来说，国家真的是必不可少的吗？为了像共和主义正义所规定的那样，去对适当范围内的基本自由权加以护卫，我们就必须依靠国家吗？本章的第四节对此提出了几种考虑，并认为国家基本上是一种不可避免的机构，而不是某种我们可以选择去要或不要的东西。但是，暂且假设国家并不是不可避免的，那么，共和主义正义的 133
立场（甚或任何合理的社会正义观的立场）仍然会要求我们去把它发明出来吗？我将会论证说，对这一问题的答案是肯定的。

我在此处与本书中所构想的国家，并不仅仅是一个关于规则和常规的、规定官员应如何在它的领域内进行运作的、非个人化的机关。在这个方面，国家与——比如说——市场是不同的。国家是这样的一个行为者或行为机构：它关注各种不同的目标，而在追求那些目标的时候，它所根据的是一些对它所掌握的机会与手段的、得到了可靠维护的表达(reliably maintained representations of the opportunities and means at its disposal)。最为重要的是，在面对其他行为者时——包括它自己的公民、在其疆域内运作的各种组织以及其他的国家与国际机构(McLean 2004)，国家这个行为者将自己展示为一个能够与之打交道的实体，即一

① 值得强调的是，本书所追求的理论的平等主义方面，与 Sanyal 所辩护的那种民主平等主义(Sanyal 即将出版的著作)有很大程度上的重合。大略地说，他所探寻的是公民之间关系中在无支配上的平等，以及他所说的在与国家的关系中在自主(autonomy)上的平等。但后者很接近于在与政府的关系中在无支配上的平等。

个能够以对待个体人类的方式与之交流的实体。在这种自我展示中,国家会以一种类似法定人格(legal person)的方式进行运作。它对自己的态度做出声明,对自己的行为做出承诺,并且,为了确保自己作为国家的身份,它允许自己去保持那些声明和承诺(List and Pettit 2011)。当然,除非是基于不同政府机构或官员的言辞或行为,否则国家是无法去言说或行动的。但是,那些机构彼此之间必须得到协调,以使国家能够发出一个单一的声音,并出于一套协调一致的目标而去行动。如果某些机构或官员真的在言行两方面产生了分歧,例如做出了自相矛盾的声明或承诺,或是在以相互冲突的方式行动,那么,它们就必须要敏于恢复和谐的需要,并且必须要能够去利用特定的程序来恢复和谐。

如果想落实我们上一章中所勾勒的那种正义观,国家就是必不可少的,因为只有那样的一种行为者,才有能力去完成所涉及的多种繁重任务。这些任务包括:维持正义所需的发展型的、制度上的和物质上的基础设施;建立与调整那些界定实质性的和协调一致的基本自由权所需的法律;通过所需的习俗和补助,来确保能为那些自由权提供资助;在人们的特殊关系中,以及在更为广泛的范围内,保护他们的那些自由权免遭侵犯。这里所涉及的任务极其错综复杂、相互勾连和变动不居,以至于没有任何抽象的规则机制能够确保满足它们。因此,在没有国家的情况下,似乎就不可能存在有效的正义体系。

正义体系的建立需要一个团体性的、可以与之交流的实体。这一事实不仅意味着必须存在国家,而且还特别意味着国家必须具有两种典型特征。国家必须有能力去强制推行它所建立的秩序,对那些不服从的人
134 加以威胁并实施惩罚,并且不能存在来自对立团体的竞争。同时,由于上述特征要公之于众,国家在实践中必须做出明确的或隐含的宣示,表明自己在以那种方式使用强制手段时,拥有排他性的权威。

但是,对于团体性的、强制性的国家之必要性的这种论证,是不是太草率了呢?在合适的条件下,作为社群规范体系——一种无需任何单一行为者(如国家)来创造或激发、监控或形塑的规则网络——的副产品,一种正义的秩序是否有可能浮现出来?正如我们在上一章中所见,社群

规范是一些行为规则，对这些规则的保持部分是由于如下事实：作为共同意识的产物，人们普遍预期其他人会对遵守规则的行为表示赞许，以及／或者对不遵守规则的行为表示厌弃。相关的背景假定则是：出于内在的或工具性的理由，人们会普遍地去寻求他人的赞许并避免他们的厌弃。那么，假如说，在不依靠国家或法律的情况下，出现了一些社群规范。这些规范可以将所有形式的骗局、欺诈、操控、侵犯与暴力曝光在整个社群面前由人谴责。这样的规范体系难道不足以建立一种正义体制吗？

从共和主义的观点来看，一种非个人化规范的统治的可能性是令人感兴趣的。所设想的相关规范会由个人所建立，相应的惩罚会由个人所施加。但这些是通过“看不见的手”而出现和变得稳定的，因为无论是对规范的引入还是对惩罚的实施，都不必借助于国家。对于任何关心无支配自由的人来说，这样一种以非意向性的方式来维持规范的有效体制，都应该是非常具有吸引力的。它应该能够去保护人们免受其他人的支配，并通过实施惩罚的方式去削弱有权有势者可能会用以进行干涉的权力。然而，它在保护人们的时候，又不会把保护性机构潜在的支配性意志强加给他们。它会用一种仁慈的方式来保护人们，就像一种不依赖于特定意志的行善力量一样。①

---

① 一种由非个人化的、不依赖于特定意志的规范进行统治的理想，或许曾在共和主义的思想史中有所展现。当著者们像援引了亚里士多德和李维的哈林顿（Harrington 1992：8）一样，强调说那种抵御暴虐的（以及更一般地说，不合法的）政权的伟大保护措施是一种“法律的统治，而非人的统治”的时候，那种理想似乎就悄悄地潜入了背景之中。这一传统引导了约翰·亚当斯（Adams 1776）写下了“共和国的基本定义就是‘法律的统治，而非人的统治’”。许多热衷于普通法思想的著者也表现出了这种思路，因为他们认为，普通法是基于对特定案件的决定而浮现出来的，这一过程中并不存在一种协调一致的、潜在具有支配性的意志。这方面的一个例子是哈耶克（Hayek 1988）。他可能受到了康德（Kant 1996：294）如下信念的影响：“提供了法律的那位主权者仿佛是看不见的；他是人格化了的法律本身，而不是法律的代理人。”（康德：《历史理性批判文集》，何兆武译，北京：商务印书馆，2009 年，第 191 页。译文有改动。——译注）对于哈耶克所受的康德主义影响的一个评论，见 Kukathas 1989。一种更为合理的法律观可见于德摩斯梯尼（Demosthenes 1939：第 224 节）的《斥美狄亚斯》（Against Meidias）：“法律的力量是什么？如果你们中的一个人受到了错待并大声哭喊，法律会跑过来站在他这边协助他吗？不会的。它们只是写下来的文字而已，没有能力去做出那种行为。那么，法律的力量在哪里？这种力量存在于你们自己身上，但前提是你们要去支持法律，并使法律富有力量，以便去帮助那些需要法律的人。因此，法律是通过你们才拥有力量的，而你们也是通过法律才拥有力量的。”

135 然而,无论这种非个人化的、不依赖于特定意志的保护机制理念有多么吸引人,在缺少国家的情况下,它基本上不可能有效地运作。它会面对三个显著的问题。首先,自发形成的规范不太可能界定出适当种类的基本自由权,尤其是考虑到人们在相关方面的差异,以及归纳出合适的自由权范围的困难。正如我们在上一章中所见,为了定义出可以恰当地共同行使和共同满足的自由权,我们需要各种或多或少是惯例性的规则,以及用来继续调整那些规则的条款。

上述提议的第二个问题是,即使自发形成的规范在其他方面是令人满意的,它们也不太可能去要求和支持为基本自由权提供充足的资助,尤其是当这种资助需要一定程度的再分配的时候。在不受国家这一行为机构规制的情况下,财富与权力倾向于聚集在越来越少的人手中。用最近的一部政治秩序史著作的话来说,根据一种“铁律”,“在缺少国家干预的情况下,富人趋向于变得越来越富”(Fukuyama 2011:368)。任何自发形成的规范都几乎不可能去抗拒日趋增长的经济积累的影响,也不可能确保为穷人和富人的基本自由权提供同样程度的资助。

因此,一个由自发形成的规范所构成的秩序,既不太可能界定出合适的基本自由权范围,也不太可能为那些基本自由权进行资助。第三个问题是,这种秩序也不太可能为所有的人提供合适的保护。社群规范反映了社会中的分裂,而其所强加的模式会对性别、宗教、种族或其他方面的弱势群体造成很大伤害。因此,这些规范可能会带有各种令人反感的特征。正是出于这一理由,约翰・斯图亚特・密尔(Mill 1978)发起了对习俗的专制的声讨。这里所构想的那种规范或许不会强加一种潜在支配性行为者的意志。毕竟,那些规范起源于非意向性的态度,并且是由那种态度所支持的。但是,它们几乎肯定无法保护特定群体的成员,无法使其抵御其他人最为猛烈的支配。①

① 关于法治的出现如何典型地依赖于国家的支持,一个相关的出色讨论见福山的著作(Fukuyama 2011:第 17 章)。法治并没有显现为由看不见的、非意图性的手所建立的结果。

我的结论是，社会正义的事业需要强制性国家这种团体性的行为者。没有任何非政治性的秩序可以起到那种作用。当然，说国家对于促进社会正义是必不可少的，并不是说某种特殊类型的国家是必不可少的，更不是说现存的国家模式是理想的。但是，如果假定说国家是有必要存在的，就会引发我们现在所关注的核心问题。如果国家对于正义来说是必不可少的，就会存在"国家应该如何与它的公民相联系"的问题，而这是与"公民们彼此应该如何相联系"的问题不同的。在我看来，前一个问题就是关于合法性的问题。社会正义的问题涉及公民彼此之间的横向关系，政治合法性则涉及他们与统治他们的国家之间的纵向关系。 136

合法性是由什么决定的?

由此可见，社会正义问题所考虑的，是国家在人们之间所建立的社会秩序的性质、特征或内容，而社会合法性问题所考虑的，则是这一秩序的根源或起源——也就是说：在多大的程度上，强制推行那一秩序的国家能够与承载那一秩序的人民恰当地联系起来。国家是否是以如下方式与人们联系起来的呢？——不管人们认为它在社会正义方面做得是好还是坏(要记住，人们在正义问题上的看法可能会有很大的不同)，他们每个人都必须承认说：国家是凭着一种适当的资格或传承而运作的，而且，在对社会秩序的界定和推行上，国家理应具有一种不得抗拒的权威。对这一问题的答案如果是肯定的，就等于是确认了国家的合法性；答案如果是否定的，就等于是否认了那种合法性。

什么决定了国家是否合法呢？对于国家中的公民所应有的行为来说，国家的合法性有着什么样的意义呢？这些意义与正义所具有的意义又有什么不同之处呢？根据我对这两种理想的理解，它们分别给公民强加了两套不同的道德义务。这些义务是非绝对的(pro tanto)。在特殊的紧急状况下(例如，当一个无辜者的生命处于危急中的时候)，那些义务可能就并不具有效力。但它们还是很重要的。①

137 假设国家所推行的社会秩序是正义的，而且国家本身（不论根据什么标准来看）是合法的。我们在那种情况下自然会说：考虑到国家的合法性，人们在道德上有义务去接受这个政权，同时，考虑到国家的正义性，人们有义务去拥护和服从法律。但是，“接受一个政权”是什么意思？对它的接受与对它的法律的拥护和服从有何区别（假如两者确实有区别的话）？

一旦我们考虑到如下情况，答案就清楚了：这个政权仍然可以被算作合法的，但是它的某些法律却是不正义的。那些法律的非正义性将会意味着，人们不再受制于“拥护和服从哪些法律”这种依赖于内容（content-dependent）的义务了，但他们无疑仍然要受制于那种适用于一切半合理（half-reasonable）的法律体系（不管那些法律是否正义）的可变的、非绝对的义务。这种不依赖于内容的服从义务源自如下事实：一旦法律建立起了社会规则，人们就普遍会在“我们彼此都服从法律”的预期下来协调他们的行为（Raz 1986）。但是，某些法律的非正义性也会合乎情理地意味着，人们在道德上可以被允许去（也许甚至是有义务去）尝试改变那些法律。这就引起了一个问题：在人们尝试改变不正义法律的过程中，他们都可以被允许去做什么？正是在这里，合法性——以及我将之与合法性联系起来的接受——需要引起我们的注意。

我认为，对一个政权的接受意味着，尝试改变不正义法律的措施应该受到限制，使其不会与这个政权的继续存在相冲突。这就要求你不能把法律抓在自己的手里，而是要承认国家是法律问题上合适的裁断者和决定者，并且在“让国家保有其角色”的前提下，去力争做出改变。于是，合法性就强加了如下这种非绝对的道德义务：如果你反对某些法律或措

① 说某些理由的性质是非绝对的，就意味着它们可以出于相冲突的考虑而被推翻，就像在受到红灯警告时那样。但是，与这种非绝对的地位相一致的是，在正常条件下（也就是说，在没有红灯警告的情况下），那些理由在运作时可以排除对有利后果和不利后果的权衡（Raz 1986）。我要感谢 Caleb Yong 在相关问题上的讨论。

施(由于存在不同的正义观,每个人都会具有挑战某些法律或措施的倾向),你应该通过体制所允许的方式去加以反对。你不能去进行革命或者叛乱或者——用一个老词来说——反抗(resistance)。这种义务允许人们基于正义或其他美德而在体制内部反对某些法律——简单地说,就是去针对那些法律进行争辩。但这种义务不允许人们拒绝或者反抗这一政权本身。

大多数政权会提供一些显然属于体制内的方式,使人们能够对它的法律表示反对。这些方式包括:诉求于立法机构;将政府告上法庭;在媒体上发表看法;街头游行;当然,还有在选举时对执政党进行挑战。不过,如果暂且不论基于协调的原因而去服从的理由,违反法律的行为就也可以算是一种争辩的方式——一种在体制之内反对法律的方式。[①] 例 138
如,这在公民不服从的运动中就有所体现。在这种情况下,抗议者之所以违反法律(也许是那些他们所反对的法律,也许是其他法律),是为了表示反对。当他们被带到法庭上的时候,抗议者通常会承认法庭用来惩罚他们的权威,从而展示出他们对政权本身的接受,以及对于革命或者反抗的拒绝。他们表示愿意接受官方对自己行为的惩罚,以引起人们对那些法律的不正义性的注意。[②]

一种社会秩序的合法性常常被认为是与公民的政治义务相互对应的。根据我所做出的论述,那种政治义务并不是"遵守法律"的非绝对义务,而是"如果你反对法律,要在体制内反对它们"的有条件的非绝对义务。[③] 这种政治义务的概念本身是合乎情理的,因为从传统上来说,政治义务被认为只能约束正式的公民,而非那些仅仅是暂时的或过路的居住

① 当然,在体制内反对一个政权的手段越少,这个政权就越不可能算作是合法的;也就是说,如下情况的可能性就越大:存在某些不正义的法律,而可以用来在体制内反对那些法律的手段非常之少,以至于人们不再有义务把自己局限于那些反对方式之上。不过,公民不服从的可能性意味着,起码在理论上来说,总是存在着至少一种在体制内反对一个政权的方式。

② 对于那种或许应被无罪开释的公民不服从行为,Markovits(2005)提供了一种大体上相同的——被称为是"共和主义"的——解释。

③ 对于一种令人感兴趣的但颇为不同的政治义务观点,见 Gilbert(2006)。

者。即使是那些路过一个社会的人，也有遵守法律的非绝对义务。像其他人一样，他们有遵守正义法律的依赖于内容的义务，同时可能也有遵守所有法律(不论是否正义)的不依赖于内容的义务。但是，恐怕只有公民才拥有在体制内反对法律的实质性权利，也只有对于公民来说，将其反对意见限制在体系内(intra-systemic)的争辩上才是有意义的。

上述评论与我之前分析的宽泛的公民概念是吻合的。根据这种概念，公民包括所有成年的、心智健全的、基本上是永久性定居的居民，而不仅仅是那些拥有投票和担任公职权利的人。虽然并非所有我这种宽泛意义上的公民都拥有选举性权利，但他们都拥有正式和非正式的反对法律的权利，而这种权利并未被赋予那些仅仅是路过的人。事实上，通过申请正式的公民身份，大多数人都会拥有去寻求选举性权利(并期望去获得这些权利)的权利。他们所处的地位接近于这样一些公民：他们拥有选举性权利，但选择不去参加竞选，或者不去参加投票，从而否定了行使自己的选举性权利的机会。

139 在至此为止的讨论中，我们给人的感觉似乎是：只有国家(或者它所推行的社会秩序)才能算作是不合法的。但这只是为了简便起见。如果一个国家或政权是不合法的，那么，它所维持的各条法律都是不合法的，而管理国家事务的政府各分支机构也同样是不合法的，因为它们被国家所使用的不合法的任命程序所败坏了。但是，在合法性一词的这种意义上，我们也可以在某些情况下宣称说：尽管一个政权大体上是合法的，它的一些法律或者人事任命(包括对行政部门或其他分支的任命)却是不合法的，因为它们恰巧违反了一些合法性的条件，而这个政权在一般情况下是尊重那些条件的。我会继续集中于关注政权的合法性或不合法性，但我并不想否认这一点：在更为局部性的批评意见里，我们在有些时候同样可以使用相关的概念。毫无疑问，我认为不具备合法性的法律像不正义的法律一样，是应该加以反对的，并且可以在合法的政权内成为合适的争辩对象。

不过，我们是否应该像我实际上一直在做的那样，把一个政权的合法性看成是一种“要么全有要么全无”的东西。我相信，那些造就了政治合法性的因素，就像那些造就了社会正义的因素一样，是有程度之别的。不过，既然“直视测试”可以用来决定正义的基准线所处的地方，我很愿意把社会正义看成是一种“要么全有要么全无”的东西。出于类似的理由，我也愿意把政治合法性看成是一种“要么全有要么全无”的东西。正如我们将会看到的，以相似的方式，我们可以用一种直觉式的“坏运气测试”来决定合法性的基准线所在之处。

我在前面说过，法律的正义性给予了人们一种依赖于内容的（如果说还是非绝对的）服从理由，但无论法律是否正义，他们也几乎总是有一种不依赖于内容的理由去服从所有合理的法律体系——即那些使得人们可以围绕着它来建立相互预期的协调机制。既然一个合法政权的法律本身可能是不合法的，而且（特别是）这个政权本身也可能会缺少合法性，我们就会自然而然地问道：人们是否有相应的“退一步”式理由去继续服从那个政权？他们是否有理由将自己的反对行为局限在体制之内？

这并不是我们所关心的核心问题。不过，我还是要声明一下：我认为我们有很好的理由（不仅仅是出于明哲保身的理由）去避免反抗特定种类的不合法政权。这一理由就是：无论那个政权可能有多么不合法，我们仍然能够通过把它当成一个合法政权（也就是说，通过仅仅在体制内对它进行反对）来使其变得合法。在这种意义上，那个政权虽然不是完全合法的，但仍然是“可合法的”（legitimizable）。我的看法是，这种 140
“可合法性”可以合理地算作一种“退一步”式的理由，让我们避免去进行直接的反抗，而只是从体制内反抗国家。①

① 就像“可合法性”提供了把国家当成合法之物的理由一样，我在其他地方曾经论证说，一种对应形式的“可负责性”为我们提供了理由，让我们去把某些人当成可以负责的人（也就是说，去让他们担负起责任来）。见 Pettit(2001e,2007d)。如果我们把“可负责的”行为者当成是能够去负责的（也就是说，去让他们担负起责任来），他就能够变得负责（也就是说，适合担负起责任来）。如果我们把“可合法的”国家当成是合法的（也就是说，只在体制内反对它），它就能够变得合法（也就是说，只适合在体制内进行反对）。

从传统上来说，与爱国主义美德相关联的，是在国际冲突中与你现在所属的国家站在一边。在国内背景下，这一美德可以被用来支持这种对现有国家与宪法的忠诚（哪怕这个国家缺乏合法性）（Mueller 2007）。在本书剩余的内容里，我不会再对“可合法性”与爱国主义说上太多。但有一点应该是清楚的：在考虑“在多大程度上，人们对自己居于其中的国家负有正义上的义务”这一问题的实践后果时，上述话题具有极大的重要性。即使是根据稍后介绍的那种现实主义式的“坏运气”合法性测试，也没有几个现实存在的国家能够算是合法的。但许多国家很可能至少能够算是“可合法的”。

我们已经看到，根据所有的理论，合法且正义的秩序都强加了一种接受政权和服从法律的道德义务（当然，这是一种非绝对意义上的义务），而合法但不正义的秩序则强加了一种义务，使人们不仅要接受政权，而且只能在体制内反对不正义的法律（当然还包括不合法的法律）——也就是说，去争辩那些法律，但不要去反抗那个政权。不合法且不正义的秩序不会要求同样基础上的接受与服从。如果不考虑“退一步”式的理由，这种秩序将会允许公民反抗那个政权，并使用一切可能的手段在体制内（或者选择抛开体制）去尝试改变法律。在第四种不太可能出现的情形中——不合法但正义的秩序下，我们又该如何去做呢？这种秩序会允许反抗政权，但也会提供依赖于和不依赖于内容的理由，去要求人们服从法律。它会指向一种混合方案：人们可以挑战那个推行法律的国家权威，同时又要承认那些被推行的法律本身是无可指摘的。上述这些可能性在表3-1里得到了粗略的表达。

表3-1　正义与合法性的需求

	正义的社会秩序	不正义的社会秩序
合法的社会秩序	应该接受，应该服从	应该接受，可以争辩
不合法的社会秩序	可以反抗，应该接受	可以反抗，可以争辩

合法性的高峰期

之所以要谈论政治合法性与社会正义，而不是谈论一种完整意义上 141
的正义，是因为这有助于防止出现无法认识到这些问题的独特性的危险。[①] 正如我们所知，社会正义问题涉及的是一些规则的性质，那些规则决定了公民们在国家之内针对彼此所能提出的要求。合法性问题所涉及的，则是那套规则（以及任何其他相关联的规则）所强加于公民的方式；它涉及的是现实中的世界，是一个政权之下的人们和他们中产生的社会秩序之间的偶然关系，尤其是使那一秩序在该政权下得到维持的关系。按照人们的说法，如果一种社会秩序是以恰当的方式得到维持的，它就是合法的；如果它是以不恰当的方式得到维持的，就是不合法的。不合法的社会秩序的典型案例，就是那种不依赖于公民的想法而得到维持的秩序，例如那些根据本土暴君或外国势力的意志而得到维持的秩序。

在17和18世纪的政治思想里，各种关于合法性之要求的理论都采用了极其强健的形式，尽管它们总是预先把人民或公民的资格限制在了主流的、通常是拥有财产的男性之中。君权神授理论主张说，只有来自上帝的实际的（也许是推定而来的）祝福，才能建立主权者以及他所选择推行的秩序的合法性。托马斯·霍布斯（Hobbes 1994b）直接挑战了那种理论。他论证说，使某一特定主权者的统治成为合法的，是臣民们默认的、持续不断的同意，尽管这是一种可以通过恐惧或压力而得来的同意。他认为，按照理性的要求，人们应该把他们的同意献给任何有能力保持和平的个人或团体，否则的话，就会出现没有法律的自然状态这种严酷的局面。约翰·洛克（Locke 1960）论证说，国家的合法性需要两个条件。第一个条件是诸多个体所给予的一致的、历史性的同意；他们之

① 在晚近的文献中，为强调这些问题的独特性而付出最大努力的是 A. J. 西蒙斯（Simmons 1976，1979，1999）。

所以会给予这种同意，是因为他们希望建立公正的争执裁断者，希望退出自然状态并建立国家。第二个条件是多数人支持现有政府的意志；如果多数人都不愿为了裁断者的所谓暴行去起而反抗，就表明他们持有那种意志。最后，让·雅克·卢梭(Rousseau 1997)认为，合法性的要求是：在聚集起来的公民中，应该由多数派的声音来决定那些涉及一般性法律
142 的问题。同样，为了退出自然状态并建立国家，这种多数决策的方式已经得到了一致的、自由的接受。

对于政府所应当建立的社会秩序，霍布斯、洛克和卢梭这些思想家无疑都有自己的想法，但他们的作品首先谈论的是合法性问题。他们都用一种想象的自然状态生动地展现了合法性的问题。他们都意在界定出两类条件。按照他们的看法，在一类条件下，人们有义务去接受一个政权；而在另一类条件下，人们有权进行反叛，也就是说，人们有权拒绝那个维持现有秩序的国家或主权者。霍布斯式的(甚至洛克式的)理论只为反叛提供了非常有限的理由，尽管我们需要记住如下这一点：霍布斯在自由问题上的论战对手布拉姆霍尔主教(Bramhall 1658：515)认为，他的《利维坦》是一部“反叛者的教义问答书”。卢梭的《社会契约论》在意图上更为激进。他主张说，许多现有国家的运行是不合法的；它们只是在“镇压一群人”而已①(Rousseau 1997：I. 5. 1)。因此，他引来了法国和其他国家政府的敌意，也就毫不为奇了，哪怕他其实足够谨慎，并没有去公开号召人们反叛那些统治他们的政权。

合法性议题的衰落

这些早先的人物提供了生动的例子，以表明对有别于社会正义的政治合法性的关切。但是，在政治思想随后的发展中，这种关切却衰落了。对于源自边沁的功利主义传统来说，这一点无疑是真切的。这一传统支配英语世界的政治理论直到 20 世纪中期，并在此后仍然有着不可忽视

① 卢梭：《社会契约论》，第 17 页。——译注

的地位。功利主义追求的是那种能够使预期幸福最大化的政权，因此，它所关注的问题是：在多大的程度上，一种社会秩序能在这方面良好且平等地对待公民。至于那一秩序是否得到了居于其中的人的适宜支持，功利主义几乎不会去关心。在过去的半个多世纪里，一批宽泛来说属于康德主义的思想有效地挑战了功利主义。但是，尽管这些思想常常看上去是更为关切合法性问题的，它们却都拥护一种将该问题逐出视野的趋向。

康德本人就是这一模式的典型例子。他在一开始提出了如下想法：在制定法律时所推行的意志——因此也就是那种维持着由法律所创造的社会秩序的意志——应当是"普遍的（联合的）人民意志"（Kant 1996：295）①，即那种与"源始契约(original contract)"（480）相联的意志。这看起来偏向于康德所基于的那种卢梭式思路。但是，这一表象是误导性的，因为康德坚持说，源始契约"只是由理性所构想的一种理念"，而不是 143
某种能够"被假定作为事实而存在"的东西。他还论证说，国家不应该实际建基在那样一种意志之上，而是应该由"每一个立法者"——事实上就是每个国家——去建立那些"有如是从全体人民的联合意志里面产生出来"的法律（Kant 1996：296）②。据他说，法律能够以那种方式而产生这一事实，乃是"每一种公开法律之合权利性的试金石"，是"评判任何公共权利体制的理性原则"（Kant 1996：297，301）③。

随着这一转向，卢梭着重关注的社会秩序合法性这一问题，就让位于社会秩序的本质或质量的问题，即该秩序的更为全面的、兼具社会性与程序性含义的正义问题。如果某些法律能够在一种源始契约中得到选择，则这一事实——这些法律具有"符合契约资格性"（contractual eligibility）这一事实——现在就成了一种表明它们带有特定的固有性质的迹象，而不表明它们是以一种合法的方式得到维持的。因此，不足为奇的是，康德在合法性问题上言之甚少。尽管他偏好一种带有权力分立机

① 康德：《历史理性批判文集》，第192页。——译注
② 康德：《历史理性批判文集》，第195页。——译注
③ 康德：《历史理性批判文集》，第195、201页。——译注

制的代议制政权(Kant 1996:324,481),也就是他所说的共和国,但他还是认为,即使一个政府是“以非常暴力的(暴政式的)方式去行动,臣民们也仍然不得以武力进行反抗”(298)[①]。所以,任何已经建立起来的国家,都不会在我们所说的意义上是不合法的,因为这种对“反抗最高立法权力的行为”的“禁止”是“无条件的”,哪怕在最骇人听闻的政权统治下依然是适用的。

在禁止对任何已有政权的反抗这一点上,没有任何当代的理论追随康德,但很多理论确实跟在他的后面,把某种版本的“符合契约资格性”当作了是否应该接受某一社会秩序的标准,从而淡化了对合法性的考虑的独特性。约翰·罗尔斯(Rawls 1971)就是这么做的。他论证说,他的两条原则会在一种订立契约的原初状态中得到选择,在那种状态中,人们是在无知之幕之下进行操作的,因而不知道在这种或那种社会秩序下他们自己的特殊前景。后来,他把无知之幕下的“符合契约资格性”的考验替换成了一种较为松散的、相关的公民可证成性(civic justifiability)的考验,这种可证成性指的是对如下这种法律秩序的可证成性:该秩序必须是建基于被生活于其中的公民公开接受的理由之上的(Rawls 1993,2001)[②]。在这样做的时候,罗尔斯仍然保持了对那种同样的、大体上是康德主义式的思
144 路的忠诚。对这种意义上的可证成性的关切,就是对如下问题的关切:那种秩序应该具有特定的固有性质(特别是,它应该带有更为全面的正义性),并且要不同于我们在霍布斯、洛克与卢梭那里所发现的、对“那种秩序

---

① 康德:《历史理性批判文集》,第197—198页。译文有所改动。——译注

② 宽泛地说,一大批当代政治与道德思想家都共享了罗尔斯在这一晚期转向中体现出来的思路,包括Charles Beitz(1989),Thomas Pogge(1990),Thomas Nagel(1991),Brian Barry(1995),Thomas Scanlon(1998),Rainer Forst(2002)。对此的一种激进批判见Simmons(1999)。对一种与罗尔斯主义式的起点关联更为紧密的批判,见Reidy(2007)。Anna Stilz(2009)代表了一种颇为不同的思路。这种思路也始于康德,特别是始于他的如下观察:对外在自由的权利预设了在政治社会中的成员资格,因为(比方说)没有强制性的国家,就不可能有财产(Kant 1996:409)。Stilz论证说,既然我们共同创造了自己的特定政治社会,这一社会就会对我们提出一种独特的要求(用这里的话来说,就是一种对合法性的要求),我们也会有一种忠诚于它的对应义务。至少,当这一社会确实真的使我们能够享有外在自由时,上述说法就是正确的。

是否得到了恰当的支持"这一问题的关切(Simmons 1979,1999)。

合法性问题在契约主义思维方式下的衰落,或许是由于一个非常容易产生的混淆。根据一种非常自然的说法,合法性指的就是如下这种理想:只有在满足了人们加以实际认可的标准后,才能去推行一种社会秩序。根据这种理想,人们能有效地去决定那些用来判断是否应该接受某种社会秩序的标准。由此,无论对这种主张做何种解读,人们都可以被说成是支持了所推行的秩序。而在契约主义的新说法里,这很容易同正义相混淆。正义的理想指的是:只有在满足了人们本来能够加以认可的标准后(但他们实际上可能并未认可),才能去推行一种社会秩序。用罗尔斯的思维方式来说(Rawls 1995:148),那些标准是一些"所有合乎理性的各派都将认可的条款"。① 上述两种说法的差别是细微的,但却可能体现了一种深刻的分裂。即使一种秩序没有得到人们的适宜支持(比方说,人们并未真的倾向于去支持它),它仍然可以满足一些标准,而这些标准是具有恰当理性或通情达理的人们本来能够认可的。

正如我所提到的,契约主义理论所关注的不光是社会正义,而是那种更为全面的正义,或者说是兼具社会性与程序性含义的正义。因此,罗尔斯(Rawls 1971:203)把程序性的或政治的权利也纳入到了正义所需要的基本自由权里。契约主义和类似理论的这种更为广泛的关注对象,是否意味着这里的批评是不公平的?我并不这么认为,但我会推迟到本章末尾再来解释这一点。到那个时候,我们就会处于一个更好的位置,以了解契约主义所代表的那种思路的长处与短处。②

---

① 罗尔斯:《政治自由主义》(增订版),万俊人译,南京:译林出版社,2011年,第363页,略有修改。——译注

② 如果说,我们需要被罗尔斯纳入基本自由权的那种程序性权利,以确保人们对社会秩序的控制,那么,根据这里所捍卫的观点,罗尔斯式的正义(即他的两条原则)就会要求我们这里所说意义上的合法性。但实际上,正如我们将会看到的,罗尔斯(Rawls 1971:203)本人贬低了政治自由的重要性,把它们视为是"次于其他自由的"。(原文出处在《正义论》英文版的第233页。——译注)他并不主张政治自由应该起到确保那种意义上的控制的作用。他对正义的关注主要是对我们所描述的社会正义的关注。这种关注并没有把合法性问题提升到很重要的位置上。

我已经论证过，功利主义与契约主义（这两者或许是政治思想的两个主流分支）都倾向于忽视合法性问题，倾向于忽略如下问题的重要性：
145 人们是如何实际地与他们生活于其中的政权发生联系的。但并不只有这两种思路忽视了这一问题。不同类型的平等主义者也倾向于忽略这个问题，只关注哪类社会秩序（也许还有程序性的秩序）表现了他们所喜欢的那些特殊种类的平等，不管是资源、效用、能力还是其他什么方面的平等。其他一些像大卫·高蒂耶（Gauthier 1986）和罗伯特·诺齐克（Nozick 1974）这种非常不同的作者，也倾向于关心其他一些问题，结果忽视了合法性。高蒂耶所寻求的是这样一种秩序：自利的主体从一种能够理性地接受的讨价还价视角出发，能够理性地赞同那种秩序。而诺齐克寻求的，则是一种能够满足类似的反事实状况的法律秩序：如果人们被安置在一个道德上可以接受的世界里（他认为，这样的世界会是一种洛克式的自然状态），那么，作为道德上可以接受的、由自利所驱动的调整的副产品，人们就可以合情合理地催生出那种法律秩序。

尽管如此，还是存在着一些与合法性问题密切关联的当代人物（不管这种关联是多么隐秘）。他们一般都是从国内政策制定的问题（无论对这一问题是如何理解的）上起步，并强调了由适宜的民主机制对社会秩序加以维持的重要性。这一群体包括了协商民主的支持者。他们坚持认为，由实际的民主协商程序对秩序加以维持是很重要的。但如果有人仅仅坚持认为，重要的是那种秩序本来能够通过那种方式来加以维持，那么，他就不能被纳入那一群体里去。① 更为一般性地说，这一群体

① 于尔根·哈贝马斯（Habermas 1995）、艾米·古特曼和丹尼斯·汤普森（Gutmann and Thompson 1996）、乔舒亚·柯亨（Cohen 2009）以及（以一种不同的方式）约翰·德雷泽克（Dryzek 2003）都是著名的协商民主支持者。大卫·埃斯特朗德（Estlund 2007：87－93）论证说，协商民主的支持者常常会逐步地退却，直到认可上文中提到的那种假想考验，因而就会变得更加接近于罗尔斯。因此，哈贝马斯（Habermas 1995：458）在构建他关于合法性的商谈原则（discourse principle of legitimacy）时，似乎就走向了那种假想考验的方向："只有全部可能受其影响的人们作为合理商谈之参与者而有可能同意的规范性规则和行为方式，才是可以主张合法性的"。（哈贝马斯：《在事实与规范之间：关于法律和民主法治国的商谈理论》，童世骏译，北京：三联书店，2003年，第695页。——译注）

包括如下这样一些人：他们认为，“一种社会秩序是建基于某种民主决策模式（无论是不是标准的协商民主）之上的”这一事实，本身就具有重要性。① 正如我们在之后各章将会看到的，共和主义的合法性理论是与这些民主思想传统联系在一起的。

其他意义上的合法性

在为关于合法性的这些讨论作结时，我们应当注意到的是，我对这个名词的使用，不应该与政治理论与政治科学文献中出现的其他三种用法相混淆。一种是源自马克斯·韦伯（Weber 1947）的社会学惯常用法。146
根据这种用法，说一种社会秩序是合法的，只不过是说这种秩序在人们中得到了广泛的接受，而它之所以得到了接受，可能只是由于人们相信它具有我们所说的那种意义上的合法性。按照查尔斯·泰勒（Taylor 1985：论文10）的说法，当人们说到当代社会中的合法性危机时，所涉及的就是这种意义上的合法性。

惯常用法中出现的第二种合法性含义，将我们引向了与国内合法性不同的国际合法性（Buchanan 2004）。一个政权可能在与其公民相关联的方式上并不合法，但仍然可以算是国际共同体的一个合法成员。例如，一个国家也许在一定程度上满足了人权的要求，从而不会在国际论坛上遭到某些种类的批评（Beitz 2009）。在任何标准的意义上，这种国家可能都并非民主的或自由主义的国家，但是，用约翰·罗尔斯（Rawls 1999）在这种语境下的用词来说，它也许能够算是一个正派（decent）的政权，有权得到充分的尊敬并参与到国际事务中去。

在契约主义者的圈子里，现在还经常在第三种意义上使用“合法性”一词。这种用法把合法性等同于公民可证成性（civic justifiability）（Simmons 1999：756－757）。罗尔斯（Rawls 1993：224）在他的下述说法

① 这一群体包括杰里米·沃德隆（Waldron 1999b）、大卫·埃斯特朗德（Estlund 2007）、托马斯·克里斯蒂亚诺（Christiano 2008）和阿马蒂亚·森（Sen 2009）。

里就展现了这一点:"政治合法性原则"要求"基本结构及其公共政策都可以向全体公民证明其正当合理性"。[①][②] 按照这种说法,一种社会秩序的合法性并不要求在所推行的秩序与服从这一秩序的人之间有一种偶然的关系——这种关系使得我们可以宣称(比如说)那些人是支持这种秩序的。那种合法性仅仅取决于如下事实:被推行的那种秩序是能够向他们进行证成的。用我们的话来说,这不是一种合法性的概念,而是对标准的契约主义正义概念的一种重新描述。

第二节 作为民众控制的合法性

对于自由的一个问题

是什么使国家能够将一种社会秩序合法地强加给其公民呢?如果
147 并非所有公民都赞同国家在建立法律、推行政策或征收税款方面的实际作为,又是什么确保了他们没有抱怨国家行动放肆的恰当理由呢?他们仍然有义务接受国家在法律问题上相关的裁断者与决定者角色,并限制自己去仅仅在国家设立的体制内反对法律。

国家之所以会引起这种类型的合法性问题,首要的原因就是:在追求完成它的独特任务时,它假定自己应该拥有一种不受挑战的强制权利,并且会实际行使这种权利。也就是说,它不容忍任何反对力量。在如下问题上,人们并没有被给予进行个人选择的机会:他们是否必须遵循强加于他们的法律?是否必须与国家所追求的政策保持一致?或者是否必须缴纳向他们所征收的税款?国家要求他们去这样做,否则就会

① 罗尔斯:《政治自由主义》(增订版),第207页。——译注

② 尽管他反对契约主义,但伯纳德·威廉斯(Williams 2005:4)也采用了一种与此非常接近的用法:"基本的正当化要求"需要国家"向每个国民提供对其权力的一种证成"。(威廉斯:《政治理论中的现实主义和道德主义》,应奇译,《马克思主义与现实》2011年第3期,第96页。——译注)由于这种证成并不需要被每一个国民所接受,这种合法性概念就同样有别于这里所使用的合法性概念。

让他们遭受惩罚之苦。合法性的问题就在于：怎样将这种政治上的服从与个人自由调和起来，从而寻找出一种既能够对公民进行强制，又不会剥夺他们自由的政权。用卢梭(Rousseau 1997：IV. 2. 7)的话来说，这个问题就是："一个人怎么能够是自由的，而又被迫要遵守并不是属于他自己的那些意志呢？"[1]或者，用一种当代著作中的不同问法来说："一个人怎样才能通过对他所反对的法律的制度性落实而实现自治呢？"(Michelman 1999：23)

根据这种以自由为中心的合法性诠释，共和主义对这一问题的描述就是：国家能否在对公民施加强制的同时避免支配他们？我们已经看到，为了促进社会正义，国家在协调公民彼此之间的关系时，必须去善待并且平等对待他们。用共和主义的话来说，国家必须在那种关系里为他们提供平等的、不受支配的身份。我们现在必须考察的是，在协调公民与强制性国家本身之间的关系时，这种国家是否能在一种对应的意义上善待并且平等对待公民。也就是说，它是否能够在那种关系里为他们提供平等的、不受支配的身份。

值得注意的是，用这种方式加以表达后，合法性问题就可以与自然状态的理念相脱离，而在这一问题的高峰期，为其设置讨论背景的正是那种理念。一旦我们认定说，自由不仅会被国家所强加的社会秩序所伤害，而且还会被国家强加那种秩序的方式所伤害，那么，合法性的问题就不可避免了，哪怕我们已经拒绝了如下的理念：为了解决这一问题，我们必须表明，在一种前政治的、自然的想象场景中，人们选择去建立政治组织的行为何以是理性的。早在"自然状态"的思维方式出现之前，合法性问题或许就已经是人们所关心的焦点了。这一问题在共和主义思想的罗马源头中就占据了那种焦点位置，在文艺复兴和现代共和主义时期也仍然如此。罗马共和主义是建立在如下主张之上的：人们的自由在任何 148
形式的君主制下都会受到伤害，只有适宜的共和国里的公民权才能够确

① 卢梭：《社会契约论》，第 136 页。——译注

保自由。同样的命题也出现在了马基雅维利的《李维史论》以及17、18世纪共和传统的文献之中，并激励了对如下这种共和主义制度设计的追寻：国家可以将这种制度强加于公民身上，而又不会伤害他们的自由（见Richardson 2002）。

我们也许有理由去论证说，哪怕国家夺走了人们的自由，它还是可以主张说，自己会基于不同的理由而拥有同合法性相伴的那种权威，因此，合法性并非必须要由以自由为核心的那种论述来加以诠释。也许国家能够在认知层面上获得成功，即让人们得以可靠地了解到正义的要求，而又不会使他们屈从于其他人的统治（Estlund 2007）[①]。或许，如同一种实用主义式的正当性证明所主张的，国家能够使人们在免于内战的情况下生活在一起（Williams 2005）。也许只有这类国家能够与对人类基本平等的宣示很好地协调（Buchanan 2002）。也许我们可以援引一种大体上是儒家式的思路，认为国家将权力赋予了有德有才之人，也就是说，它带有一种鲜明的贤能统治（meritocracy）的特征（Bell 2010）。或者，也许如罗纳德·德沃金（Dworkin 2011：321－322）最近所论证的，国家公开地为促进社会正义和程序正义而进行奋斗，“承认每个公民的命运都是同等重要的，每个公民也都有责任去创造自己的生活”。

然而，倘若这些合法性理论想要成为合理的，它们就必须建立在如下这种前提假设之上：没有任何有效的国家能够保存人们的自由。如果存在某种其他的政权，而且能够宣称自己可以保存人们的自由，那么，去援引那些认知上的、实用主义的、平等主义的或是贤能统治的特征（或者德沃金所援引的那种善意），以便为一种否定自由的政权的合法性进行辩护，就难以让人理解了。如果存在一种国家，既可以扮演共同裁断者与决定者的角色，又不会伤害人们的自由，那么，人们为什么还要接受一种否定自由的国家呢（不管这种国家拥有什么其他优点）？只有当我们

① 对于另一种大体上也可以算作是认知层面的思路（尽管是由一种实用主义的视角所启发的），见Talisse（2007）。

对以自由来评估合法性的做法已经绝望时,才有必要去开发其他的思路。因此,我们就又回到了那种以自由为核心的合法性问题。一个国家的公民怎么能够既是自由的,却又要服从国家的强制呢?

正如人们可能会预期的,根据对自由的不同理解,这一问题将会采取不同的形式。在本节中,我会首先看看该问题是如何根据无干涉自由概念而将自己表达出来的,然后再看看它是如何根据无支配自由概念而 149
表达的。我将会论证说,无干涉自由无法支持任何一种合理的合法性概念,共和主义的理论则可以做到这一点;而根据共和主义的自由概念,合法性所要求的就是对国家的共享的、民众的控制。

无干涉自由之下的合法性

根据之前所提供的解释(事实上,根据大多数既有的解释),对一个选择的干涉,可能涉及对定义那一选择的某些选项的有意替换、移除或误导(不管被干涉者是否真的喜欢那些选项)。这就意味着,对于受制于法律的人来说,至少在某些他们可以独立地获得的选择上,法律必定会夺走他们的自由。边沁(Bentham 1843:503)本人差不多是津津有味地强调了这一点:"为了抵御个人之间的强制,在给予一个人以自由时,不可能不从另外一个人那里夺走同样比例的自由。因此,所有强制性的法律……尤其是所有创造了自由的法律,其自身都会取消自由。"

这就意味着,根据无干涉自由概念,受制于法律的人不可能享有充分的选择自由。他们会受制于国家的干涉,因此,只要国家进行了如下活动,他们就必然会在自由上有所损失:决定所要实施的法律(包括那些确立了基本自由权的法律),依靠惩罚的威胁而贯彻那些法律,对那些触犯法律的人进行惩罚,并为了维系这一体制而向从属于它的人征税。

当然,毫无疑问的是,无论以何种恰当的标准来衡量,在一个得到了良好管理的社会中,国家通过推行法律、税收与惩罚而进行的干涉,都会少于国家所制止了的干涉。然而,即使是在那种理想的状态下,国家仍然是进行了干涉,而这意味着它没能在公民与国家的关系中保存他们的自由。公民们会受制于国家的意志，而根据无干涉的自由概念，这将会夺走他们的自由。因此，在阐发他认为是从边沁（甚至是从霍布斯）那里获得的教导时，以赛亚·伯林（Berlin 1969：3）写道："法律总是束缚，即使它使你免受比法律的枷锁更沉重的枷锁的束缚，如某种更具压迫性的法律与习惯，武断的专制主义或混乱，也仍然是如此"。[1]

在那些把自由等同于无干涉的人当中，这种直言不讳的观察可能会激起两种反应。首先，他们可能会认为，去关心建立一个不会侵犯其臣
150 民自由的国家纯属不知所云，我们应该放弃这样的想法。根据这种观点，自由的事业需要国家致力于推进整体上的无干涉（这可能会被认为是在所推行的社会秩序上实现了正义）。但是，这种观点本身没有提到国家应该得到人民什么样的支持——例如，在这方面，民主统治和非民主统治哪一个更好。自由的事业可能会支持一种统治，也可能会支持另一种统治，这完全取决于哪种统治能从整体上最好地实现无干涉或者某些其他价值——例如，取决于哪种统治能够在所实行的干涉和所预防的干涉之间实现最完美的平衡。

正如我们在导论中所见，这就是佩利（Paley 2002：314）本人所采用的观点。"假如专制君主的法令和公民大会的决议能够同样热心且明智地照顾到人民的福利与生计"，他宣称说，"那么，一种绝对主义式的政府就并不比最为纯粹的民主更不自由"。[2] 同样的观点实际上也得到了伯林（Berlin 1969：7）的支持。他主张说，民主的正当性不能建立在无干涉自由的正当性上，而是必须根据某些其他原因而加以捍卫："这种意义上的自由（至少在逻辑上）并不与民主或自治相关联。大体上说，与别的制度相比，自治更能为保有公民自由提供保证，也因此受到自由主义者的

---

① 伯林：《自由论》，胡传胜译，南京：译林出版社，2011 年，第 172 页，注释 1。译文略有修改。——译注

② 值得注意的是，与边沁不同，佩利（Paley 2002：312）论证说，能够促进共同善的强制性法律不应被视为是削减了臣属者的自由。

捍卫。但是个人自由与民主统治并无必然的关联。”①(亦见 Berlin 1969：130－131②)③

如果承认了国家不可避免地会对它的公民进行干涉，因此必然会侵犯他们的无干涉自由，那么，另外一种可能的反应就不是去以这种方式忽视或者否认合法性问题，而是去论证说，在某种特殊的情境下，国家仍然可以是合法的。这种回应方式所依赖的，乃是一种契约自由的理念。这一理念由霍布斯在17世纪引入，在19世纪早期成了古典自由主义思想的标志性口号(Atiyah 1979)④。这种理念的意涵是，如果某人与另一 151
个人都同意了一项安排，而这项安排会使其遭受别人的干预，那么，这样一种邀请来进行的干预就不算是干涉，也不会夺走自由。用一句在这种关系中经常被援引的、拉丁语的法学格言来说，*injuria non fit volenti*，“在经过了同意的情况下，就不会存在伤害和干涉”(Hobbes 1994a：21.3，1998：3.7)。

这种回应不需要去想像自然状态传统所使用的那种覆盖全民的、用于建立政治体制的协定。它所要说的是，如果国家所实行的干涉得到了每一个臣属者的同意，那么，即使国家对它的公民们进行了强制，也不能算是干涉了他们。这里所要求的同意可能是事先的同意，也可能是带有

① 伯林：《自由论》，胡传胜译，南京：译林出版社，2011年，第178页。译文略有修改。——译注

② 伯林：《自由论》，胡传胜译，南京：译林出版社，2011年，第178—179页。——译注

③ 正如我在 Pettit(1997：第1章)中所论述的，边沁的一位朋友约翰·林德使用了这些理念，在18世纪70年代帮助英国政府进行了反对北美殖民地人民的宣传。他依靠边沁的观点反驳了共和主义者理查德·普莱斯，认为自由“只不过就是强制的阙如”，故而法律不可避免地会夺走自由，因为“所有的法律都是强制性的”。于是，在提出了这种主张之后，他就问道，既然英国政府在本土和在殖民地都会实施法律，它对美洲的统治又有什么问题呢？他的看法是，美洲人没有什么值得专门抱怨的，因为制定法律的权力“是由同样的人施加于所有居住在同一帝国的所有其他地方的臣民身上的”(Lind 1776：16，24，114)。

④ 我会暂时撇开反暴君派(monarchomach or king-killing)的思想传统(例如，在16世纪晚期的小册子《论反抗暴君的自由》中所表现的那种思想[Languet 1994])。这一传统后来在许多欧洲国家成了一种具有坚实基础的思想流派。它的拥护者批判了绝对主义，认为任何被君主统治的人民必须被认为是作为整体而与他们的统治者签订了一项契约，根据这项契约的条款，在出现特定形式的不义或暴政的情况下，他们可以把那个统治者赶下台，即从字面意义上或者从比喻意义上杀死他们的国王。

持续性特征的同意，但在两种情况下，这种推论都不能满足其所要达到的目的。

你可能在过去同意由国家进行强制，而它的强制后来又是不受欢迎的和令人烦恼的，带有典型的干涉色彩。这是完全不矛盾的。因此，事先同意的思路是没有希望的。为了主张强制并不构成干涉，更好的方法是去依靠你被认为对国家强制所给予的那种持续同意。但这种可能性最后仍然是死路一条。问题在于，要求公民普遍对其国家的强制进行持续的同意（哪怕是隐含的或默示的同意），乃是完全不合情理的。正如大卫·休谟（Hume 1994）在 18 世纪已经论证过的，人们可能会喜欢他们生活于其下的那个政权，但他们无法在“自愿采纳”这种意义上对它表示同意，也就是说，他们无法在与其他的可行方案进行比较后选择采纳它（Olsaretti 2004）。然而，只有那种意义上的“自愿”同意（而不能仅仅是霍布斯意义上的自愿，因为他把出于恐惧的屈从也算作是自愿的），才能让国家的强制减少几分干涉色彩。

如果上述观察是合理的，那么，对于以自由为核心来理解合法性的方法来说，无干涉的自由概念就引发了一种两难局面。如果采用第一种回应的话，那种意义上的合法性就不再能够算作是国家或社会秩序应该去满足的理想了，而这是很成问题的。或者，如果采用了第二种回应的
152 话，合法性就成了一种任何实际存在的国家或社会秩序都无力满足的理想，而这同样是成问题的。结果，这一理想要么是无足轻重的，要么是不合理的。然而，从一种把自由视为无支配的共和主义视角来看，情况就大为不同了。

无支配自由之下的合法性

让我们先假定，无论是在确立那些将得到公共护卫的基本自由权时，还是在为了这种护卫而进行征税、强制与惩罚时，国家都不可避免地会干涉人们的生活。让我们同样假定，如果国家要具有合法性，它就必须以一种不会夺走人们自由的方式而得到他们的支持。倘若国家不可

避免地会干涉人们的选择，它如何能够做到以不夺走他们自由的方式而得到支持呢？

正如我们在第一章中所见，根据无支配的自由概念，支配本身就足以削减被支配者的自由。这意味着，即使没有干涉或阻挠，支配的存在也会削减自由。不过，根据无支配的自由概念，支配对于自由的削减来说不仅是充分条件，而且还是必要条件。这就意味着，如果没有涉及支配的话，自由就不会因为干涉或阻挠的存在而遭到削减。

为了表明没有支配的干涉存在的可能性，我们提到了“减少饮酒量”这一场景。为了促进那一目标，你把酒柜的钥匙给了我并指示我说，除非提前二十四小时得到通知，否则不许接受我拿回钥匙的要求。如果你马上拿回钥匙的要求遭到了拒绝，则你无疑就会遭受干涉和阻挠。与契约自由的理念相反，“同意”的因素并没有改变如下事实：你现在就想得到钥匙，而我拒绝把它交给你。然而，在面对这样一种干涉时，你的自由不会有任何损失。这是因为，尽管我把一种违背你当前愿望的意志强加给了你，但这种强加行为是受你控制的。用老话来说，你所遭受的干涉是一种非专断形式的干涉。这种干涉并没有表达我的意志(will)，也没有反映出我的 arbitrium(意志)。

酒柜场景是“尤利西斯与塞壬”这一经典场景的一个变体。在那个故事里，尤利西斯的水手把他绑在了船的桅杆上，而且决不给他松绑，哪怕他在塞壬歌声的诱惑之下哀求他们放他下来。但是，水手们是在尤利西斯的指示下这么做的，所以也就应该是在他的最终控制下这么做的。
因此，他们所进行的干涉——就像我在拒绝让你获得酒柜钥匙时进行的 153
干涉一样——就不是支配性的。这种干涉并没有把异己的意志强加给尤利西斯。它仅仅是根据他自己定下的规矩而被实施的。

“受到控制的干涉”这一理念为我们提供了共和主义政治合法性理论的核心要素。该理念认为，如果被国家所统治的人们控制了政府所进行的干涉——如果他们控制了它所实施的法律、所追求的政策、所征收的税款，那么他们就不会在他们的统治者手上遭到支配，于是就可以在与国家的关系中继续享受他们的自由。得到适宜控制的国家将会在“不去对其人民进行支配”这种必要的意义上是合法的。无疑,它会去进行干涉(想想法律和税收是多么的恼人),但它不会根据自己的意志或好恶去干涉,而只会依据人民的意愿去对他们进行干涉。

在第4节里,当我们详细考察到底民众对政府的哪种控制可以确保国家的合法性时,我们会对这一核心理念进行拓展。在那里,我们会考察人们必须在哪些领域里对国家进行控制。我们还会去发掘所需要的那种控制的本质,并指出那种控制必须是个体化的、无条件的和有效的。这里可以简单解释一下那些要求:相关的控制体系必须在公民之间平等地共享;它必须不能依赖于政府(或其他行为者)安抚公民的意愿;它必须提供足够程度的控制,从而确保,哪怕是最不受欢迎的政府干预,也不会让公民有理由认为他们的生活受到了异己意志的侵扰——那种干预只不过是偶然出现的坏运气而已。

不过,控制可能看上去与同意没有很大的区别,因此,在进行下一步讨论之前,有必要花些时间去分析“控制”的理念以及“影响”这一相关理念。我们已经在本书中的不同地方援引过控制的理念,而清楚了解这一理念到底涉及什么是很重要的。在这里的分析过程中浮现出来的要点,对于后面的讨论会具有重大意义。

第三节 控制的本质

控制的理念

为了对某一结果产生一定程度的控制,有两点是必不可少的。首先,你必须对导向那一结果的过程具有一定影响。其次,你必须利用这一影响对那种过程进行相关的导向,以帮助确保出现合适的结果。

154 对于影响的需要是显而易见的,因为如果你只是作为一名过路人进行观察,而没有能力投入任何努力(input)的话,你就不能宣称对某一结果进行了控制。不过，仅仅影响本身并不足以让你实现控制。想想你在如下场景中对交通状况施加的影响：在一个繁忙的交通路口，你假装自己是警察，以其通常的方式做出手势，让过往的汽车不要去管红绿灯的信号。由此可能导致的情形是，有些汽车会根据你的手势去行驶，其他的则不会；而在那些没有听从你的司机当中，有些人会试图去安安静静地开车，其他人则会通过鸣笛或恼火的动作来进行抗议。在这种情况下，你无疑产生了某种影响，使司机们的行为方式发生了一些变化。你很有可能会造成极大的混乱。可是，你实现了控制吗？呃，如果你的目的是造成混乱，那么你或许可以说是在某种意义上实行了控制。但假设你本来希望司机们像听警察指挥一样去听你的指挥，那你的打算可就落空了。你会使司机们的行为发生变化，但这种变化不会带来任何你所希望的导向或者模式，不会有助于任何能够加以确认的目的或目标。

为了使你的影响能够对某个过程（如这个例子中的车辆流向）产生导向，都需要些什么呢？这种影响必须在那一过程中产生一种可以辨认出来的模式，而那种模式必须是你所去追求的。就像我们说的，你的影响必须能够控制你所希望出现的模式的外观。那种影响不能仅仅造成一些变化（因为任何形式的影响都会造成变化），而是必须造成某种事先设计好的变化。你必须能够通过一系列方式去对相关过程投入不同的努力，比如说，你可以做出不同的手势。而那些所投入的努力中的每一种都要造成相对应的后果，比如说，交通状况会发生变化，以回应你的手势。当你在路口以警察自居时，上述条件就无法得到满足。在你挥手的方式和司机调整自己行为的方式之间，只会存在一种基本上是随机式的关联性。但如果站在那个位置上的是一个警察，则情况肯定就会有所不同。警察的手势会可靠地达成这种或那种效果。就像我们所说的，那些手势会控制交通运行的方式。

上述观察所带来的教导是，没有某种控制所要达到的目标，就不存在控制。进行控制的前提是，存在某种能够产生影响的努力投入，它能够控制某种呈现为恰当模式的结果的实现。那种产生影响的努力投入可能会在本来没有模式的地方进行控制,使之呈现出某种模式。或者,如果那种投入的努力是可以发生变化的(就像在交通信号的例子中那样),它可能会通过控制来使某一种模式出现,而不是使其他某些它本来会加以控制的模式出现。在这种意义上,它就具有了一种更为丰富的形式。

155 控制的典型例子是如下这种意向性(intentional)的控制:你作为一个行为者去施加影响,进而导向某些可欲目标的实现。你根据你的信念而行动,其目的是满足你的欲望。而我们之所以说你控制了你的行动及其效果,是因为随着你的欲望或信念发生变化,其所导致的行动与效果也会相应地发生变化。这就是警察对交通状况所进行的那种控制。这也是你在对酒柜钥匙所做的安排中所进行的那种控制。你的欲望和信念会引导你做出恰当的指示,而那些指示会引导我去执行你所做出的那种安排。

不过,尽管意向性的控制提供了最为典型的例子,但控制并不需要都是意向性的。纯粹机械式的、非意向性的机制也可以产生那样一种影响,也可以在那样一种能够加以确认的方向上进行导向,而我们也乐意说这种机制能够去进行控制。该机制所发挥的影响产生了一种事先设计好的变化,但这一机制本身并不具有任何的意向性。一个相关的例子是调节冷热的体系。这种体系使室内温度能够保持在一定的范围之内。当温度太高或太低时,它就会启动并施加影响,以将温度恢复到事先设定好的范围内。另一个来自自然界(而非人工设计领域)的类似例子是动物体内的自我平衡体系。这种体系使你我这样的动物的内部体温得以保持在一个能够维持生命运转的范围之内。

甚至连具有意向性的行为者所施加的控制,也有可能是非意向性的。这可能就像是阿马蒂亚·森(Sen 1983a)的如下例子所表明的那种控制:一个病人处于昏迷状态当中,但由于其家人或朋友的帮助,该病人的愿望控制了医院的医生所提供的治疗。根据这个病人的愿望所采取的形式,医生提供了某一种治疗。假如其愿望采取的是一种相关的不同形式——假如其最初投入的努力发生了变化，则治疗的方式也会有所不同，至少不会是这位病人目前的愿望所导致的那种治疗方式。但是，这个病人并没有在揭示或实现那些欲望的想法下去有意地做任何事情。那些欲望是通过其他人的行为（而非他或她自己的行为）而得以产生效果的。

因此，在一种体系对某一个过程进行控制的时候，就会有得到系统塑造的努力去控制相对应的输出结果所采取的形式。在那种较为丰富的形式的控制中，所投入的能够产生影响的努力会根据相关体系的状态发生变化，而它们的变化会决定（至少会有一定的概率去决定）相对应的输出结果所采取的方向。这种结构适用于所有的控制体系，不管是意向性的还是非意向性的。在所有意向性的体系里（例如你我这样的行为 156
者），这种结构也适用于所有的控制模式，无论那些模式是否是意向性的。因此，就我们所感兴趣的情况来说，它适用于公民可能会对国家所施加的任何控制体系。我们会在下一节里考察那种民众的控制，并在剩下的两章里考察这种控制可能会借以实现的制度性方式。

不同方式的影响

看起来，在控制过程中所施加的影响必须是主动型（active）的，必须涉及控制者所积极投入的努力。但应该注意的是，还存在着两种其他形式的影响，我称之为实际型（virtual）和预备型（reserve）的影响。两者都能够像主动型的影响那样去有效地支持控制。

想一想我可能会如何控制我骑着的一匹马。我可能会主动地拉紧缰绳，一会儿把马引向这个方向，一会儿又引向那个方向。或者，我也可能会让马自行前进，因为它前进的方向也是我想要去的方向。或者，我还可以让马自由驰骋，因为我乐意让它朝着它所希望的任何方向奔跑。第一种情况是主动型的影响，第二种是实际型的影响，第三种是预备型的影响。在施加主动型的影响时，我之所以要进行干预，是为了让马朝着我所希望的方向前进。在施加实际型的影响时，我做好了去干预的准备,但只有在需要让马保持前进方向时,我才会去进行干预。在施加预备型的影响时,我同样做好了干预的准备,但只有当我的愿望发生了变化,并且需要通过干预来加以满足的时候,我才会去进行干预。

在第一章讨论选择自由时,我们已经见过了主动型、实际型和预备型影响的例子。如果我通过阻碍你所喜欢的选项来对你加以阻挠,我就是在主动地干预一个选择。如果我本来会去干涉一个你原先有可能选择的选项,但并没有干涉你事实上选择的那个选项(就像在没有阻挠的干涉的情形中那样),我就是在以实际型的方式进行干预。而如果我目前并不想进行干涉,但倘若改变了对你应该选择的事物的看法,就会进行干涉(就像在没有干涉的支配——即监视——的情形中那样),那么,我就是在以预备型的方式进行干涉。

主动型、实际型和预备型的影响都会去添加一个因素,以提升产生某种特定结果——某种一旦相关的影响促成了控制就会出现的、被规划好或设计好的特定结果——的概率。在进行主动型的影响时,那个因素会是一个真实发生的事件。在进行实际型和预备型的影响时,那个因素会是一种适当的倾向。在这三种情况下,之所以要说"影响",是因为相关的概率化(probabilification)在每种情况下都是基于效果的(effect-
157 based),而不仅仅是基于证据的(evidence-based)。这不像如下例子中所涉及的证据式概率化:当你吃下了远超正常数量的葡萄——探望病患的人所带来的典型礼物——的时候,我们认为你更有可能是得病了。

因此,在先前的那个例子里,我能够确保我所骑的马会朝着我所希望的方向前进,不管我所施加的影响是主动型、实际型还是预备型的。当我向马指示前进方向时,我的行动确保了它会按照我的意愿前进。当我以实际型影响的方式让马自行前进的时候,我的如下倾向确保了它会遵从我的意愿:如果它改变了方向,我就会勒紧缰绳。而如果我完全让它自由地驰骋,允许它随性前行,我的如下倾向也会确保它按照我的意愿前进:如果我自己的相关意愿发生了改变,我就会勒紧缰绳。

实际型和预备型影响的模式与主动型影响的模式是同样重要的。

不仅在上面这个随便举出的例子里是如此,而且在自然科学(以及尤其是社会科学)所追踪的世界里也是如此。在列举那些为了预测和改造而必须加以认识的联系时,决不能忽视这几种模式(Pettit 2007c)。它们在这里尤其值得引起注意,因为正如我们所见,有充分的理由认为,人们可能会借以控制政府的影响类型既包括主动型的影响,也同样包括实际型和预备型的影响。①

控制与同意

在这里所解释的意义上,控制与同意是非常不同的,因为既可以存在没有控制的同意,也可以存在没有同意的控制。一方面,你可能会对某种你无法控制的干涉形式表示同意。一旦你做出了同意,就可能无法取消你所同意的那种安排了。在极端的情况下,你可能会去同意一种无限期地约束你的奴隶契约,而这种契约则是传统共和主义的眼中钉。另一方面,你可能会对某种你从未同意过的干涉形式加以控制。假设你生于如下这样一种社会之中:根据习俗,父母会向他们的子女推荐婚姻伴侣。如果你接受了这种体系,那么,尽管你从未对它表示过同意,但你仍然可以对它施加相当程度的控制。你的控制表现在你可以完全退出这种安排,或者,在不退出的情况下,可以不断地拒绝你父母的推荐,直到 158
他们为你找到可以接受的伴侣。

假设我们抛弃了契约自由的标准概念,把“经过同意的干涉”规定为“你目前所同意的干涉”,而不仅仅是“你过去所同意的干涉”。在这种情况下,同意和控制之间依然会有差别。的确,对于一种你无法控制的干涉形式,你不可能真正地去给予你的同意。你最多只能是去对这种干涉

① 为什么不把这三类影响描述为因果型(causal)、实际型和预备型的呢?有两个理由。首先,在所有相关的意义上,实际型的控制都可能是因果式的。例如,我在你选择 Y 的道路上设置了一个障碍,而你出于与此无关的理由而倾向于选择 X。其次,抛开这第一种可能性不谈,实际型和预备型的影响也可能被有些人当作消极因果性的例子:特定因素的阙如可以被视为一种原因。

表示欢迎,但不可能去取消它。[①] 然而,尽管不可能存在与控制相脱离的即时同意,但你可以对一种你并未给予即时同意的干涉形式进行控制。阿马蒂亚·森(Sen 1983a)关于一个陷入昏迷的、其愿望由家人或朋友予以落实的病人的例子,就表明了这种可能性。他们的介入使病人曾经表示过的愿望具有了力量,迫使医院的大夫遵从了那些愿望。在做到这一点时,实行控制的行为者并没有给出即时的同意。

这些观察应该能够有助于解释,为什么共和主义传统中的思想家们并不太看重同意,至少是不太看重使你屈服于某种不受你控制的意志的那种形式的同意。[②] 在抵御专断的或不受控制的干涉时,这种同意起不到任何作用。它确保了进入的自由,但与退出自由的缺乏毫不矛盾,与任何其他制衡他人的方式(如与发声抗议相联系的那种权力)的缺乏也不矛盾。也许正是出于这一原因,约翰·弥尔顿(Milton 1953－1982:II,137－158)才会如此激动地论证说,如果婚姻想要是自由的,离婚就必须是有可能的——也就是说,在双方不和的情况下,必须有可能去摆脱婚姻的约束,并摆脱对配偶的权利与权力的屈从。

对于那些把自由视为无干涉的人来说,经过同意的干预并不是干涉。因此,他们会把一个建立在同意基础上的政府(不管这种可能性有多么渺茫)看作是一个合法的、与自由相容的机构。正如前面所见,这种思路是不合情理的,因为你的既往同意并不意味着我当前的干预缺少进
159 行阻挠的潜在可能性,而这种可能性正是干涉的标志。但是,那些视自由为无干涉的人能否利用“得到控制的干涉”这一理念,从而与共和主义

① 当约翰·罗尔斯(Rawls 1993:222)否定了过往同意(past consent)的可能性时,他所想到的似乎就是这种即时的同意(current consent)。他写道:“我们可以在整个生活过程中逐步自由地接受那些具体规定着我们的基本权利和自由,并有效引导和调和着我们所服从的政治权力的理想、原则和标准,把它们视为反思性的思想和理性判断的结果。这是我们自由的外部限制。”(罗尔斯:《政治自由主义》,第205页。略有修改。——译注)Otsuka(2003:第5章)则认为那种接受可以算作是自愿的。

② 如果你只是有条件地约束了自己,但仍然保留了在他人违反某些条件时取消相关安排的能力,那么,你就会保有一定程度的控制,并可能在相关的意义上不会受制于他者的支配。

者一起主张说，一个得到了适当控制的，但并未建立在同意之上的政府（下一节探讨的正是这种可能性）也可以是一个合法的、与自由相容的机构呢？

首先，他们是否有可能会去论证说，得到控制的干预并不真的是干涉（就像经过同意的干预并不真的是干涉一样）？不可能。得到控制但未经过同意的干预必须被算作是一种干涉的形式，因为这种干预也可能会明显产生阻挠的效果。不仅如此，与经过同意的干预不同，这种干预无论如何不能算是受到了邀请的或得到了宽恕的干预。因此，即使国家对人们生活的干预是在他们的控制之下发生的，也很难说这就不算是真正的干涉了。这种干预可能会造成极大的阻碍，而且，从整体上来看，公民们也完全没有必要去邀请或者宽恕这种干预。①

其次，那些把自由视为无干涉的人是否可能在接受这一点的同时仍然论证说，得到控制的干涉与未得到控制的干涉夺走自由的方式是不同的？答案也是否定的。根据无干涉的自由概念，如果我没有干涉你——没有有意地移除、替换或是歪曲某些选项，你在与我的关系中就会拥有选择自由。如果我进行了这种干涉，你就会因此而在自由上遭受损失。也只有通过这种干涉，你才会在自由上遭受损失。于是，根据这种思路，在考虑“我是否夺走了你的自由”时，“我是否对你的选择拥有一种不受控制的权力”这一问题，就是无足轻重的。同样，在考虑“国家是否夺走了公民们的自由”时，“国家是否对他们的选择拥有一种不受控制的权力”这一问题也是无足轻重的。根据这种思路，自由只不过就是无干涉而已，至于干涉是否得到了控制的问题，纯粹就是不相干的。

我认为，人们可能会有一种强烈的直觉，认为你所控制的干涉——例如在酒柜的例子里的那种干涉——不会夺走你的选择自由。但是，为了支持这种直觉，我所反对的那个思想学派的成员就不得不放弃他们的

① 只有在一种情况下，我们可以合理地不把一种侵犯性的干预称为干涉：这种干预既是经过同意的，也是得到控制的。它真正地获得了受干预者自愿的、持续的同意。

如下核心信念：干涉会削减自由，也只有干涉才会削减自由。他们不得
160 不拥护如下这种共和主义的理念：在自由的问题上，真正要紧的是支配。因此，如果把自由界定为无干涉，则“得到适当控制的政府可以是一个与自由兼容的机构”这种理念就是根本不成立的。唯有共和主义思考自由的方式才能容纳这一理念。

第四节　对民众控制的要求

我们已经捍卫过了如下这种非常抽象的结论：如果公民以适宜的方式控制了国家的裁断权力（这种控制方式类似于你控制持有酒柜钥匙的人的方式），那么，针对这些公民所推行的社会秩序就不会夺走他们的自由，而且可以算作是完全合法的。但是，这种所需要的控制的性质是什么？合法性又会要求公民在什么领域实行对国家的这种控制？我们会以相反的顺序来考虑这些问题，首先看看公民会被要求在什么领域里去控制他们的政府，然后再来看看，他们在该领域所实行的控制的性质会提出什么要求。根据这一论述，我们会发现，与我们所可能会预期的相比，领域方面的要求会较低，而性质方面的要求则会较高。

民众控制的领域方面的要求

对国家进行控制（即对国家拥有一种无条件形式的、导向性的影响）这种想法似乎是荒唐的。因为，你很可能会说，国家并不允许你或其他任何人去控制你是否要生活在政治社会（而非自然状态）之中，或者是去控制你生活在哪一个国家之中。不仅如此，如果你生活在政治社会之中，国家就不会允许你或任何其他公民（不管你们是多么地富有美德、多么地顺从）去控制法律是否要以强制方式向你推行。统一模式的强制是政治游戏的规则。看起来，无论如何去解释共和主义的主张，它都必然是毫无希望的。

的确，无论是你还是其他任何人，都无法选择是生活在国家之中还

是生活在自然境况之中。无论是你还是其他任何人,都无法获得保障去选择生活在某一个国家还是另一个国家。如果你生活在政治社会之中,你无法选择是否去服从建立在强制基础上的法律(或者说,你无法在不面临惩罚的情况下去进行这种选择)。然而,只有当这些对你生活的约束是由国家本身所强加,并且代表了对异己意志的服从时,它们才会引发合法性的问题。而我们会发现,你的国家(其实任何其他国家也是一样)之所以会将这些约束强加于你,不是因为它们决定去进行干涉。那 161
些约束是在一种独立的、不产生于人类意志的基础上而落实的。这就意味着,共和主义的合法性要求去实行公民或民众控制的领域,并不包括对这种约束的强加。

现在的地球是一个由不同的国家所瓜分的星球,没有一块适于人类居住的地方不是由某个国家所统治的。这是人类历史的一个无意识的发展结果,尤其是不同人群之间相互协调的结果。你无法选择生活在国家之内还是之外,这一事实并非你的国家的干涉或支配的产物。这是一种历史必然性,就像生活在物理法则之下的必然性一样。① 你也许会认为,你自己的国家(或者是某些其他国家)能够放弃它的国家身份,并建立一个没有国家的地带。但是,所有的国家都被套入了一种模式之中。任何国家的退出都会将其人民暴露在其他国家的意志之下,从而创造出一个真空地带,以供那些国家为了对它的控制权而进行厮杀。因此,你可能会为生活在被国家瓜分的世界中这种必然性而哀叹,甚至向往历史上(或者史前时代里)那个没有这种必然性的时期。但你不能认为,由于你被限制生活在国家内,你就受到了你所生活于其中的国家(甚或任何其他国家)的支配。

历史必然性意味着,你不得不生活在某一个或者另外一个国家里。同样,政治上的必然性意味着,大体来看,你无法选择是生活在你目前所

① 当然,你也不可能逃脱"与其他人一起生活在共同体内"这种更为深刻的必然性。Pettit (1993)更为详细地论证了,这不应该仅仅被当作一种因果式的必然性。

在的国家里还是某些其他国家里。假定你的国家允许你有向外移民的权利，不把你限制在其国界之内(如果它这样限制你了，它肯定就是在对你进行支配①)。但由于政治必然性要求国家维持其边界并禁止随意出入，所以其他国家还是无法保证你能够进入它们。因此，虽然你无法选择是否去另一个国家生活，但这一事实并非你自己的国家所进行的支配的产物，而只是其他国家的行为的一个结果。

这是否意味着，你之所以缺少选择，是因为其他国家对你进行了支配？并不必然如此。没有哪个国家能够对国界之外的所有居民开放其边界，否则就会发生内部运转失灵或者崩溃。出于政治上的必然性，每个国家都必须对入境人员的身份和数量加以限制。这就意味着，国家必须去建立关于入境人员的筛选性政策。那么，让我们假设，某个国家采
162 取了一种在任何人看来都不带有歧视或支配色彩的政策。这项政策将会意味着，这个国家无法根据自己的意愿去选择接收或是不接收你。如果它根据这项政策拒绝接收你，则这就不应该算是完全自愿的干涉。它是一项政策的副产品，这项政策是由于独立的理由而具有必然性的，在其他方面也没有什么应该加以反对的。这当然会是对你迁徙自由的限制，但这种限制只是禁绝了你的自由，而没有去侵犯它。②

上述观察表明，虽然你不得不生活在国家之内，而且也许必须生活在这一个而不是任何其他国家之内，但你不必因此而认为自己是不自由的——这里的不自由指的是被一种异己的意志支配。你之所以不得不生活在这些约束之下，是由历史的与政治的必然性所决定的。这就像不得不与重力相伴一样，是现存世界秩序的产物，而不是你生活遭到支配的结果。当然，现存世界秩序可能是相当不能令人满意的。而且，从原则上来说，总是有可能存在重新组织这一秩序的方式，以使其总体上的支配程度下降——例如，可能存在将不同国家结合为一个单一主体(如

---

① 我将忽略如下问题：假如这个国家的生存取决于是否能把你(以及像你这样的其他人)留在它的国界之内，那么，它对你的这种限制还是支配吗？

② 这里还存在一些困难的问题，我无法充分地加以探讨。见 Abizadeh(2008)。

一个世界国家或联盟)的方式。但是,在我们现在所拥有的世界秩序之下,你之所以不得不生活在某一个或其他政治社会之内,并不是由于某个国家的支配性权力,当然更不是由于你自己的国家的支配性权力。而你之所以不得不生活在这一个特定的政治社会之内,也不是由于某个国家的支配性权力,当然更不是由于你自己的国家的支配性权力。这种状况可能是令人烦恼的,但这并不能证明你的生活受到了某种意志的支配。

类比的方式或许有助于阐明历史与政治必然性在上述论证中的作用。假设你生活在这样的一个世界之中:不管这个世界多么美好,但由于某些过去的调整,其中的经济活动完全是由公司来掌握的。你不能因为自己不得不在某个集团公司里工作,就抱怨说自己遭到了支配。你既不能为自己而抱怨,也不能为私人雇主而抱怨,尽管你可以为这种可能性的缺失而感到惋惜。你也不能仅仅因为无法跳槽到另一个公司,就抱怨说自己遭到了干涉和支配,因为没有哪个公司有能力去雇用所有想为它工作的人。政府也许有理由去力图以某些方式改变雇佣方面的实践,而且改革也许有望带来总体上更多的无支配自由。然而,无法改变的是,在我们所想象的世界里,即使你不得不在公司里工作,而且并不必然会在你最喜欢的公司里工作,但这本身并不构成支配。上述类比并不是 163
完美无缺的,但也许能有助于解释如下这一点:为什么你和你的同胞公民并未遭到你们所服从的那种历史及政治必然性的支配。

再回到我们的主题上来。历史的和政治的必然性意味着,国家没有能力去让你生活在自然境况(而非政治境况)之下,也没有能力让你生活在你所喜欢的其他国家之中。同样,一种功能上的必然性(functional necessity)则意味着,不管你是多么富有美德,国家也没有能力去授予你一种特权,以使你可以在非强制性的基础上去遵守法律,即在不必害怕惩罚的情况下去遵守法律。在这第三种领域内,国家所施加的限制同样是由于独立的理由而成为必然的,并且不会带来国家的支配。

让我们依据常识来假定,在每一个社会之中,都有必要去使用强制手段，至少是为了对付某些潜在的对立分子。为了使那些个人服从，而且／或者为了向共同体保证他们确实会服从（他们不会搭其他人的努力的便车），强制可能是必要的（羞愧感或其他较小的阻碍可能不起作用）。但如果国家要以这种方式去强迫某些人的话，那么，既然我们认定这种强迫方式必须满足平等主义的约束，国家就不得不以相似的方式去强迫所有的人。这种做法是出于一种功能上的必然性。如果国家没有去平等地强迫所有的人（不管平等的标准是什么），则它就会违反那种约束，没有去把公民们当作平等的人来对待。如果你或者其他任何人想寻求特权，使自己躲开法律的强制推行——如果你请求被允许去以自愿守法的方式来展现自己的美德，那么，你也会违反那种约束。你会表明自己不想以平等的方式与其他人一起生活。对于这里所采用的思路来说，而且对于任何其他还能算是言之成理的思路来说，公开的平等主义的规范性约束都是根本性的。如果你接受了这种约束，就不会认为国家有能力去授予你特权，使你不必被强制服从法律。①

这里所考察的三种约束意味着，你不能仅仅因为自己不得不生活在政治社会之中，以及自己不得不生活在这个国家而不是其他国家之中，以及自己不得不生活在强制性的管制之下，就认为你的国家支配了你。当然，如果你的国家自行解体了，则它肯定就不会去施加那些限制了。但是，它抵御外国势力支配的作用，使它的持续存在成了必然，而这种持
164 续性的存在也并不代表一种根据自己的意愿去强迫你或不强迫你的权力。因此，你基本无法合理地去抱怨你实际所在的那个国家。相反，假如你的国家真的自行解体了，你倒是可以合理地去抱怨它，因为正如我们所主张的，那将会使其他国家去对你所生活的地区进行控制，从而成为可能的支配来源。只要国家还继续存在，你就可以避免外国势力的支配。根据定义（也就是说，根据"外国"的含义），这样的一种统治形式就

① 用康德（Kant 1996：393）的话来说明这一点就是：在与国家的关系之中，你们中的每个人都只能要求一种"能够根据一种普遍的法律而与其他每一个人的自由共存"的自由。

是你和你的同胞公民所无法控制的(不像你现在实际所处的情况)。如果国家自行解体的话,外国势力的支配就是不可避免的了。[1]

本节讨论所依据的背景,是一幅由国家所组成的世界的阴暗却现实的形象。查尔斯·蒂利(Tilly 1975:42)宣称说,在欧洲,“战争造就了国家,国家也造就了战争”。这句话所表达的理念是(这一理念在其他地方也适用[Fukuyama 2011:110-111]),在一个充满潜在冲突的世界里,不同的共同体很可能会觉得政治组织是有吸引力的;而其他共同体中的政治组织越多,对于每一个共同体来说,政治组织就越有吸引力。换句话说,通过一种共同体竞争的铁律,各个国家互相促成了彼此的存在。除非发生一种改变世界格局的挑战,否则的话,我怀疑这一铁律会继续让政治组织的存在成为必要,从而使国家成为一种在内部是不可或缺的、在国际上是稳固存在的制度。它不仅(像我们之前所论证的那样)对促进任何合理的正义观来说是必需的,而且在经验的层面上来看也是必需的。

一个由国家保护其公民免受其他国家威胁的世界,可能远不如下面这样一种世界富有吸引力:一个没有国家的世界;或者,考虑到我们关于“正义的达成需要国家”的论争,更为合理的是只有一个国家或者联盟的世界(但参见 Pinker [2011])。但无论如何,当前这个世界都表现出了一种平衡的场景。在这一场景里,国家无法为其公民做到更好,而它的单边解体几乎肯定会导致更坏的结果。通过一个悲观主义的类比,我们可以把受制于国家体系的世界比作一个环形赛车场。在这个赛场上,汽车分散于各个赛道上,而且每辆车都在以非常危险的高速行驶着。[2] 如果所有的汽车都以更慢的速度行驶,情况会变得更好,就像如果所有现存的国家都自行解体的话,情况可能会变得更好一样。但是,每辆慢下来的车都会使自己的处境更差(因为这几乎肯定会导致大规模的拥堵),就像每个国家的自行解体都会使其公民过得更差一样。

---

① 我要感谢 Niko Kolodny 在这个问题上对我的追问。

② 这是由 Jackson(1987)为其他目的而提出的一个类比发展而来的。

165 上述讨论给我们的教导是：虽然共和主义理论要求合法国家受到其公民的控制，但控制的领域不能延伸得太广，以至于人们能够去决定是生活在政治社会之内还是之外，是生活在这个国家还是另一个国家，以及是根据对法律的强制性忠诚还是自愿性忠诚而生活。在这些问题上，没有哪个国家（或者，至少是没有哪个公开的平等主义的国家）能够选择是允许还是拒绝其公民去进行控制，而合法性的要求只是：在国家本身拥有那种选择权的问题上，它要让公民们进行控制。这仅仅包含了如下这种决策范围：在历史、政治与功能上的必然性所允许的范围内，国家可以选择是去干涉还是不干涉，或者，在它确实进行了干涉的地方，去选择以这种还是那种方式、为了这种或者那种目的而进行干涉。如果公民们能够在这个有限的领域里进行控制，他们就拥有了避免国家支配所需的一切控制。

根据第一章中对支配所进行的说明，有两种对你选择的干预形式是非支配性的。尽管如此，它们还是可能会限制你的决策。其中一种干预是没有反映其他人针对你的意志的那种约束，另一种是在你控制之下的意向性行为者的干预。前述讨论所带来的教导分为两个部分，分别对应于这两种形式的非支配性干预。第一条教导是，被要求与他人一起生活在特定的、通过强制手段加以管制的国家之内，是一种不依赖于任何意志的约束的产物，而不是一种支配性的强迫措施。第二条教导是，只有在国家享有选择权（也就是说，它可以选择以某一种或是另一种模式来干涉其公民）的领域内，才会产生支配的威胁；也正是在这个领域内，如果你和你的同胞想逃脱支配的话，就必须要有能力去进行适当的控制。

在我借以引入受控制且非支配的国家之理念的酒柜案例中，你可以通过两种方式去控制我。首先，你可以中止“我在提前二十四小时得到通知时必须应你的要求而交还钥匙”这一安排。其次，你可以根据自己的意愿去塑造和重新塑造这一安排。我们现在可以看出，在这个案例和国家的案例之间，只存在着一种部分的类比关系。这是因为，在国家的案例中，“你和你的同胞要受制于国家强制”这种安排并非出于你的设计，也无法由你中止。它是由一种不依赖于任何意志的必然性所强加的。你只能去控制国家在这种安排下运行的方式。

不过，两个案例之间的这种不可类比性并不是问题。这是因为，你 166
的无支配自由并不要求你和你的同胞有能力去中止如下这种安排：在这种安排之下，你生活在一个受制于国家体系的星球上面，你只能生活在你所出生的那个国家之中，而且你必须生活在一种通过强制手段推行的法律体制里。这些约束可能是经由国家行为来实行的。它们体现在如下事实之中：国家宣称对其所在地域拥有垄断性权利，不允许外人随意进入，并且将其法律强加在所有的臣民身上。但这些约束是源于必然性的，而那些必然性使国家们（特别是你的国家）在这类事情上别无选择。独立的必然性要求国家去强加那些相关的约束，因此，国家并不是出于一种限制你和你的同胞的意愿而去强加它们的。必然性框住了国家在这种事情上所可能拥有的任何意愿或喜好。①

民众控制的性质方面的要求

上述讨论的结论是，你和你的同胞公民所必须能够去对国家进行控制的领域，要比我们可能预期的小得多。例如，它要比对合法性问题的"自然状态"式解答所主张的领域小得多。当国家对你的生活加以导向时，只有在如下的决策范围内，你才会希望能够与你的同胞公民去进行控制：在这一范围内，国家有能力去采取某一条或者另一条路径，因此有能力去形成某种意愿或喜好，并据此而规定你到底应该受到何种限制。

那么，如果在国家具有选择权的这个领域里，你和其他的公民享有了一种适宜形式的控制，又会怎么样呢？为了不受到国家（或者任何政府机构，或者任何以国家之名行事的官员）的支配，在法律的制定、施行和宣判

---

① 我们在之前看到了，一种以无干涉自由概念为核心的思路，不可能通过控制体系的存在来确保国家的干涉能够不被算作是干涉。但值得注意的是，正如我们的讨论所表明的，对于由本节所描述的那种必然性（历史、政治和功能上的必然性）所产生的国家行为，那种思路不需要将其当作是干涉。那些行为可能会限制人们的选择，但由于国家在这类行为上别无选择，它们就不能被当作是自愿的限制行为，也就是说，国家之所以做出了这些行为，不是因为它主动放弃了其他一些在可以接受的范围内的选项（Olsaretti 2004）。

上(以及在相关的决定上),你和其他公民必须享有什么类型的控制呢?为了使国家能够算作是合法的,你和他们要享有什么类型的民众控制呢?

167 正如我们已经看到的,任何控制体系都是受导向的影响的体系,而受导向的影响是为了特定目的或方向而实行的影响。这种控制体系不仅必须能够抵御集体公民的支配,还必须能够抵御个体公民的支配。但是,就针对政府的民众控制来说,如果人们只能在很小的程度上参与或者无法参与对这种控制的实施,这种控制就无法保障他们免遭支配。在这种情况下,政府的干涉会继续通过一种异己的意志而强加于他们身上。因此,民众控制的第一项要求就是,它应该被恰当地个体化(individualize),使每个人都平等地分享对政府的控制。

但是,如果对政府的民众控制要能够防范国家支配的话,它还必须满足其他两项要求。它不仅必须是一种个体化形式的控制,它还必须具有无条件的(unconditioned)和有效的(efficacious)特征。说它是无条件的,是指当被控制的政府的意愿发生变化时——事实上是当除进行控制的人民之外的任何一方的意愿发生变化时,那种控制必须是稳固的。说它是有效的,则指的是:从直觉上来说,这种控制就足以保护人们,使其不必把政府的强制看作是某种异己意志的行为。个体化的控制体系必须确保一种适当的稳定性以及适当程度的影响力,以保护人们免遭国家的支配。

如果一种民众控制的体系满足了这三项要求(我会在稍后更为详细地讨论它们),那么,它就必然能够去满足公民们,使其不会由于特定法律的推行而遭受支配,也不会由于行政部门落实那些法律的方式和司法部门应用它们的方式而遭受支配。固然,公民们不可能会认为他们自己在对国家实行个人控制。但他们不能实行个人控制这一事实,只是生活于政治社会之中这一历史必然性的一个副产品而已。而他们之所以不能去要求一种个人形式的(而非被平等地分享的)控制,则是出于"以平等的方式与他们的同胞公民一起生活"这种规范上的必然性。宣称自己愿意以平等的方式与同胞公民一起生活,却又抱怨自己不得不与其他人平等地分享控制,是自相矛盾的。

与其他人平等分享控制这一要求，可以被描述为一种“我为人人”式的约束，因为它意味着每个公民都不得不接受如下事实：他们并不拥有对政府的单边控制。不过，这条约束可以通过我们所说的“人人为我”的补偿方式而得到平衡。在一种被平等地分享的控制体系下面，去进行控制的集体必定会比任何单一行动者所能指望的远为更加有效。而且，无论这个集体行动者能够为某一个人做些什么，人们都会期望它去为所有其他人做同样的事情。否则的话，平等的约束就岌岌可危了。

168

一种个体化的民众控制体系

一个控制体系如果想要是个体化的，就必须给予每一个参与进行控制的个体以一种有一定分量的角色。严格来说，这种体系可以采取两种形式。它可以使每一个人能够去自行加以控制，而他们的个人控制程度是相等的。或者，它可以使他们能够去进行一种联合形式的控制，而他们在这种联合控制中的份额是相等的。但我不认为第一种方案是可行的。实现该方案的一种明显方法，就是给予每一个人对政府行为的独立否决权（这需要持续不断的、普遍的同意），或者也许是给予每一个人平等的退出权利（Warren 2011）。然而，建立一种普遍的否决权或退出权，将会与作为能够可靠地制定并实施法律之团体性机构的国家的持续存在相矛盾，因为那种权利会使国家仰赖于个人的一时喜好。① 所以，使国

① 还有一种反对普遍否决权的规范性论证。如果每个人都对法律的制定、施行和宣判方式拥有否决权，就会使得单独的一个反抗者能够去颠覆社会秩序，去创造一个没有国家的地带，并且（随前一个假定而来的是）去使其他国家的入侵成为基本上是不可避免的事情。我认为，由于一个合法国家有义务给予公民对它行为的平等控制，这一义务就会使那种要求——那种规范上的必然性——排除掉上述这种选项。如果国家有责任给予其公民以对它所作所为的平等控制，那么，允许任何个体有权力使其同胞处于外来入侵的风险之下，都会与那种义务有极大的矛盾。需要注意的是，尽管他肯定会去反对普遍的否决权，但康德（Kant 1996：393 - 394）不能在他对“天赋（innate）权利”要求的基础上排除那种否决权。天赋权利是他政治哲学中的基本权利，要求一个人不会“受制于其他人多于他可以反过来对他们进行的制约”。还需要注意的是，尽管上述论证反对普遍的否决权，但它不会反对多数派的否决权，至少当这个多数派不是一个拥有自己意志的、由个人结合而成的行为者（List and Pettit 2011）时是如此。

家既能有效运作又能满足共和主义合法性要求的唯一途径，就是给予它的每一个公民在联合控制体系中的一份平等份额。

上述观察将会排除那种要求一致通过的投票体制，因为这会导致一种让每个人都具有否决权的制度。但是，所有其他用来分享控制的体制都仍然会得到考虑，至少在它们允许平等分享那种控制的情况下是如此。这些备选方案将会包括其他的投票体制，包括多数票决制和超多数票决制。不过，它们也会包括这样的一些体制：在这些体制中，投票只会起到一种辅助性的作用，甚至完全不起作用。例如，我们已经看到，控制可以基于主动型、实际型或预备型的影响而得到实施，而如果这种影响是主动型的，它甚至也不需要带有意向性的特征。它可能与昏迷中的病人所具有的那种影响是一样的。

我们从之前的讨论中知道了，民众的控制必须涉及民众的影响和民
169 众的导向。因此，从表面上来看，“平等地分享控制”这一要求就意味着，人们在对政府进行影响和在决定那种影响所带来的导向时，就应该对其进行平等的分享。这一推论在历史传统中并不总是会得到认同。例如，在18世纪时，就有过一场对如下问题的广泛争论：平等的自由是否要求所有的公民——事实上是指所有主流男性——都获得充分的普选权，从而拥有平等的影响；还是说，只要通过来自少数人的、得到良好约束的影响，就能够达到平等的自由，并进而对政府施加适当的导向(Reid 1988)。

不过，显而易见的是(这哪怕在18世纪也是显而易见的)，没有被平等地分享的影响，就不可能有被平等地分享的控制。如果说，某些人为了迫使政府朝着他们都关心的方向前进(而非更有权势者所特别喜欢的方向)，就要依赖于一个精英党派的善意，那么，他们的自由本身就会依赖于那个党派的善意。从共和主义的逻辑来看，这是令人生厌的。理查德·普莱斯(Price 1991:80)站在了正义的一方(他认为这也是传统的一方)，宣称说：“自由国家中每一个独立的行动者都必须在它的政府里享有份额，这或者是由他自己以个人方式享有的，或者是由他通过自由投票选择出来的代表团体享有的。”

但是，施加影响方面的平等都要求些什么呢？这不可能要求每个人都平等地参与民众控制体系，因为某些个人可能会选择不去在这一体系中发挥自己的作用，无论是在所有的情况下还是在特定的情况下。他们也许乐意接受其他人做出的决定。甚至在一种强制投票的体系下（就像在澳大利亚），人们也可能会胡乱投票，因此在任何意义上都没有被强迫去做出一种正常的选举方面的投入。① 所以，平等分享的影响所要求的，只能是对民众影响体系的平等介入途径。也就是说，在那种体系里，每个公民都拥有同样容易地进行参与的机会。②

那么，除了所施加的影响外，什么能够使人们在决定那种影响所产 170
生的导向时也是平等的呢？如果那种导向是可以被每个公民都接受的——也就是说，每个人都倾向于认为它是可以接受的，那么，在决定他们的影响所产生的导向时，这一决定就得到了他们的平等分享。③ 这一要求可能无法满足那些坚持要得到特殊对待的狂热分子（例如，那些要求赋予其宗教或种族以特权的人）。但是，根据我们的规范性标准，如果它能满足那些（就像我们之前所说的）愿意以平等的方式与其他人一起生活的人——那些同意国家应当将其公民作为平等的人来对待的人，那么，这种要求也就足够了。

于是，把个体化的两条教导浓缩一下的话，就可以说：合法国家的公民

① 但值得注意的是，即使在人们没有投票（或以任何主动的方式对政府的决定进行争辩）的时候，他们仍然施加了某些影响：他们削减了获胜一方的优势，或者是使政府避免了面对他们的争辩。对于这些问题，见 Guerrero（2010）。

② 理查德·塔克（Tuck 2008）提出了一个有趣的论证，认为如果人们希望一个群体能够产生某种效果，则他们希望去为带来那种效果而发挥自己的作用（哪怕是一种明显多余的作用）就是理性的想法；亦见 Goldman（1999）。我认为，希望去发挥作用的想法是可以理解的（你可能有很好的理由去想要这么做），但我不认为对结果的喜好在理性上要求人们希望去发挥自己的作用。否则的话，坐享其他人带来的而你又喜欢的结果，就是应该被加以反对的，哪怕你知道你的帮助是完全没有必要的。但这种做法显然不是不理性的。相似的批评见 Brennan（2011）。

③ 在契约主义者中，说某件事是可以接受的，常常会带有一种规范上的意义，会暗示说人们应当去接受它。在这里和本书全书里，这个词都只具有一种非规范性的含义，表示这个目标（或政策，或随便什么）是人们所倾向于接受的。就像我们所说的，他们认为它是可以接受的。

必须享有介入民众影响体系的平等途径，而那种影响体系必须向国家施加一种能够被平等地接受的导向——也就是说，一种人们实际上都倾向于接受的导向。在下一章里，我们会去考察什么能够促进可以被平等地获取的影响。在之后的一章里，我们会去考察什么能够促进可以被平等地接受的导向。

一种无条件的民众控制体系

就像所有的控制形式一样，在人民对国家所进行的控制中，控制者必须能够施加特定种类的影响，而且，那种影响的特定变化必须要与被控制的行为者在行动上的特定变化具有相关性。在控制者的投入这一方面，以及被控制者的表现那一方面，必须要有一种对应关系。

在机械控制的情况下，这种相关性本身基本上就足以让我们确定控制关系的存在了。特别是，哪怕这种相关性必须有条件地依赖于其他行为者的善意，它也足以让我们确定控制关系的存在。因此，调节冷热的体系可以被认为是控制了室内的温度，哪怕我仍然可以把它关掉（所以，只有在我有条件地允许的时候，这种体系才会与周围的温度具有相关性）。这一观察是非常重要的，因为它标示出了下述情况所需要的独特条件：一个（或一组）行为者对另一个（或一组）行为者的控制。一个行为
171 者如果要被算作是对另一个行为者进行了控制，则他所施加的影响在导向所要求的结果时，就必须独立于被控制的行为者的意志（事实上，必须独立于任何第三方的意志）。行为者之间的控制如果要被算作是真正的控制的话，就不能被控制者之外的任何意志所强加的条件所制约。①

假设你是 A，被认为控制了另一个人 B 的行为，因为 B 服从于你的指示。或者，你的控制也可能是非意向性的，因为 B 预测到了你的愿望，并根据这种愿望来行动，而你对此则毫无察觉。现在设想一下，你的指

① 对相关主题的一种相同性质的解读，见 N. Southwood 未发表的论文“Democracy as a Modally Demanding Value”。

示或愿望与B的行为（即你的投入和B的表现）之间的关联，要取决于如下偶然的事实：B想要去讨好你，或者说我要求B去讨好你。在这种情况下，你很难说是控制了B的行为。更为直白地说，你不能说是拥有居于B之上的权力。如果这种关联完全依赖于B的意愿，就没有人拥有居于B之上的权力。如果它依赖于我的意愿，则拥有居于B之上的权力的人就是我，而不是你。这种关联可能会依赖于各种不同的偶然原因。例如，B倾倒在了你的魅力之下，或者是你拥有更大的身体力量或文化影响力。但是，它不可能依赖于B去扮演相关角色的意愿，或者是任何第三方强迫B去那样做的意愿。

想一想那个你把酒柜钥匙给我，并指示我只能在提前二十四小时接到通知时才能将其归还的例子。假设我遵循了你的指示，但仅仅是为了让你产生愉快的假象，以为自己在进行着控制。假设我正准备结束我们之间的关系，并把这件事看作是一个带有讥讽意味的离别礼物。在这种情况下，你并不拥有你所想象的那种控制。你并没有意识到这一点，于是便落在了我的手里，要仰仗于我的好意。那么，在正常的情况下，为什么就会存在着控制呢？为什么在你的指示和我的回应之间，存在着一种独立于我的意愿的稳定关联呢？这大概是因为如下未明言的假定：我们的关系对我来说是很重要的，不管是出于其本身还是出于工具性的原因；如果我拒绝遵循你的指示（比方说，随随便便地放弃了对钥匙的保管，或者干脆就拒绝了你的安排），就会有沉重的代价相伴而来。

为了更进一步了解“为什么行为者之间的控制必须是无条件的”，可以想象一下阿马蒂亚·森的例子里那个昏迷不醒的病人。他关于自己入院治疗方案的愿望由于如下事实而得到了实行：他的家人或朋友强迫医生去遵守了他的愿望。尽管之前没有表明这一点，但我们现在可以指出：如果在其家人和朋友中的某个人（或者他们所有人）有权决定病人的 172
愿望是否应该得到实现，那么，进行控制的就不是病人，而是这些人。为了使病人能够进行控制，医生的回应必须不能受制于任何替病人代言的行为者。这一要求可以在下述情况下得到满足：有人以病人的名义向其家人和朋友施加了某些压力，要求他们去进行干预（因此，这件事就并不完全由他们决定了）；或者，还有许多人排队等着接手他们的角色，因此使得相应的干预不需要依赖于他们的个体或集体决策。

我们在第一章中看到了，当你在X、Y和Z中进行选择时，如果你只有在我允许时才能根据自己的意愿而行动（也就是说，只有在这时你才能控制你的行为），那么，你的选择就不是自由的。我们现在所讨论的，是一个类似的观察。这里涉及的不是你对自己行为的控制，而是你对另一方行为的控制。如果你想控制自己的行动，你在满足自己的时候就不能依赖于其他人的意愿。也就是说，无论任何其他人希望你怎样去做，你都可以满足自己。如果你想控制另一个行为者的行动，则你在让对方满足自己、让他依照你的指示和愿望而行事的时候，就不能依赖于另一个人的意愿（不管是那个行为者的还是第三方的）。也就是说，无论那个行为者想去做什么，也无论任何其他人想要他去做什么，你都能够让这个人去满足你自己。如果没有达到第一项条件，就意味着你没能享有自由——你没能享有对自己的权力或控制。同样，如果没有达到第二项条件，就意味着你没能享有对其他人的权力或控制。自由需要一种满足自己的稳固能力。居于另一个人之上的权力则需要能够让那个人去满足你的稳固能力。

在上述案例中所作的观察，适用于任何行为者（或行为机构）对另一个行为者（或行为机构）的控制，因此也就适用于我们希望公民对国家所施加的民众控制。在政治方面，这种要求的意义在于：那种要能够被平等地获取的民众影响（除非有这种影响，否则就无法对政府施加一种可以被平等地接受的导向）必须满足一个进一步的严格约束。这种影响在产生针对政府的效果时，必须独立于政府的服从意愿，并且独立于任何其他行为者让政府去服从的意愿。①

① 这里所设想的其他行为者，可能是一支有效地保持了独立的军队，一群富有的支持者，甚至是一股外国势力。军人干政的可能性使得大多数传统共和主义者都反对职业或常备的军队。许多人认为，罗马共和国之所以会覆亡，正是由于发展出了这样的一支军队——事实上，这种军队在罗马还不止一支。

在每一个政权下，政府（或至少是其行政分支）都很可能比任何其他个人和团体强大得多。它拥有着特有的普遍性强制手段。但是，在人民与政府的关系之中，如果政府是强势的一方，那么，我们怎么才能期望人民能够去施行所需的那种独立或无条件形式的影响呢？人民有望享有的控制性影响似乎仅仅是表面上的，而不是货真价实的。只有当一个放手不管的国家愿意去讨好它的公民时，人民才会拥有这种表面上的权力。 173

上述观察所提出的难题是真实的，但并不是无法克服的。[①] 这是因为，过去两个世纪里（甚至更久）各个社会的经验表明，人民对国家的控制可以建立在他们的如下这种脾性之上：在面对政府对合法性的滥用时，人民会起而反抗，而政府为了回应实际发生的或潜在的反抗，就会加以退让。人民总是能够去使用这张王牌。他们可以用来反抗某一政权的方式是多种多样的，包括暴力的与非暴力的、直接的与间接的、个体的与集体的。只要民众的成功反抗具有可能性（甚至只要人们普遍相信这种可能性），人民对政府的影响就能够建立在稳固的基础之上，并构成一种真正的权力形式。

民众对政府的控制建立在实际的或预期的广泛反抗之上（也就是说，建立在人民所保有的反叛权力之上），这一看法早已有之。约翰·洛克对这种可能性的重要作用表示了赞赏。他论证说，如果政府没有扮演好被指定的角色（在他看来，就是作为对争执的无私裁断者的角色），人民就有起而反抗的权利。根据他的观点（以及我们的考虑将我们所引向的观点），政府的合法性最终取决于共同体是否“在这方面总是最高的权

① 吉奥乔·阿甘本（Agamben 2005）这样的人就认为这一问题是无法克服的。他追随了卡尔·施米特，论证说即使民主政府也无法满足这种要求。他们的论证思路是：即使是这种民主政府，也是在自由地决定（也就是说，在独立于任何外部压力——例如我将要指明的那些压力——的情况下去决定）某种特定情况是正常的（在这种情况下会应用法治）还是非常（exceptional）或紧急的（在这种情况下，法治就要被搁置起来）。用施米特（Schmitt 2005：5）的话来说：“主权就是决定非常状态。”（施米特：“政治的神学：主权学说四论”，《政治的概念》，刘宗坤等译，上海：上海人民出版社，2003 年，第 6 页。——译注）

力”(Locke 1960:II,149)①。在任何宣称具有合法性的政体里,人民都必须是最高权力。

在描述自由的要求时,18世纪共和主义信条的苏格兰传人亚当·弗
174 格森对上述理念做出了令人印象深刻的表达。② 他主张说,英国人的自由在如下事实中彰显了出来:法律是通过可以广泛获得的影响而制定出来的,并且被给予了一种能够被广泛接受的导向。但是,这种自由的基础还要更为深厚:“要保证其效果,必须有一个相当于大不列颠整个政治体系的组织,以及和这一幸运民族一样桀骜不驯、骚动不安的热情相当的精神。”(Ferguson 1767:167)③这一典型的共和主义主题有着悠久的历史。它最富有戏剧性的出场,是在马基雅维利(Machiavelli 1965)于《李维史论》中所宣扬的如下想法之中:罗马共和国的公民之所以能够在面对国家时享有其自由,要归功于某种乍看上去是动乱之源的东西:穷苦平民起而反抗贵族对权力的滥用或篡夺(哪怕只是存在这种可能性)的意愿。用共和主义的神圣口号来说,自由的代价就是永恒的戒备。

不用说,在不同的社会里,对于对政府的民众影响和民众控制,其支持度会有很大差异。这种支持度反映在两种实际存在的(以及/或者被普遍相信是实际存在的)因素之中:在一方面,是人民对所察觉到的政府权力滥用进行反抗的倾向;在另一方面,是政府人员被实际发生或潜在的反抗所约束的倾向。这两种因素决定了一个社会具有多大的反抗性:也就是说,在现实中(以及/或者在人们的眼里),公民在多大程度上是倾

① 洛克:《政府论》(下篇),叶启芳、瞿菊农译,商务印书馆,1996年,第92页。——译注

② 顺便说一句,在刚刚提到的问题上面——平等的控制是否需要平等的影响(在现实中,平等的影响指的就是普选权),弗格森是反对理查德·普莱斯的。见Price(1991:80)。

③ 弗格森:《文明社会史论》,林本椿、王绍祥译,沈阳:辽宁教育出版社,1999年,第185页。——译注

向于进行反抗的，以及政府在多大程度上是惧怕反抗的。[1]

我们之前看到了，为了使民众控制得以个体化，它必须建基于一种可以被人们平等地介入的影响体系之上，而且这一体系要在一种可以被平等地接受的导向下所运作。但我们现在也看到了，这种公民可以平等地介入的导向性影响体系，必须是一种无条件的，或者是独立的，或者是稳固的影响体系。它必须使人们能够去享有一种对政府的导向性影响；这种影响要建立在社会的反抗性性格之上，而不是建立在政府或任何其他行为者的善意之上。

一种有效的民众控制体系 175

然而，对政府的民众控制所需要的，不仅仅是让人民能够享有对无条件的民众影响体系的平等介入，以及使这种影响体系朝着可以被平等地接受的方向推动政府。如果想使无条件的民众影响体系能够确保合法性所需要的民众控制，它就必须继续满足另外一项条件。它必须是足够有影响或有效的，从而使其对政府所施加的民众导向能够抵消异己意志的侵犯。在不违反民众对那种控制的平等享有的前提下，这种体系或许无法达到其有效性的上限。但不管它是否能够达到那种上限，它都必须从直觉上来说是令人满意的。

这第三个条件把我们带回到了如下要求之上：国家推行社会秩序的方式（就像其所推行的秩序的性质一样）必须善待且平等地对待其公民。如果国家使其公民平等地享有了无条件的控制体系，它就是在将他们作为平等的人来对待。但是，假如那种体系受到了毫无必要的限制，国家

---

① 一个社会有可能在这种意义上是富于反抗性的，但又不会周期性地陷入大范围的动荡之中。关键在于，反抗应该是一种永久存在的可能性。当约翰·洛克做出下述论证时，他可能就是意在指出这一点（而不是在抛出一种似乎是心满意足的、保守性的论调）：由于组织反抗的难度很大，而且在没有吸引到多数人支持时是很危险的，因此，除非在极端的权力滥用情况下，反抗不会真的发生："这种革命不是在稍有失政的情况下就会发生的"；这样的革命很有可能只会被"一连串的滥用权力、渎职行为和阴谋诡计"所激发（Locke 1960：II. 225）。（洛克：《政府论》（下篇），第 136 页。——译注）

就没有善待其公民。正如我们在第二章中所见，为了确保社会正义，国家必须保障人们在适当的高级水平或程度上彼此拥有平等的、不受支配的身份。而为了获得政治合法性，国家必须保障人们在与它自己的关系中在类似的高水平上拥有平等的、不受支配的身份。说人们所平等享有的控制体系应该是有效的，就包含了这种要求。

从理论上来说，在一种被平等享有的适当控制体系中，所施加的约束只涉及政府所实施的政策与相关决定，并会将政府在每个领域里的选项削减到一个。这种以政策为中心的限制，显然会使掌权者在所采取的决定中没有机会去逃避民众的控制。但在实践中，任何合理的约束都趋于在每个领域里留下一批政策选项，而不是把这种选项削减到一个。因此，在对政府所施加的约束中，有很多必定会涉及在每个政策制定领域中用来打破僵局、做出决定的各种程序。

同样，这种约束还可以用来阻止掌权者在民众控制的界限之外进行操作。根据所涉及的问题的不同，这些约束可能会要求由下列方式做出决定：通过专家群体、公正无私的群体或司法群体；通过立法机构或全民公决中的多数票；甚至可能是通过某种抽签的方式。这里所预先存在的
176 假定是：尽管这种程序性约束会使各种领域里的最终决策取决于运气（例如，这包括了在立法机构或全民公决里使某一方或另一方获得多数票的那种运气），但在相关领域里的这种决定方式是能够同民众控制相一致的。如果这种决定方式在特定问题上允许某些人的意愿占上风（例如在各类问题上赋予多数派以控制权），这也只是因为这种受到限制的赋权方式与民众导向和民众控制的需求是一致的。就像你把酒柜钥匙给我时我所享有的权力一样，赋予多数派的那种权力只能在可接受的范围内来加以行使，所以不需要被看成是支配性的。

在实践中，哪怕是在能够想象到的最好的民众控制体制下，许多决定还是不得不留给政府来做出。这一事实引起了如下忧虑：政府会在这种自由裁量权的范围内滥用权力。这种滥用可能会以如下方式表现出来：在某个领域中，当需要在不同的配套政策之间做出决定时，官方当局

会把某些出于自利目的的政策偷偷塞进来。或者,它甚至会把某些能被民众所接受的政策排除出去。或者,在某个领域中,当局可能会利用解决政策纠纷的程序中的漏洞,来服务于其自身的特殊利益,或者是其同党的利益。

这些可能性使得下述问题更加尖锐了:为了驱散对不受控制的或专断的政府的疑虑,多大程度上的民众控制(特别是,多大程度上的民众影响)才能算是足够的?人民对政府的影响应该达到何种有效程度?他们应该在多大程度上能够对政府实行民众性的导向,并去除私人利益及私人意愿的入侵机会?这一问题与前一章所讨论的话题是类似的。前一章所讨论的是:人们需要在多大程度上受到保护,以便在享用自由时免受彼此的支配?这里的问题则是:如果人们想要在与政府的关系中享有自由,那么,在平等地分享控制的基础上,他们必须在多大程度上能够去控制那些掌权者?前一个问题所探询的,是私人的无支配所要求的护卫程度;而后一个问题所探询的,则是公共的无支配所要求的赋权程度。

为了回答前一个问题,我认为我们能找到的最好答案是:那种护卫必须在一个特定的社会内达到地方性的充足水平,以至于如果人们没能通过"直视考验"(如果他们在面临别人干涉的可能性时,无法在不感到恐惧或驯服的情况下彼此对视),那么,他们的表现就是过分怯懦了。为了判断对私人性支配的防卫是否充足,"直视考验"是一个很好的标杆;而为了判断对公共性支配的防卫是否有效,与之相应的"坏运气测试"也是一个很好的标杆。

假设政府中的某个党派或人员没有得到你的认可。如果说,他们是 177
根据一种适宜地有效的民众影响及导向形式而得到公开任命的,而且在那种影响和导向中,你与其他人一样有着平等的份额,那么,你会怎么想呢?你只能认为,被任命的人选之所以不合你的口味,只是由于你运气不好而已。这并非某种支配性的意志所导致的结果(就像殖民地的行政机构所导致的结果那样)。或者,假设政府通过了一项你不认可的立法决议(比方说,要求兴建新监狱的决议)。同样,如果说,这一决议是根据人民所平等享有的、适宜地有效的控制而得到公开通过的，你又会怎么想呢？你只能认为，最终的决定之所以是那个样子，只是由于你运气不好而已。之所以出现这种结果，不是由于某种意志在公共领域中凌驾于你和你的同胞所平等享有的控制之上而进行着运作。或者，最后再假设一下，在实施那项立法决议的时候，政府决定把其中一座监狱建在你所在的街区——在你的后院里，而这让你很不开心。如果说，政府是根据一种适宜地有效的控制形式（你和你所在地区的人都平等地享有这种控制）而公开做出这一决定的，你又会怎么想呢？同样，你只能认为，这一决定之所以违反了你的意愿，只是由于你运气不好而已，而不是由于某些人的特殊影响（那些人可能更有钱，可能在选举中处于更有利的地位，或者可能与掌权者有着更为紧密的关系）。[①]

合法性的意义就在于确保你和你的同胞公民不会屈从于一种异己的、控制性的意志，即使掌权者可能要在许多问题上行使自由裁量权。上述观察表明，只要你和你的同胞有充足理由认为"公共决策所带来的任何令人不快的结果，都只是我运气不好而已"，那么，这种合法性就得到了充分的保障。如果说，根据地方性的标准，人民对政府具有良好的信任，而政府人员又无法利用其所受约束中的漏洞，那么，你就无须认为，你所面对的令人不快的结果，表明有某种带有恶意的意志在压迫你和你的同类。或者至少是，假如你没有处在过度的焦虑和多疑状态的话，你就无须那么认为。对于政府人员的组成所透露出的信息，或者是对于法律的创立、执行或判决，你可能会感到不满。但是，如果你真的对政府平等地享有了适宜地有效的控制（共和主义的合法性所需要的，正是这种控制），那么，你就没有理由对国家的行为感到怨恨。

当然，即使民众的控制并未受到破坏，你也可以对自己的同胞公民
178 在公私事务中的行为感到怨恨。例如，当他们拒绝支持某项特定政策时，对于他们所似乎表现出来的不恰当的无知或冷漠，你可能会感到愤

① 我要感谢 Ben Ewing 对本段中各个观点的讨论。

慨。对个体的这种怨恨同下述想法是不矛盾的:既然你对国家所表达的意愿拥有共享的、适宜地有效的控制,则国家本身就不应该遭到怨恨。从你的角度来看,国家之所以会实行一项不公正的政策,是因为你的运气不好:你的同侪里有许多不恰当地无知或冷漠的人。这不是因为国家庇护了某种异己的意志。只要"坏运气测试"得到了满足,国家所展现的意志就会处于一种有效的控制形式之下,而你则会与其他人一起平等享有对这种控制的推行。如果国家的那种意志没有去追求好的事物,那么,你和你的同侪们只能去抱怨你们自己。如果你不想抱怨自己的话,就只能去抱怨你的同侪了。

对有效性的"坏运气测试"的某种变体,不仅可以应用在上面所说的那些案例中,而且还可以应用在如下案例中:你受到起诉,被判有罪,并且要遭到某些惩罚(可能要在监狱里待一阵子)。即使你是无辜的,在如下两种情况之间仍然会有很大的差别:在一种情况下,仅仅是由于运气不好,所有的证据才都对你不利,而且负责此事的机构没有能力去还你清白;在另一种情况下,相关的体制允许某些有权有势的人去迫害你(比方说,一位仇视你个人或你所属的特定亚群体的警官或公诉人)。但如果你确实犯罪了呢?在这种情况下,一种合法的体制将会使你去认为:你之所以被判入狱,不是由于运气不好,而是由于与你的入狱有关联的一些事情。你只能去抱怨你自己。既然你了解你所生活于其下的规则,而且知道你对这些规则享有平等的控制,那么,对于因为你违规而遭到的惩罚,你就不能有怨言。①

对政府的民主控制的有效性,要达到什么程度才能令人满意呢?对此,"坏运气测试"给出了一种直觉上的估量方式。不过,应该注意的是,由于共和主义者认为合法性只要求人民对政府的意志实行控制,而不要

① 不过,我在此还是忽略了一些困难的问题。其中有些问题是出于道德上的分歧,见 Talisse(2009)对这种情况的出色讨论。其他的困难问题是威尔·金里卡(Kymlicka 1995)所特别指出来的那类多元文化问题,对这类问题的一种宽泛意义上的共和主义思路,见 Nathan(2010),对于其中一个特定问题的敏锐讨论,见 Laborde(2008)。

求他们对所发生的一切事情都实行控制,所以,“坏运气测试”只能作为
判断政府绩效的一种粗略标准。因此,共和主义理论并不在意如下情
179 况:在任何政策领域里,政府根据人民加诸它身上的条件而选择的具体
政策或决策,最终都要由纯粹的运气来决定。①

合法性向对政府的民众控制所提出的前两项要求,对我们进行了如下教导:人们应该能平等地介入一个无条件的或独立的民众影响体系,而他们所产生的影响要将政府推向一个能够被平等地接受的方向。添加第三项要求所带来的教导是:对政府的民众的、合法的控制要求,人们要能够平等地介入一种无条件的且有效的民众影响体系(尤其是,那种影响要能对政府进行能够被平等地接受的导向)。把合法性的含义浓缩一下的话,我们可以说:人们必须享有一种能够平等地介入的影响形式,而这种影响要能对政府进行能够被平等地接受的导向。但我们应该永远以如下方式去理解这一点:人们所能够介入的导向性影响必须不仅是平等的或个体化的,而且还必须是无条件的和有效的。

第五节　民主的国家

一种民主理论

我们从(根据共和主义的思路所理解的)合法性的要求开始,论证说如果要满足这些要求,公民们就必须对政府享有适当的范围、种类和程

① 在这方面(就像在其他方面一样),共和主义理论使我们能够去支持那些具有独立的合理性的判断。它满足了在那些判断之间形成反思平衡的要求。在当前的情况下,这一点尤其令人印象深刻。这是因为,如果依靠对民主的作用的其他解释,就不太容易看出来“坏运气测试”的合理性。根据许多其他的解释,只有当人们控制了一切出自政府部门之手的事情时(这是一个不可能实现的理想)——也就是说,只有当他们决定了一切法律与政策、法令与判决的内容时,他们才享有了控制。而根据当前的解释,只要他们控制了那些东西所源于的意志,他们就享有了控制。只要他们所加诸的条件使异己意志无法或几乎无法入侵政府部门,哪怕他们把细节问题留给运气去处理,他们也能享有控制。在接下来的两章里,我们会看到这种控制得以运作的具体例子。

度上的控制。我们不要求合法的国家去满足其他什么重要的条件了。因此，我们可以总结说：一个国家要想成为合法的，其人民就要在适当的领域内对政府享有平等的控制。这种控制指的是一种在可以被平等接受的方向上推动政府的、能够平等地产生的影响（按照我的假定，这是一种无条件的和有效的影响）。

任何满足了这些条件的体系，都可以被描述为一个民主政体（democracy），因为它赋予了人民（demos）以平等享有的、独立地得到支 180
持的并在直觉上来说处于有效程度的对国家的控制（kratos）。[①] 因此，我们前面所发展出来的内容，就可以算作是一种共和主义的民主理论。在日常语言、哲学语言或科学语言的用法中，“民主”一词没有一种专门的固定含义。对于民主概念的具体内涵，人们常常存在不同的看法（Connolly 1993）。所以，就其性质来说，认为“民主要求个体化的、无条件的和有效的民众控制体系”的这种理论，不能算是一种分析性（analytical）的说法。它并没有为“民主”这个词提供一种分析，就像一种关于原因的理论所可能为我们提供的对“原因”一词的分析那样。毋宁说，这种理论所提供的是一种理想。这种理想所表明的是：在最好的情况下，民主可能会被要求去达到或接近何种状态。[②]

换句话说，这一理论所提供的，是对于民主机构所应做之事的说明，是一份对那些机构所要实施的工作的指南。但这样的一份工作指南自然会引起关于其实施能力的问题。这一问题就是：“一种让人们平等地享有对政府的控制的机制”这一理想，有可能在制度上加以实现吗？抑

① 对民主概念之起源的一个大众化的但十分有用的介绍，见 Dunn(2005)。

② 这一概念接近于罗纳德·德沃金(Dworkin 2006：131)所描述的“关于民主的伙伴式观点”(partnership view of democracy)。根据这种观点，“民主意味着民众每个人作为完整的伙伴，在集体的政治事业中进行自我治理，因此一个多数的决策只有在某些进一步的条件获得满足时才是民主的，即保护每个公民作为该事业中一位完整的伙伴的地位和利益。”(德沃金：《民主是可能的吗？新型政治辩论的诸原则》，鲁楠、王淇译，北京：北京大学出版社，2012 年，第 118 页。——译注)亦见德沃金(2011：第 18 章)。对于这种意义上的民主与支配的阙如之间的联系，见 Lovett(2010：210 - 20)的一种有些不同的解释。

或这仅仅是一种乌托邦式的幻想？

回答这一问题的唯一方法，就是发展出某种模式，以说明特定的、能够得到实现的制度如何能把理想变为现实（或使理想接近现实）。在第二章的前两节，我们概览了共和主义正义的要求——我们描述了一份指出如下这一点的工作指南：正义的社会秩序要求使人们对基本自由权的享用得到公共的护卫；随后，在第三节里，我们指明了可以实现这一理想的那种制度。对于合法性或者民主的理想，我们也需要做同样的事情：提供一种能够得到实现的民主制度的模式。

我将在接下来的两章里担负起这一任务。在第四章里，我会考察共和主义意义上的民主所需要的公民性或民众性的影响。在第五章里，我会考察那种影响所应当施加于政府之上的公民性或民众性的导向。在这些章节中所浮现出来的模式并不需要说服每一个接受了共和主义民主理论的人。就我所知，还可能会存在更好的，甚至是极其不同的其他
181 理论。因此，我对这一模式的信念并不像我对这一理论的信念那样坚定不移。我认为，我是本着现实的精神来提出这种主张的。它会表明共和主义关于合法性及民主的理想并非遥不可及。对于政治问题上严肃的当代争论，这种理想是能够有所助益的。①

民主国家的吸引力

我假定，共和主义关于合法与民主政权的理想，在制度上是可行的。然后，我要对这样一种国家对我们所应当具有的吸引力做出一些观察。那种理想在共和主义的理论框架内开始成型后，其所展现出来的民主国家并不只是下面这种机构：它补救或减轻了某些苦难，而这些苦难则源于我们那种不够良善的本性。一旦它实现了共和主义式的正义，它就能产生出一种伟大的善品（good），而这种善品是无法通过其他方法来获得

① 从这种解释中所浮现出来的共和主义民主模式，也许能够列席于大卫 · 赫尔德（Held 2006）的标准阐述所举出的各种模式之中，但它与他描述为共和主义的那种模式是不同的。

的。由于我们必须依靠国家来获得这种善，这就表明：与许多流行的看法相反，我们不必对国家这种机构怀有矛盾的情绪。尽管国家肯定需要被勤加监管（我们的论证应该已经表明了这一点），但受到良好监管的国家也有望使我们能够享有一种重要的利益，而这种利益是无法通过其他途径来取得的。

这种利益就是身份自由这种善品。它包括了你在与同胞公民平等享有无支配自由时所拥有的客观身份与主观身份。你可以在涉及基本自由权的共同领域内享有这种自由，并且不会同时遭到某个不受控制的（哪怕是仁慈的）国家的支配。这种意义上的身份自由有着横向的与纵向的维度。两者分别要求你在与同胞公民的关系里以及在与国家的关系里能够（正如人们所说）独立于其他人的意志。正是这种现在惠及了你和你的所有同胞公民的善品，在传统的共和主义文本中被称为“自由人”（liber）的自由，即如下这种人的自由：在一个由完整且公开地融为一体的公民们所组成的社会里，他是一个完整且公开地融为一体的成员。

为了体会一个正义且民主的国家所能提供的这种善品，可以使用一下对比的方式，想一想传统上备受赞美的那种理想的无国家社会：与“目的王国”（kingdom of ends）这种康德式理想所联系在一起的那种显然是乌托邦式的且不具可行性的社会。结果是，哪怕是“目的王国”也无法提
供身份自由这种善品。至少，它所能提供的身份自由，无法具备正义且 182
民主的国家所能保证的那种稳固性。

“目的王国”是一个没有国家的管理体制，其中的成员可能会在他们的财富与权力水平上有所不同，但每个人的道德信念都会尽可能地坚定。他们首先会坚定不移地展现对其他人的尊重，其次（这也许超过了康德的要求）会坚定不移地展现对其他人的关怀。前一种信念要求“目的王国”的成员去摒弃对彼此基本自由权的干涉（至少我是这么假定的），后一种信念则要求他们去提供其他人可能会需要的所有资源。

对于居住在“目的王国”中的这些道德模范来说，引入一个正义且民主的国家，是否会对他们的生活有所改善？我相信答案是肯定的。在所

有可能的情况下，这种国家都会提供一种有效得多的手段，以帮助去界定人们所要享有的基本自由权。但远为重要的是，它还会提供一种崭新的方式去护卫那些自由权。如果人们的道德水平果真达到了所想象的那个高度，那么，拥有更多财富和权力的人就会倾向于不去干涉其他人，并且会倾向于为其他人提供所需要的资源。然而，只有当他们持续地赞同并遵守我们所假定的那种道德要求时，他们才会根据那种倾向采取行动。借用第一章的一个说法就是：只有当他们展现出了一种良善的意志（而非软弱或邪恶的意志）时，他们才会根据那种倾向而采取行动。因此，在这样的一个世界里，有些成员为了享用基本自由权，就不得不去依赖于其他人的善意。所以，一个正义且民主的国家的强制性法律，将会起到关键的有益作用。它们会树立起外部的制约和支持，以保障每个成员免于依赖更有权势者的意志。这些法律会是一种使人们享有身份自由的手段。①

可是，既然“目的王国”中的成员是越来越不可能产生恶意的，上面所说的这种自由真的是有所助益的吗？答案是肯定的，而其理由我们之前已经谈到过了。如果人们要将彼此视为能动者，而非预先设定好的、根据概率而活动的装置，那么，即便是“目的王国”的成员也势必会认识到：在这种情况下，另一个较有权势的成员是否会干涉我们，或者他是否
183 会在我们缺乏资源的时候伸手相助，就常常要取决于这个人自己的想法。所以，他们也就势必会认识到，在某一个或另一个方面，他们会依赖于那个人的善意。因此，如果从弱势一方的角度来展开想象，我们就会发现，他们将不可避免地、公开地欠下他们之中那些有权势者的人情，因

① 对此还要做出一点说明。在“目的王国”里，应该会浮现出某种特定的值得尊敬的，甚至是仁慈的社会规范。而这种规范一旦出现，可能就会制约对其他人的干涉，甚至会制约对其他人需求的漠视。对其他人的干涉或者对其他人需求的漠视，可能就会引发“尊严经济”（economy of esteem）上的代价（Brennan and Pettit 2004）。我在此会忽略这个问题，因为我所要说的只是：传统上所设想的“目的王国”假如能够由民主国家来予以补充的话，将会带来更多的益处。对康德的“目的王国”的一个有用的讨论（与这里的讨论在某些方面旨趣相同，在其他方面又有所不同），见 Van der Rijt（2012：第 5 章）。

为后者没有去干涉他们，或者是提供了他们所享用的资源。与那些有权势者相比，他们不是平等的人，而是处于依附地位的人。

"目的王国"无法向其成员提供身份自由。这一事实集中体现了正义且民主的国家所能提供之物的重要性。如果这种国家能够被引入"目的王国"之中，它就会对每个成员给予保护，以抵御强者所能够采取的干涉或冷漠态度（哪怕这种事情发生的概率非常之低）。通过提供这种利益，国家就会赋予人们一种自由的身份，而这种身份在此前是无法获得的。在引入这样一种法律与强制的体制后，人们的实际行为可能与他们之前的行为没有太大差异。当强制性法律为反抗有权势者意志的软弱及蜕化而提供第二道防线时，它的作用是无法在人们的所作所为上体现出来的。至少，如果我们假定说，在国家出现以前，有权势者从来没有表现出意志上的软弱或是蜕化，则情况就将会是如此。然而，强制性法律的作用仍然会是无比重要的。它的存在将意味着，弱势群体所享有的无干涉和资源不会表现为一种他们应该为之感恩戴德的赠礼，而是会表现为一种通过制度而得到保障的权利。

正如之前所提到的，为了促进服从行为，并向服从者保证其他人也会服从，强制性的国家无疑是必需的。但我们现在可以看到，之所以需要这种国家，还有着第三种原因。这是因为，为了确保人们对基本自由权的享用能够得到公共护卫，正义且民主的国家需要依靠强制（这种强制的目的是保护人们免受干涉，并针对那些缺乏资源的人来进行再分配）。那种强制性的护卫向人们提供了一种无支配自由，而这种自由不依赖于其他人在"人们应当如何选择"这一问题上的意愿（包括政府本身的意愿）。这是无法由单纯的道德所提供的。

G. A. 柯亨（Cohen 2008：148）表达了对强制性国家（不管这种国家是多么地正义和民主）的正统看法。他认为，这样的国家只能具有两种功能："只有在涉及违反行为和需要进行保证时，强制才是必需的"。但从此处所浮现出的图景来看，这种说法是错误的。假如一个强制性国家在共和主义的标准上是正义且民主的，它就会为我们所有人产生出一种

善品，即身份自由。我们在自己的善意基础上是无法彼此提供这种善品
184 的。就我们的实际情况而言，我们是无法彼此提供这种善品的。而且，即使我们像“目的王国”的成员一样具有天使般的本性，也还是无法提供这种善品的。

经济学家把如下这类利益定性为公共物品：私人市场没有能力去生产这些利益，因此，这种利益看上去需要集体组织。这类善品包括国防、刑事司法和公共保健体系。出于心理上或组织上的理由（如搭便车的倾向），在缺少集中化的强制手段时，我们不太可能生产出那些善品。前述讨论的结论就是：共和主义者所设想的自由身份也是一种公共物品。自由要求独立于其他人的意志（哪怕是其他人的善意）。出于这种深刻而不可逃避的缘由，我们只有通过将自身集体组织为一个国家（严格来说，组织为一个正义且民主的国家），才能够作为个体而彼此获得自由的身份。①

回到罗尔斯

在引入共和主义理论所支持的社会正义模式时，我曾论证说：在一些重要的方面，这种模式会与罗尔斯产生分歧，并用一条单一的原则来取代他的两条原则。这条原则要求赋予人们在彼此关系中的身份自由。无疑，在其所支持的政策上，共和主义理论会与罗尔斯的理论有许多重叠之处。但它是在不同的基础上支持那些政策的。在结束关于共和主义的合法性与民主理论的讨论时，将它与罗尔斯式理论（以及其他相关理论）所采取的思路进行一下大致比较，或许会是有用的。

正如我们之前所见，在评估法律秩序（即他所说的基本结构）的时

① 现在，我们就有理由认为，不仅（假定人们是聚集在一起的）人们不互相支配彼此，而且不去禁绝彼此的未被支配的能力是好事，而且在身边伴有能够享用相互不受支配之关系的人也是好事。这所带来的善品接近于承认（recognition）理论家（Honneth 1996）（以及其他受黑格尔对与自由联系在一起的地位的说明影响的人[Patten 2001]）所赞颂的东西。对这种观点的采用，有助于共和主义理论去处理人口理论中的某些复杂问题。这些问题是由非同一性（non-identity）的问题所引起的（Parfit 1984：第16章）。我要感谢 Jake Nebel 在这一问题上与我的交流。

候，罗尔斯和其他人关注的是一种全面的、兼具社会性与程序性的正义，而不是（像我们所做的那样）把这种评估性任务分割为不同的问题：社会正义与政治合法性。在探索那种全面的正义秩序时，罗尔斯的方法是去询问：哪种（或哪些）基本结构能满足他的“符合契约资格性”（contractual eligibility）和“公民可证成性”（civic justifiability）的测试？在回答这个问题时，毫不令人惊奇的是，他要求正义的结构必须赋予人们特定的基本政治自由与政治权利。于是，我们所面临的问题就是：他所设想的政 185
治权利，是否足以满足政治合法性或共和主义民主的要求？也就是说，这些权利是否足以使人们平等地分享一个个体化的、无条件的并且有效的公共控制体系？

罗尔斯（Rawls 1971，1993）将我们所导向的政治权利，包括了与选举式民主联系在一起的所有程序性自由（如投票权或担任公职的权利），以及这些自由所预设的言论、结社和迁徙权利。但他并未对程序性的自由强调太多，而且在一处地方说它们是“从属于其他自由的”（Rawls 1971：233）。在他看来，重要的是，如果我们无所偏私地考虑一下社会应该为个人提供什么（比方说，如果我们从原初状态的视角来考虑一下——在原初状态下，我们中的任何人都不知道我们会在所采用的基本结构下过得怎么样），那么，我们就必然会得出结论说：社会既应当为人们提供更为实质性的自由和权利，也应当为人们提供程序性的自由和权利。由此所引出的要求是：为了不使人们遭受不公平的对待，每个人都应该充分且平等地享有一些利益。这种利益包括了实质性权利与程序性权利的适当混合。但那些程序性权利并不具有特殊地位，甚至还可能要从属于与其相对应的实质性权利。

从共和主义的角度来看，事情就完全不同了。在共和主义理论看来，人们所要享有的程序性权利（以及——正如我们将要看到的——另外一些不那么形式化的权利）乃是他们必须每人都能充分且平等地行使的权力。否则的话，他们就会遭受一个不受控制的国家的压制和支配。同罗尔斯一样，共和主义理论使国家在社会正义的领域里担负了重大的责任。但这一理论还强调说：强制性的国家仍然是一个实实在在的危险。而它所危及的，正是社会正义本来要去促进的那种自由本身。如果公民们想要享有自由人的身份，他们就必须平等地分享对政治强制力的控制。与无法满足社会正义之要求的政体一样，专制的和不合法的国家（哪怕是仁慈的专制国家）也始终是共和主义理论的心头阴影。于是，这一理论便不可避免地会首先要求对国家政权进行共享的、平等的控制。

这或许可以解释，为什么罗尔斯和其他人赋予合法性与民主的要求的地位，其实并不像共和主义所赋予其的地位那样高。然而，他们之所以无法做到这一点，难道真的是因为他们所关注的是那种全面的、兼具社会性与程序性内容的正义吗？他们能否既保持对这种正义的关注，同时又听从那种支持共和主义自由观的论证，从而去赋予民主以更大的重要性呢？

从原则上来说，答案是肯定的。罗尔斯所依赖的“符合契约资格性”和“公民可证成性”测试，可以被视为对“国家要将其公民作为平等的人
186 来对待”（Dworkin 1978）这一规范性要求进行实际运作的方式。即使我们接受了这样的一些测试，也仍然可以依照共和主义的思想，把（在身份意义上所理解的）无支配自由看成是那些测试所需要使用的衡量标准。如果我们这样做的话，那么，一种基本结构倘若想要具有吸引力的话，就必须给予公民以一种适宜程度的、平等享有的控制，以决定这种基本结构在政府手下可能会如何去发生演化。假如这种基本结构没有给予公民以这种控制，则他们的自由就会在一种很深的层次上受到威胁。在我们所设想的这种基本结构下，他们或许在表面上享有社会正义，但他们之所以能够享有它，只不过是由于掌权者的宽容而已。社会正义的实现据说会给他们带来自由，但那并不是真正的自由，因为它会由于他们对政府之善意的依赖而受到玷污。

我们的结论是：在以全面的方式对社会正义与程序正义之要求所进行的详细阐述上，罗尔斯式的思路实际上有可能导致对合法性与民主的贬低，但这并非是不可避免的结果。至少从原则上来说，通过像共和主

义者一样首先确立无支配自由的重要性，就可以避免那种结果。通过区分社会正义的要求和政治合法性的要求（就像我们这里所做的那样），来防止贬低合法性与民主的危险，无疑是有用的。但这种呈现事物的方式所做的，只不过是阐发了一种关于民主之重要性的洞见，而这种洞见已经在对共和主义核心理想的支持中得到了确立。

第四章　民主影响

187 本章与下一章准备对如下问题进行探索：如果一个政体中的人们想对那些管理国家的人实行控制，以使他们中的每个人都不会被国家的税收、强制及惩罚行为带来的干涉所支配，那么，如何才能够在制度上做到这一点？如果公民们所能够进行的控制使得那种干涉不具有支配性，则他们就不会仅仅由于生活在国家之中而丧失自由；而且，按照共和主义的标准，这个国家也可以算作是具备政治合法性的。在这种意义上的合法国家，不一定能在防止私人支配和实现社会正义方面有很大成果，虽说如果公民想要能够对其行为实施控制的话，它大概还是必须在那些方面达到一个最起码的水平。

正如我们所见，控制的实现取决于两个不同的要素：影响和导向。因此，如果人们想要控制国家，就必须在一方面获得影响力，在另一方面能够成功地利用那种影响力，从而对政府施加一种适宜的导向。如果这种民众控制能够使每个公民平等地分享这一控制（尤其是平等分享一种适宜地无条件的和有效的控制形式），它就能够防范支配，并适合于共和主义的目标。人们必须能够平等产生一种无条件和有效形式的影响，而这种影响必须能够对政府施加一种可以被平等地接受的导向。在本章中，我会考察人们如何才能享有所需要的那种影响。在下一章中，我会转而考察这种影响如何才能去施加所需要的那种导向。在本章对人们借以享有所需影响的制度手段的讨论中，我会预先利用下一章中的讨论，假定人们所享有的影响能够支持一种民众的导向，而不仅仅是随机不定的。

我们该如何开始讨论人们在政治体中所能拥有的影响呢？是应该去考察某种关于实现民众影响的乌托邦式的、也许是异想天开式的理想吗？还是说，我应该从我们都很熟悉的那些民主机构入手，并去概述一 188
下它们使得哪些影响成了可能？这是一个艰难的选择。如果我选择了第一种方式，就可能会被指责是沉浸在了威廉·佩利(Paley 2002:319)所说的“空想式完美模式”之中，并且会使关于可行改革的讨论变得无足轻重。如果我选择了第二种方式，就可能会被指责是降低了自己的眼光，并且过于向现实卑躬屈膝了。

我将会以如下步骤对这些挑战进行回应。我首先提出这样一种模式：公民定期聚集在一个全体大会(plenary assembly)——一个包含了所有人的委员会——里面，来决定共同体的法律。它让我们想起了卢梭所设想的大会。这种模式对如下问题提供了一种合理的初步解释：人们如何才能在对政府的影响上享有平等的介入权。然而，且不论它的其他问题，在我看来，这种模式是极其不具有可行性的，哪怕是在人们可以通过虚拟方式而聚集起来的电子时代里。在界定了全体大会将会面临的可行性问题后，我在第二节中接着讨论的，是两种甚为不同的非全体形式的大会的各自优劣之处。其中一种形式是标示式(indicative)的代表大会，另一种是回应式(responsive)的代表大会。在为回应式代表大会进行辩护后，我继而在第三、四、五节中论证说，为了促成共和主义式的合法性，这种大会必须要受到一系列重要的修正。这些修正所引出的模式，将会承诺带来一种恰当地个体化、无条件和有效的民众影响模式，而这正是我们的合法性理想所要求的。

这个最终的模式与现存的代议制民主体系并不完全相同，但它们之间的相似性足以确保前者在制度上具有可行性。我们能够明白该如何去建立它所代表的体制并使之稳定。但是，该模式与现状的距离又足够大，从而能够指导我们去进行所需的变革，以使得我们的体制有资格去支持一种个体化、无条件和有效的民众影响形式。这一模式能够容纳某种版本的混合宪制与争辩性公民体，而正如我们所见，这两种要素在意大利—大西洋式的共和主义中得到了发扬光大。

第一节　全体大会

理念渊源

民主需要由一个包括了所有公民的大会来充当主权机构，并对法律的制定加以控制。这一命题常常被称为雅典模式，即公元前 5 到 4 世纪在雅典所实行的那种模式。这大概是缘于波利比阿（Polybius 1954）在
189 他的历史著作中对雅典所做的错误描述。那部书的意图是阐述他在罗马所发现的混合宪制，以便与雅典的制度进行对比。然而，雅典的情况并不完全吻合全体大会的模式。至少，雅典从公元前 5 世纪晚期开始采用的形式并不完全吻合那种模式。在那个时期（就像更早的时期一样），法院（dikasteria）包括了数百名在抽签基础上所选取的公民，能够惩罚在全体公民大会（ecclesia）上试图更改法律的人，因此其自身便具有了某些立法权威。① 是否应该考虑对一部法律进行修改，这一问题是由全体公民大会来决定的，但真正的修改则是由另一个团体——“制法者”（nomothetai）——所决定的，而这一团体同样是由抽签所选出的（Hansen 1991；Ober 1996）。

具有讽刺意味的是，最纯粹形式的全体大会民主模式所能追溯到的两位思想家，本身都是绝对君主制的捍卫者。他们是 16 世纪的法国法学家让·博丹与 17 世纪的英国哲学家托马斯·霍布斯（Pettit 2012b）。

① 使这一做法成为可能的程序叫 graphe paranomon。对于那些提出了违反法律的建议的人，这种程序允许对他们进行指控（Hansen 1991；Ober 1996）。

他们宣称说，通过以这种方式来解释民主，他们忠实地说明了公元前5到4世纪的古典雅典模式。然而，不管是不是有意为之，他们所提出的这种形象其实是非常远离实际的。①

博丹与霍布斯认为，法律就是至高权力或主权者的命令。在他们的时代，这是一个颇有新意的说法，因为在中世纪的世界里，协调人们之间及共同体之间关系的主要法律（被称为“普通法”[jus commune]）并没有任何单一的、集中化的执行者。这种法律源于查士丁尼的罗马法学著作，既体现在君王们（包括神圣罗马帝国皇帝）的敕令中，也同样体现在学者们的注解和评论中（Woolf 1913）。然而，在认定法律就是命令之后（在他们所处的后宗教改革的分裂世界中，这种观点想必是经常会显得更为合理一些），博丹和霍布斯论证说：在法律的起源之处，必须有一个单一的发号施令者和一个单一的意志，也就是说，必须有一个个体的主权者或一个主权团体。

博丹与霍布斯遵循了亚里士多德在《政治学》中的解释，主张说只能存在三种可能的国家类型，并且对应于三种类型的主权者。在君主制下，法律是由一个个体的主权者向下传达的。博丹和霍布斯两人都非常青睐这种制度。在贵族制下，法律是由少数人组成的、拥有主权的委员会来制定的。而在民主制下，法律是由多数人组成的、拥有主权的委员 190
会来推行的。与亚里士多德不同，博丹与霍布斯嘲笑了“在混合宪制下运作的国家”这种理念。在通向其结论的过程中，他们采取了不同的论证路径，但两者都认为，既然这种宪制无法界定出和树立起一个单一的发号施令者或者说立法者，它就会削弱国家达到其目的——在其疆域内维护秩序与和平——的能力，并且将会带来内部冲突与政治灾难。

不过，如果说博丹与霍布斯是最早清晰阐明“由全民立法大会所构成的政府”这一形象的，对这种模式最早的全面辩护则是由让·雅克·卢梭提供的。正如我们在导论中所见，卢梭（1997：II. 2. 2）利用了他从那

① 对霍布斯在民主问题上的看法，见 Tuck（2006）与 Hoekstra（2006）的意见交流。

些绝对主义前辈手里继承而来的范畴，拒绝了混合宪制的理念。按照他的说法，这种宪制会把主权者弄成“一个支离破碎拼凑起来的怪物”。[1]但是，由于他对那种宽泛意义上的共和主义理想——任何人都不应该屈从于另一个人——的信奉，他无法接受君主制或贵族制国家的理念。因此，他只能去选择支持博丹与霍布斯所说的民主制。他认为，人民应当定期聚集在主权大会里，来就法律进行协商与决议，然后将实施和判决那些法律的工作交给被任命的行政长官。他本人把这种设计看作是共和制而非民主制，因为他是在一种有些特殊的意义上使用“民主”一词的，用它来描述如下这种安排：大会既制定法律，也实施法律（Rousseau 1997：III. 17. 5）。

卢梭遵循了霍布斯的想法，认为虽然进入政治社会——“人民借以成其为一个人民的那种行为”（1997：I. 5. 2）——的契约必须是全体赞同的，但这一契约允许通过多数票决的方式来做出随后的决定：“投票的大多数是永远可以约束其他一切人的；这是契约本身的结果”（IV. 2. 7）[2][3]。但他与霍布斯的分歧在于，他赞扬了一种慎议式（deliberative）的理想，根据这种理想，大会中的成员应当依据共同善来投票。他们每个人都应当作为公民来思考，公正无私地关注他们的共同利益，并且抛开个人或派系的利益，依靠“有利于国家”这一标准来为他们所支持的措
191 施投票（Rousseau 1997：IV. 1. 6）。如果他们所投下的多数票想要反映卢梭所说的共同体“公意”的话，上述要求就是必不可少的。在下一章中，当我们探询何种引导民众影响的方式可以被所有人接受时，将会回到对慎议式约束的考虑上来。在本章中，我们所关注的是先于此的问题，即：如何去组织一个民众影响体系，才能使每个人都在其中享有平等的份额？在讨论这一问题时，我们可以先避开“人们是否应当被要求去

---

① 卢梭：《社会契约论》，何兆武译，北京：商务印书馆，2005 年，第 33 页。——译注

② 卢梭：《社会契约论》，第 136 页。——译注

③ 他建议说，在某些重大的事项上要求绝对多数的批准，或许是有用的。这大概是事先通过多数决议而得以引入的。见 Rousseau（1997：IV. 2. 11）。

在慎议式的约束下行使其集体影响”的问题。

离散困境

我们是否能把全体大会视作一种典范，依此来设计一种民众影响体系呢？许多人对此表示反对。他们的理由是：几乎所有的社会都太大了，无法让公民们定期聚集在一起。卢梭（Rousseau 1997：III. 15. 12）本人似乎就已经意识到了这个问题。后继的思想家们——如伊曼努尔·康德（Kant 1996：296）和詹姆斯·密尔（Lively and Rees 1978：7）——也反复观察到了这一问题。但即使规模问题可以被克服（例如通过互联网上的虚拟集会这样的手段），我们也无法真的指望能够让作为整体的公民去建立一个有效的法律制定机构。他们将会面临一个由离散困境（discursive dilemma）所展现出来的问题。

对任何制定法律的大会来说，如果它要与对其进行补充的行政及司法机构协调行动的话，则对它最为基本的要求就是：它应该有能力去促进法律中的一致性；而且，假如某些法律被表明是彼此之间不一致的，它应该有能力去认识到这一问题，并对其加以回应。如果国家对一致性所带来的挑战不敏感，那么，正如我们所见，它就无法成为一个能够追求正义的行为者，也无法去履行任何它被认定负有的责任。它将会是一个无法与之进行对话或接触的实体。这将会是一场灾难，不仅从共和主义正义的视角来看是如此，从共和主义合法性的视角来看同样如此。你和你的同胞公民无法指望去利用你们的影响，来对这样的国家施加任何类型的导向。如果一个行为体持有若干相互矛盾的主张或指令，却又不觉得自己需要对此加以辩解，那么，你是无法与它进行业务往来的。

全体大会的问题在于：在一系列相互关联的问题上，尽管个体的参与者可能在其最终的各种判断与表决上是相互一致的，但如果他们依靠多数票决来将其个体判断聚合为一组共同的、共享的判断，却有可能会产生一批自相矛盾的判断。假设在大会中只有我们三个人：我（A）、你（B）和第三方（C）。如果你愿意的话，可以把我们想象为是代表了三个不 192

同的亚群体。再假设我们想要针对三个相互关联的问题做出判断:"是否赞成 p""是否赞成 q"以及"是否赞成 p 和 q"。"p"可能指"我们应当增加国防支出","q"可能指"我们应当增加其他支出"。我(A)和你(B)可能赞成 q,而第三方(C)反对它。你和 C 可能赞成 q,而我反对它。在这种情况下,"p"会得到多数成员的支持(你和我),而"q"则会得到不同的多数成员的支持(你和 C)。但你会是仅有的一个支持"p 和 q"的人。我之所以不支持它,是因为我反对"q",而 C 之所以不支持它,是因为他反对"p"。因此,尽管我们分别支持"p"和"q",但作为一个群体的我们却不会支持合起来的"p 和 q"。事实上,在标准的投票规则下,我们会否决"p 和 q"。在多数票决制下,我们必然会认为我们应当增加国防支出,也应当增加其他支出,但不应当对国防以及其他支出都予以增加。

于是,就像表 4－1 所表明的,尽管我们在相关问题上会分别持有一致的观点,但在多数票决的引导下,我们却会集体采用一套自相矛盾的群体观点。

多数票决确保了团体判断能够以看似恰当的方式对个体判断做出回应。它的问题在于,这种对个体的回应性使其难以达到集体理性。这里就潜藏着离散困境的可能性。我对该困境在其他地方已经描述过了(Pettit 2001c,2001e:第 5 章;List 2006a)①。宽泛地说,这一困境存在于如下事实之中:团体的成员们可以选择对个体的回应性,但这就会危及集体理性;或者,他们可以选择集体理性,但又会危及对个体的回应性。其间没有折中道路可走,因此必须放弃个体回应性和集体理性中的一个。

① 离散困境是在由多人组成的审判法庭上出现的"教条悖论"(doctrinal paradox)的一种普遍化形式。Lewis Kornhauser 和 Larry Sager(1992a,1992b,1993)最早对此进行了细致的阐述与分析。

表 4-1　对离散困境的表达

	p 增加国防支出	q 增加其他支出	p 和 q 两者都增加
我(A)的投票	赞成	反对	反对
你(B)的投票	赞成	赞成	赞成
C 的投票	反对	赞成	反对
我们的投票	赞成	赞成	反对

正如一些研究结果所表明的，这一问题不仅仅限于多数票决的情况 193
下。在对个体回应性与集体理性之约束的各种不同诠释中，它都有可能会出现。[①] 不过，多数决策的不可行性已经足以表明我们的目的了。

这一问题意味着，对于一个群体来说，如果它想要将自己内部的观点聚合起来，则无论它能够做到多大程度的慎议，仅仅依靠多数票决(或任何这类自下而上的投票程序)都是不够的。[②] 这一群体必须要搞清楚，由孤立的各轮投票所产生的聚合信念，将会把它引向何方。也就是说，该群体的成员必须回过头去看一看，那些聚合起来的信念是否产生了不一致。而且，这个群体必须能够去对相关信息进行恰当的回应。[③] 它所能采用的一种策略是预演投票(straw vote)程序。根据这种程序，支持某种判断的多数决议将会被视为预演式的决议，直到其结果经受了考验，并且被表明是与此前所支持的判断相一致的。假如它没能经受住考验，则我们要么是否定它，要么是否定某些更早的投票结果(List and Pettit 2011：第 1 部分)。我们从中所得到的教导是：为了防范自身各种

① 最初的研究结果见 List and Pettit(2002)。对之后研究结果的概览，见 List and Polak(2010)及 List and Pettit(2011)。

② 有些作者喜欢把聚合过程与协商(慎议)过程对立起来，似乎协商就意味着聚合是毫无必要或者毫无问题的了。但在协商民主理论家当中，各个流派的人都赞同说，协商一般来说不会导向共识，而且协商所留下的分歧还是不得不由投票过程来解决。离散困境表明，当需要加以投票的各个问题在逻辑上相互关联时(而它们或早或晚都会发生关联)，则在聚合方面就仍然可能存在严重的问题。

③ 正如尼克拉斯·卢曼(Luhmann 1990：第 9 章)所论证的，那些成员必须通过一种自我指涉的行为而记住，他们是如何在一个共同的名义下(在他的论证里，就是指在国家的名义下)来确立其义务的。

观点中的不一致性,这个群体必须有能力去获得和处理反馈意见,以便了解其成员所投的票会把自己引向何方。而且,当那些投票结果导致自相矛盾时,这个群体必须要做出修正,以便恢复一致性,或者至少要把所有那些被证明是非常顽固的不一致性排除在外。

一个群体可以通过机械的方式来实行这种反思行为。它可以建立一套常规程序,以使得所有与早先形成的信念相矛盾的投票结果都归于无效。比方说,这种程序会迫使我们这个由 A、B 和 C 组成的群体去拒绝否定性的投票结果,并支持“p 和 q”。但这种方法很难令人满意。如果群体的成员们认识到,先前举行的投票要求他们接受某些结果(例如上面所说的“p 和 q”),他们可能会认为:与其说我们因此而有理由去修正那些否定“p 和 q”的投票结果,不如说我们因此而有理由去拒绝关于 p 或者 q 的肯定性投票结果之中的某个部分。一个令人满意的决策团体
194 必须不仅能够引导第一阶段投票之前所进行的基本协商,而且还能够引导第二阶段的、在获得反馈后所进行的协商(简单来说,就是反身式的协商[reflexive deliberation])(Pettit 2007a,2007b)。这就是预演投票程序所要求的那种协商。这个群体首先投票支持 p,再投票支持 q,然后在发现自己还投票反对“p 和 q”时,就要进行协商,以决定去否定哪个投票。①

这就把我们引向了否弃性的结论(Pettit 2003b)。我们不能指望任何全体大会(假设其人数非常庞大)有能力去引导这种反身形式的协商。或许有可能做到的是:让这种大会的成员们通过基本的方式对某个单一问题进行协商(例如,是否应当增加国防支出或教育支出),然后通过投票来解决继续存在的分歧。但是,如果他们意识到,自己所支持的各项不同举措之间存在矛盾(这可以由一个适当的反馈委员会来加以指出),他们能够去怎样进行协商呢?对于化解这种矛盾的不同方法的相对优

① 如下方法是否会有帮助呢:这个群体首先仅仅针对逻辑上相互独立的、适合作为前提的各项提议进行投票,然后允许通过对这些前提的投票结果来决定对其提议的判断。答案是否定的,因为在关于哪些主张适合作为前提、哪些不适合的问题上,是没有希望达成一致意见的。见 Harman(1986)。

劣之处，他们又能够去怎样进行协商呢？任何庞大的团体都极其不可能令人满意地完成这种反思性的工作。上述考虑有力地表明了全体大会模式的不可行性，而且在更为宽泛的意义上，还表明在决定政府行为时不能完全依赖于全民公投。①

对上述批评的一种回应方式，就是主张：除了全体大会之外，还应该另有一个团体，负责在全体投票的结果引发问题时恢复一致性。然而，这个团体将会拥有巨大的裁量权与权力，因为对一项矛盾的解决可以有多种不同的方式。我们可以宣布最后一次投票的结果无效，或者可以否弃之前任何一次与那个矛盾相关的投票的结果。以这种方式将权力授予这个团体，将会贬低设立全体大会的本意。它对于“全体大会将权力赋予了人民”这种说法不啻是一种讽刺。②

第二节　回应性的代表大会

在组织民众影响体系的问题上，既然全体大会无法提供一种令人满 195
意的模式，我们下一步应该转向哪里呢？我假定，任何合理的替代方案，都将会要求一个能够以某种方式代表人民的大会。通过采取这种思路，

---

① 为什么我把目光集中在了由离散困境所展现出来的聚合判断问题上，而不是由孔多塞悖论（这一悖论因为肯尼思·阿罗[Arrow 1963]而变得有名）和相关结果（Riker 1982）所展现出来的聚合偏好排序问题上呢？这有三个原因。首先，我们更容易理解离散困境所展现出来的问题。其次，阿罗不可能定理可以被呈现为判断聚合之结果所展现出来的不可能定理的一个特殊例子；见 List and Pettit（2004）以及 Dietrich and List（2007）。第三，反思性协商的可能性（这种协商在全体大会中是无法出现的）也只能为阿罗的问题提供一个不完全令人满意的回应。不过，亦可见 Mackie（2003）对阿罗所提出的挑战的拆穿。

② 对全体大会的这种批判依赖于如下假定：这样一个大会的成员们在针对特定议题表达自己的判断时，只能通过投下“赞成”或者“反对”票来做出决策。但这一假定是具有现实性的（List and Pettit 2011：第1部分）。把所有需要加以决策的议题聚集到一起，然后只允许那些相互不存在矛盾的议题组合进入到大会投票阶段，乃是不可能的，因为新的议题必然会随时涌现出来。在需要大会成员们去支持对于一项议题的某种回应时，他们就别无选择，只能对每种可能的回应投下赞成票或者反对票。我们找不到可行的方法去让他们（比方说）以概率的方式表达对各种回应的满意程度，然后去寻找某种途径让他们的不同概率分布聚合为一种群体性的分布。或许存在某些能够实现这种聚合的抽象理论，但在现实的制度中如何去获得这种成果，则是完全没有头绪的。

我拒绝了有些人所提出的如下观点(Manin 1997):任何形式的代表都是与民主理想相对立的。与纳迪娅·乌尔比娜蒂一样(Urbinati 2006),我把这个观点看作是一种带有卢梭式根源的错误看法。

不过,我们会发现,有两种不同种类的团体,都可以被认为是起到了代表的作用。其中一种是标示(indicative)方式的代表,就如同一幅画作代表了被描画的主体那样。另一种是回应(responsive)方式的代表,就如同一名律师代表了他的客户,或者也许是如同一位演员代表了他的角色那样。这组对立的概念呼应了关于代表的传统讨论中所使用的主要比喻(Skinner 2005)。在这一节中,我会转而考察标示性的和回应性的大会,并且论证说:没有人能够同时以这两种方式实现充分的代表功能。然后,我会提供一些思考,去支持采用某种首先是回应性的大会。[1]

标示性的大会

第一类非全体式的大会被设想为人民的某种模拟物或相像物,且被认为能够满足如下条件:如果它做出了一个决定,那么,这本身就是很好的证据,表明假如全体人民有能力对此事进行共同协商的话,他们也会
196 做出同样的决定。这个团体要在组成方式和运作方式两方面成为社会的一个缩影。

为了在组成方式上成为社会的缩影,这个大会必须在统计学的意义上代表整个共同体。共同体中主要的人群类别都要依照比例在其中得到代表。而为了在运作方式上成为社会的缩影,大会的成员必须要防止任何外部压力导致他们的举止有异。也就是说,他们的行为必须基于那

① 接下来的讨论吸收了 Pettit(2009a,2010b)中对"回应—标示"这一区分的更进一步的说明。简·曼斯布里奇(Mansbridge 1999)记录了一组与此密切相关的区分的历史。这一区分就是认可(sanction)模式的代表与选择(selection)模式的代表之间的区分。她由此而提出了一系列观点,以说明选择模式如何能够得到发展。她这篇文章与我这里所捍卫的观点大体上是旨趣相同的,不过,对于结合回应性与标示性代表的可能性,她要更为乐观。对于一种不同的、以超越回应性代表的方式来概括代表概念的方法,见 Rehfield(2006)。对于代表的历史及概念的一个非常有用的讨论,见 Vieira and Runciman(2008)。

种使他们成为其所属类别成员的典型性情。这些要求表明，我们所设想的这个大会应该由全体民众中的一个随机抽样所组成；它的规模要足够小，以便能够进行协商；它只能在短时期内拥有权威，以免使其成员被官职所带来的诱惑与压力包围。它可以包括五百名或更少的随机挑选出来的成员，掌权期限最多一到两年。考虑公共决策所要求的信息以及闲暇时间，这样一个大会所做出的决议，就可以被合理地认为是标示出了作为整体的人民将会支持的决定(假如他们有能力聚集在一起进行恰当商议的话)。

标示性公民大会这一理念有着很好的历史根据。像抽签这样的传统机制在被设计出来之后，所建立起来的就是这样的一种大会(不管这是否是有意为之的)。[①] 虽然雅典在公元前 5 到 4 世纪时的全体大会是向所有公民开放的，但其他同等重要的团体的成员资格，则是由抽签来决定的。因此，大约由六百名公民所组成的司法机构是在每年轮换的基础上由抽签决定的，而判决不同具体案件的法庭成员，以及其他更小的团体(包括负责对修改法律的建议做出定夺的“制法者”团体)的成员，则是由专门举行的第二轮抽签在那六百人中选出的(Hansen 1991；Ober 1996)。在许多中世纪意大利城邦的政制中，类似的抽签制度也起到了一定作用。在那里，对于制定法律的团体以及其他相关团体，常常是通过抽签而做出人事任命的(Waley 1988；Dowlen 2008)。抽签的理念同样潜藏在了中世纪陪审制度的发展过程里：无论是在决定是否需要立案时，还是在决定你是否需要负法律责任时，你都要受到同侪的评判，也就是说，要面对一个意在标示出整个公民群体的团体(Abramson 1994)。 197

在当代，也存在着替所有人行使职权的标示性团体的案例。加拿大不列颠哥伦比亚省的公民大会就是一个很好的例子，尽管只是众多例子中的一个(Sintomer 2007)。这个团体包含了 160 名公民，都是在统计学

① 这种设计不大可能是有意为之的。在传统共同体的想法中，可能存在着其他更为重要的目的。比方说，抽签可以确保没有任何特定的集团或派系能够拥有过多的影响力。见 Dowlen (2008)。我要感谢 Matteo Faini 在这一点上的讨论。

的基础之上被挑选出来成为代表的。在2004年时,不列颠哥伦比亚省的政府委托它对该省准备使用的投票制度提出建议(Warren and Pearse 2008)。詹姆斯·菲什金(Fishkin 1991,1997)所倡导的协商式民意测验(deliberative opinion poll)提供了另外一个例子。这种民意测验所包含的成员人数更少,碰面商议的时间也更短,但设计这种测验的目的同样也是对公共议题进行建议,以便反映出全体人民(假如有可能聚集起来进行协商的话)将会做出的建议。

回应性的大会

除了对作为整体的人民进行忠实的、微缩式的反映之外,另外一种引人注目的非全体大会形式,就是由人民选举出来、代表人民去进行争论并颁布法律的大会。① 在这种安排下,人们会在一种公开的、竞争性的活动中选择出那些将会在立法大会里工作一段时间的人。这种活动可能发生在一个单一的、涵盖了全部民众的选区之内,也可能发生在若干个在地理上(或其他方面)相互分离的选区之内。它可能会实行各种不同的投票体制,以决定哪些参与竞选公职的人能够胜出。它不但可能会允许经选举产生立法大会的成员,而且可能会允许经选举产生行政首脑(这一首脑可能拥有也可能没有权力参与立法活动),就像在美国的总统体制中那样。换句话说,对这一职位的任命权可能会从大会的手中被拿走。不过,我会暂时抛开这些细节问题。

设计微缩式团体的目的,是在统计学的、标示的意义上体现出代表性,而经选举产生的团体则意在通过一种不同的、回应性的方式来体现代表性。大会成员在其竞选承诺的基础上得到任命,并被认为是要在

① 如下这种可能性也是很大的:一个大会和一个政府尽管不是选举出来的,却仍然具有回应性。比方说,不管它是怎样被任命的,都可能需要去依赖于对人民的公开期望表达适宜的回应,以避免面对公众的愤怒和骚动。不过,尽管在考察未经选举的政府在多大程度上仍然能够对其人民负责时,这种可能性是很重要的,但它与我们当前的讨论无关。

某些层面上对他们所认为的选民意愿做出回应。为了能够满足他们在 198
选举时许下的诺言，这种回应性常常是必要的。而为了再次当选（假如这种情况会出现的话），这种回应性无疑也是必要的。

标示性大会的成员们被认为是作为整体的人民的模拟者（proxy）。他们之所以能够代表人民，是因为聚合起来后的他们与人民具有相似性。至于选举产生的大会的成员们，则会被更为自然地看作是代理人（deputy）。这些人的工作是对其选民做出回应，如果做不好的话就会失去权力。代理人可能会被要求像遵从指示的受委派者（instructed delegate）那样，对其选民或多或少地明确表达出来的意愿保持回应。或者，他们在这方面也可能会被赋予较大程度的回旋余地。对于其选民所应拥有的利益和所要求持有的原则，他们可能会像受托人（trustee）那样，被允许去做出自己的判断（Pitkin 1972）。在接下来的部分里，我一般会忽略委派式代理人和受托式代理人的区别，而只是简单地说代理人，从而把注意力集中在它与模拟者的对照之上。

以抽签为基础的体系和以选举为基础的体系，分别将“获得了授权的代表”的地位赋予了两个相应大会中的成员。然而，为了确保大会成员所倾向于采取的行为与全体人民的倾向之间保持联系，这两种体系所依靠的是相当不同的两种机制。[①] 在标示性体系所据以工作的那种机制下，这种联系是证据性的（evidential）。由于大会成员是被选择出来对作为整体的人民进行标示的，因此，既然他们倾向于支持这项或者那项政策，则这一事实就是一个可靠的信号，说明人民也具有类似的倾向。回应性机制所建立的，则是一种因果性的而非证据性的联系。经选举产生的大会成员为了再次当选（或者更一般地说，为了满足选举方面的压

① 我这里的讨论是被简化的，因为我没有考察如下这类回应性和标示性的关系：在这种关系中，人民与代表不仅在其所展现出来的倾向上（例如他们在某一领域内所持有的信念上）具有关联，而且在双方所未展现出来的倾向上（例如他们在那一领域内所不持有的信念上）也具有关联。关于一种去除了这类简化并引入了关联概率的处理方式，见 List and Pettit（2001：第 4 章）。

力),就需要对民众的倾向加以回应。因此,由于人民倾向于去做某事,这一事实就趋于在大会中导致一种相似的倾向。①

这两种机制的图示见表4-2。

199 **表4-2 代表机制**

人民的倾向	←(证据性的)	代表的倾向	标示性代表
人民的倾向	→(因果性的)	代表的倾向	回应性代表

一种兼具标示性与回应性的大会

尽管法国革命的支持者常常说他们是受到了卢梭的激发,但他们全都倒向了如下理念:任何进行治理工作的大会,都必须是由选举产生的。但是,他们还普遍认定,这样一个选举式的团体也要具备一种标示性的身份,要成为全体民众的微缩或模型。因此,奥诺莱·米拉波在对法国制宪会议的一次讲话中宣称:"代表团体应当永远呈现为人民的——他们的意见、渴望和意愿的——一幅缩略图,这种呈现方式应当与其来源保持相应的比例,恰如一幅地图为我们展现出山谷、河湖、森林、平原、城市和村镇一样"(Pitkin 1969:77)。在选举式代表大会的热情支持者中,这种看法得到了广泛的认同。在大约同一时期,美国的反联邦主义者麦兰希顿·史密斯也有底气写道:"当我们谈到代表时,自然而然地跳到我们脑海里面的想法就是:代表者应当类似于他们所代表的人,他们应当是一幅人民的真实写照"(Ketcham 2003:342)。

然而,从统计学式选择体系到选举式选择体系的转变,不可避免地

① 这两种政治代表模式之间的差别,恰好对应于认识论中对两种认识呈现(epistemic representation)模式之间——感应模式(sensitive mode)和安全模式(safe mode)——所做的区分。对于民众的倾向,一个回应性的团体会提供一种感应模式的呈现。随着民众的那些倾向根据情况的不同而发生改变,这个团体的倾向也会产生感应并发生改变,从而形成回应。一个标示性的团体则会对民众的倾向提供一种安全模式的呈现。如果这个团体的倾向随着情况的不同而发生了改变,则这就是一个比较安全的信号,说明人民的倾向随着那些情况的不同也会发生改变。因此,我们或许可以说,回应性的代表是对民众倾向的可靠追踪者,而标示性的代表是对民众倾向的可靠反映。

会使治理大会的标示性身份遭到缩减，甚至完全消失。在其构成成分上，选举产生的大会也许能够标示出全体民众，以确保高度的成比例性。至少，如果选举体制的设计像约翰·斯图尔特·密尔（Mill 1964）所希望的那样，情况就应该是如此。但可以确定的是，在任何重大举措上，大会的运作都不会保持其标示性质。它不太可能成为这样一个团体：当它投票赞成某个特定举措时，这就是一个明确的信号，表明假如全体人民能够聚集起来进行协商的话，就同样会赞成那个举措。

如果说，大会成员在行动时所基于的那些利益聚合起来之后，能够 200
与分布于全体民众之中的那些利益相匹配，那么，这个大会就可以理直气壮地宣称说，它是在通过标示性的方式来进行运作的。然而，与经由统计学式方法而挑选出来的成员相比，通过选举而产生的成员极其不可能达到这种匹配要求。正如我们所见，他们之所以能够被期望去成为回应性的代表，是基于如下的条件：一般来说，他们希望可以再次当选，或是希望可以满足其他的选举压力，因此会寻求去提供其选民和支持者所倾向于欢迎的东西。然而，在追求这一目标时，从总体上看，他们不太可能精确反映分布在民众中的利益。

在寻求再次当选的时候，他们每个人所偏好的举措，都是为了专门吸引其选区内更为关键或边缘的选民，或者是为了专门吸引他们所特别依赖的那些支持者。同样，他们会趋向于摆出理想主义的造型，以使作为个体的自己呈现出良好的形象（例如，在性交易、税收、犯罪以至资本主义的问题上摆出道学家的姿态），而不是去拥护妥协性的解决方案（在其他情形下，他们本来可能会倾向于支持那种解决方案）（Brennan and Lomasky 1993）。由这样一些着眼于选举的代表所组成的团体，将不会像整个社会的忠实微缩模型那样去行动。本雅曼·贡斯当（Constant 2003：387）在 1810 年时指出了这一点。“你选择了一个人来代表你，因为他与你有着相同的利益。然而，恰恰由于是你选择了他，由于你的选择将他置于了一个与你不同的处境之中，这一事实本身就使他具有了与他被要求去代表的利益所不同的利益。”

指出如下这一点很重要：对于任何代表性团体来说，其成员越是在选举方面具有回应性，就越是趋于偏离对全体民众的标示。不过，这一观察并不意味着下述尝试是没有意义的：在各种团体之中(甚或是——就像我们将会看到的——在各种公职之中)，将其被赋予的代表性身份中的标示性因素与回应性因素结合起来。因此，对于一个标示性的团体，通过使其面对评议或挑战(如果不是选举的话)，可以有效地迫使它产生回应性。或许正是出于这一理由，不列颠哥伦比亚省的公民大会被要求将其建议呈递给全民公投来做决定。[①] 而对于一个在选举方面具有回应性的团体来说，如果它满足了一定程度上的比例性，并且能够声称自己在某些方面是具有标示性的，那么，它就更有可能被民众所接受。[②]

201 回应性大会是更好的选择

在当前的民主制度中，像不列颠哥伦比亚省公民大会这样的标示性团体，无疑可以充当某种有用的角色。但是，如果我们想要找一个负责管理社会的长期大会，则那种选举式的、回应性的大会就要好得多。支持这一点的一个非常明显的考虑是，那种大会允许同样的成员重新任职，从而能够在各届会议中保持经验和专业水准上的连续性。标示性的大会无法保证这种连续性(至少，在不对它进行大幅修正的情况下，是不可能保证这种连续性的)。很难看出，如果立法团体每一年左右就要彻底更新一次的话，政府还怎么能够有效运作。但是，除了这一考虑之外，还有其他三个理由可以说明，为何选举模式应当具有大得多的吸引力。

在关于代议制民主(具体来说，选举式、回应性的代议制民主)的文

① 需要提到的是，政府的法令要求，不列颠哥伦比亚省对投票制度改革的建议需要得到60%的支持，才能够获得通过，而这一建议最终的得票率略少于60%。

② 将一个国家划分为不同的选区，是一项非常普遍的实践。这可能被用来在地理方面促进比例性。在这种实践的背后，是否有着达成一定程度的比例性的愿望呢？很难相信这一愿望在促成那种实践的过程中没有起到任何作用，但根据Rehfield(2005)的说法，这种猜想无法得到证据支持。尽管如此，在作为整体的民众和代表它的立法机构之间，选区划分仍然在这个方面提升了它们的相似度(哪怕这个方面在当前已经不太重要了)。

献中,第一个理由得到了广泛的征引。这些文献出自极为不同的作者之手,包括约翰·哈特·伊莱(Ely 1981)、约瑟夫·熊彼特(Schumpeter 1984)、于尔根·哈贝马斯(Habermas 1995)、斯蒂芬·霍尔姆斯(Holmes 1995)以及伊恩·夏皮罗(Shapiro 2003)。一种公开的、竞争性的、定期的选举体制,会要求去满足并加强某些基本自由权(这种体制的运作本身就需要那些自由权的成功实施)。然而,如果一种体制的目的是去协助标示性的大会,而不是回应性的代表大会(或全体大会),那么,它就不太可能具备同样的有益影响。

我想到的那些基本自由权包括言论、结社和迁徙的自由。在选举时和各次选举之间,如果人们想要有能力去竞选公职、去结成党派、去宣传自己的政策,或者去在选举时(或两次选举之间)批评其他党派(包括执政党)的话,就需要拥有那些自由。在一个社会里,只有当个人拥有了这些自由时(我还想补充说,只有当个人在"逃脱了支配"这种丰厚的共和主义含义上拥有了这些自由时),才有希望继续平等分享一种对政府产生独立影响的体系。如果其中任何一种自由遭到了剥夺,平等介入该体系的前景,或者是产生个体化影响的前景,就会马上处于危险之中。比方说,假如人们发表言论时可能会招致阻挠或者强制,就可能会不再去对这项或那项提案提出自己的批评意见。在这种情况下,即使他们没有发言,也不等于他们自动表示了对相关提案的支持(而在其他各种不同的背景下,不发言可能就等于表示支持)。不论背景如何,人们的沉默都 202
不会起到任何交流作用,因为这种沉默总是有可能被认为是反映了他们缺乏自由。①

如果这些自由中的任何一种遭到了剥夺,就不仅会减损平等地、个体化地产生影响的前景,而且还会减损无条件影响的前景。我们在上一章中看到,如果社会具有反抗性的话,人民的影响就是无条件的,就不是出于政府、军队或其他机构的宽容恩赐。所谓反抗性指的是:人民倾向

① 对这个问题的讨论见 Langton(1997)和 Pettit(2007a)。

于反抗政府对权力的任何滥用，政府也倾向于对这种反抗做出回应；这种倾向是真实存在的，并且 / 或者各方都是这么认为的。在一个社会里，只有当人们积极地行使言论、结社与迁徙自由（而且政府当局也允许他们去这么做）的时候，上述倾向才能被认定是无可争议的事实，并在民众的共享意识中留下印记。因此，只有在这样的一个社会中，人民才能既对政府产生影响，又不必去顾虑政府里的人（或任何其他机构里的人）是否乐意赋予他们这种影响。

一种选举式的、回应性的政体要求言论、结社和迁徙领域里的自由文化（这种政体的持续存在还会加强这种文化），而统计学意义上的、标示性的政体则有可能无法培育出这样一种文化。它或许可以在那些自由的背景下被引入，但它的运作并不需要那些自由得到持续行使，至少不需要它们在大会本身之外得到持续行使。对这些自由中的任何一种来说，如果你没有去使用它，你就至少有可能会失去它，因为，在审查并确保其他人不具有干涉权力时，你对那些自由的成功行使扮演着至关重要的角色。所以，统计学意义上的、标示性的政体会使共同体暴露在一种非常巨大的危险之下，而选举式的、回应性的政体则会主动地与这种危险进行斗争。

除了这一考虑（以及我们前面提到的、涉及职位连续性的考虑）之外，还有第二个理由表明选举式的、回应性的政体要优于统计学意义上的、标示性的政体。根据前一章中的论证，我会假定说，一个协商式的民主大会（无论是标示性的还是回应性的）应该将诸多个体的影响整合为一种特定的导向，或使其朝向一个特定的目标（至于这个导向应该朝向哪里，我们将推迟到下一章再讨论）。支持回应性代表体制的第二个考虑就是：与另一种体制相比，它更趋向于使人民有可能去对政府施加导向。

203 促进特定目标所需要的影响体系有两种失误的可能。其中一种涉及所谓的错误的消极不作为（false negative），另一种涉及错误的积极作为（false positive）。错误的消极不作为是由于疏忽，即未能提出或生成所有这样的备选政策：这些政策能够帮助促进人们所追寻的那些导向或目标。错误的积极作为是由于错判,即未能检测和过滤掉这样的提议:这些提议无法促进相关的导向或目标(也许还会服务于相反的目的)。这两种失误的可能性表明,民众影响的理想渠道会涉及以下几方面:首先,一种先行的防范疏忽的程序(这一程序要生成充足的备选政策以供考虑);其次,一种防范错判的程序(这一程序要对备选的政策进行检测,意在过滤掉那些被证明是不能令人满意的政策);最后,上述程序的不断重复,在这个重复过程中,它们将会相互作用,以确认最终成功胜出的一组备选政策。这会涉及一种复杂的、带有那种熟悉的“产生—检测”(generate-and-test)性质的程序。

在“产生—检测”程序中,每种产生出来的要素都要先接受检测,然后才能被允许融入那个逐步形成的最终产品。也就是说,当且仅当它通过了检测之后,才会被合并到那种产品之中(Dennett 1996)。这种程序曾在各种不同的背景下以熟悉的方式出现过。在可以列举出来的例子中,一种极端的方式是:作者生产出文本,编辑则对其进行检测和过滤,因此最终发表的是这两部分程序共同作用下的产品。另一种相反的极端方式是:随机性的生物异变产生出各种不同的基因组,而自然选择程序则对其加以检测,以判断它们是否进行了适应(也就是说,它们是否增强了其有机体中的包容适应性),并且只让进行了适应的基因组生存下去。

现在可以回到我们的两种代表大会上来了。在这方面,选举式的、回应性的大会的表现要出色得多,这一点应该已经很清楚了。选举产生的立法者有充分的动机去搜寻有可能被投票者认可的政策,并为了赢得投票者的支持而进行竞争。因此,我们可以期望他们会提供大量的备选政策。而当进行投票的选民前往投票站时(或者是在民意调查中表明投票意向时),他们会有充分的动机去考察被提议的政策和被实施的政策,以便了解那些政策在多大程度上达到了他们所要求的标准。假定确实存在着一种适当的、有效的标准(这实际上就是下一章的主题),那么,这种程序就具备了“产生—检测”程序所需的两种要素。

然而,在统计学意义上的、标示性的大会里,情况都必定是极为不同的(事实上,在全体大会里情况也是如此)。这种大会无法使政策在不同场所里分别得到产生和检测。而且,它一方面无法为行动者们提供特定
204 的动机,以使他们去提出数量充足的备选政策,另一方面又无法对那些备选政策加以检测,以便考察它们在多大程度上达到了相应标准。这种大会承诺会带来一种平静、流畅的立法程序,并且应该能够非常容易地使这一程序获得公正性。然而,与我们能够期望在竞争式选举中所发现的那种二维的、往复的动态程序相比,这种承诺不太可能使人们摆脱威胁到他们的那些错误的消极不作为与积极作为。

为了使上述问题显得更加鲜活,我们可以反思一下:民众在被标示性的大会所统治时,会有什么样的感觉?如果我们今年被某个偶然选中的同胞公民群体所统治,明年被另一个偶然选中的类似群体所统治,我们会有什么样的反应?我们当然会想要让每个群体对其任期内所引入的政策负责。如果我们让一个标示性的大会自行其是,允许它免于面对外来的挑战,这就显得太过于怡然自得了。固然,那些大会成员必须遵守他们自己所引入的法律(在共和主义思想中,这一直被视作一种重要的制约)。① 但是,有这种制约就足够了吗?它能够消除大会在做决定时(比方说)缺乏想象力或轻率行事的可能性吗?恐怕不能。缺少了向他们问责的选民群体,标示性大会的成员就不会像回应性团体的成员那样去守规矩。②

即便不提及共和主义的抱负,上面提出的两项考虑也有助于说明为什么回应性大会要优于标示性大会。不过,从我们的共和主义的视角来

---

① 17 世纪时的阿尔杰农·西德尼(Sidney 1990:571)在写到议员时,表明了对这种约束的赞同:“他们可能会因为偏见而发动战争,可能会签订耻辱性的条约,可能会立下不公正的法律。但是,当议会散会后,他们就必须去承受与其他人一样沉重的负担。”在一个世纪之后,当约瑟夫·普莱斯特利(Priestley 1993:140)提出并回答了一个关于北美殖民地居民的问题时,他也对此表示了赞同:“问:那些人所大声抱怨的是什么?答:他们被大不列颠的议会征税,而那些议员们却根本不对自己收税,从而使自己不必同时去承受负担。”亦见洛克(Locke 1960:第 138 节)。

② 在评估对 Burnheim(1985)所捍卫的抽签制度的使用时,上述考虑也是有意义的。

看，还有第三项值得特别注意的考虑。① 这一考虑就是：与回应性的团体不同，标示性的团体必然会被笼罩在某种特定类型的支配的阴影下。如果这样一个团体被授权去负责所有的立法问题，那么，它就会既有权力去决定那些它所要考虑的问题，也有权力去决定那些问题的解决方案。在作为一个团体性的行为者而运作的时候，它必须要形成自己的意志，205
并且在几乎不受约束的情况下去履行那种意志。然而，由于它不必受制于选举中的挑战（抑或一种活跃的、通过选举而得到培育的自由文化所带来的挑战），人们可能会难以控制这个大会的意志并使其不具有支配性。人们在选择这个大会时，或许是期望它能够在标示性的意义上实现代表功能，并且去形成一种与他们同质的意志（也就是说，一种假如全体民众处在他们的位置上就能够形成的意志）。然而，任何方法也无法迫使这个大会保持其同质性。它将会拥有一种仁慈的专制统治者的地位。

这一观察所带来的教训是：在某些特定问题上（或在某些特定范围内的问题上），我们或许可以依靠标示性的代表团体去做出决定；然而，对于这样一种无法通过选举加以控制的团体，赋予其一种立法大会式的无限权威并不是一个好主意。从共和主义的立场出发，对于不列颠哥伦比亚省公民大会这样的统计学意义上的代表团体，我们或许不会反对去让它对该省的最佳投票制度进行判断和建议（但也仅此而已）。不过，假如一个统计学意义上的代表团体想拥有立法机构式的无限裁量权，则我们肯定是有理由去加以反对的。②

---

① 我要感谢 Niko Kolodny 与 Jake Zuehl 对这一问题的观察。

② 如果诸多个体并没有集合成为一个行为者，那么，当他们结合起来对某个特定问题（或某个特定范围内的问题）形成共同判断并将其付诸实施时，他们是否仍然在将一种自由形成的意志加诸全体人民身上呢？这确实是一种可能性，但是，只要该群体没有结为一个团体，且其成员没有形成一种扩展到其他问题范围之内的意志，这就不会是一种很大的危险。不过，这里所指明的危险或许仍然会支持对我们所说的"支配的阴谋"的可能性加以防范。在这种情况下，我们所需要的防范措施显然就是：标示性代表大会所支持的任何政策，都必须受到选举机制的制约。也就是说，那些政策必须得到一个独立的代表团体的赞同，或者，在全民公决的情况下，必须得到全体民众的赞同。

代表性的大会与诸代表人式的大会

尽管上述考虑强烈地支持某种本质上是回应性的大会，但认识到如下这一点很重要：根据不同的组织方式，回应性的大会可能会采取两种不同的粗略形式。用一种或许过于截然分明的方式来说，这种区分就是：它既可能本质上是一种代表性的大会(representative assembly)，也可能本质上是一种诸代表人式的大会(assembly of representatives)。

对代表性的大会来说，其成员的汇总决定所回应的，是作为整体的选民的倾向。对诸代表人式的大会来说，其成员的个人决定所回应的，是他们的特定选区或支持者的倾向。在前一种情况下，大会采取的是一种团体式行为者的形式。在遵循选民的意见时，它首先要作为一个团体
206 来做出决定(List and Pettit 2011)。在后一种情况下，大会是诸多个人的集合，而当这些个人在大会中投票时，首先要遵循的是他们各自选区或支持者的意见。因此，在这种情况下，大会的决定所支持的结果，也许就并不符合作为整体的选民所提出的任何能辨认出来的要求。这种结果或许是不同的大会成员之间专门的互投赞成票和利益交换的产物。①

泛泛来说，这种带有一定人为色彩的区分指明了威斯敏斯特体制(Westminster system)和华盛顿体制(Washington system)之间的区别。在威斯敏斯特式的议会制、非比例性的民主体制下，控制政府的通常是一个具有凝聚力的政党或政党联盟。② 在华盛顿式的总统式民主体制下，政府并不受制于这种类似的、具有凝聚力的控制。威斯敏斯特体制

① 当谈到他认为民主应当如何运作时，埃德蒙·柏克(Burke 1999)在他的著名阐释中嘲讽这类大会是“大使们的集会”。

② 指出如下这一点很重要：我在这里所想到的体制不仅是议会式的(即由立法机构来选举行政机构)，而且还是非比例的。如果必须由许多政党联合起来才能组成政府(就像高度比例性的体制下出现的典型情况那样)，那么，这种体制就更像是华盛顿式的，而非威斯敏斯特式的。因此，就像下文将会谈到的那样，组成政府所需的政党数目是如此之多，以至于政策主要是在选举之后由各党之间的交易所决定的。

下的行政部门是由立法机构所支撑的，因此，那些对政府进行支持的立法人员就必须齐心协力，去根据得到大家一致赞同的纲领进行投票，否则的话，行政部门就会垮台。而在华盛顿体制下，行政部门是通过独立的程序选举出来的，因此，立法机构的成员们（哪怕是与总统属于同一政党的成员们）就并不受制于同样的压力，且能够以基本上是独立的方式来展开工作。所以，在威斯敏斯特体制下，主要的政党可以拿着详细的纲领去面对选民，因为它们有能力将其付诸实施。于是，政府的政策很大程度上在选举前就被决定了。但华盛顿体制下的代表们就无法做到这一点，因为政府的政策将会由国会两院及行政分支的成员们通过逐一谈判而决定。政策是在选举之后决定的，而不是在选举之前决定的。

威斯敏斯特式的议会如果能够实施得到选民支持的政策，就可以对作为整体的选民加以回应。但这种回应性中令人忧虑的一面是：大会的个体成员几乎没有能力去回应其特定选区的要求。不管他们属于执政党还是反对党，他们都被期望去在大体上根据党的路线来投票。华盛顿式的国会允许参众两院的各位议员对其特定选区的要求做出回应。但这种回应性同样也有令人忧虑的一面，因为从全局来看，这种体制经常 207
无法对全国范围的选民要求做出回应。用我们先前所做的区分来说，尽管两者都可以算是代理人（deputy），但代表性大会的成员会趋于以受托人（trustee）的风格行事，而诸代表人式大会的成员则会趋于以受委派者（delegate）的风格行事（Pitkin 1972）。

此处并不适合对这两种极为不同的回应性代表体制的优劣之处做出判断（虽然威斯敏斯特体制似乎能更为可靠地服务于共和主义的目标）。在任何对民主制度设计的全面评估中，去对各种体制间的差别加以考虑，并根据其特有的长处和短处来做出判断，都是极其重要的。但本书并不试图做出这种详尽的评估。我的目标是从具体的制度性建议中抽离出来，从而去对如下问题加以探索：根据大体上来说是共和主义的要求而组织起来的民主机制，在多大程度上能够确保国家的合法性？

弥补选举的不足

上述延伸讨论将我们又带回到了常识性的思路上:在任何民主体制中,选举式的机构都应该成为中心。不过,我希望,在将那些机构分别与全体大会和标示性代表大会进行对比后,我们能够认识到由选举产生的、回应性的代表所组成的立法团体的优势。与全体大会不同,这样的团体应该会有能力去进行反思性的协商,从而防止投票做出在逻辑上或在实践中自相矛盾的决议。选举产生的立法机关的存在和运作需要一些机构,而当这些机构运作良好时,应该会确保社会能够彰显出言论、结社与迁徙自由,并确保社会能够招募到普通选民去对公共政策进行质询。

我们在后面将会逐渐看到,本书论证的总体力量在于,民主不是由选举式机构的存在而定义的,而是由如下事实所定义的:人民对政府实行了控制,在施加一种可以被平等接受的导向时拥有可以平等地产生的影响。在有些情况下,即使没有选举式机构,人民也可能会实现民主控制。这本身就已经说明,民主不能依靠选举而得到定义。尽管如此,我们还是应该明白,根据这里所采用的解释,两者之间的联系仍然是极其紧密的。①

208 从实践上来看(如果不是从严格的逻辑上来说的话),为了使人民能够去进行影响和控制,选举式机构乃是必需的。这些机构迫使人们作为候选人或支持者、批评家或活动家而在政治活动中践行他们的自由,并因此而加强了他们对那些自由本身的享用。这样的机构推动了各政党去探索可能存在的施政空间,并要求普通公民在对此进行回应时形成并表达自己的观点。它们构成了一种催化剂,能够去触发并巩固一种人民

---

① 尽管我与理查德·贝拉米(Bellamy 2007)——他也是在一种共和主义式的研究纲领中展开工作的——在关于宪制设计的问题上存在分歧,我还是希望上述评论能够表明,我们之间存在着高度的一致。

冀望借以影响政府的程序。

然而，不管选举式机构在实践中是多么必要，但其本身还不足以维持一种适宜的民众影响体系。对于共和主义意义上的民主控制来说，为了提供其所需的那种形式的民众影响，选举体制就需要去应对一些非常严重的问题。因此，除非我们能够找到弥补这种选举之不足的制度性手段，否则就无望获得共和主义所要求的那种民主。

正如我们在上一章中所见，民众影响体系的主要要求就是：它必须能够被所有的公民平等地介入。这一点对应于下一章中将要探索的如下要求：它所施加的导向应该能够被所有人平等地接受。但是，影响体系不仅应该在这种意义上被加以个体化，而且还应该是——就像我们所说的那样——无条件的和有效的。假定它施加了某种民众导向（这是实现控制所必需的），则它在进行带有导向性影响的运作时，就不能依赖于政府（或任何其他人）的合作意愿。对于私人意志在公共决策中的影响，它也不能允许其超出“坏运气测试”所允许的限度。

一种关于民众影响的选举体制可能会无法成为个体化的、无条件的和有效的，因此在这三个方面全都引发了问题。我将在最后的三节里对此进行回顾，并针对能够提供补救手段的制度措施而提出建议。我在制度方面的建议意在说明可以采用的方法。这些建议不应被看作是结论性的行动建议。结论性的建议不仅要靠哲学分析的引导，更必须依赖于经验性观察构思的引导。我希望我的建议能够表明，我们不应该对建立适宜的民主影响体系的可能性感到绝望。我们所需要的只是富有想象力的制度设计。

第三节　个体化的影响体系

对选举式影响的个体化

为了使公民控制国家，并使国家不会成为他们生活中的一种支配性 209

力量,仅仅使他们享有对掌权者的集体控制是不够的。如果某些个体不顺从被集体表达出来的群体意志,那种集体控制就仍然可能会对他们构成支配。正如我们所见,我们需要的是一种诸多个体能够平等分享的集体控制体系。由这种体系所带来的影响,必须能够被所有人平等地产生出来,而由这种体系所施加的导向,则必须能够被所有人平等地接受。

我们在这里所关注的,是在选举式政府体系下产生的影响。与此相关的问题是:在一种选举式体系决定其影响所带来的效果时,它能否赋予所有的个体以同等的份额?在选举式体系下,个人可能会在全民公决中投票,以便对某一项特殊的政策议题做出决定。或者,他们还可能会直接投票选举出立法大会成员,并间接选举出该大会负责任命的行政及司法当局。或者,他们甚至还可能会像在美国那样,在选举行政与司法部门的某些成员时起到直接的作用。我们所面临的问题是:这样一种选举过程本身是否足以确保人们有平等的机会去产生影响?在决定选举式影响所带来的效果时,它是否足以赋予人们以平等的份额?

在某些集体影响体系中,对那些做出了同样努力的人来说,他们所提供的边际贡献必定是相等的。想一想下面这种简单的物理影响体系:一群人在推动一个巨大的(比如说,直径六英尺的)撞球,而他们所希望推动其前行的方向则有所不同。假定他们各自都在最为理想的位置上把球推向自己所希望的方向,则这个撞球最终所运动的方向,就是由他们所付出的不同力量决定的。在这样一种我们所说的"持续影响"的体系下,如果所有个体都做出了同样的努力——如果他们的强壮程度相等并对撞球产生了同样的牵引力,那么,对于这个撞球的具体运行轨迹,他们每个人都会产生与其他人相同程度的影响。在对那种运行轨迹共同产生影响时,他们平等地分享了对相关效果的决定权。用我们的术语来说,这一影响体系得到了完美的个体化。每个人都能够平等地产生它所实现的影响。

210 在一种选举式的影响体系下,若想确保所有人对自己投入的努力都能做出同等掌控,其所需要的条件就是十分明显的。每个人都应当拥有同样的投票权力，投票的机会对所有人都应当是平等的，集合计算选票的方式也不应当偏向某些投票者。简单地说，每个人的选票都应当具有相同的价值。如果（比方说）像约翰·斯图亚特·密尔（Mill 1964）所推荐的那样，让受过更多教育的人拥有额外的投票权，那么，人们的选票就不会具有相同的价值，他们也就无法平等地产生影响了。同样，如果某些人由于贫困或其他压力，进行投票的难度更大的话，那么，人们的选票也不会具有相同的价值。① 当然，如果人们所处的投票体制是不恰当的，他们的选票也不会具有相同的价值。比方说，选区划分体系可能会允许具有不同人口数量的选区拥有相同数量的席位。但这些难题显然都是可以解决的（哪怕解决起来并不总是很容易），所以我们可以假定，我们所需要的相关制度在这方面不会引发问题。②

那么，假如人们所投出的选票拥有相同的价值，这一事实是否能够确保每个人都享有同等的可能性去介入对选举效果的决定？显然不能。不管是在某位特定代表的选择上，在对执政者的决定上，还是在对某项特定政策议题的解决上，任何选举制度都会建立一种不同于连续性（continuous）影响体系的非连续性（discontinuous）影响体系。在这种体系里，总是会有获胜者与失利者，而相关的结果则会满足获胜者的愿望，

① 在美国的许多地方都有这种排斥行为的例子。在有些地方，穷人没有投票时所需要的身份证明文件。在另外一些地方，被判刑的罪犯会丧失投票权，哪怕他们已经刑满出狱了。这些弊病强有力地表明，应当实行（比方说）澳大利亚所采用的那种强制投票体制。对于那些没有在投票站注册，且未能提供特殊理由的人，这种体制会对其处以小额罚款。它确保了百分之九十五以上的投票率。而且，更为重要的是，它确保了没能参与投票的人基本上是一个随机的群体，而不是某一个特定的阶层。对于强制投票之效果的相关背景，见 Hill（2000）与 A. Fowler 的未发表论文“Turnout Matters：Evidence from Compulsory Voting in Australia”。在非强制性投票的体制下，穷人和社会地位低下者总是有可能（也许甚至是极有可能）在政治圈里遭到系统性的忽视。见 Bartels（2008）。

② 当存在第二院（如美国和澳大利亚的参议院）的时候，许多体制会引起上面描述的最后一个难题，因为面积大小不同的各州会选出同样数量的国会成员。如果第二院与那些国家的下议院具有不同的功能，这或许就不会成为一个问题，但在其他条件相同的情况下，它在实践中确实造成了问题，并且确实需要加以改革。正如下一章中所说的那样，其他条件也许并不相同，因为除了一种关于平等影响的规范之外，在像澳大利亚或美国这样的社会里，人们还（或许是出于偶然的历史原因）赞成另外一种规范，即各州应该在参议院里拥有平等的代表权。

挫败失利者的愿望。因此,对于在任何问题上的决策而言(无论是通过
211 全民公决这种即时的方式,还是通过当选代表的决定这种间接方式),失利者很难感到自己像获胜者那样参与做出了决定。[①]

选举式影响的非连续性本质引起了一个严重的问题。我们如何才能使选举体制所带来的影响得以个体化?如何才能使其接近于连续性体制下所达到的影响?(就像撞球的例子所表明的,在连续性的体制下,诸多个体在通过他们的共同影响而产生效果时,能够享有平等的决定权)。在任何特定的选举行为所产生的效果上,诸多个体无法享有平等的决定权。因此,他们似乎就无法获得我们所寻求的那种个体化的影响。

不过,尽管这是一个严重的问题,我们手头还是有一个颇为明显的解决方案。在任何特定的选举行为所产生的效果上,诸多个体无法享有平等的决定权,但在这种选举行为所解决的每一个问题上,他们或许能有平等的机会去平等地决定所产生的效果——一种处于获胜一方的平等机会。[②] 而如果他们拥有平等的获胜机会,则我们就很难主张说这种影响体系没有得到恰当的个体化。

遵循上述提议的话,我们也许就可以对事物做出安排,以使人们没有事前(ex ante)的理由去认为:在任何随机抽选出来的问题上,对于任何两个随机抽选出来的人而言,他们处于获胜一方的机会将会有所差异。如果每个人都有相同的投票权,而每一张票也都具有相同的价值,那么,只要再实现一个条件,上述要求即可得到满足。这一条件就是:对于人们所投票加以表决的问题,我们没有事前的理由(即基于人们的身份或特性、不受其投票倾向所决定的理由)去认为,某些人必定会投票给

① 只有在一种意义上,他们才有可能算是进行了参与:他们可以决定多数派获胜者的优势。在某些情况下,获胜者的优势大小具有政治上的重要意义。见 Guerrero(2010)。

② 为什么不要求他们有平等的机会去起到决定性的作用呢?这主要是因为,在大量人口里所进行的多数票决中,某一个人起到决定性作用的机会近乎零。我要感谢 Niko Kolodny 在这一点上的评论。

其中的某一方。遗憾的是，这一条件并非总是能够得到实现。这一点将会萦绕在著名的“选举式专制”和“多数暴政”问题上面（Madison, Hamilton and Jay 1987：第10篇）。

多数暴政

假设有一个五人群体，他们每周聚在一起玩棋牌，然后在当地的两家饭馆之一进餐。其中一家饭馆专门做素食，另一家则不然。再假设，212
为了让每个人在选择饭馆时都能够平等地产生影响，他们每次都通过多数票来加以决定。如果多数派在不同的时间会产生轮换（换句话说，如果多数派是动态的），那么，这一体制就能得到良好的运转。但是，如果有两个人（比方说，两个素食主义者）总是投票选择素食饭馆，而另外三个人总是选择另一家饭馆，那么，这一体制就无法良好地运转。在这样一种固定的分野下，多数票决体制虽然会继续赋予每个人以平等的一票，但投票者们无法拥有处于获胜一方的平等机会。多数派与少数派之间的这种固定分野意味着，平等投票权不足以确保不同投票者能够平等地产生影响。处于少数派一方的人基本上被永远排除在了处于获胜一方的可能性之外。

针对不同投票体制（如选民选举代表的体制，或是立法机关或全民公决的决策体制）的优劣之处，已经有了很多的争论。但在上述这样一种背景下，无论引入什么样的投票体制，总是会存在如下的可能性：出于相似的原因，所引入的投票体制无法为人们提供处于获胜一方的平等机会，因此无法确保共和主义理论所要求的产生影响的平等机会。在某一些或其他一些议题上，总是可能会在多数派与少数派之间存在基本上是固定不变的分野。而如果这种分野确实存在的话，那么，在这些议题上面，人们就无法享有产生影响的平等机会，无法在事前（ex ante）就拥有处于获胜一方的同等机会。选民之中或立法机关之中的投票模式可能会排斥掉少数派。在讨论是否应该将多数派信奉的宗教立为国教时，信仰其他某一宗教的少数派就会处于这种境况之下。在讨论是否应该在公共生活中只由官方确立一种主流模式(如多数人使用的语言)时,文化上的少数派也会处于这种境况之下。在讨论是否应该只对异性恋的结合予以完全的民事认可时,性取向方面的少数派同样会处于这种境况之下。

固定分野的问题在于,对于某些根据独立因素而得到界定的人来说,在一些特定的问题上面,他们几乎必定是会处于失利一方的。如下这一点是很重要的:那些必定会失利的人是由独立因素所界定的(例如,是在教义、肤色、种族或性取向的基础上而得到界定的),而不仅仅是由他们在那些问题上的特定投票倾向所界定的。如果不加上这个限定条件,我们就不得不主张说:某些人仅仅由于在某些问题上不幸地选择了少数派的观点,就被剥夺了平等产生影响的机会。事实上,如果不加上那个限定条件,我们就不得不主张说:某些人仅仅由于太爱唱反调,从而
213 总是选择那些看起来处于下风的观点,结果就被剥夺了平等产生影响的机会。[①] 如果说,那些事前在给定问题上趋于选择某一种或另外一种观点的人,基本上只是碰巧选择了失利的一方,或者基本上是有意地选择了失利的一方,那么,就不会存在任何问题。只有在下述情形中,才会出现问题:对于某些个人来说,我们有事前的理由(这些理由与他们通过独立因素而得到确立的身份有关)认为,他们在给定的议题上将会成为少数派。我们可以说,他们的身份预先决定了他们在那些问题上的看法。

这类问题可能会有多严重?我们之所以希望能使人们平等地分享他们借以影响政府的那种体系,是出于对如下事实的考虑:若非如此的话,他们就无法平等分享对政府的控制,并且会在掌权者的手中遭到一定程度的歧视与支配。如果某个固定的少数派在重大议题上遭到了排斥,无法拥有平等的影响,那么,这所引起的问题无疑就是很严重的。

---

① 在描述存在和不存在固定分野问题的情况时,会存在逻辑学家所说的“范围模糊性”(scope ambiguity)。在存在那种问题的情况下,我们会说,某种类型的个人的存在,意味着存在某些会使他们成为少数派的议题。在不存在那种问题的情况下,我们会说,某些议题的存在,意味着某些个人会在那些议题上成为少数派。

(重大议题的例子包括这样一类议题:在这些议题上,如果少数派遭到了排斥,则在判定所有人都应享有的基本自由权时,以及对国家为满足那些自由权而应该确保的资助或保护加以控制时,他们就无法与其他人享有平等的决定权。)如果少数派群体成员的身份是由教义、肤色或种族之类的东西所确定的,而在某个需要由多数票来决定的议题上,这种身份又预先决定了他们会如何投票,那么,这一议题就很有可能属于上面所说的重大议题。因此,固定的少数派在影响上所遭受的不平等,就必须得到考虑(Guinier 1994)。

超越多数暴政

对于固定的少数派/多数派分野所引起的问题,我们应该如何进行回应呢?我认为只有一种现实的可能性,即引入一种个体化的争辩体制(这种体制类似于经由选举而成为可能的那种集体挑战)。[①] 特定的个人和亚群体必须能有渠道去对法律或提案进行检验,以便了解产生它们的程序在多大程度上尊重了“平等产生影响”这一价值(或者更一般地说,“平等的地位”这一价值)。那些渠道必须有望带来对相关问题的公正判 214
断,而且,在那些判断支持他们的挑战时,那些渠道必须有望带来能够满足那些挑战的调整。

在关于我们的“五人小组”的合理假定下,小组中的成员很容易就能被授予这种个体化的、潜在有效的争辩权。素食者们可以自由地指出多数票决所造成的影响,并基于平等产生影响的要求,去主张对相关模式进行调整。一种显而易见的替代方法,就是让这些成员轮流决定在哪里吃饭(Risse 2004)。在合理的情况下,任何一个群体的内部风气都会趋于支持这种基于平等主义的反对意见,并促使人们去采用不同的决策模式。

---

① 当然,选举式的挑战也可以被视为一种集体争辩的形式。关于这一点,见 McCormick(2011:152)。

就像这个例子中的素食者一样，在特定的问题上，如果某些人的宗教或文化身份预先决定了他们将会采取的特殊立场，那么，在通过全民公决或立法机构中的多数票来对那些问题做出决定时，除非这些人能够对这种做法的恰当性进行争辩，否则他们就无法享有对政府的平等影响。他们必须有能力去证明说，在这些问题上采取多数票决，会使他们无法与其他人平等地对政府的导向加以控制。他们还必须能够去期望，他们对相关法律或提案所进行的争辩，可以得到公平的听证与恰当的处理。

如果我们允许对多数票决体制（或其他任何聚合个人意见以做出决策的类似体制）的结果进行争辩，这无疑会使事情变得更加纷乱。然而，如果我们希望人们能平等地产生对政府的影响，就势必要允许他们进行争辩。杰里米·沃德隆（Waldron 1999a，1999b）为多数票决提供了有力的支持，其理由是：与其他方法相比，这种体制更能促进平等的影响。但是，在一种从外部强加的投票体制设计中，如果有理由说这一体制并没有真正地实现平等，却又不允许投票者提出对该体制进行这种或那种修正，那么，我们又怎么能够去援引平等影响这种价值呢？（Beitz 1989）如果一种体制之所以被选中，是因为它承诺能够实现平等，那么，否认投票者在批评这种体制时有权援引平等的价值，就不能算是尊崇了这一价值。①

215 如果人们在批评一种影响体系的运作时，被允许援引它本来意在促进的那种平等价值，那么，它就可以算是所谓的递归程序（recursive procedure）（Benhabib 1996）。它代表了这样的一种体系：这种体系在进行运作时，不仅会对与自己不同的、外部的问题加以塑造，而且会对其自

① 在另一篇文章里，沃德隆（Waldron 2006：1364）采用了与我更为相似的思路。他的论证是：尽管（按照他的假定）民主社会中的成员“信仰作为一条粗略的一般性政治原则的多数统治，但他们也接受如下这一点：个体拥有特定的利益，并且有资格拥有特定的自由权，我们不能仅仅由于大多数人觉得方便就否定这些自由权。他们相信，各种少数派有资格获得一定程度的支持、承认与保护，而这些少数派的人数或政治影响力本来并不必然会确保他们获得这些东西。”我要感谢 Caleb Yong 提醒我注意这一点。

身所采取的那种形式本身加以塑造。把多数统治奉为圭臬，即赋予它一种神圣和不容置疑的地位，就等于是否定了递归的可能性，而且不可避免地会否定对这一体系本身加以改革的可能性。让多数统治受制于争辩和修正，并且保留继续进行争辩和修正的可能性，则是为将来的发展敞开了大门。

制度性含义

在分析一个代表性的大会——一个回应性而非标示性的代表团体——如何进行运作时，我没有去考虑所应当引入的选举体制的具体细节。我在前面支持让大会允许个体化的可争辩性时，相关论证也同样略过了制度上的细节。但从总体上看，我们应该能够明白大概需要何种措施。一种体系如果允许潜在地有效的、个体化的可争辩性，就不仅必须提供恰当的可争辩性，而且在争辩发生之前要使遭到争辩的决定具有透明性，在争辩发生之后要公正地解决所引起的争议。这些要求可以总结如下：

- 透明性：社会成员们要有能力了解哪些提案正在被加以考虑，以及哪些决定获得了通过。
- 可争辩性：无论是在提案送交立法之前，还是在提案已经得到通过成为法律之后，成员们都要有机会对其加以挑战。
- 公正性：成员们要能够期望在论坛上获得公正的评议（在理想状况下，还应该能够期望获得公正的解决方案）

在更为具体的层面上来说，上述措施所要求的是制度设计细节方面的问题，例如在选区划分和投票体制方面更为具体的要求。根据标准的思维方式（这一思维方式常常受到悠久的共和主义传统的影响），为了提升透明性，可以命令立法大会去公开争论它的举措，去对处于反对派地位的少数代表予以承认并对外公布，去强迫它自己和其他公共权威向民众证明其决定的正当性，去确保存在独立的、有可能提出批评意见的媒体，去允许公民组成监督团体以追查政府的所作所为，等等。

216 同样,根据这种传统思想,为了拥有进行挑战的机会,就应该广开民众与立法机关之间的咨询及上诉渠道,应该建立使得对法律的挑战能够被聆听和决定的法院和其他审判庭,应该任命起到特派员(ombudsman)或稽核员(auditor)作用的独立官员和团体去代表个体发起挑战,应该承认当局若违反了法治和正当程序的约束就应当为之负责,还应该对某些种类的集会示威加以许可,以使得人们能够对现状提出更为激进的挑战。只有当存在诸如此类的安排时,对政府进行争辩才是可能的。

最后,根据传统的智慧,由于我们需要确立一种大公无私的判决体系,因此,在任命法院和审判庭的成员以及特派员或稽核员团体的官员时,就应该受到某些限制,以便赋予他们以普遍的可信性。我们还应该确立这些权威部门的独立性,并为原告提供发起上诉以反对这些部门本身的决定的机会。当然,在一个共同体中,只有当人们真诚地愿意和其他所有人(哪怕是那些或许非常顽固的少数派)以平等的方式生活在一起时,对公正性的上述要求才有可能得到满足。如果缺少这种和解与妥协的精神,就没有什么希望达到这里所构思的理想(Bellamy 1999; Margalit 2010)。满足这一理想的最佳前景,也许就是让社会分裂为两个或更多个国家,或者是将其自身组织为一个由相对独立的各地区所组成的联邦。

与产生影响的平等机会有关的诸多问题,是如何通过争辩而得到解决的呢?一种解决方法是去寻找不同的决策模式(就像对我们的小俱乐部里问题的解决一样),使其不会产生多数票决那样的不良效果。这类解决方案可以采取多种形式。我们可以在决策时赋予少数派成员以特殊的影响力,也可以依靠标示性大会或协商式民意调查来对相关问题提出建议或做出决定,还可以创造出特设的、被认为是公正的委员会去对相关事务做出判决,亦可以在需要进行决策的领域内建立应当得到满足的目标配额(target quota)。

还有一种解决方法,就是把相关议题完全排除在民众投票的领域之

外。这种回应方式将禁止通过常规投票程序把多数派的宗教(或根据
类似的理由把少数派的宗教)确立为国教。更为一般性地说,这种回
应方式将禁止通过那种投票程序去把任何重要的特权赋予那些基本上 217
是固定的多数派群体的成员(当然,也不能将其赋予任何固定的少数
派群体的成员)。这样的话,它就能够保护人们平等分享对政府的影
响与控制的可能性,因为如果在某些问题上,对那种影响和控制的平
等分享是不可能的,那么,它就会否定政府部门在那些问题上的权威
地位。

一种个体化的争辩体系还会面临一个显而易见的危险。它可能被证明是无法运作的,从而招致无穷无尽的抱怨。这表明,在某些不同类型的问题上,如果人们产生影响的平等机会被普遍认为是处于危险之中的,那么,就应该去建立标准化的方式来处理这些问题。这些标准化的回应方式可能会授权给人们,使他们能够向特殊的决策性论坛发起上诉,或者是根据我们之前所描述过的那些程序而发起上诉。或者,这些回应方式还可能会确立某些个人权利,以对抗多数决策。这些权利必须在一部成文或不成文的宪法中得到表达,而这部宪法本身又不会由于简单多数的决定而受到修正。受宪法保护的权利的效果,是去将某些问题排除在公众议程之外。比如说,我们禁止由多数票决来决定是否建立国教、是否授予异性恋者以特殊权利、是否赋予某个特定族群以特权地位,等等。按照我这里的解读,这类保护的目的并不是要为人民的影响设置障碍,从而削弱民主程序。相反,这类保护的目的是确保民主体制满足两条得到广泛承认的民主要求。一方面,人民应当能够真正平等地产生影响;另一方面,发挥民众影响的渠道不应当被堵塞(Ely 1981)①。

在制度设计方面的严肃考察远远超出了本书的范围,而上述评论也

① 我假定,一种权利体系可以在不妨碍民主初衷的情况下富有成效地运作(关于这方面的担忧,见 Schwartzberg 2007;Tully 2009)。

并非意在为这种工作做出贡献。[①] 我之所以做出那些评论，只是为了宽泛地表明：一旦我们承认说，为了使人们平等地产生对政府的影响，需要
218 对任何所产生出的政策（以及任何用于产生政策的程序）引入进行个体化检验的程序，那么，我们所必须引入的都会是哪些种类的程序。这既需要赋予人们一种创制式（authorial）的角色，也需要赋予他们一种编辑式（editorial）的角色。也就是说，既需要他们在产生政策时发挥作用，也需要他们在检验政策时发挥作用。特别是，我们需要赋予他们一种个体化层面上的（而非仅仅是集体层面上的）编辑式角色。[②]

第四节　无条件的影响体系

相关要求

我们假定说，在一种以选举为中心的体制下，人们所拥有的影响应该会对政府施加某种引导。这一假定将会是下一章的核心思考内容。认识到如下这一点是很重要的：即使一个影响体系并不是无条件的或独立的，人们也许仍然能够利用他们的选举性和争辩性的影响，去对当权者实施那种引导。也许，他们之所以能够去进行那种引导，只是因为那些掌权者愿意让自己的政策契合于民众的要求（这些掌权者或许希望把自己想成民主派）。或者，他们之所以能够去进行那种引导，只是因为某些幕后势力（如军队、财阀或是帝国统治者）碰巧喜欢那些受民众欢迎的政策。

---

① 我在避免做出任何详细的制度性提议，这一事实似乎暗示：根据这里所采纳的视角，大多数民主国家的现状是不错的。但我并不支持这种说法。我相信，在共和主义理想所提出的制度性要求方面，还有许多理论解释和实际检验工作需要去做，而这些工作可能会支持非常激进的措施。包括一些我们目前完全没有见过的措施。比方说，可以想想约翰·麦考米克（McCormick 2011）所提出的、关于抽签选出的保民官的建议。虽然我此处并不赞同他的这一想法，但切不可由此而认为，在他所展望的激进式共和主义民主与我在本书中发展出来的共和主义民主形象之间，存在着很大的差异。至少在这个方面，我们之间并不必然存在分歧。我所进行的乃是一种抽象层面上的论证，因此无法去对这种建议进行探索。

② 我之前曾在 Pettit（1999，2000a，2000b）中强调了民主的这两个层面。

如果人民只有通过这种卑躬屈膝以求默许的方式，才能够对政府产生引导性的影响，那么，这种影响就不会使他们掌握控制政府。控制所要求的是：无论政府（或任何第三方）的意志发生何种变化，民众的需求和政府的供给之间都必须保持稳固的对应关系。如果这种对应关系像上面所说的那样，是偶然的或者是有条件的，则享有权力或控制的就会是决定那种对应关系的行为者，而不是这个行为者选择去施以恩惠的人民。

在意大利—大西洋式共和主义的历史中，曾经反复出现过的主要忧虑之一，就是担心很难维持作为对政府的引导性影响之来源的人民的独立性。按照理查德·普莱斯（Price 1991：78－79）的论证，那种独立性会在两种情况下遭到威胁。一种情况是：一个外来的国家允许人民自我治理，但保留了废止这种安排的权利。因此，这种自治安排便"可能由于据有主权的国家的决定而被改变、悬置或否决"。另一种情况是：人民代表 219
在一种"引导他们的决议并使他们依附于己的更高级意志"之下而进行工作。与第一种情况一样，在这种情况下，虽然政府是在人民的影响下而行动的，但由于这种影响要以一种更高级意志的默许为前提，所以政府并不会受制于"人民的控制"。①

① 在1766年废除了《印花税法》之后，北美殖民地居民所抱怨的问题的核心，就是对屈从于外来控制的担忧。尽管《印花税法》的废除似乎是承认了殖民地臣民（至少是拥有财产的主流男性）在大体上是民主的基础上自我治理的权利，但这仍然留下了令人不安之处。威斯敏斯特的议会确实撤销了一项似乎会侵犯那种权利的法案，但它同时却在所谓的《宣示法案》（Declaratory Act）中坚持认为，它这么做是出于恩赐，而不是出于任何义务。据它宣称，议会"过去拥有，现在仍然拥有，而且理应正当拥有制定法律法规的完整权力及权威。这些法律法规要有足够的力量与合法性，以在所有可能的情形下约束美洲的殖民地与人民，亦即大不列颠国王的臣民。"见J. Rakove, A. R. Rutten and B. R. Weingast的未发表论文"Ideas, Interests, and Credible Commitments in the American Revolution"。关于这篇论文的理论背景，见Weingast（1997）。这种担忧在那个时期非常普遍。因此，威斯敏斯特在1782年被迫废除了一项1720年的法律。根据那项法律，都柏林的议会（它本身当然也不是一个代表性特别充分的团体）的决议可被伦敦方面宣布无效。用这项法律自己的话来说，它被设计出来的目的就是"更好地确保爱尔兰王国对大不列颠国王的依附"（Stewart 1993：26）。但批评者抗议说，仅仅废除那项法律是不够的，因为这并不意味着威斯敏斯特方面放弃了改变自己决定的权利。随后，或许是由于在美洲受到的教训，威斯敏斯特方面在1783年做出了回应，放弃了相关的权利。见Stewart（1993：第4章）。也许正是出于这一原因，伦敦方面在1800年力求中止爱尔兰的自治时，才没有去打压都柏林的议会，而是在很大程度上依靠贿赂而诱使其成员自行解散。

什么样的措施有可能赋予民众影响体系以一种独立的、无条件的特色呢(就像在选举式和争辩式的政治体制之下所能够具备的那种特色那样)?我会略过国际层面上的问题,因为这会把我们带到国际关系的领域中去。我们所面对的问题是:何种措施才能使民众影响体系免于在国内方面遭到限制?怎样才能避免如下情况:只有当政府或某种并行的权力愿意接纳民众的影响时,这种影响才能够继续存在下去?

我们在上一章中讨论这一问题时看到,唯一能够确保这一点的防范措施,就是一个富于反抗性的共同体。也就是说,在这个共同体中,在事实上以及/或者在人们共同的信念中,人民倾向于在政府忽视民众的影响时对其进行反抗,而政府则倾向于去避免激发反抗。如果只存在选举式的体制(哪怕是以争辩式的方式加以调整过的,因而可以确保个体化的影响的选举式体制),显然并不足以保证会存在这样一种反抗性的文化。那么,我们可以采取哪些方法来满足这项要求呢?

220 为了满足这项要求,我想提出两条至关重要的措施。这两项措施分别对应于意大利—大西洋式共和主义特有的两项制度性因素,即混合宪制与争辩性的公民体。如果宪制是混合的,则政府就会趋于惧怕反抗;而如果公民体具有争辩性的特征,则人民就会趋于进行反抗。简单来说,具备这两种因素后,社会就会趋于富有反抗性。

民众影响的个体化已经会支持让宪制具有一定程度的混合因素,例如让判决权力与其他形式的权力相分离。民众影响的个体化也要求人们具有争辩性,因为它主张要让人们针对多数派的忽视而提出个人的或少数群体的要求。使民众影响无条件化或独立化的最大希望,就是去在这些方面推动进一步的发展。当我接下来去勾画所需要的发展时,我会假定说,使选举式体制的影响得以个体化的要求已经到位了。对于透明性、可争辩性和公正性的需求已经在制度上得到了满足。

混合宪制

让·博丹与霍布斯发起了对混合宪制的攻击。他们论证说,如果没有一个单一的、绝对的主权者,就不会存在一个能够令人满意地运作的国家,即一个能够有效地制定与实施法律的国家。那个主权者可以是一个君主(他们两人都偏爱这种形式),也可以是一个贵族制的或民主制的会议。他们的这一攻击不应该出乎我们的意料,因为两个人都关心建立一个绝对的主权政府,使其有能力在存有深刻的宗教与民事冲突的世界上确立和平与秩序。他们都意识到,拥有这样一个主权者的代价,就是让人们暴露在那个个人或团体的莫测意志之下。不过,尽管他们都认为主权者最好是遵守习俗性的和其他的约束,不要去恣意行事,但他们也都情愿付出那种代价。他们都认为,主权者可以甩开那些约束,同时又继续保持自己的主权者身份。因此,博丹(1967:I. 8. 26)认为,哪怕他会实行"公然的暴政",但"暴君说到底仍然是真正的主权者"。霍布斯(1994b:综述与结论)则论证说,"暴君这一名词的含义正好等于主权者这一名词的含义,不论主权是操在一人手中还是许多人手中都一样"。①②

博丹与霍布斯对混合宪制采取了一种富有敌意的态度,因为他们非常清楚地意识到了那种被波利比阿(Polybius 1954)、西塞罗(Cicero 1998)和马基雅维利(Machiavelli 1965)所描绘赞扬的设计意在何为。这种设计意在确保国家不能拥有那种允许当局将自己的专断意志强加给其治下人民的权力。因此,在博丹与霍布斯看来,他们希望主权者与国家所发挥的作用明显是与那种设计相矛盾的。 221

混合宪制的传统捍卫者使用了旧有的语言,将它呈现为三种纯粹

① 霍布斯:《利维坦》,第572页。译文略有修改。——译注

② 理解他们立场的一种方式,就是认为他们是主权问题上的实证主义者。法律上的实证主义者认为,即使是坏的法律——即使是那些违反了自然法的法律——仍然应当算作法律。同样,博丹与霍布斯认为,即使是坏的主权者——比方说,即使是一个暴君式的主权者——仍然应当算作是主权者。实证主义者认为,法律之所以为法律,是因为它发挥了一种特定的功能——例如哈特(Hart 1961)所界定的那种功能。同样,博丹与霍布斯认为,主权者之所以能算是主权者,是因为它发挥了一种他们认为是至关重要的功能:确立社会中的和平与秩序。对于在这一问题上对霍布斯的诠释,Hoekstra(2001)提出了一些告诫性的评论。

的宪制类型——君主制、贵族制与民主制——的混合物。这种比喻蕴含了十分明确的制度性约束。这些约束分为两种：与其中某一种宪制联系在一起的约束，以及与各种权力的混合联系在一起的约束。宪制方面的约束要求政府根据正当的程序来运作。政府不能依靠专门的指令来统治，而是要经由公开的、普遍性的和前瞻性的规则来统治（Fuller 1971；O'Donnell 2004）。这些约束所建立起来的，就是后来所说的法治（rule of law）。按照西塞罗（1998：151）的说法，法治表达了这样的一种理想："官员是出言发声的法律，法律是沉默不语的官员。"混合方面的约束则要求某些意在支持这种法治的东西：不同的政府权力要放在不同的人手中；那些不同的权力应该在不同的、相互制衡的行为者或行为机构之间共享；在行使权力时，对各种权力中心的设计要能使人民中的所有群体公平地出席或者被代表。如果把上述教导浓缩为一句口号的话，我们可以说，混合宪制的混合方面要求权力的分立、共享与制衡。

混合宪制中的哪些政府权力应该分立呢？（Gwyn 1965；Vile 1967）在孟德斯鸠男爵（Montesquieu 1989）的影响下，如下说法成了标准答案：应该分立的是立法权、行政权与宣判权（adjudication）。但这个答案一方面可能会范围过宽，另一方面又可能会范围过窄。在要求立法权与行政权相分离时，它的范围会太宽，因为威斯敏斯特政府体制的经验是：不去
222 分离那些部门并无真正危险，甚至可能会有一些切实的好处。它的范围还有可能不够宽，因为它并不要求各军警部门之间的分离，不要求世俗与宗教权威的分离，而且也不要求政治权力中心与商业权力中心的分离。在防范公共权力的滥用时，与那些更为正式的设计相比，上述这些分权措施可能是同样重要的。①

在混合宪制中，权力应该如何被共享呢？博丹的一些早期批评者指

① 对于权力的分立（以及共享与制衡）的这种全面观点，一个富有原创性且与我志趣相投的发展见 Braithwaite（1997）。对于正在浮现的民主体制中的政策制定分析，在相关观点上一种有自觉意识的共和主义式的应用，见 Braithwaite，Charlesworth and Soares（2012）。

出,制定法律的权力能够以多种方式由不同的个人或团体共享,或是在它们之间进行分割(Besold 1618:279－280;Cabot 1751;Franklin 1991)。这个说法在今天同样成立。因此,为了分散立法权,可以采取如下措施:将提出法案的权利交给某一个团体或者官员,将决定是否接受提案的权利交给另一个团体或者官员;设立两个或更多个立法机构,就像在标准的两院制体系下那样;像影响的个体化所要求的那样,使这些立法机构的权力受到法院的约束;以及／或者让行政部门对准备确立或施行的法律有一种形式上的或实际上的否决权。① 不过,这里无法讨论这些安排各自的优势或以不同方式将它们结合起来的好处。

除了权力的分立与共享之外,混合宪制的传统形象还需要由权力的制衡来加以完善(Richter 1977)。在传统的图景中,这种宪制意在结合贵族与平民的贡献,从而确保没有哪个人的影响会被排除掉。在像 16 世纪的马基雅维利这样的作者(见 McCormick 2011)和 18 世纪英格兰的激进共和派作者(Liberman 2006)那里,上述需求被以一种要求很高的、民主的精神加以了诠释。这种诠释强调说,民众对政府运行方式的臧否是宪法的最终保障,而这也使作为整体的公民在对政权的维护中扮演着一种特殊的角色。

博丹、霍布斯以及与他们想法类似的混合宪制反对者,都不会特别 223
反对权力分立本身,因为他们愿意把政府行政事务委派给其他人。他们也不会反对权力制衡(哪怕是以激进的方式所诠释的权力制衡),因为他们认为,一种包容性的、多数至上的民主制可以是一个合法的(如果不是可欲的)政权。他们所真正反对的,是对立法权力的共享,因为这种共享(尤其是与对行政及司法权力的共享结合起来时)似乎会使政府无法齐

① 因此,值得注意的是,雅典的立法权是在公民大会(ecclesia)、法院和负责修订法律的团体即立法委员会(nomothetai)之间共享的(Hansen 1991;Ober 1996)。罗马也采取了各种措施,包括像部落大会和百人团会议(tribal and centuriate assemblies)这些独特的法律制定机构(Millar 1998)。罗马的这种特殊制度安排创造了不同的潜在法律来源,而其他大多数安排则创造了不同的潜在否决者。对于"哪个机构是古代雅典的真正主权者"这一问题的徒劳无益性,见 Ober(1996:120－121)的出色讨论。

心协力，并且无法在纷争不已的时代显示出自己的权威。

当然了，从我们的角度来看，政府不能以这种方式齐心协力乃是一件好事。政府的各个机构如果无法联合起来一致反对民众的压力，他们就会更倾向于力图避免激起民众的反抗。任何一个政府人员或政府机构都可能会受到诱惑，从而去挑战民众的情感并直面民众的反抗。但是，如果国家只有在其组成部分全都团结一致时才能行动(并且被迫要在法治的约束下去行动)，则这一事实本身就意味着，作为一个整体的政府不太可能会去做出那种冒失行为。在对民众反抗行为的忽视或镇压上，这样的政府不会像它的某个组成部分那样积极。

在为关于混合宪制的上述讨论作结时，指出如下这一点或许是有用的：由博丹与霍布斯所领衔(并以不同方式得到了卢梭与康德的支持[Pettit 2012b])的这种绝对主义的批评意见，除了会在制度上造成令人不安的后果外，在哲学上也是有失偏颇的。博丹与霍布斯认定说，国家如果想要成为协调一致的法律的来源，就必须作为一个具有单一意志的行为者或行为机构(他们经常称其为一个“人”[person])来活动；而国家如果想成为有效奖惩措施的来源，就必须拥有绝对的权力。在反对混合宪制的论证中，第一个主张是最具有相关性的。基于“我们需要具有单一意志的行为者或行为机构”这一假定，两人都坚持认为，如果宪法允许存在相互独立的权力中心，则不管这些权力中心如何协调，那种行为者或行为机构都是无法存在的。博丹(Bodin 1967：VI. 4. 198)写道：“作为一个躯体的国家是不能拥有多个头颅的”。霍布斯认为，假如国家真的是以那种方式组织起来的，则我们所拥有的就“不是一个独立的国家，而只是三个独立的集团，代表者也不是一个而是三个”(Hobbes 1994b：29. 16)①。而正如我们在导论中所看到的，卢梭(1997：II. 2. 2)饶有兴味地
224 承续了这一主题，认为在混合宪制之下，主权者被转变成“一个支离破碎

① 霍布斯：《利维坦》，第257页。——译注

拼凑起来的怪物”。①②

出于已经讨论过的理由，我们可以同意说，就像所有这些思想家所认定的那样，国家（state or commonwealth）在传达与应用法律时，应该像一个单一的行为者或者个人一样去运作。在恰当的意义上来说，成为一个行为者就是成为这样的一个个体或者团体：它能够承认像“前后一致性”这样的要求，并证明自己不会对那些要求置之不理。在采纳所要达成的目的时，以及在形成关于“如何最好地去促进那些目的”的判断时，它必须能够意识到理性的约束和挑战。那些批评者们反对混合宪制，因为他们认定说，为了使国家具有这样一种行为者式的或个人式的地位，就必须有一个能够代其发声的发言人。据他们说，这个发言人可以是一个国王或女王，或者是一个在多数至上原则下运作的贵族制的或民主制的会议。更为宽泛地说，它必须是一个空间与时间维度上的具体实体，而非在不同个体或团体的运作与协作基础上存在的实体。但这纯粹是一种教条。我们没有任何理由否认如下这种说法：国家可以是一个分散的机构；它与其他任何行为者一样，能够对理由的要求做出回应；但这种回应的基础是一些协调性的法则，在这些法则之下，一些截然不同的组成部分可以进行合作（List and Pettit 2011）。

我们在之前曾见过如下事实：一个在多数至上原则下盲目运作的会议，无法满足理性与能动性的要求；对于从中产生的任何备选的法律或政策，都必须加以检验，以决定其是否会趋于导致前后不一致。这种测试可以在一种清晰可见的相互制衡体系下完成。那种制衡可以发生在立法机构中的不同议院之间，并受到那些议院与宪法法院之间往来的约束。这样的安排代表了一种混合宪制的简单形式，同时能像博丹与霍布

① 卢梭：《社会契约论》，第 33 页。——译注

② 这一主题也周期性地出现在了那个卢梭对之有着形塑性影响的长久传统之中。例如，见黑格尔（Hegel 1991：308）对“国家中的不同权力应该相互独立”这一理念的批判：“分明是两个独立自主的东西就不可能形成统一，而必然要发生斗争，其结果，或者整体崩溃了，或者借助权力统一重新建立起来。”（黑格尔：《法哲学原理》，范扬、张企泰译，北京：商务印书馆，1961 年，第 286 页。——译注）

斯所要求的那样,去让人民发出一个声音。但是,这个声音将会从一个复杂整体里的不同团体之间的互动中浮现出来。它不会来自一个单一的、被授权去替全体人民发言的机体。

为什么博丹、霍布斯与卢梭忽视了这种可能性呢?除了他们的政治目的外,他们很可能还受到了 A. N. 怀特海(Whitehead 1997:51)所说的“错置具体性谬误”(fallacy of misplaced concreteness)的影响。这个谬
225 误可能使得他们认为,如果国家存在着一个心灵(mind),则这个法人式的(corporate)心灵必须要坐落在国家中的某个单一地点。它可以(从非常符合其字面含义的意义上来说)坐落在君主的头脑里,或者也可以坐落在召开会议的论坛上。但是,国家的行动所基于的目的和判断——即那个决定了它对公民以及其他个体与团体的行为的心灵——可以从国家中不同的、分离的各个部分的互动之中浮现出来。那些目的与判断不需要坐落在这些具体部分中的任何一个上面。

吉尔伯特·赖尔(Ryle 1949)讲述了一个关于牛津访客的故事。这个人被带着参观了牛津的各个学院,但他还要求去看一看牛津大学,因为他认为牛津大学是一个带有同等的具体性的存在物。这位访客所没有认识到的是,正是通过那些学院的互动方式,牛津大学才得以作为一个统一的行为者而存在与行动。它存在于那些学院之中,并经由那些学院而存在。它是作为一个更高层级(superordinate)的实体浮现出来的,而不是由某些同质的事物累加而成的。牛津大学与它的学院之间的关系,就等于国家与它的组成部分之间的关系。并不是说只有当那些部分中的某一个成了主权者后,国家才能用单一的声音发言并展现出单一的思维。国家可以是一个更高层级的实体,建基在各个部分之间的一种持久有序的互动之上。混合宪制的批评者们都有意无意地忽视了这种可能性。①

① 我们可以说,在当代的心灵哲学中,对笛卡尔式的“思想之物”(res cogitans)——人类心灵或灵魂所浓缩于其中的特定实体——之理念的批判,也是在指责笛卡尔陷入了错置具体性的谬误之中(Dennett 1992;Clark 1997)。在对个体心灵的具体主义(concretist)假定与对国家主权的具体主义假定之间,存在着高度的相似性。

争辩性的公民体

为了使民众的影响在适宜的程度上成为无条件的或稳固的，还要有两个补充性的要求。首先，正如我们所见，必须存在一种混合宪制，以使政府去避免激起民众的反抗。其次，在公民中还必须存在一种争辩性的文化，以使人民去反抗政府的任何滥用权力的行为。这两种因素必须不仅能够起到触发恰当回应的作用，而且还能够成为被共同意识到的事实，即一种宣之于众的事实。不过，这个附加的条件会趋于自然而然地得到满足。如果混合宪制与争辩性公民体存在的话，很难看出这一事实如何能够不宣之于众。

就争辩性公民体这一需求来说，我们应该注意到，权力的个体化已 226
经在要求人们去做好准备，以便去争辩那些似乎削弱了他们在影响力上的平等的法律与政策。但是，我们还应该确保民众的影响不会依赖于政府的善意（或是任何第三方的善意），而对这一点的需求独立地支持了上面所提出的要求。人们必须警惕那些没有得到恰当支持的提案或措施（下一章会更多地谈到这一点），而且他们必须准备去组织起来反对这些政策。只有通过对政府行为进行同心协力的、持续的警戒——用老话来说，只有通过公民的戒备——我们才有可能确保政府会被迫继续回应民众的意见。

但是，为了确保一种恰当形式的戒备，我们又需要些什么呢？任何有效的选举体系都预设了言论、结社与出行的自由，这些都必须深植于人们的共同意识之中。公民们必须定期行使那些自由，并在一种主动的、活跃的政治形式中去检验它们。虽然不是每个人都需要成为积极分子，但公民们的戒备还是需要他们在整体上保持一种很高程度的介入。必须有一些人对政府的每一个动向表示出兴趣，也必须有一些人坚持要求政府对其所采取的动向提供辩护。正如人们有时所说的，民主生活必须带有一种斗争性（agonistic）的特征——或者最好是说一种对峙性（antagonistic）的特征。

这种理想是否太过于浪漫化，从而显得不够现实呢？如果它（就像在某些传统的公民美德形象中那样[Montesquieu 1989]）要求政治上的积极分子与公共利益群体对每件事都插上一手，那么，这一理想就确实是过于浪漫化了。当代的国家过于复杂，无法允许人们进行那种全方位的检查和盘问。显然，我们所需要的是专业化和组织——简单地说，就是在行使公民戒备方面的一种劳动分工。那种理想很难说是不现实的，因为当代的民主国家会自然而然地培养出监察性的活动团体，即非政府组织。这些团体会在地方、国家和国际的层面上，在不同的政治生活领域里进行运作。它们会专注于不同的领域，例如消费者问题、人们的工作条件、妇女权利、环境可持续性、种族平等、残疾人的机会、犯人在监狱内的境况、同性恋者的权利、保健供给和公共教育。

公共利益团体使得公民戒备与争辩方面的专业化成了可能。这从两个方面来说都是可欲的。相比于一种全方位的监管体制，这种专业化使得公民有可能去对政府加以更有效的戒备。这种专业化还使得我们
227 在招募行使公民戒备的人时，有可能去以他们所关心的和热心于的事情作为基础。这种招募行为并不是只能通过对美德的抽象呼唤来吸引人。只要一种特殊的热情和归属感所诉诸的是某种公共标准（如平等影响的理想），并且是在公共论坛上提出来的，那么，以这种热情或归属感作为基础来行使公民戒备，就没有任何问题。这可以追溯到马基雅维利所强调的那种存在于漫长共和传统中的分裂与怨恨。一些认同他的这一主题的当代作者也强调了这一点（McCormick 2011）。那种热情和归属感可以被亚当·弗格森（Ferguson 1767：167）所描述的那种普通人的“桀骜不驯、骚动不安的热情”①所滋养。

这里所设想的积极活动不仅拒绝了“每个公民都来行使一种全方位的、利他主义的警戒”这种过于浪漫的想法，而且还拒绝了一种同样过于

① 弗格森：《文明社会史论》，林本椿、王绍祥译，沈阳：辽宁教育出版社，1999年，第185页。——译注

浪漫的想法，即实行一种参与式的、卢梭式的介入活动。这种参与式的思路太不接地气，因此更会趋于打击而非鼓励活动参与者的士气。正如一位作者所说，这种思路“对于统治者与被统治者之同一性的坚持，导致民主被从历史的记录中清除了出去，还导致民主被缩减成了一个此前从未实现过（甚至在古代雅典也没有实现过）的理想”（Green 2004：748）。为了使民众的影响变得稳固，我们所需要的介入活动只不过是激进社会运动而已。这种运动为人们共同关心的问题提供了说明，阐述了一套民众的需求，并对政府提出了挑战，因为政府在其政策中未能承认或反映那些民众需求（Young 1990；Honig 2001）。这种运动使人民在政治体系中起到了积极的作用，但并不会硬说政治要求人民聚集到一起进行宏大的活动，以形成共同意志并制定法律。

但是，如果说关于民主式人民的这种争辩模式并不具有浪漫主义特征的话，它也并不具有政治现实主义者所假定的那种犬儒式气质。因此，它就也同下述观点形成了鲜明的对比：民主需要广泛的冷漠态度所带来的稳定性作用，而且，它的一个令人欣喜的毛病是，它真的会导致那种冷漠（Lipset 1960）。如果在人们看来，民主只不过是通过选举将政府责任指派给特定的政党或群体，那么，当人们几乎不表现出任何躁动时，民主就能够最为良好地运作。然而，如果民主在于人民对政府个体化的、无条件的控制，则民众的冷漠就必定会使民主消亡。假如人们允许自己变得冷漠，政府事务就必定会被交付给一些他们无法影响也无法指引的人手中。

所以，对争辩式戒备的呼吁就不是可有可无的，正如它不是过于浪
漫的一样。人们确实是必须要做出努力，去克服政治冷漠，以使这种努
力的习惯配得上美德之名。这构成了一种驱动式的美德，即一种由个人 228
的利益与自发的投入所独立地促进的美德。它不同于那种纯粹的、道德
色彩强烈的美德。不管这种驱动式美德的要求有多高，它肯定是在人们
力所能及的范围之内的。因此，如果人们未能在戒备和争辩方面做出表
率作用，他们就可以被要求去为此而负责。要是他们无法展现出那种美

德,那么,就像詹姆斯·哈林顿(Harrington 1992:20)在17世纪50年代所说的那样,"他们只能怨自己了"。这种缺陷植根于意志的软弱之中,而他们为此只能去责备他们自己。

上述观察表明,在共和主义政权下所需要的那种争辩精神,也可以算作是某种形式的公民美德,尽管是一种人们全都应该具备的美德。但我们还应该对这种美德的另一个方面加以强调。这种美德意味着人们愿意去挑战公共的提案与政策,愿意去指出它们没有获得人民的支持(或者,它们获得支持的那种方式没有将所有的成员作为平等的人来对待)。但是,它还预设了一种信念:我们要生活在某种制度安排下,而根据这种安排,共同体的所有成员都能够共享一种体系,以使他们具有平等的民众影响。争辩式的美德并非那种反对妥协与调和的对抗性或宗派性脾性。拥有这种美德的公民会拥护如下理想:在他们碰巧居于其中的共同体里面建立一个共和国。从这种意义上来说,他们都是爱国者(Viroli 1995)。为了实现那一理想,他们愿意去做所需要做的一切事情。他们之所以是爱国者,是因为他们在国际上支持自己的国家。这也是"爱国者"这一理念的通常含义。但是,与我们所关心的事情更为相关的是,他们在国家内部时也是爱国者。他们致力于在自己的国家里(不管他们所处的是哪个国家)建立一种非支配性的政府。他们并不会去渴望或争取一个由他们所属的特定部落、教义或肤色的人所统治的国家。相反,他们承认说,一个非支配性的政府需要容纳所有的群体,包括他们自己所属的群体。

我们所描述的争辩性公民体理想,是与混合宪制的理想密切相连的。既然人民的声音要从不同团体的互动过程中浮现出来,我们就有充分的理由认为,以争辩的方式所参与的个人(就像以选举的方式所参与的个人一样)应该构成那些团体之一。不过,既然争辩性公民体的理念以这种方式与混合宪制相吻合,它就必然是与那种卢梭式的立法会议形象截然不同的(那种会议由一个单一的、得到授权的发言人来替人民发声)。如果说,就像在卢梭从霍布斯那里所继承来的形象中那样,立法会议是以独有的权威而替公众或人民发声的发言人,那么,个体就不能被允许以其作为臣民的私人身份去和那个声音进行争辩。如果他们有权质询主权会议的命令,那个会议在发声时就无法具有它所需要的权威 229
性。因此,正如我们在导论中所看到的,霍布斯(1994b:18.4)宣称说,如果臣民可以“声称由主权者订立的信约有违反情形……在这种情况下,就没有一个裁断者来决定这一争执”①。卢梭则忠诚地响应了这种思想,认为“假如个人保留了某些权利的话……个人与公众之间就不能够再有任何共同的上级来裁决”②(Rousseau 1997:I.6.7)③。

第五节　有效的影响体系

民众影响的诸层面

我们前面所考察的是:假定一个民众性的、以选举为中心的影响体系施加了某种引导,则它在多大程度上能够是无条件的。也就是说,它能够在多大程度上独立于政府(或任何第三方)的意志而施加那种引导。在继续假定它能够施加某种引导的情况下(我将在下一章试图为这一假定进行辩护),我们最终必须去问:一种以选举为中心的影响体系能够在多大程度上是有效的?它对政府施加的约束是否足以使它自己通过“坏运气测试”?这些约束是否足以让这一体系之中的人们认为,那些不受

---

① 霍布斯:《利维坦》,第134—135页;译文有改动。——译注

② 卢梭:《社会契约论》,第20页;译文有改动。——译注

③ 康德也追溯了卢梭的这种独自得到授权的发言人形象,并在提出下述问题时阐述了相似的思想:在一种争辩式的制度安排下,对于臣民与主权者之间可能产生的那些问题,应该由谁来做决断?他所给出的答案如下(他所设想的是个体的而非集体的主权者):“唯有那个负有最高公共权利的职责的人,也就是正是国家领袖本人,才能去那样做。因此,共同体中就没有任何别人有权抗争(contest)他享有的这种地位。”(Kant 1996:299;亦见463。译文见康德:《历史理性批判文集》,何兆武译,北京:商务印书馆,2009年,第199页,略有改动。——译注)正是这种考虑将康德引向了前面对契约主义的讨论中所提到的那种观点:即使主权者是“以非常暴力的(暴政式的)方式去行动,臣民们也仍然不得以武力进行反抗”。(Kant 1996:298。译文见康德:《历史理性批判文集》,第197—198页,有所改动。——译注)Ripstein(2009:341-342)论证说,康德还是可以找到理由去谴责纳粹国家。

他们欢迎的决定只不过是坏运气带来的结果,而不能说明有某种带有恶意的意志在迫害他们和他们的同类?

在一种适宜地个体化和无条件的选举式体制下,人民能够发挥巨大的影响。干涉权力能够造成三种不同形式的效果(阻挠、干涉和监视),而更为一般性地说,实施影响的权力也是如此。一旦我们认识到了这一点,就能够意识到人民所发挥的影响的诸多层面。正如我前面所说,被实施的影响可能会是主动型(active)、实际型(virtual)和预备型(reserve)的影响。

假设我们人民享有了对政府的个体化的、无条件的选举式影响。这会将大量的可用资源置于我们手中。我们可以主动地利用这些资源,去
230 朝着这个或那个方向推动政府政策。最终的政策朝向将取决于我们如何投票,以及我们选择在哪些问题上作为个人或亚群体而去进行争辩。这种争辩可以通过立法机构、法院、特派员或相关渠道而进行,当然也可以在媒体上或街头进行。相关体制应该能使我们独自或集体进行的活动有能力产生巨大的效果。任何事物都无法阻止我们去力求造成这种效果,因为我们拥有言论和结社的自由,并且不以任何方式依赖于某种更高级意志的默许。这种体制还会受到相应的约束——受到相应的制衡,以使得我们做出的努力能够被流畅地传送出去(甚至也许还能够被增强一些),直到能够对政策产生影响为止。

然而,上述评论仅仅涉及了为产生影响而做出的积极努力,却遗漏了其他形式的影响。如果我们人民拥有了实施那种积极影响的权力(无论是通过选举的方式还是其他方式),那么,对于政府的所作所为,我们也就能够去实行相对应的实际型影响。我们不必根据自己的喜好来对政府行为加以干预,而是可以在事情令人满意的情况下袖手旁观。用前面关于牛仔的那个比喻来说,我们可以对政府进行"放牧",刻意或非刻意地去确保它不会采取我们所反对的政策导向。我们不需要真的去主动做什么事情,就能够阻止政府违反我们的意愿而行事。这就好比牛仔对其牛群的管束。他在进行放牧时,可以防止它们违反他所实际形成的意愿。

除了主动型和实际型的影响之外，一种兼具选举和争辩的体制还会允许我们去实行预备型的影响。对于政府在特定政策问题上所应该采取的导向，如果我们尚未达成意见，但仍然保持着在达成相关意见后进行干预的趋向，那么，我们就实施了预备型的影响。如果我们形成了排斥某种政策的趋向，那么，假如这项政策果真被采用了，我们就会利用自己的主动型影响与其斗争。而假如这项政策只是可能被采用的选项之一，则我们就会依靠自己的实际型影响来防止它被采用。

当我们对政府进行实际型或预备型的影响时，那些掌权者极有可能会意识到这一事实。如果政府意识到了我们在这方面的权力，它就很有可能受到适当的抑制。① 如果政府明白我们会反对采用某项政策，它就 231
很可能会基于此而放缓追求那项政策的脚步。如果政府明白我们将来会起而对抗某项我们目前尚未加以反对的政策（例如，我们可能会在看到这项政策的实际效果后对它加以反对），它就很可能会基于此而对是否引入这项政策表示迟疑。因此，我们只需要表现出对这种或那种政策导向的明显偏好，就能够享有对政府的影响。我们不用举手投足或者发言出声，就能把政府置于这样一种情势之下：它会根据我们实际拥有的或者可能拥有的趋向，来替我们完成工作。

上述评论应该能够充分表明：在目前所描述的这种体制下，民众能够造成深远的影响。这种影响能够遍及政府决策的各个角落与缝隙，并对各个机构所达成之决定的内容与方式施加约束。这种影响不仅来源于我们在大选和个体化的争辩中的行为，而且还会（就像在实际型和预备型影响的情况下）来源于我们在这些方面采取某些行动的趋向本身。这种影响不仅能够授予我们的行为以权力，而且同样还能够授予我们的性情以权力。

我们的行动趋向可以在多个层面上干预政府行为。因此，我们所实

① 意识到另外一个行为者的实际型干涉，就等于是暴露在了强制之下。而意识到另外一个行为者的预备型干涉（即意识到该行为者所实施的监视），就等于是暴露在了吓阻之下。

施的影响很有希望能对政府加以有效约束，以使得私人意志除非能与那种影响所意在施加的导向保持一致，否则就不会被允许去产生任何效果。假定这种民众影响所推动政府前进的方向能够被平等地接受(这是下一章的主题)，那么，在其他条件相同的情况下，这种影响就必须要是足够有效的，以确保“坏运气测试”得到满足。

但其他条件真的会相同吗？民众影响真的会被允许造成深远的影响吗？还是说，它会被其他淹没了公共世界的影响渠道所大肆挤压或冲淡？我会在最后一节中讨论这种可能性，并在指出三种特殊的危险之后，表明它们都不是无法避免的。第一种危险是：民选的政治家会在自利的动机之下篡夺人民的影响。第二种危险是：私人游说集团(private lobby)会因为希望朝着某个方向推动政府(这一方向并不必然会得到民众的支持)而篡夺人民的影响。第三种危险是：不经选举产生的权威机构(包括为了抵制上述危险而建立的机构)可能会在对民众要求疏于回应的情况下控制政府政策。①

232 来自民选政治家的危险

邦雅曼・贡斯当(Constant 2003：387)一针见血地点明了第一种危险。正如我们所见，他观察到了如下事实：如果你将某人选举到了一个代表性的职位之上，则你藉此就赋予了他一种“与他被要求去代表的利益所不同的利益”。至少在通常的情况下，通过将代表们选举上台，我们就给予了他们“获取连任”这种特殊的利益，并使他们具有强有力的理由去采取能够促成连任的措施，同时去避免会妨碍这一目标的措施。上述观察马上就会使我们看出，在某些政策制定领域中，民选的政治家必须足够高尚，不为自己的利益所动，而不管民众的影响所支持的是什

① 下面的讨论中的许多论点，都基于早先的 Pettit(2002a，2004b)中的论证。不过，尽管我当时主张一种“去政治化”的民主，我现在则倾向于避免使用这种说法，因为它助长了如下这种批评意见：我所诠释的那种共和主义没有赋予人民以一种恰当的、民主的角色。见 McCormick (2011：155－157)。

么——事实上应该说：不管民众影响的前提条件所要求的是什么。

对于许多政治家来说，连任的前景要取决于他们所处的投票或选区划分体系。因此，我们应该学到的第一课就是：不要让他们去管理这类选举问题。但连任的前景还要看关于政府绩效的信息是以何种方式被加以塑造和传播的。所以我们应当学到的第二课是：民选的政治家不能握有发布社会经济统计数据的权力。同样，更为一般性地说，连任的前景最主要会取决于选民当前的经历。因此，政治家们会有强烈的动机去使选民感觉良好，并去淡化未来的损失（选民们本来应该去关心这些损失，但他们很容易受到诱导去忽视它们）。最后这项考虑会给我们带来很多教导，例如，在关于利率、能源与环境问题以及或许司法量刑的政府政策上，我们不应该将其完全交付在当选者的手上。政治家所集中关注的，只是与选举有关的短期事务。因此，他们总是趋于偏爱更低的利率，更容易满足的能源及环境需求，以及更为强硬的、能够满足报复性要求的量刑。然而，无论这些政策在短期之内有多么吸引人，从长期来看，它们都会非常具有破坏性，并且代价非常之大。

我们应该如何去处理这些危险呢？最为明显的回应方式（也是许多民主国家所采取的回应方式），就是让这些政策制定领域与民选的政治家拉开距离。这种回应方式会支持实行如下这些措施：建立一个独立的选举委员会，来负责去划分选区并做出其他涉及选举的决定；引入像不列颠哥伦比亚省公民大会那样的团体，来对某些特定议题做出建议；设立独立的、声誉良好的权威机构，来收集、分析和发布对公众至关重要的 233
统计数据；建立一个对经济问题了然于胸的中央银行，来负责决定利率及相关问题；在能源和环境问题以及司法量刑事务上，去建立类似的团体，以便提出建议并有效地对政策进行约束。①

① 在这些方面还有很大的制度创新空间。最近，有人基于这种创新精神而提出了一份建议，主张建立一个加利福尼亚州的公民会议，见 http://berggruen.org/files/thinklong/2011/blueprint_to_renew_ca.pdf。这一会议的成员将根据专业知识、经验和被认定具有的公正性而得到任命。它将拥有制定宪法提案与立法提案的权威，并且可以对出自其他来源的提案加以推荐。

上述评论是建立在如下假定之上的:政治家们只会关心与选举有关的自我利益。然而,我们还应该认识到如下危险:一旦政治家们掌握了权力,他们就会面临一种特别的诱惑,即从他们可以对之进行帮助的特定个人、公司和其他团体那里接受隐蔽的酬劳。这种危险同样会支持引入特定的、不经选举产生的权威机构,赋予其权力去审计公共账目,并在有所需要的时候去发起对腐败人员的指控。

在处理个体化民众影响的要求时,我曾经论证说:必须要有独立于政府的挑战渠道和审判庭。在我们讨论应该如何使民众影响变得无条件时,这一要求得到了进一步的支持。不过,在我们之前的所有讨论中,司法或类似方面的权威机构既可以是本身通过选举而产生的,也可以是在与政府保持一定独立性的情况下通过任命而产生的。从本节中所提到的各种压力来看,我们应该反对选举产生相关权威机构的做法。由此,这些压力便为我们指向了另外一个领域,即涉及法院和其他审判庭之行为的领域。在这个领域里,对公共生活的规制任务应当被分派给通过任命而产生的、独立的权威机构,而不是被分派给那些需要考虑其各种决定的选举影响的人物。但是,在建立这种不经选举产生的权威机构后,这本身会不会在涉及人民的影响时引发问题呢?在讨论完私人游说集团所引发的问题之后,我将回到这一问题上来。

来自私人游说集团的危险

组成私人游说集团的那些人群,构成了 18 世纪意义上的"派系"(faction)。这种集团拥有自私的或是宗派性的利益,因此,民众并不必然会支持去满足它们的愿望。而且,就像下一章中将会讨论的那样,民
234 众影响在理想情况下会对政府所施加的那种引导,与那些集团的愿望并不必然是一致的。之所以说它们是"私人的",是因为它们要么会寻求去通过政府内部的渠道来消除民众的影响,要么会把对民众之影响的动员建立在欺骗和操控的基础之上,或者干脆就是建立在进行伤害的能力或威胁之上(如一家公司通过迁往别处而能够对邻近居民所造成的伤害,

或者是工会通过号召总罢工而能够造成的伤害)。在这方面,这类集团与上一节里提到的那种公共利益团体形成了对比。那些组织之所以能算作是公共利益团体,是因为它们在寻求对民众的影响加以动员时,并不会诉诸见不得人的策略或是暴力手段。

通过使参加竞选的政治家在财政上依赖于它们的支持,这种意义上的私人游说集团就能够实现影响。或者,通过对政治家进行伤害的能力,它们也能实现影响。为了造成这种伤害,纸媒和电子媒体可以进行大量不利于竞选的报道,公司或者工会(甚至是外国势力)则可以威胁采取某些行动,这些行动必然会对国家造成损害,从而会对竞选产生不利后果。某一外国势力或者某一跨国公司能否被有效地反抗,将取决于相关的国际秩序,而这超出了本书所要考虑的范围。但是,我们都能够采取什么样的措施,以抵御那些更多地在国内领域中活动的私人游说集团呢?

对于每个民主国家来说,抵御私人媒体的影响都是一大挑战。唯一可行的回应方式(但并非在所有的宪制之下都可以),就是去建立一些不同的、使人们都能与其进行接触的媒体。在这些媒体上,错误的信息和操控行为都会被揭露出来。然而,在当今的世界上,做到这一点是尤其困难的,因为在政治领域中,属于不同团体的选民可以换到自己喜欢的广播媒体上,从而只选择去聆听那些他们本来就与之有所共鸣的人,也就是那些位于他们的"舒适区"(comfort zone)中的人(Sustein 2009)。或许对于政府来说,最有希望的补救措施,是去建立一个像BBC那样的由公共资金加以资助、在政治上独立的广播机构,并使这一机构获得无人可以忽视的显要地位以及可信度。①

如何抵御私人的选战支持者的影响呢?在像美国这样的总统制体
系中,这是一个尤其有力的挑战,因为这种体系里的执政党或执政联盟 235

① 追求遵循共和主义政纲的西班牙首相萨帕特罗(Zapatero)最早引入的政策变革之一,就是使全国性的广播机构远离政府的控制。见Marti and Pettit(2010)。

成员不必面临行政团队下台的危险，所以不会被迫去与其保持一致(Lessig 2011)。在这种体系下，立法者可以独立于党派而进行投票。这听上去似乎很吸引人，但同时也意味着他们可能会面临巨大的财政压力，因而被迫去在特定问题上以这种或那种方式投票。处理这一问题的可能方法包括：限制私人性的选举资助；提供与私人选举资金相称的公共资金；以及限制昂贵的竞选广告在电子媒体上的使用。但不幸的是，在既有的、难以修改的宪法规定下，上述措施有时候是无法被采取的。因此，在美国就很难实行这些措施，因为法院把花在选举中的金钱看作是受到保护的政治言论，并论证说更多的言论总是更好的；同时，法院甚至对本质上来说是自利的团体(如商业公司)也几乎不施加什么限制(Bakan 2004)。

总体上来看，在议会制民主中，对这一问题的处理会容易一些。大多数议会制政体都允许使用独立的规制机关，以对竞选资金施加限制。除此之外，如果选票的不成比例性使得形成了非常松散的执政联盟，这类政体就会提供一种内置的(尽管只是部分有效的)防范措施，以抵御那些寻求进行收买活动的私人游说集团的影响。在立法机构中，多数党的成员在重大问题上进行投票时必须保持一致，否则的话，假如他们不以这种方式团结起来，行政团队就可能会下台。而这就意味着，为了影响政府行为，私人游说集团必须去全盘收买执政的一个或两个政党。它们无法(像在美国的体系中那样)集中去收买少数较为关键的个人。

来自不经选举产生的权威机构的危险

在探寻如何处理前述两项危险的过程中，我曾经提出，在政治生活中，除了那些经选举而上台的人之外，还必须要去建立不经选举产生的权威机构。这可能包括一些特定的官员，如法官、特派员、统计工作者、稽核员或规制者，也可能包括一些团体，如选举委员会、中央银行、预算办公室或食品与药物管理局，还可能包括像BBC这样的媒体组织，甚至可能包括像不列颠哥伦比亚省公民大会这样的暂时性的、建议性的机构。① 它们本身会分别起到行政性、争辩性或司法性的不同作用,但它们 236
都具备一种特有的独立性。它们本身不是经选举产生的,而是由民选官员任命到相关职位上的,但它们并不向那些民选官员负责。它们的任期是有固定期限的或无期限的,而不由那些任命者的喜好所决定。

我们需要面对的最后一个问题是:这种不经选举产生的权威机构是否构成了独立于人民的影响来源,从而会削弱我们所寻求的那种民众影响体制。相比于它们所准备与之对抗的危险,这些权威机构的存在对民众影响体系所造成的问题或许要更小。但关键在于:它们是否毕竟还是会造成问题?它们所代表的影响是否会冲淡源于人民的那股影响?

如果我们面对的是统计学意义上的或标示性的代表大会,其任务(就像不列颠哥伦比亚省公民大会那样)是去针对在某一项或某一套特定政策上所采取的决定而提出建议,那么,对上述问题的回答就很容易。这种团体不用像选举式的、回应性的代表机制那样,去对人民的倾向进行因果性的回应。但是,如果它采取了某一项或另一项措施,则这就表明,在拥有适当的信息并进行了适当商议的情况下,作为整体的人民很有可能去采取同样的措施。于是,将权力有意地授予这样的标示性代表团体,就可以被视为是一种在它所运作的领域内赋予人民的倾向以影响的方式。我们当然能以这种方式去看待它,前提是有某种措施防止这一团体本身占据一种支配性的地位。例如,如果该团体的建议要受制于某种独立的评估(如不列颠哥伦比亚省的案例中所需要的那种全民公决),则相关的防范措施就算是到位了。这种建议性团体的存在不是人民实现其影响的障碍,而是一种引导那类影响的手段。

我的看法是:对于其他独立的、不经选举产生的官员和团体来说,如果他们是在适当条件下得到任命的,并且被迫使在适当的约束下去进行

① 皮埃尔·罗桑瓦隆(Rosanvallon 2006:240)将美国1887年建立的州际商业委员会(Interstate Commerce Commission)看作是"免受行政权力的直接权威所控制的""独立部门"的最早例子之一。

运作，那么，他们就也可以宣称，自己是在以同样的标示性方式来服务于人民的。假设法官（或法院）、选举委员会成员（或其所在的委员会）以及中央银行的工作者（或中央银行）是在公开竞争的基础上被任命的，其任命标准则是经验、专业能力与公正性方面的出色表现。再假设说，这些人在解决各种问题时，出于职业尊严方面的动机，会去表明他们是富有经验的、专业的和公正的（Brennan and Pettit 2004）。再假设，他们被给予了一份被认为是得到了民众支持的工作指示，要求他们公正地阐释和
237 应用法律，根据使选举中的竞争最大化的原则去设定选区边界及投票规则，并基于防范通货膨胀和失业的考虑去设定利率。最后再假设，他们能够被迫使在公开的环境下进行工作，并且去经受批评、挑战、评估和审查（简单地说，就是去经受争辩），从而使得他们一旦没能达到其工作指示的要求，就会面临严重的代价。在这种情况下，他们所做的决定就很有可能与人民（个体地或集体地）在拥有全部相关信息及专业能力时所做出或认可的决定相一致。这并非由于他们的倾向与人民的倾向碰巧一致，而基本上是由制约他们的争辩性压力所强加的一种模式。

在我们早先所描绘的图景中，通过选举方式进行回应的官员和团体之所以能够代表人民，是因为他们具有回应性，并且被其所面对的个体化争辩迫使去做出恰当的表现。而在我当前所描绘的图景中，不经选举产生的权威机构则具有一种补充性的意味。他们之所以是标示性的官员或团体，是由于选择他们的基础、他们所拥有的动机以及他们被给予的工作指示。同时，与经选举产生的权威机构一样，他们也被其所面对的个体化争辩迫使去做出恰当的表现。他们是人民的模拟者（proxy），所扮演的是一种至关重要的代表性角色，其作用是去补充和遏制经选举产生的人民的代理人（deputy）。

对于不经选举产生的权威机构，上述分析所适用的范围并不限于前述各种官方职位。对任何个体化的争辩体系来说，都需要有特定的个人和群体做好准备，去在法院、媒体或街头对政府部门的人员进行指控，不管那些人员是否是经选举而产生的。这些进行争辩的人（有时被称为

“私人首席检察官”)宣称自己拥有以人民的名义而发言的权利。那么,是什么赋予了他们这种权利呢?我认为,我们可以把他们当作是这样的一种标示性代表:他们受制于相关的约束和争辩,从而必须去实施一部(我们可以认为是)由人民所给予的工作指示。这种工作指示是由下述事实所隐含地提供的:一部得到民众认可的宪法允许“私人首席检察官”在法院或其他论坛上提出论证,以反对新近通过的法律和其他法令。这种工作指示背后的理据是:要确保任何潜在处于社会不利地位的群体成员能够被他们之中的一员(或者同情他们的人)所代表,以便去对相关的措施进行挑战与检验。那些“私人首席检察官”会被要求去遵循既有的渠道,并且基于公众所能够知晓和进行争辩的理由,去在公众能够介入的论坛之上支持自己的观点。由此,他们大体上便会被迫去实施他们的工作指示,并去遵守其背后的理据。

虽然我对“使不经选举产生的权威机构变为标示性的、受到适宜控 238
制的人民代表”的可能性表示了兴趣,但我并不是要去设计能够促进这一理想的动机、工作指示、任命程序以及运作过程中的约束。与本章所涉及的其他情况一样,在这里,我们只能满足于去抽象地看待“人们如何才能享有一种满足共和主义的约束的、能够平等地介入的影响体系”的问题。我相信,这里的考虑确实能够支持如下主张:在当前的案例中(以及在前面所讨论过的其他案例中),这的确是一种具有可行性的前景(虽然对相关考虑的讨论避开了制度设计所需要的艰苦工作)。

从当前的讨论中浮现出来的图景,所需要的是一种建立在(成文或不成文)宪法基础上的选举式及争辩式民主。这里所构想的体制之所以是一种宪政式的民主,是因为它将我们熟悉的民主机制与我们同样熟悉的宪政因素结合了起来。但这一体制并不是将这些机制与因素作为独立的构成部分简单凑在一起而已。该体制中的宪政因素也不仅仅是抵制民主控制的工具而已。这种宪政的目的是去促进民主影响(即一种能够被平等地产生的、无条件的且有效的影响形式),而不仅仅是作为一种独立因素去补充那种民主影响。只有当宪法所促进的民主影响未被用于修改它本身时，它才能够继续存在。考虑到这些特征，我们所被引导采用的这幅图景或许可以被视为——用詹姆斯·塔利(Tully 2009:I,4)的话来说——民主宪政主义；根据这种思路，“宪法和对宪法的民主磋商被认为是同等根本的”(亦见 Mueller 2007；Espejo 2011)。

我在本章开头曾说过，我们的讨论将把自己引向一种能够平等介入的民众影响模式，这一模式既足够远离现状，因此能够引导我们去进行改革，同时又足够接近现状，因此能够使我们确信它是切实可行的。我希望，在我们对全体大会的批判中，对选举式大会的支持中，以及对诸种修正方案的引介中，所浮现出来的图景足以带来这方面的承诺，以保证它所带来的民众影响是适宜地个体化的、无条件的和有效的。有了这一图景之后，我们在下一章中会转而问道：这样一种能够被平等地介入的、无条件的和有效的影响体系，是如何去朝着一个能够被平等地接受的方向推动政府，并确立起共和主义民主所要求的那种民众控制的呢？

第五章 民主控制

根据第三章中所发展出来的论证，一个国家要是想成为合法的，则 239
它在向其公民推行秩序的时候，就必须在民众的控制之下加以推行。但进一步的论证表明，人民如果想要控制国家，还必须拥有一种个体化的、无条件的和有效的影响，且这一影响能够朝着一个他们认为可以接受的方向推动国家。首先，人民必须对政府有一种个体化的、无条件的和有效的影响。其次，他们必须朝着某个目标或者方向来施行这种影响，且人们（至少是那些准备以平等的方式彼此生活在一起的人们）会认为这一目标或方向是可以接受的。人民必须对政府拥有一种权力，以使得这个政体可以在一种内涵丰富的、平等主义的意义上被称为民主的。它应该是一个建立起了“人民”(demos)的“控制”(kratos)的政体。

上述结论赋予了我们如下任务：解释清楚某个社会的制度如何才能够达到这些设计要求，并且能够落实一种共和主义式的民主观。我们在上一章中着手进行了这项任务，考察了人民如何才能被赋予一种对政府的个体化的、无条件的和有效的影响。虽然无法对此详加论述，但我们了解到，这项工作很可能会要求一种公开的选举体制。在这种体制下，个体化会通过被个体化的争辩而达到，无条件的独立会通过公民体的反抗性格而达到，有效性则会通过将民众影响的渠道与选举压力及私人游说集团的扭曲性效果隔离开来而达到。根据这种意象，即使在当今实践效果最好的民主国家里，其政治制度也需要进行许多修正。不过，这些修正不会与现行安排相差太远，以至显得太过于不可行或不实际。

在当前这最后一章里，我们要转向另外一项任务，即对如下问题的探寻：这样一种民众影响体系如何才能朝着一个能够被所有人平等接受的方向推动政府，从而构成一种民众控制体系？我们的任务是去界定出
240 一个能够被平等地接受的目标，而一个个体化的、无条件的和有效的民众影响体系能够被组织起来去促进这一目标。相关讨论将被分为三节。在第一节中，我会考察两种熟悉的备选目标，并说明为何两者都不能令人满意。在篇幅较大的第二节中，我会引入另外一个备选目标，即我所说的双面民主模式(dual-aspect model of democracy)。我会表明这一模式为何或许能够扮演所需的角色，并且会对它的吸引力加以讨论。然后，在第三节中，我会考察，在采用双面民主模式后，我们对国家、人民和宪法的观点(简短地说，就是我们的政治本体论观点)会受到何种影响。我将论证说，在这一模式之下，政府能够达到林肯的要求，即真正成为一个民有、民治、民享的政府。

第一节　被引导的影响的两种熟悉模式

没有控制的影响

在承担起本章所涉及的任务时，需要指明的主要一点就是：基于民众影响的民主制未必是基于民众控制的民主制。前一种民主可能无法恰当地引导政府，也无法确立人民的不受支配的身份。即使该影响体系极其丰富，以至于有足够能力通过个体化、无条件和有效的方式去施加民众的导向(这本身无疑已经是一个很高的理想了)，它在实践中仍然有可能无法对政府施加这样的一种导向。它可能施加了大量的约束，但其结果只是在人民与政府的互动中导致了一系列的冲突和僵局。在出现

这种僵持不下的局面时，政府自身的目标可能会受到阻挠（不管这一目标是否合理），但它仍然会在特定问题的决策上支配人民。它会对人民加以强制，而这一强制并不会得到适宜的控制。

处于僵持局面下的政府决策，其性质可能是完全混乱的。这种决策会破坏政府所应当具有的行为者身份，并且肯定会使人民的要求普遍无法得到满足。或者，根据这种决策所体现出来的模式，我们也许能够从政府过去的表现中推断出它将来的表现，但这种模式本身却不会受到人民的有效控制。这类模式可能包含了在受到公共约束的决策过程中一些不受欢迎的个人行为，也可能包含了受到某些群体欢迎但受到其他群体排斥的行事方法。无论在哪种情况下，这种模式都不能算是得到了所有人（甚至只是所有那些愿意以平等的方式与其他人生活在一起的人）的平等接受。

对于当今的许多民主理论家来说（尤其是在经济学和政治科学的领域内），民主的理想无非就是关于民众影响的理想。事实上，这种民众影 241
响甚至不需要有多强的约束力。在奥地利裔的美国经济学家暨政治理论家约瑟夫·熊彼特的著名作品中，上述民主理想得到了清晰的展现。在他初版于 1942 年的《资本主义、社会主义与民主》一书对民主的讨论中，熊彼特主张说：我们应当认为，虽然民主政府对于人民的影响有着重要的依赖，但这种政府并不需要（事实上也并没有）受到那种影响的特别引导。

熊彼特合情合理地假定说，任何说得过去的民主体制都会涉及公开的、定期的选举竞争。在这种竞争中，不同党派会去寻求吸引到足够的支持，以赢取官职。熊彼特从若干个方面表达了对如下这种可能性的怀疑：这种民主过程的结果“本身是有意义的，例如像实现任何明确目的或理想时那样的意义”（Schumpeter 1984：253）①。人民不会形成能够加诸

① 熊彼特：《资本主义、社会主义与民主》，吴良健译，北京：商务印书馆，1999 年，第 374 页。译文有修改——译注

领导人之上的系统观点。在民众压力和党派宣传的影响下，他们只会表现出“对道听途说的口号和错误印象发生影响的一组不确定的含糊冲动”①(Schumpeter 1984:253)。即使他们确实能够形成那种系统的观点，他们也没有能力去推行这种观点。以“个人意志为原料”而生产的政治决定(Schumpeter 1984:254)②可能会采取多种不同的形式，这要取决于党内大佬和政党机器(party machine)的想法。政党和领导人首先在意的是保住职位，而不是去代表任何坚定的原则。不管选民是怎样投票的，“政党管理和政党宣传的心理技术”都会以任何能够最好地服务于“在竞选斗争中取得政权”的方式来进行回应(Schumpeter 1984:283)③。因此，尽管人民在选举的时候会在政党之间进行选择，但他们并不能“控制他们的政治领导人”(Schumpeter 1984:272)④。

在熊彼特看来，认为民主可以被用来服务于任何大众所希望推行的目标，乃是值得怀疑的。考虑到这一点，他便通过民主所使用的程序来定义了这个概念。民主就等于“那种为做出政治决定而实行的制度安排，在这种安排中，某些人通过争取人民选票取得作决定的权力”(Schumpeter 1984:260)⑤。自从他那时以来，这个定义就流行于政治科学家之中，因为它使民主成了一种具有可操作性的描述政体特征的范畴(Przeworski 1999)。用熊彼特的话来说，这提供了一种“相当有效的标准，可以用来辨别民主政府和非民主政府”(Schumpeter 1984:269)⑥。
242 在这一方面，它肯定比共和主义的民主概念要好。在某个给定的体制下，政治家们是否在为了获取权力而对人民的选票展开竞争，这是很容易确定的。但是，在一个特定的社会中，人民能够在多大程度上依靠他

① 熊彼特：《资本主义、社会主义与民主》，第375页。——译注
② 熊彼特：《资本主义、社会主义与民主》，第376页。——译注
③ 熊彼特：《资本主义、社会主义与民主》，第413页。译文有修改——译注
④ 熊彼特：《资本主义、社会主义与民主》，第399页。——译注
⑤ 熊彼特：《资本主义、社会主义与民主》，第395—396页。此处标注有误，原文实际上出自熊彼特著作英文版的第269页。——译注
⑥ 熊彼特：《资本主义、社会主义与民主》，第396页。——译注

们的个体化的、无条件的和有效的影响，去对政府进行得到平等分享的控制？这一问题注定是会存在争议的。①

但是，在决定民主理想的需求时，我们不应当允许类型学的考虑压倒规范性的关怀。对于我们来说，真正的问题是：一种有影响而无控制的民主制能够有多大的吸引力（特别是从共和主义的视角来看）？正如熊彼特（Schumpeter 1984：269－273）②本人所强调的那样，这种制度具有一些明显的吸引力。例如，它促进了统治者与被统治者之间的互动，要求选民之间拥有可观的讨论自由，并赋予了人民以驱逐政府的权力来防范王朝统治的可能性。这些美德或许使我们有理由认为，民主制要比王朝体制或其他体制好得多。就像温斯顿·丘吉尔所说的那样，民主是最坏的政府形式，除了所有其他政府形式之外。但是，一种有影响而无控制的民主无法建立起共和主义意义上的政府合法性。这种民主的存在不足以让我们宣称说：人民拥有了对政府的个体化的、无条件的和有效的控制，因此政府对人们生活的干涉不会构成支配。从我们的观点来看，熊彼特式的民主是一种次一级的理想，而不是我们所追寻的那种安排。

对上一章所描述的那种民众影响体系来说，如果它想要支持起一个民众控制体系，就必须能够对政府施加一种导向，并使得对于所有那些愿意以平等的方式彼此生活在一起的公民来说，这种导向对他们都具有同等的吸引力。这一节剩余部分的任务，就是去考察，人民对政府的影响通常被认为能够促进什么样的目的或目标，以及这些目的或目标的可能性。对于这些目的或目标，人民可能会在知情且有意的情况下去寻求促进它们，也可能会在无意识的情况下促成它们的产生（据说，在公开的市场上，人们就是以这种方式通过"看不见的手"来产生竞争性价格的）。

---

① 对于通过描述实际存在的政权来定义民主的各种尝试，见蒂利（Tilly 2007：第1章）的概览。考虑到本书对共和主义民主所需制度的说明，我们应该能够在考察民主的过程中对这些尝试中的某一种加以改造。经济学人信息部（The Economist Intelligence Unit）在 www.eiu.com/public/democracy_index.aspx 上提供了一个基于相同思路的民主指数。

② 熊彼特：《资本主义、社会主义与民主》，第395—400页。——译注

由此，我们就可以将其分为两种类型。我将分别对这两种类型加以考
243 察，并指出通常与它们联系在一起的那些思路的纰漏。以此为基础，我会在第二节中引入一种不同的、更有前途的备选方案。

对政府的意向性导向

如果人们想要参与到某个影响体系中去，以对政府施加特定导向，那么，按照许多思想家的看法，这些人就必须去隐秘或公开地拥护他们希望政府去实现的目标。他们中的每个人必须要详尽地阐释那个目标或者目的。而且，在保持与他人合作以促进这一目标的意愿时，他们每个人必须要假定“其他每个人也都能够这样做，而且也能够认识到其他人能这样做”等等。然后，他们每个人都要去采取行动，且这一行动必须能够被看作是对“促进预定目标”这一据信是共有的事业的贡献。

卢梭(Rousseau 1997：IV. I. 6)认为，这正是他所设想的那种大会中的成员将会采取的思路(至少，在这个大会恰当地运作的时候，情况会是如此)。每个成员都总是会基于“通过了这样或那样的意见……是有利于国家的”而进行投票。他们不会根据这是“有利于某个人或某个党派的”这种派系性的理由而投票。① 在这个方面，民众控制的意向性控制模式与公意模式非常相近。但是，这一理念如何能够应用于这里所设想的代表制政体呢?

熊彼特(Schumpeter 1984：269)认为，在选举式的政制下，某种类似形式的意向性控制有可能会得到实现(虽然他自己并不认为这种可能性真的会出现)。他借用“古典理论”的说法指出，下述情况或许会出现：“‘人民’对每一个问题持有明确而合理的主张，在民主政体中，人民以挑选能保证他们意见得到贯彻的‘代表’来实现这个主张”②。在这幅图景中，人民首先会确定适当的政策，然后去选择拥护那些政策的代表。

① 卢梭：《社会契约论》，何兆武译，北京：商务印书馆，2005年，第133页。译文有修改。——译注
② 熊彼特：《资本主义、社会主义与民主》，第395页。——译注

然而，人民在有意地将某种目标施加给政府时，并不一定要采取这种"政策优先"(policy-first)的形式。严格来说，这种施加行为所要求的，只是让人们去投票选出一些代表，而这些代表之所以被选择，不是因为他们最有可能使选民独立形成的意见得到贯彻，而是因为作为代理人的他们在智力方面和动机方面都是值得信赖的，从而在他们所处理的事务上更有可能形成合理的意见(Montesquieu 1989)。在这种背景下，选民们就可能会认为，如果他们自己拥有代表们应当享有的时间、信息和专业知识，就很有可能也会形成那种合理的意见。这种思路可以被称为该理论的"代理人优先"(deputy-first)版本，从而区别于那种被熊彼特归为 244
古典理论的"政策优先"版本。①

代表们所应当去促进的目标(不管是以政策优先还是代理人优先的方式促进的)，可以用传统的词汇合理地表达为共同善(common good)、公共利益(public interest)或者是社会的福利。无论这一目标所产生的议程是由人民自行阐述的，还是他们依靠合适的代表去阐述的，它都能够回应上述词汇通常被用来表达的那类事物。但是，我们如何才能去最好地诠释那些词汇呢？以其中一个词为例，对于人民可以合理地赞成并敦促政府去贯彻的"公共利益"，我们应该如何去加以理解呢？

根据某一种诠释，公共利益无非就是人们的私人利益的交汇。所谓私人利益，就是人们带入社会的利益，也就是那些他们在无须彼此一起生活时即拥有的利益。然而，对公共利益的这种解释并不能令人满意，因为在这些前社会的利益之间，可能只存在很小程度上的重合。你的利益可能在于以狩猎为生，我的利益可能在于以农耕为生。你可能希望某一种宗教得到支持，我可能希望另一种宗教得到支持。你可能希望在你

① 根据"政策优先"的版本，代理人会被视为——用汉娜·皮特金(Pitkin 1972)的话来说——受委派者(delegate)，而根据"代理人优先"的版本，他们则会被视为受托人(trustee)。正如我们在上一章中所见，这两种代理人都是回应性的代表，从而应该与模拟者(proxy)或者说标示性的代表区分开来。美国国父们的观点显然是：选举首先需要选择出合适的代理人。(亦见 Madison, Hamilton and Jay 1987：第57篇；Herreros 2006)

居住的地方有清洁的水，我可能希望去建造一座会污染水源的工厂。即使各种前社会的利益之间有很大的重合，这也将是不稳定的，因为哪怕仅仅是一个人的利益的变动，也会倾向于破坏这种重合。这样一种目标会以不可预测的方式发生变化，因此，将其作为分配给政府的任务是不合适的。

是否还存在着更好版本的共同善或公共利益理念，以使人们可以合理地表示赞成，并敦促政府去对其加以贯彻？下述认识明显会有所改进：与人们无须生活在社会中时的状况相比，当他们不得不与其他人一起生活时（同时还要满足"在平等的方式下一起生活"的基本规范性要求），他们会拥有不同的利益。你可能信仰某一种宗教，而我则信仰另外一种，并且我们彼此都并不会通过支持（或者哪怕是容忍）对方的教义而获得独立的利益。但是，如果我们不得不彼此生活在一起，并且是在一个集体式的强制性国家之下生活，那么，通过建立一个能够保障我们各自宗教活动自由的政体，我们就都能获得一种后社会而非前社会的利
245 益。这要优于禁止所有人的宗教自由（那种禁止行为会毫无必要地限制基本自由权的范围），也要优于赋予某种宗教以特权地位，因为那样做会否定人们对平等的要求。正如我们在上一章中所见，那样做必然会导致人们无法在选举式的民众影响体系中享有平等的份额。

宗教领域中的道理同样也可应用于其他一系列领域之中。在宗教自由方面，我们有着共享的个体利益。通过建立一个政权，以使得你能狩猎而我能耕种、你能享有清洁的水而我能建造工厂等等，我们也会拥有同样的共享利益。通过这种方式所构想的公共利益，是由如下这类善品（good）所组成的：任何人只要接受了在平等的方式下与他人一起生活的必然性，就很有可能会希望以集体的方式去保障或者促进那些善品。只要人们拥有政治体成员的平等身份，就会享有公共利益之中所包含的各种利益（见 Goodin 1996；Pettit 2004a）。

上述解释将公共利益与私人利益的交叠区分了开来，而且还使公共利益有别于那种可以被称为"民族或人民"所享有的善品（这种民族或人

民被视为一个团体性[corporate]的实体)。被看作一个团体的那种民族能持续很多代人的时间,而它的善品可能与在任何时间组成它的那些个人的善品毫不相关。例如,这个民族或人民可能在国际间的权力关系中繁荣壮大,但这种繁荣却不会给它的成员带来什么整体上的收益。对霸权的维护可能是极其昂贵的,且只能为大多数成员带来“能够为自己的国家感到骄傲”这种可疑的好处。认为人民在为国家指定其目标时,会有意识地要求它去维护这种团体性的功绩,乃是违反直觉的(尽管某些种类的民族主义会支持这种思路)。这等于是拒绝了亚里士多德(Aristotle 1996:2.5)所提出的常识。他在《政治学》中论证说,虽然一组奇数加起来可能会成为偶数,但一群不幸福的人民加起来不可能成为一个幸福的城邦:“必须在各个部分的全部或大多数,或至少有若干部分获得幸福以后,才能谈到全体的幸福。”①

如果上述观察是合乎情理的,那么,对于民众导向的第一种解释来说,它最为合理的版本就是:人民如果想实行民众控制,就要有意识地使用他们的影响,去迫使政府追求符合公共利益的政策,而这种公共利益必须以后社会且非团体性的方式来理解。人民在这样做时,既可以选择“政策优先”的方式,也可以选择“代理人优先”的方式。他们可以首先确定合适的政策,然后去选出支持那些政策的代表,也可以首先确定合适的代表,然后依靠他们去规划符合公共利益的政策。但是,正如我们将要看到的,无论采取哪种方式,这一理论都是无法令人满意的。

在每一种方式里,当选的代表在为准备实施的政策投票之前,都可 246
以彼此进行协商。然而,尽管每个代表都会赞成一套能够自洽的政策判断,但在把他们的投票聚合起来之后,其结果却可能会支持一组自相矛盾的政策。这就是我们从上一章提到的“离散困境”中得到的教训。这就意味着,由当选代表所组成的团体在决定其政策时,会有很大的自由发挥空间。无论他们是(像在华盛顿式的决策机制下)各自独立地去做

① 亚里士多德:《政治学》,吴寿彭译,北京:商务印书馆,1983年,第60—61页。——译注

出决定,还是(像在威斯敏斯特式的决策机制下)根据政党重点呈现给选民的总体纲领来做出决定,情况都是一样的。

这种自由发挥空间的存在,突出了意向性导向这一思路的一个重大难题。处于体制之中的政治家们(某种程度上来说,对人民也是如此)必须具有足够的美德,以便对公共利益做出公正无私的判断,然后去引入能够促进那种利益的政策。尤其重要的是,他们必须具有足够的美德去坚持这种做法,哪怕选举上的利益或其他私人利益(任何民众影响体系都无法完全消除这些利益)强烈地诱使他们去将自己的判断或政策向另一个方向歪曲,并且去把(这肯定少不了)那种被歪曲后的方向说成是公共利益的需要。事实上,他们必须具有足够的美德去坚持这种做法,哪怕我们对认知方面的脆弱性的全部了解都表明,他们可能会受到私人利益的迷惑,从而把被歪曲后的方向看成是公共利益的需要——也就是说,私人利益能够使他们意识不到自己的不当行为(Gilovich,Griffin and Kahneman 2002;McGeer and Pettit 2009)。

对于那些认同于特定监督团体和社会运动的人,我们会将一些美德归之于他们,而与这种美德不同的是,在意向性导向的叙事下人民和代表所需要的那种美德,是很难被充分的动机所驱使的。这种美德并不一定会得到任何私人利益或自发信念的因素的支持,因此,或许只有依靠某种近似于道德至善之物,我们所需要的那种富有美德的行为才能出现。这之所以会成为一个问题,有两个原因。首先,这种美德并不能确保一定会出现,因此无法保证需要这种美德的体制一定是可以维持下去的。其次,即使人民和政治家一般来说是倾向于保持美德的,但他们也许无法对其他人的美德怀有信心。如果他们在这方面无法得到保证的话,就可能不会去展现出自己的美德。每个人都可能会去忙于照看自己的私人利益,因为他们害怕被其他人当成傻子来玩弄。

我还应该指出,即使我们不采纳所谓"无赖原则"(knave's principle)这种极端观点,也仍然会对上述问题产生担忧。我们不需要去假定——用伯纳德·曼德维尔(Mandeville 1731:332)的话来说——最好的那种宪法“哪怕在大多数人被证明是无赖的情况下也不会被动摇”。247
我们可以拒绝休谟(Hume 1875:117－118)所说的如下原则:“在设计任何政府体制和确定该体制的若干制约、监控机构时,必须把每个成员都设想为无赖之徒,并设想他的一切作为都是为了谋求私利,别无其他目标。”①正如某些经验性证据所表明的那样,“无赖原则”可能是缺乏效率的。在该原则所支持的制度之下,通过(比如说)激发憎恨和蔑视,本来可以获得的美德可能会被挤走(Pettit 1996b;Brennan and Pettit 2004:第14章)。不过,即使抛开任何这类可疑的原则,我们也仍然有很好的理由认为,即使想让某种制度有出色的表现,我们也不应该使无需受到动机驱使的美德(unmotivated virtue)成为该制度必不可少的一部分。我们有很好的理由去将美德加以经济化(economize)(Brennan and Hamlin 1995)。

意向性导向的模式恰恰就是在这个方面有所不足。它要求政治家们在规划将会促进公共利益的政策时,必须把自己的私人考虑(包括连任这种典型的考虑)放在一边。它还要求普通选民必须倾向于去渴求能够成功促进公共利益的政策,并对这种政策做出回应。政治家和选民必须分别对公共利益的要求形成自己的判断,而且在这样做的时候,必须对各种相关的考虑(不论这些考虑是多么利他主义的)保持充分的关注。他们在把那些判断聚合起来的时候,必须去使用他们的自由裁量权,但同时又不能让私人利益或其他压力扭曲自己的行为。随后,当他们在各种不同场所——在投票站、党务会议室和议会或国会——去行动时,还必须去遵循那些判断(如果你愿意的话,也可以说遵循那些“受公共精神所激发的偏好”)。啊,美丽的新世界,有这样出色的人物!②

如果说这种回应看起来有些犬儒主义的话,我可以再补充一句:这是与共和主义思想的悠久传统完全一致的。在不同时期的共和主义思

---

①《休谟政治论文选》,张若衡译,北京:商务印书馆,2010年,第27页。——译注

② 此句典出莎士比亚的《暴风雨》第五幕第一场。“美丽新世界”一词后来因阿道斯·赫胥黎以此为题的反乌托邦小说而广为人知。——译注

想家之中,有一条老生常谈:人类普遍都是易于腐化的(corruptible),哪怕他们(也许是因为有那些支持性的制度)在现实中经常是未被腐化的(Pettit 1997c:第7章)。根据这一传统,公共职位是腐化的一个特殊来源,因为这种职位给予了任职者一种特殊的机会,使其可以从邪恶行为(及其通常具备的逃脱惩罚的特殊能力)之中获得好处。这种职位使得他们就像拥有了古格斯的戒指(ring of Gyges)一样,可以去满足自己的私人利益,而又不必像平常那样经受监察和惩罚的风险。因此,就像理查德·普莱斯(Price 1991:30)对这个反复出现的主题的表述一样:"没有比权力更需要加以监督的东西了。"不顾政治家们的私人考虑,就把解释和推动公共利益的权力托付在他们手上,乃是与这条警告公然相悖的。

248 对政府的非意向性导向

我们在第三章中看到,人们在控制某一件事情的进程时,也许并没有在进行意向性的控制。我们所举的例子来自阿马蒂亚·森:一个病人即使处于昏迷状态之中,仍然能够决定自己将得到什么样的治疗,因为他的家人和朋友们做出了意向性的相关努力。由于家人和朋友们的影响,这个病人的意愿对医院所采取的治疗方案产生了影响。他的意愿控制了他所接受的治疗。而且,在影响与效果、指示与结果之间的这种联系,是适宜地稳固的和无条件的。比如说,虽然这种联系需要其亲朋中有一个人去帮助执行,但他们中的很多人都会愿意去这样做。因此,如果那个病人并没有提出过相关意愿的话,院方就绝不会提供相关的治疗;而我们再拓宽一下思路,假设他所提出的是另外一种意愿,那么,院方就会转而提供不同的治疗方案。

在这个例子中,由影响和导向体系所决定的目标,的的确确就是相关行为者的目的或愿望。毕竟,它对应了一个具体的意愿。正是由于那个意愿的影响,相关的治疗才采取了某一种特定的形式。不过,这个意愿用来引导治疗的因果机制所涉及的,并不是那个行为者自己的意图和努力,而是其家人和朋友们的意图和努力。因此,这个案例所带来的教导就是:导向与控制既有可能是意向性的,也同样有可能是非意向性的。正如我们现在所将要看到的,这一教导既可以应用于个体的情况,也同样可以应用于集体的情况。这就将我们引向了使民众影响服务于民众目标的第二种方式。

考虑一下标准经济学假设下的"看不见的手"理论:公开市场上的消费者行为确保了每个人都能满足自己的"以最低的可行价格购买商品与服务"的愿望。每个消费者都倾向于以尽可能低廉的价格去购买给定质量水平的物品,从而便展现出了那种愿望,并通过货比三家来达到这一目的。商品和服务的生产者倾向于在价格上把别人比下去,以便使自己的入账资金最大化。如果他们不去这么做的话,其他人就会产生进入市场并挑战他们的动机。这两个群体之间互动的结果,就是推动了生产者去将所出售的物品保持在竞争性的价格上,也就是使其能够继续维持下去的最低价格。在确立竞争性价格的过程中,消费者们并没有基于共享的意图或愿望而去展开合作。毫无疑问,他们并不需要去这样做。但是,他们
每个人的确都希望能够以竞争性的价格买到自己想要的东西(哪怕他们也 249
许不会以这种方式来描述自己的想法),而他们分别根据这种愿望去行动的结果就是:他们的愿望仿佛通过一只"看不见的手"而得到了满足。

"看不见的手"机制这一概念,最早是由于亚当·斯密在1767年的《国富论》①(Smith 1976)中提出的经济理论而为人所知并广受赞颂的。毫不令人惊奇的是,这一概念很快就被改造用于政治理论之中。斯密的同胞詹姆斯·密尔在1819年的一本小书《论政府》(A Essay on Government)中论证说:只要我们对选举机制加以恰当的设计,就能依靠"看不见的手"去促进公共利益(Lively and Rees 1978)。密尔追随了杰里米·边沁的新哲学,并论证说,在一种适宜的选举机制下,我们能够依靠"看不见的手"去促进一种功利主义版本的公共利益——用当时流行的口号来说就是"最大多数人的最大幸福"。

① 此处信息有误,《国富论》实际出版于1776年。——译注

密尔的论证起始于如下假定:所有的人类都在追求满足自己的利益,即对他们自私偏好的满足——简单地说,就是他们的幸福(Lively and Rees 1978:5)。这赋予了他一种功利主义式的公共利益概念:公共利益就在于"对不够充足的幸福原料加以分配,以确保共同体成员的幸福总量最大化"(Lively and Rees 1978:5)。那么,一个由这样的个体所构成的共同体,如何才能去依靠政府来促进公共利益呢(按照密尔的设想,政府必然只能由那些成员之中的一小部分人组成)?"共同体本身必须对这些个体加以制约,否则他们就会去追寻自己的利益"(Lively and Rees 1978:22)——或者用他的话来说,去追寻自己的"不正当利益"(sinister interest)(25)。共同体如何才能做到这一点呢?这要依靠"代议体制这种伟大的现代发明"(Lively and Rees 1978:21)。更具体地说,要依靠这样的一种体制:在这种体制下,首先,选民的范围要足够大,从而能够包容整个共同体中的各种利益(Lively and Rees 1978:22)——不过密尔认为,把较为年长的男性都包括进来就足够了(27);其次,在能够允许代表们完成其工作的前提下,历次选举之间的周期要尽可能短(25)。① 这其中所蕴含的理念是:这种体制会迫使代表去反映其选区的利益,而通过这种选举者与当选者之间"利益的趋同"(Lively and Rees 1978:34),最终达成的决定就会反映出一种妥协的结果,而这种妥协能使那些本性上自私自利的行为者所获得的满足加起来得到最大化。密尔认为,这种满足就构成了公共利益。

250 如果密尔所描绘的图景是合理的,那么,在政府中工作的人就会去促进共同体的(在他所理解的功利主义意义上的)公共利益,并且会在投票者的民众影响之下去这样做。不过,这种民众影响之所以会产生出公共利益,并不是因为作为整体的选民有意想使公共利益发挥决定性的作用,而是因为有着在他们背后进行运作的相关机制。如果每个选民都投

① 我撇开了如下事实:对于密尔来说,代表们的工作主要是监督政府,而政府则是由国王和他的大臣们所执掌的。

票给那些承诺会满足他们的自利偏好的政策或代理人，而且代理人们会寻求去遵循其选区的偏好的话，那么，由非意向性的行为所聚合起来产生的效果，就应该会使选民的总体利益得到最大程度的满足。

密尔这种关于民众式的、“看不见的手”式的（且能够通过回应性的代表机制所完成的）政府导向的想法，并没有得到很多当代思想家的支持。不管是通过“政策优先”还是“代理人优先”的方式来解读，这种想法都会面临一种显而易见的反对意见：无论他怎么说，选民与当选者还是有可能组成联盟，从而以对社会中少数派群体的利益不予回应的方式，去推行其特殊的派系利益。基于种族、宗教、商业和地区上的共同点而形成的利益集团，能够系统性地歪曲政府的法律和政策，以便满足他们自己的要求。

不过，虽然密尔的具体主张已经无法吸引到很多支持者了，但在更为晚近的时期，一些与之有松散关联的主张还是曾经得到过一些支持。其中一种主张就是利益集团多元主义（interest-group pluralism）。这种主张认为，尽管利益集团肯定会损害密尔的个人主义式的方案，但这些利益集团自身会为了影响政府而展开竞争，而政府当局由于害怕不能连任，就应该会去寻求使这些相互竞争的利益得到最大程度的总体满足。如同一位评论者所说，根据这种观点，“对政治决定的影响散落在一批得到组织的集团之间，如工会、商业组织、教会，以及促进这项事业或保护那项事业的社团。它们表达了各种不同的观点和利益。”（Lively 1975：58）至少是在某些解读者看来，利益集团多元主义的理念就是：如果人们普遍地在这类利益集团之中得到了代表，那么，这些集团对政府的影响（这种影响很可能是与它们各自的人数成比例的）就应该会达到符合功利主义标准的整体效果——也就是说，应该会导向某种类似于“最大程度的偏好满足”的东西。

对于人民用来引导政府的方式，与詹姆斯·密尔自己的理论相比，这种不同的、“看不见的手”式的理论要面临着更为显著的反对意见。这是因为，正如许多评论者已经论证过的那样，我们完全没有理由认为不同集团的影响力会与它们的人数成比例（Connolly 1969）。一种可能性 251

要大得多的情况是:不同集团的影响力是与它们掌控政府的能力成比例的。这种能力会反映出一系列可能的因素,包括它们的组织程度、财政资源、抵制政府或扰乱政府工作的能力,以及在选举时期的有用性。

从头再来

关于对政府的民众导向(不管是意向性的还是非意向性的),对现有主张的讨论似乎让熊彼特的怀疑主义显得更有道理了。正如我们在上一章中所见,我们或许可以通过某种方式确立起民众的影响,甚至使其成为一种非常丰富且具有穿透力的影响形式。然而,从正式的纪录来看,想利用民众的影响去对政府施加一种适宜的民众导向,似乎是一件前途渺茫的事情。

我们在上文中勾画了两条粗略的思路。第一条思路是围绕着人们对公共利益的判断(即他们对社会整体事务的公正偏好)来组织政府。第二条思路则是通过某种机制来组织政府,而设计这种机制的目的在于使政府对那些更为特殊的态度做出回应;那些态度就是人们在涉及自身及其利害的问题上所具有的偏私倾向。然而,我们似乎无法把事情去安排好,以使得社会导向或自我导向的偏好能够居于恰当的主导性地位。认为社会导向的偏好能够居于主导地位,乃是基于对人民的美德之可信赖性的信心,而这种信心是没有什么根据的。而认为自我导向的偏好(特指以大体上是包容性的和公平的方式体现出来的偏好)能够居于主导地位,乃是基于对社会防范权力不平等的影响之能力的信心,而这种信心同样是没有什么根据的。

不过,尽管存在这些批评意见,我们所讨论过的这两种思路都各自具有能够吸引人的方面。第一种思路之所以具有吸引力,在于它促使我们将注意力集中在了一个关于民众导向的合理目标之上。这个目标就是一种后社会的、非团体性的公共利益。第二种思路之所以具有吸引力,是因为它将我们引向了一种实现民众导向的合理手段,即一种“看不见的手”机制。这种机制不需要人们有意识地去对政府进行持续的监视和控制。这就引起了一个问题:是否存在同时能够具备这两方面吸引力的第三种安排呢?我们能否既引导政府去实现(类似第一种思路里所理解的那种)公共利益,又通过类似“看不见的手”的程序来完成这一任务呢(就像第二种思路所展现的那样)?

我恰好认为,这种设想具有实实在在的制度上的可能性。在我看来,只要能够满足两项条件,这种设想就可以成为现实。首先,为了寻求 252
去对政府产生民众性的影响,人们要支持特定的公共政策制定规范(无论他们是否具有去这样做的意图)。其次,那些规范要能够引导公共决策(无论人们是否具有去这样做的意图),并由此而树立起政府应当加以实现的民众性目标。

在第二节里,我将会考察这两项条件如何才能得到满足,以及它们所确立的民众导向体系的好处。然后,在第三节里,我将会对这种体系在政治本体论(political ontology)上的蕴义加以探讨。政治本体论指的是我们对人民、宪法和国家的本质以及它们之间的关系的看法。我将会论证说,这会使我们有理由认为,政府能够在一种独特的意义上去满足林肯的三项要求:民有、民治、民享。

对于从我们的思考中所浮现出来的图景,我会将其描述为一种关于“民众影响用以推行民众导向之路径”的“双面模式”(dual-aspect model)。这是因为,根据那种图景,民主政治是在两种时间段上进行运作的。在日常的政策制定过程中,人民会对公共决策实行一种能够被平等产生的选举式及争辩式的影响。通过在短期的行动中采取这种手段,他们得以在长期内对政府行为施加一种能够被平等接受的导向。

第二节　双面模式的民主

关于接受的博弈与关于可接受性的博弈

介绍双面民主模式的核心理念的最好方法,就是去思考以下两者的差别。这两者都是一群不得不去组织某种共同事业的人用来化解决策过程中利益与意见冲突的方式。我将其中一种组织化决策思路称为“关于接受的博弈”(game of acceptance),另一种称为“关于可接受性的博弈”(game of acceptability)。

设想有这么一群人,他们住在一幢公寓中的各个房间里,因而要面对着组织公寓事务的任务。① 再假设这个群体需要在某些领域里面做出决定:比方说,决定不同的住户(有些人的住处较为昂贵,有些人的较为
253 廉价)应该为相关法人团体的基金贡献多少钱。在一场“关于接受的博弈”中,参与的各方会各自寻求去影响其他人,以使他们支持这项或那项政策。为了达到这个目的,每个人会宣布自己所愿意做出的最小限度的让步,如果不能达成一致则修改自己的建议或出价,然后如此持续不断地进行修改,直到达成一致。这种行为的目标是制定出每个人都愿意接受的安排(正是在这种意义上,它是一场“关于接受的博弈”)。与此相关的前提假定是:在摆脱僵局的过程中,每个人都希望做出最低程度的让步。在捍卫他们自己的利益(事实上还包括他们自己的意见)时,每个人都想做出尽可能少的牺牲。就像桥牌开局时的叫牌一样,在他们讨价还价的过程中,不需要进行任何的讨论。不过,就算允许讨论的话,这种讨论也只会包含各方站在自己立场上所进行的论证。例如,那些住在较低的、相对廉价的楼层的住户可能会论证说:鉴于他们的相对贫困状况,他们无法继续做出让步;或者,达成一致后给他们所带来的利益,不足以抵消他们要为之牺牲的利益(比方说,与住在较高楼层的人不同,他们并不需要电梯服务);或者,境况较好的那些人所需要继续做出的让步是微不足道的。

在关于可接受性的博弈中,行事方法则是与此非常不同的。各方会被要求从集体选择的角度选出他们更为欣赏的政策,或许还会被要求提出一项全新的备选政策。他们所呈现给彼此的相关考虑,应当是被所有人都认为是切题的。这是因为,在假定每个人都具有某些共同脾性的前

---

① 在思考共和主义政治理论时,我(在这里和后面的文本中)对公寓例子的使用与最近的一组研究形成了饶有趣味的映照。这些研究考察的是:在苏联解体后的俄罗斯,公寓和其他相关的组织能够在多大程度上达到共和主义的期望。见 Kharkhordin and Alipuro(2011)。

提下，任何被援引的考虑都应该有助于使相关政策成为对每个人来说都是可以接受的。那些考虑应该与人们的脾性相符合，并有助于使人们对那些政策的看法趋于相同。这会对每个人都提出远为更多的要求，而不是只需要他们宣布自己准备接受的报价，也不是只需要他们提出自己认为其他人基于道德理由而必须接受的考虑（比方说，假定人们在拥有与自己相同的宗教信仰或道德理念时所必须接受的考虑）。被援引的相关考虑如果想要被认为是切题的，就必须符合每一个人的看法。不过，这指的是每一个人实际拥有的看法，或者是可能会被说服去拥有的看法，而不是他们在某种意义上的理想情况下应当拥有的看法。

参与"关于可接受性的博弈"的人会被要求去把其他人当作平等的伙伴来对待，因此，在他们彼此之间进行争论时，就应该去遵循大体上是由协商民主理论家们所设想的那种模式。[①] 如果说，群体中的某些人从自己的视角出发，必然会认为某些考虑是不切题的，那么，其他人就不应
该提出这些考虑。毫无疑问，如果他们这样做的话，就不能指望别人会 254
跟着他们走。无论他们愿意与否，都必须遵守法律和修辞学的古老原则（Skinner 1996：第 1 部分）："倾听另一方"（audi alteram partem）。[②] 人们

① 在强调关于可接受性的博弈（尽管他并未使用这一名称）的潜力方面，做出最大努力的思想家是于尔根·哈贝马斯（Habermas 1984—1989）。琼·埃尔斯特（Elster 1986）呈现了一种富有洞察力的思路，颇有成效地将"关于可接受性的博弈"与其他方案区别了开来。参与了关于可接受性的博弈的人，必须愿意去以平等的方式与其他人合作。这项规定是不可动摇的。不过，在这种博弈里最终趋于产生出来的考虑，将有别于约翰·罗尔斯（Rawls 1999）的那种与"合理的政治性正义观"（133）联系在一起的"公共理性"（public reason）。与罗尔斯的公共理性不同，人们在那种博弈中所赞同的考虑，可能会在三种独特的意义上是受到相关背景所约束的。那些考虑之所以会被认可，也许只是由于相关群体的历史（后文会出现的一个相关例子是：某个联邦所经历的历史会提供理由，以支持人口数量有异的各州的平等代表权）。与罗尔斯的理性不同，那些考虑也许只会被要求在任何时候都能得到现有成员的认可，而不必涉及成员资格方面所发生的可能变化。这一局限是无可指摘的，前提是成员资格方面的变化（例如宗教信仰的一致程度上的变化）会导致对那些符合"关于可接受性的博弈"的要求的、能够被接受的考虑的修正。同样，与罗尔斯的理性不同，那些考虑可能会专门与特定的议题绑在一起，比如应该采取这项还是那项政策、应该支持这种还是那种决策程序。它们还可能无法普遍化为任何能够被清晰地勾勒出来的原则。对于罗尔斯公共理性观点的一个出色阐释，见 Larmore（2003）。

② 一份心理学方面的晚近研究表明，这是训练人类论理行为的一项重要且富有成效的方法。见 Mercier and Sperber（2011）。

在提倡自己所支持的政策时,其所援引的考虑必须能够说服所有各方去接受那些政策(虽然不同的劝说理由也许会有不同的说服力或重要性)。他们必须通过对所有人的重视来表明,在支持或反对某项政策时,援引那些考虑至少是切题的和中肯的。如果每个人都能够认可那些考虑(或者至少可以被指望去认可那些考虑),则对立的各方就可以将它们作为理由提出来,以说明为何每个人都应该准备去接受被提议的那些政策。

就其本性来说,“关于可接受性的博弈”乃是由某种规范来指导的。按照这种规范,博弈的参与者们在支持或反对一项政策时,只能提出所有人都能够认为是切题的考虑。根据前面所采用过的解释,规范指的是一个群体的成员之中的如下这种行为习惯:作为被共同意识到的事实,几乎每个人都能去遵守它,几乎每个人都期望他人去认可遵守习惯的行为并且/或者去不认可不遵守习惯的行为。这种期望能够帮助去维持相关的行为习惯。在“关于可接受性的博弈”的压力下,参与者们不可避免地会去普遍遵守如下这种行为习惯:在进行集体决策时,寻找出其他所有人(无论他们有什么样的利益或看法)都能够视为切题的考虑。如果有人不去这样做的话,他就几乎无法产生任何影响力。同样不可避免的是,参与者们不仅会认识到不遵守习惯将引来他人排挤性的嘲笑和不认可,而且同样会认识到这是一个人们全都能意识到的事实。如果有人提出了只能说动某一特定亚群体的考虑,就会被当成笑柄。

255 这种一般性的、引导型的规范——这种用来统制其他规范的规范——并不要求参与者必须提出已经被考察检验过的考虑。它会要求他们首先在各种政策制定领域里去搜寻如下这种考虑:根据人们既有的信念,他们可以被引领着去赞同那些考虑。假设说,人们信奉“在一切可能的领域内实现平等”这一高阶原则;或者,更为合理的假设是:他们信奉“在某个不同于当前所讨论的领域内实现平等”的原则。在这种事先持有的信念的基础上,支持那一领域中的某种特定政策的人,就可以援引关于平等的考虑。他们可以论证说,基于对平等的普遍信奉,或者在其他某个不同的但据认为是类似的领域里对平等的信奉,关于平等的考虑在当下的情形中是切题的。在所涉及的相关领域中，他们在试图让其他人承认关于平等的考虑的切题性的时候，有可能成功，也有可能不成功（至少在一开始肯定不会马上就成功）。但是，如果那种考虑确实和参与者们的既有信念能够很好地协调起来的话，那么，它大概早晚会被人们所接受，成为在关于可接受性的争论中的可用资源。

在人们彼此之间的争论中，如果他们能够遵守那种用来统制其他规范的规范，如果他们只去援引那些预计能被所有人承认为切题的考虑，那么，这就应该能够确保在他们之中浮现出更为具体的规范。参与者们应该能够认识到，被所有人都接受的那些特定考虑是合理中肯的。这意味着，应该要有明显的证据，使大家都知道每个人都接受了这种看法，并使大家都知道其他人全都知道了这一点，以此类推。这就是与共同信念或相互信念有关的那种常规层级体系（Lewis 1969）。如果能够做到这一点，那么，随着时间的推移，那些考虑会逐渐构成一些有参考作用的论点。在针对公共政策问题进行讨论时，从每一个人的角度来看，那些论点都显然是中肯的或切题的。① 对于某个被人们所接受的考虑C，下述说法将会是真实的，而且能够被人们共同意识到是真实的：几乎每个人 256
都将其看作是政治论辩中的切题因素，几乎每个人都预期其他人会认可这种看法并拒斥否认这种看法的行为，并且几乎每个人都受到这种预期

① 对“关于接受的博弈”与“关于可接受性的博弈”的这种二分法，是否忽略了第三种不同的思路？根据这一思路，人们必须都能够把相关提议看成是可以接受的，但他们只需要从自己的个人立场出发来达到这一点，而并不必然是从同样的立场出发达到这一点的。对这种思路的一个精致的发展，见 Gaus（2011）。对于一种赋予受宗教动机所驱动的、指向特定教义的理由以特权地位的相关思路，见 Stout（2004）。我自己的观点是（我在这里无法充分捍卫这一观点）：这些思路无法为我们指出一条真正不同的道路，因为会存在下面所说的这种两难困境。如果人们不必去捍卫其个人立场（他们正是基于这种个人立场而去要求公共政策必须是可以被接受的），如果（用后文将引入的名词来说）那些个人立场不必去回应协同利益（concordant interest），那么，相关的提议就很可能最多只能支持某种版本的“关于接受的博弈”，因为参与者们都在寻求彼此做出妥协，以避免造成破坏性的僵局。然而，如果人们在捍卫那些立场的时候，必须立足于更高的层次，必须立足于一致利益的基础之上（比方说，人们在捍卫自己教派的行动权利时，可能会诉诸宗教自由），那么，相关的提议就会导向某种版本的“关于可接受性的博弈”。对于这种立场以及相关立场的富有启发的讨论，见 S. Macedo 未发表的论文“Why Public Reason?”。

的驱动,从而自己就会持有那种看法。

根据这种解释,随着关于可接受性的博弈的成功的、持续不断的进行(也就是说,随着对与这种博弈相联系的"用来统制其他规范的规范"的坚守),其不可避免的附带效果,就是争论与协商过程中的具体规范的浮现。参与者们将会形成如下这种共同意识:在支持或反对某项政策时,这项或那项考虑将会被认为是切题的——也就是说,它将会得到认可。如果在做出相关的实践时得到了认可(或者没有得到不认可),他们就会形成如下这种共同意识:如果自己否认相关考虑是切题的,就会引来其他人排挤性的不认可。因此,相关考虑就会通过属于自己的特定规范而得到支持,并向人们表明:如果你否认我的重要性(不管你认为这种重要性有多大),就要自己付出代价!

关于可接受性的博弈趋于通过这种方式所确定下来的考虑,估计会分为两大类:关于一致利益(convergent interest)的考虑,以及关于协同利益(concordant interest)的考虑。一致利益的考虑会向参与者指出一些带有普遍性的好处。在涉及共享决策权的问题上,所有人都认为这些考虑是切题的,或者可以被引领着去认为它们是切题的。在政治世界之中,与此相关的例子无疑会包括平等、团结、繁荣或和平所带来的好处,当然还有不平等、分裂、贫困或冲突所带来的相应害处。如果你能够表明,在某一领域里的若干种相互竞争的政策之中,只有一种能够保证提供那种好处(或者避免那种害处),那么,你就指出了某种各方都必须加以重视的东西(尽管有些人可能会比其他人对此更为看重)。

与一致利益的考虑不同,在关于可接受性的博弈中,协同利益的考虑向参与者所指出的那些好处,只可能被这个或那个个人或者亚群体所获得。在与人们命运相关的那些问题上,这些考虑并不是无所偏倚的。但是,它们仍然能够获得各方的服从,前提是每个人都接受如下这种看法:基于一致利益的缘故,整个群体都应当将那些好处授予从中获益的那些个人或亚群体。在共同制定政策的过程中,没有哪个群体会认为,每个人在为自己谋求特定好处(不管这会给其他人带来多大损失)时所具有的利益，能够提供一种切题的考虑。但是，一个群体很可能会认为——比方说——它的任何成员都不应该被迫去承受多数票决所强加的那种不平等（如上一章中的晚餐俱乐部里的素食者所承受的那种不平等）。更为一般性地说，这一群体可能会认为，它的成员们具有一种协同 257
性的利益，即得到保护以免遭这种不平等（或免遭其他各种不幸）。因此，某一个或另一个成员在这方面所可能遭到的伤害，就会在共同制定政策的过程中成为一种切题的考虑。在涉及适当的好处时，类似的道理也是成立的。例如，如果某些人能够受益于某种好处，而其他人又不会因此遭到任何损害——如果这能带来帕累托改进，那么，这一事实就可能会要求各方去支持一项能够带来那种好处的政策。①

对于更为具体的政策制定规范来说，不管它们所反映的是一致利益还是协同利益，都会在任何一个关于可接受性的博弈中将参与者们引向一组不断演进着的论证。他们在支持这种或那种提议时，可以安全地依赖于这些论证。不过，那些具体规范也会提供一些资源，使参与者们能够将之用于支持这种或那种过程或程序，从而可以解决协商之后所遗留下来的分歧。分歧几乎总是会存在的，因为在关于政策的争论中，不同的人所提出的考虑很少能够获得一致同意。这些考虑仅仅能够减少留在台面上的备选项数量。所以，有必要在某些节点上结束协商行为，以便通过一些独立的程序来获得解决方案。这些程序包括对存留下来的备选项进行投票，或是在抽签的基础上进行选择，或是将相关问题交给各方都能接受的裁决者来敲定。因此，具体的政策制定规范不仅与不同的政策有关，而且还与特定情况下诉诸某一种或另一种最终解决程序的适当性有关。

---

① 我们需要注意到如下两种说法之间的差异。第一种说法是：根据某种愿意以平等的方式与他人生活在社会中的人所不会拒绝的标准，某个亚群体不应当被指望去承担特定的代价。第二种说法是：根据某种没有人能够合乎情理地去拒绝的标准（也就是说，如果某人根据某些独立的标准而被认为是一个合乎情理的人，他就不能拒绝那些标准），某个亚群体不应当被指望去承担那种代价。与这里的讨论相关的是第一种说法而不是第二种。

在任何群体之中所浮现出来的具体规范，都永远不会是固定的、一劳永逸的（Young 1990，2000；Honig 2001）。它们会经历不断的发展，因为协商过程中的创新者会设法让全新的论证得到接受。这或许是通过将已经得到认可的论证扩展到新的领域中去，或许是通过提出能够被其他人所接受的新论证。这种创新很可能会由现有成员的脾性变化所激发，不过当然也可能会由那些成员的组成成分上的变化所激发（那种变化可能会在任何特定的时刻发生，也可能会随着时间的流逝而逐渐发生）。随着新的规范以这种方式演化而来，其他的规范可能会衰朽下去并丧失其潜力。例如，在经历了变化后的社会里，某些成员可能不会再
258 接受那些规范了。但从整体上来看，得到鼓励的规范估计将在数量和应用范围上得到拓展。它们就像是在争论和意见交锋的激流中沉淀下来的沉积物。

现在回到我们之前的例子上去。想象一下，在一幢公寓大楼里，哪些政策制定的规范会趋于在住户之中获得认可。其中一些规范会在购房契约签署之前确立起来，但即使它们并非事先确立起来的，我们也很容易想象，当公寓住户聚集起来商议共同的居住准则时，那些规范是如何浮现出来并成倍增长的。随着住户们进行交流、筛选提议并对余下的候选方案进行投票，他们不可避免地会建立起一些用来治理其共同社区生活的规范。这些规范将会决定：

• 他们集体组织电梯服务、公共场所护理、偿债基金等活动的理由。

• 各方均予以认可的集体决策的特征，包括公开性、咨询性、协商性、效率性等等。

• 在物业管理费、公共事务参与和一般性礼仪方面，个人对群体所应负有的责任。

• 在不同住户所付费用有所区别的情况下集体决策中的个体平等。

• 个人根据自己品味装修房间内部的权利。

• 在处理诸如底层进水之类的特定问题时，个人所能够指望从集体组织那里索取的利益。

• 对那些违反共同确立的程序的住户所必须施予的惩罚。

• 在允许其他成员对其决议加以挑战的前提下，对经选举产生的委员会所赋予的权威的分量。

• 在考虑到可能发生的利益冲突的情况下，将某些决定权外包给独立的顾问或审计机构的适宜性。

在一个涉及可接受性的体制之下，特定的论辩规范决定了争论与联合行动的条款。但即使一个群体确实是在这种体制下进行运作的，这一事实也并不意味着其成员的举止就总会是高尚的（甚至哪怕只是得体的）。例如，他们可能只是勉为其难地参加了公共讨论与决策过程，实际上却宁愿让许多领域中的事情由其他人来决定；当群体中的成员们参与讨论或是表达不同意见时，他们可能并不会被涉及共同善的公正考虑所说动；虽然他们受到“关于可接受性的博弈”的规则所制约，但他们的根本动机可能或多或少还是自私自利的。同时，在彼此针对不同的措施进 259
行争论与交流时，那些成员们并不需要以那种适合于学术研讨会的、形式上正确的风格来进行论辩。更具体地说，那些援引了共同规范的论证可能会被应用在人们所采取的特有观察之中，或者是被应用在他们所提出的与其他领域的类比之中，或者仅仅是被应用在对于对手的主张的抨击之中。政治修辞学的悠久传统向我们表明，许多不同的这类行为都能够（公正地或不公正地）利用到被普遍接受的规范，并为这项或那项政策或程序提供支持（那类行为包括机智的反语、犀利的讽刺、对于对手的主张夸大其词的渲染、对正面结论与反面结论的微妙反转、对鲜活例子的赞美感叹，甚至还包括直截了当的嘲笑）①。

然而，虽然像公寓住户这样的群体即使是在“关于可接受性的博弈”之内运作时，也并不会以最为高尚（或者哪怕是得体）的方式去行事，但是，既然他们采用了这种类型的博弈，则这一事实本身就见证了一种“在

① 对修辞式论证的许多传统样式的出色介绍，见 Skinner(1996)。关于对修辞的更为良性的潜在用法，见 Garsten(2006)和 McGeer and Pettit(2009)。

进行集体决策时寻求团结”的信念。公寓里的成员们必须有志于使他们的地方性共同体运行起来,并且其运行的方式要使每个人都在共同体的治理中发挥作用。在参与公共政策的决定过程时,或者是在参与对决策程序的修正时,这种参与本身就使得人们能够表明:他们准备以各种不同的方式让自己去适应其他人,并且去做出任何必要的妥协和让步。他们愿意从整个群体的角度去思考问题,而不是去生活在孤立和怨恨之中,或者是去寻觅一个更合他们胃口的共同体。对这个群体的这种信念所构成的东西,就是国家层面上的爱国主义在地方层面上的对应物。

公共世界中的“关于可接受性的博弈”

政治是会产生出关于接受的博弈呢,还是会产生出关于可接受性的博弈呢,抑或是会产生出两者的混合物呢?尤其是,在根据上一章所描述的思路建立起一种民众影响的体制后,这种体制会更为倾向于哪种博弈呢?在任何政治背景下,关于接受的博弈都可能会起到一种补充性的作用。例如,在议会制的背景下,各个政党可以在这种博弈的基础上去
260 进行谈判。不过,如果一种体制的目标是去促成一种(就像我们的模式所要求的那样)个体化的、无条件的和有效的民众影响,那么,它就必须赋予“关于可接受性的博弈”以一种优先的角色,并因此而必须产生出一系列关于政策制定的、可以被人们所共同接受的规范。

在我们上一章中所勾勒的民众影响体系中,最重要的、最核心的主题就是:必须为大量的制度性设置留出空间,以便使人们进行挑战、争辩、讨论和决策。我们之所以支持回应性的(而非标示性的)立法机构,是因为它能够允许对当选的官方机构进行集体质询,并且能够加强这种质询所预设的言论、结社与迁徙自由。我们论证说,由于每张选票可能会有不对等的价值,从而使得相关体系无法满足个体化影响的要求,因此,为了防范这种可能性,这种集体性的挑战机制就必须由个体化的争辩机制来加以补充。这种争辩机制会允许个人(以及由个人组成的群体)去挑战政府所提出或推行的任何存在问题的措施。我们还论证说,

为了赋予这种民众影响体系以一种无条件的或独立的特征，政府必须被分解成不同的、彼此之间进行制衡或争辩的部分，而不能拥有绝对主权者式的权力。人民则必须要展现出深厚的争辩性权力（它可以由专门的利益集团来加以提供）。这种权力要建立在对共同体之成就的爱国主义式的追求之上。最后，我们还论证说，为了使民众影响成为有效的，就必须去防范政治家们在选举方面的动机，并建立相应的标示性独立机构，以便通过这些机构去约束私人利益集团的运作，从而对后者的影响进行防范。同时，我们还要让这些机构本身受制于争辩，以防止它们自己滥用权力。

适宜的民众影响体系所要求的那种多层面、多中心的争辩模式，确保了“关于可接受性的博弈”能够在这种体系的运作中占据主导地位。在关于接受的博弈中，也可能会存在争辩，因为某一方或另一方会把自己所愿意做出的让步程度隐藏起来，转而依赖其财富或者人数（或者仅仅是它那名声在外的固执）去反对其他人所支持的解决方案。但这类争辩会让拥有更大讨价还价能力的个人与群体获得优势，并使政治生活暴露在不可预测的权力斗争所带来的混乱之下。使诸多个体平等分享民众控制体系的唯一希望，就是通过“关于可接受性的博弈”的规定去将他们所实施的影响组织起来。

正如我们所见，关于可接受性的博弈与最终的票决（或者任何类似 261
的决议机制）并无矛盾之处。但是，在这种博弈存在的地方，它就会迫使人们以一种将会产生共享的政策制定规范的方式来进行互动。我们或许可以期望，在前面描述过的那种影响体系所设想的、进行对抗与争辩活动的多重途径里，那些共同的规范能够得以建立起来。这些途径包括选举中的竞争与论战、司法和类似方面的听证会、议会中的讨论、政府各部门之间的交流、对于政策的公共辩护、监督团体与政府机构之间的争执、报纸与其他媒体上的互动、独立机构所提供的判断或意见，以及要求宪制改革的民众呼声。在每一种途径里，对某个问题的最终解决可能都要依靠像投票这样的刻板工具，而且可能会由各方所能争取到的人数来决定结果。但是,如果我们要求各方根据跨党派的理由来捍卫自己的主张,就可以确保它们在建构各自的不同纲领时,能够在彼此之间奠定共同的基础。如果最后还是存在不同意见,可能就说明他们在某个方面没有成功,但这仍然会表明他们在另一个方面有所成就,因为这会保障或加强那种由各方的分歧所促成的论证规范。

在争辩得到展示或聆听、答复或判决的各种途径里,关于政策制定的规范会开始浮现并固定下来,而且,那些途径会自然而然地对每一个人开放,从而使得在某一种背景下得到赞同的规范总是能在另一种背景下获得试用,并随后得到接受或者拒绝。当一种被人们所接受的规范在某一种背景下得到确认后,对于在另一种背景之下进行运作的各方来说,这种规范就成了使他们在这个或那个问题上为自己进行辩护的潜在资源。因此,对于每一个在某一途径中被证明是可以为人们所接受的备选方案,我们就应该自然而然地会去期望,它很快也会在其他用来挑战政府决策的途径中得到检验。当然,被某些人所接受的规范(比方说,被某个特定的教派或文化的成员所接受的规范)可能会被证明是无法被其他人所接受的。但是,在各种途径之间的多重联系——那些在一种公共的选举文化中被赋予的联系——应该能够确保人们会辨别出可以得到社会广泛认可的规范。

人们之间的差异不太可能大到使那种规范几乎无法浮现出来的地步。① 至少,只要社会中各方面的人都在爱国主义的基础之上矢志于让他们的共同体运行起来,就不太可能会出现那种情况。这里所设想
262 的这种爱国主义对人们的要求是:不能允许他们的那些更为个人的或偏私的情感依属(比方说,那些建立在宗教归属、种族身份或地理位置上的情感依属)去破坏他们对更大的共同体的忠诚。② 只要爱国主义得到了弘扬,人们之间的分歧就不太可能导致无法出现能够得到社会广泛接受

① 不同的观点见 Gaus(2011)。

② 对在一个小团体中发生的这种分崩离析(相当于我所说的集体无自制力)现象的描述,见 Pettit(2003a)。

的规范。①

如果说，通过对一个政体内的事物加以组织，我们能够赋予人们以对政府的个体化、无条件和有效的影响，那么，在这种政体下，我们应该去期望什么样的规范浮现出来呢？首先是一种宽泛来说的“影响上的平等”(equality of influence)的规范。正如我们在之前的讨论中所见，将影响加以个体化这种可能性本身，就要求我们出于平等地产生影响的需要，在所有的论证中都去承认人们所具有的相关重要性。比方说，假如某个固定的少数派的影响有可能会被剥夺，那么，为了防止这种情况，就必须要求人们承认，避免使这种少数派变得边缘化是很重要的。一种个体化的影响体系这种可能性本身(因而还有合法政府的可能性本身)，就取决于论证中的这种规范能够在多大程度上影响人们的想象力，以及它能在多大程度上决定他们的回应方式。人们必须对如下这种可能性抱有信心：在用来治理他们所在的特定共同体的政体中，影响能够得到平等的分享。在这种意义上，他们必须是受到爱国主义情感所激发的。同时，为了维护这样的一个政体，他们还必须愿意去采取所需的选举及争辩方面的步骤。否则的话，根据这里所发展出来的论证思路，政府合法性就会是一种无法达到的理想。

但是，如果各方都承认说，人们应该能够平等地产生影响(也就是说，他们在集体决策中应该得到平等的尊重)，那么，一个同样合理的、更为一般性的要求就是：在集体决定下所采取的对待他们的方式上，他们也应该得到平等的尊重。在公开进行的争辩与论证中，对平等尊重的这种要求将会被看作一个可以加以援引的要点(Beitz 1989)。而如果接受了这种要求，随后就很可能会产生出一系列更为具体的平等主义规范。例如，在教育机会、工作条件、法庭运作和公共设施的组织等方面，不断的交流和创制就建立起了对平等尊重的要求的各种诠释。当然，这些诠

① 然而，正如我们之前所注意到的，传播媒体的最新发展制造了一种危险的情况：不同政治党派的人只会去聆听他们专属的圈子里播出的新闻和争论(Sustein 2009)。

释在不同的社会是有所不同的（事实上，在不同的年代也是有所不同
263 的）。因此，在美国，随着对种族上“分离但平等”理念的拒斥，对平等尊重的要求的诠释就发生了戏剧性的转变。在公共生活中的处事方式上，这种诠释上的转变随之带来了一连串的改变。

在上一章中所描述的影响体系里，可能会有多种不同形式的平等规范。同样，也可能会存在多种不同形式的自由规范。如果想拥有一种个体化、无条件和有效的民众影响体系，则随着这一理念而自然而然地出现的，就是承认每个人都需要拥有一个个人选择的领域，以及对于人们在那一领域中所应当拥有的自由的诠释。同平等一样，在不同的政治体和不同的时期内，对自由的要求可能会得到不同的诠释。不过，在任何社会里，这些诠释都很有可能会确立如下两种领域之间的分界：人们应该能够在其中为自己做出决定的领域，以及政府或其他权威部门能够加以统治的领域。这些诠释还很有可能会对如下问题提供某种答复：在何种条件下，人们才能够以这种方式为自己做出决定，并享有不受制于他人的相对独立性？这些诠释还很有可能会允许政府去提供这种或那种程度的资助和保护，以便为所有人确立这样的独立性。

一个治理机制如果想要确保一种适宜程度的民众影响，就必须早晚落实为具体的制度形式，并引入能够提供选举、挑战和质询的措施。这些措施还要能够限制民选官员的权威，并对私人游说集团的活动加以管制。同时，它们还要能够展现出进行合法的反对与争辩活动的可能性。随着我们所需要的制度逐步浮现出来并稳定下来，它们就必定会得到人们的接受，并赋予相关的论证规范以合法性。这些规范会支持人们去诉诸那种制度所体现的原则和预防措施，如分权的重要性、司法的独立性和政府决策的透明性，等等。当然，在任何社会中，被引入的具体制度都可能与其他社会有所不同。而随着这些制度的变化，对应于特定制度的相关规范也会有所变化。

在任何社会中，如果人们对于“国家应当做些什么”的问题趋于达成共识，并且建立了能够实现这种共识的制度，那么，除了上面所探究的那

些基于平等的、基于自由的和关于特定制度的例子以外，这个社会中就还会浮现出许多独立的规范。政府所被要求去担负起来的工作，肯定会包括国防、对基本自由权的界定、对法律和秩序的落实，以及对工商业和就业的促进。但在大多数社会里，根据不同的诠释，政府的工作还会扩展到为青年人提供教育、对各种市场进行管制、对社区遭受灾害的可能性进行保险，以及对个人在医疗、法律或经济上可能面临的紧急或迫切 264
需求进行保险。这个清单或多或少是可以进行调整的。

我已经谈到了在任何社会中（尤其是在任何意欲确立个体化的、无条件的和有效的民众影响体系的社会中）所可能发展出来的各类不同规范。正如我所强调的，我们也许可以期望这些民主性的规范会展现出某种共同的特性，但是，这些规范所采用的具体内容总是会取决于地方性的文化与发展所带来的偶然性。不过，我不想说民主制是不会犯错和不受羁绊的。在任何社会中所浮现出来的那些规范，会反映某些或许是需要质疑的信仰和价值，因此，从这种或那种正义或合法性概念的视角出发，这些规范可能常常是有缺陷的。

民主社会的历史通常会提供一套丰富的、具有吸引力的规范，以供人们在公共生活中加以援引。然而，对于生活在社会中的人们来说，这种历史也会把有害的约束和令人厌恶的羁绊强加在他们身上。每个发达民主国家都是沿着一定的轨迹发展而来的，都是建立在某种要求政府担负起一些特定工作的传统之上的，也都是与某些基本上是固定下来的制度和安排联系在一起的。这会使得社会受到约束，使其成员无法去提出改进措施（而这种改进措施是得到他们大部分共享的论证规范所支持的）。一个简单的例子就是，在美利坚合众国与澳大利亚联邦建立的时候，大州和小州必须在参议院里被赋予平等的代表份额。这一点并不令人惊奇，因为这些州负有创立新的政治秩序的责任。今天，在这两个国家里，如果宪法被进行详细的改写，那种代表模式是不太可能得到很多人支持的。在美国和澳大利亚，各州公民都在地理上有很大的流动性，而且大概不会像其先辈那样对所在的州有那么强烈的认同。但尽管如此，我们暂时还是看不出两国的这种体制有被加以改变的可能。“各州拥有平等代表权”这一规范所在的传承谱系，使得它不会受到有效的拷问。

通过关于政策制定的规范而进行的协商式管制

上述观察支持了如下理念：如果一个政体实施了民主制所需要的那种民众影响体系（或与之类似的某种东西），就会出现各方都能接受的政策制定规范。我们现在所面临的问题是：这些民主性的规范能否起到引
265 导或者塑造政策的作用？民众影响能否被用来促进对政策规范的服从，或是被用来促进与那些规范的相容性？①

在不同的民众影响体制下所采用的政策，以及用来对它们加以采用的程序，很可能会随着那些体制的不同而发生很大变化。因此，在不同的体制下得到赞同的、用来塑造被采用的政策和程序的那些规范，就可能会有很大的差别。需要再次强调的是，在确定任何一套规范对实际应用的政策和程序所产生的影响时，我们也需要经验性的前提预设，而这在不同的社会也是不一样的。此外，在决定政策时不可避免地会扮演某种角色的最终决议机制，也可能会将各个社会推向不同的方向。在通过多数票决和公正的裁断机构来解决问题时，其结果可能会像通过抽签而得出的结果一样不确定。

但是，即使在存在这些变数的情况下，某个体制所采用的政策和程序仍然可以是受制于政策制定规范的约束性或引导性影响的。如果这些规范的存在基本上能够确保两项条件得到满足，则它们就可以对政策的制定形成约束和引导。首先是政策条件：只有当一项政策不违反那些规范时，它才能留在台面上，才有可能在某个领域得到采用。其次是程

① 各种规范根据这里所发展出的叙事而在民主控制中所扮演的角色，与人民所持有的价值观在其他理论中被赋予的角色有着部分的（但也只是部分的）重合。一种这样的思路见Brettschneider(2007)，另一种见Eisgruber(2001,2002)。

序条件:经过前一项条件的排除后,在对存留下来的备选项进行筛选时(以及在对不同的筛选程序进行筛选时),如果在某一领域中用来进行筛选的程序违反了那些规范,我们就不能使用这种程序。①

假定关于政策制定的规范施加了有效的约束(它们肯定是能够做到这一点的),则这里所描述的管理体制就将赋予它们一种实质性的引导性角色。回到公寓的那个例子,我们可以想象会浮现出一种机制,在这种机制中,人们的行事方式能够很好地满足公寓住户们基于规范之上的期望。在那些规范的影响下,住户们会逐步建立起一定的决策程序,并通过援引相关规范而积累起一批持续增长的政策。相关的组织会在这些成员的影响下进行运作(我们可以假定,这种影响是个体化的、无条件 266
的和有效的)。这种影响会使他们所赞同的那些规范得到服从。当然,在特定的问题上,那些成员会有强烈的意见分歧,甚至可能会分裂为尖锐对立的派系。但是,只要他们在继续争论和解决其分歧时,没有去冒犯任何他们所共同持有的规范,那么,这些成员就会成功地建立起一种共同的、基于规范之上的秩序。

假设某一方希望把一些公寓房间出租给附近的旅店,而另一方则强烈地反对这一进程。再设想他们是以一种遵守共享规范的方式来做出决定的。不管哪一方在这个问题上获胜,公寓的成员们都会一起实现一个重要的目标:使他们的政策和政策制定过程服从于他们所共享的规范。在需要处理的特定议题上,他们或许无法达成一致意见,但只要最终决定是基于与规范相容的程序而做出的,这就不是问题。假设在旅店议题上对立的双方人数相当,最后要在扔硬币的基础上做出决定,而这

① 我们在之前看到过,在任何决策领域中,一种民众影响体系都会一方面要求生成各种提议,另一方面要求对所生成的提议进行检验。生成过程将会防止错误的消极不作为(false negatives)或者说是疏忽,检验过程则会防止错误的积极作为(false positives)或者说是失误。为了赋予规范以引导性的力量,为了促进"使人们服从政策制定规范"这一目标,我们需要有政策条件和程序条件,而这两者对应的都是那种"生成加检验"的程式中所要求的检验部分,而不是生成部分。两者的要求可以由一种过滤或者编辑程序来满足。在这种程序中,与规范不相容的政策和程序会被剔除出去,只有与规范相容的备选项才能被允许存留下来。

个决策过程本身又是与被人们所接受的规范相一致的。这样一种靠随机方式得出的结果，并不会减损人们所达成的“服从规范”这一共同成就。而在任何其他被人们所接受的程序下（如委员会中的投票或全民公决），某一派或另一派的胜利同样也不会减损那种共同成就。某一方可能会在某个问题上（或是在一系列相关问题上）占据上风，但在一个更深的层面上，进行统治的是作为整体的公寓成员们。他们的共同规范（而非任何特定派系的规范）塑造了这个组织前进的方向。

在公寓成员之中浮现出来的规范，能够塑造在公寓里得到实行的政策和程序，并迫使所做出的任何决定都要符合那些规范所规定的模式；同样，我们也可以期望，政治共同体的规范能够对政府运作产生同样的直接影响。政府所采取的各种决策可能会有很大不同，这要取决于哪些特定的规范得到了赞同，取决于谁碰巧正处于相关的职位上（包括经选举产生和不经选举产生的职位），还取决于那些官员在具体问题上的决定是什么。但是，如果浮现出来的规范真的有效（当存在适宜的宪法及公民时，这些规范就应当是有效的），那么，它们就应该会对共同体的集体行为产生引导性和控制性的作用。这些规范应该会过滤掉具有冒犯色彩的政策和程序，只留下符合被人们所接受的标准的那些决策模式和具体决定。

267 公寓的成员们对自己的公寓所施加的管制，或者政府治下的公民对自己的政府所施加的管制，可以被称为协商式管制（deliberative regulation），因为他们所使用的规范都是作为组织内部协商的附带产品而浮现出来的。不过，在达到对公寓或政府的协商性管制的过程中，不太可能让每个决定都在明确的协商基础上做出。只要在若干途径下的若干场合中出现公共协商，就足以生成所需要的规范，因此，这就是协商性管制所要求的全部前提条件。同样，只要规范得到了生成并被普遍接受，这对协商性管制来说也就足够了，因此，随着公寓或社会的发展，甚至那种间断性的协商也会变得越来越不必要。协商性管制不会在持续的、无处不在的协商基础上运作，而是会作为反映了协商规范的制度性约束的附带产品而运作。相关团体在达成最终决定的过程中,必须要途经大量渠道,躲开大量潜在的制约和障碍,并且在大量受到争辩的议题上避免陷入危险之中,因此,那些决定必然会或多或少地满足由协商所生成的规范的要求。

协商式管制的理想与协商式民主的理想有多大区别?两者全都产生于如下这种观察(于尔根·哈贝马斯的著作[Habermas 1984,1989]在这方面尤其为人所熟知):当人们彼此争论他们该联合起来做些什么的时候,他们就几乎别无选择,只能去寻求那些所有人都认为与合作事业相关的考虑(Elster 1986)。正如我们所知,这些考虑可能是一致性的,代表的是他们全都能够分享的利益,如安全、繁荣或团结。或者,那些考虑可能是协同性的,允许在某个亚群体的状态得到关注时为其提供利益;比方说,这个亚群体的成员们遭到了剥夺,而各方都认为这种剥夺是成问题的,或者,那些成员所处的境地使其能够去改善他们的命运,而又不会对其他人造成任何伤害。

然而,尽管这里所采取的思路与协商民主的精神有着深切的连续性,但还是在两个不同的层面上有所差异。从根本层面上来说,这里的思路是由如下这种共和主义的洞见所激发的:如果人们要避免支配的话,就必须平等地分享他们对政府的控制。这种思路不是由对协商本身之价值的根本性信念(Cohen 1989)所激发的。[1] 而在操作性的层面上,这种思路是围绕着如下理念而组织起来的:真正重要的是对公共事务的协商式管制(也就是说,通过以协商方式得到检验的规范而 268
进行的管制),而不是在每种途径中和每种场合下所进行的协商式决策活动。

两种思路在视角与实践上的差异表现在了如下事实之中:对于协商民主派来说,异议的存在总是代表了一种次优的结果,但在我们当前的

---

① Jake Zuehl 说服我相信,在柯亨(Cohen 2009)后来的论文中,对实际协商之价值的根本性信念以一种契约主义的方式得到了限制,因为他认为能够得到认可的理由与之前脚注中提到的罗尔斯式公共理由已经无法区分了。(这里所提到的脚注是指第 305 页的脚注。——译注)

思路中,异议的存在却是完全可以接受的,甚至是可欲的。毕竟,正是通过对异议的感受,才能驱使不同的各方去确定共同的政策制定规范,因为他们彼此都试图表明自己的看法是有道理的。他们愿意去拥护那些约束政策的规范,也做好了去采用那些决策程序的准备。

对集体决策的协商式管制并不必然意味着要进行大量的协商活动,这一事实还有着更进一步的影响。它将意味着,不同于那些通过明确的协商行为来处理一切事务的群体的成员,在受到协商式管制的群体里,其成员可能并不总是会意识到那种他们在其下加以运作的协商式管制。协商式规范的影响可能是容易被忽略的。事实上,如果相关体系运转良好的话,这种影响可能是几乎感觉不到的。假定这种体系达到了它的最好状态,则我们就会发现:已经建立起来的制度将不会受到质疑;通过各种不同途径所提出的论证,在不同的各方那里可能会被认为具有不同的分量,但这些论证都会被他们承认是切题的;某一方或另一方的提议会遭到其他人的反对,但不会被谴责为触犯了相关的规范;各种分歧最终将会通过无可争议的决策程序加以解决。简单地说,对公共事务的指导将会沿着平整顺利的轨迹进行下去,同时又不会显出来是被一批民众性的规范带到那种途径上去的。

只有当事情在某一个或另一个论坛上进行得不太顺利时,只有当参与者们攻击一项政策的内容或决定政策的程序不符合规范时,民众性规范对公共事务的引导才会凸显出来。但是,既然参与者们应该会希望去避免这类冲突,他们就有理由保持在一定限度之内,以使自己免遭那种反击。如果他们确实能够真诚地保持在那些界限之内,这个体系就能够非常良好地运转。人们将展现出对政策制定规范的高度服从。

虽然民众性的规范可能不会显著地体现在运转良好的体系之中,但这并不是说这些规范在这种情况下就不会产生影响。我们可以借用在其他背景下已经引入的一个理念:当这些规范在那种理想情境下产生影响时,它们所产生的将会是一种实际型(virtual)甚至是预备型(reserve)的影响。就实际型的影响来说,它就像是牛仔在对他的牛群进行放牧时所具有的影响。牛仔在引领牛群时，可能几乎不用去做什么事情。只要牛群走在正确的道路上，他就会让它们自己漫步。但是，他显然对它们 269
所选择的路径具有决定性的影响，因为如果任何一头牛脱离了队伍，他都会去进行有效的干预。在我们所呈现的情境中，政策制定规范所具有的影响也是如此。随着各种政策得到提倡、辩护和挑战，随着它们最终通过某一种或另一种程序而得到选择，如果某一政策或程序看起来违反了被人们所接受的规范，那么，体系内部的某些活动者就会起而抗议。因此，在塑造被产生出来的政策时，即使那些规范并没有扮演积极的角色，但它们仍然能够带来强有力的影响。可以说，它们能够在政策形成过程中进行“放牧”。

再考虑一下公寓的例子。随着相关组织的局内人和局外人对其日常工作事务的思考，如下特征将会凸显出来：各种基本上会被不假思索地遵循的常规程序，成员们在政策的各种不同方面产生分歧的方式，他们每个人在支持自己的观点时所加以援引的论证，以及最终用来处理他们大多数分歧的机制性决议方式。在对上述多种特征的观察中，没有明确的证据表明成员们所赞同的规范扮演了任何角色。但是，这些规范将会挺身而出，否决一切与规范不相容的常规程序，并排除一切不能满足规范要求的论证（以及一切建立在那些论证基础之上的提议）。吸引了人们注意力的那些交流，将会发生在由这些规范所塑造的互动场所中，但这些本身所产生的影响则可能是几乎感觉不到的。即使当公寓内的政治激流最为汹涌澎湃之时，在这种汹涌澎湃的表面之下，也可能会存在着一条共同的影响和导向之流。

双面民主

我们已经论证了：任何拥有适宜的民众影响的政体，都会赋予“关于可接受性的博弈”一种强有力的角色；这种博弈会引发对政策制定规范的广泛忠诚；那些规范会趋于将与之不相容的政策和程序排除在外，从而对政策的制定加以塑造；在那些规范产生这种效果的时候，体系内部可能不需要发生大量的明确协商;当那些规范能够良好地产生这种效果时,它们的影响常常是难以察觉的——它们所支持的影响常常是实际型和预备型的。

上述观察所带来的教导是:无论是在公寓这样的私人社团里,还是
270 在更大的政治共同体中,得到协商性管制的体系都会趋于在两种时间周期之内进行运作。它会需要短期的、高度紧张的竞选与选举程序、提案与反提案、争论、分歧和争辩。但是,在长期的过程中,它才会实现其标志性的影响,而这种影响就像地心引力一样隐而不显。通过这种影响,参与者们有意识或无意识地受到了引导,从而只能去建立符合他们所尊奉的论证和结社规范的政策和程序。在这个较长的时期内,一种得到协商式管制的政治将会反复生成公共的、稳定的考虑,以供人们使用。这些考虑会在任何特定的时刻被用来把无数的政策和程序排除在外,使它们成为不值一提的和无处容身的。我们还会时不时地发现,在把这些考虑结合起来后,某些现存的政策或程序突然就会变得让人无法忍受,需要立即进行修补。

关于受到协商式管制的体系的这种形象,构成了我所说的双面民主模式。除了选举和争辩这种迅捷式的民主(fast democracy,这种民主吸引了政治参与者、观察者和理论家的大多数注意力)以外,这种模式还将我们引向了一种缓慢式的民主(slow democracy)。这种民主运行于适宜的民众影响形式之下,对政府的长期功效产生了一种引导性的作用。

就这种情况的本质来说,我们很难找出证据来说明,某种政治体制符合双面模式并构成了一种受到协商式管制的民主。尤其是,我们很难确定这种体制能够把协商式规范加在政府的头上,因为那样的管制只有在长期内才会显现出来。为了克服这一问题,并表明像双面民主模式这样的机制是如何运作的,我必须要诉诸历史,特别是那种着眼于长远后果的历史。

我认为,奥利弗·麦克多纳(MacDonagh 1958,1961,1977)关于

1832年改革法案(Great Reform Bill)争论后约半个世纪内英国政府活动之大规模转变的作品,很好地支持了缓慢式民主的现实性以及双面模式的可行性。我之所以要挑选这个例子,有两个理由。首先,这个例子在时间和文化相似性上都足够遥远,因而能使我们清楚地观察到随之产生的结果。其次,那是一个民主体制正在兴起的时代,而这就意味着,为了让政府与民众的规范保持一致,就要去实现很多新的成就,而不是(像现在常见的情形那样)更多地去维持和修复已有的成就。虽然选举权在1832年尚未得到充分扩展,但在19世纪的英国,选举式民主被一步步地确立为具有引导作用的理想,而大量增长的公众请愿和公众示威也预示了选举权在随后的扩展(Knights 2005)。

在此之前,从任何标准来看,英格兰(更宽泛地说,整个英国)所拥有 271
的都是一个最小意义上的(minimal)国家。但19世纪的这场变动将其转换为了一种新的机制。在这种新机制下,政府要担负起责任,去对大量的社会行为进行管制,并建立机构去对各种事务加以严格的监督和控制,如童工、对待妇女的方式、对食物和药品的准备、公务员系统的运作,以及对矿山、磨坊、工厂、船舶、铁路和公共机构的相关事务的指导。我不想在这里论证国家行政责任上的这种增长是好事(尽管在我看来这显然大体上是件好事)。我在这里的唯一目的是:在麦克多纳著作的基础上,利用这一转变来表明,在一种宽泛的民主背景下,政策制定规范能够深入地加以运作,从而对政府施加缓慢的、长期的引导(而且常常还能——就像在这个案例中一样——对顽抗的,甚至是充满怨恨的行政机构施加同样的引导)。

在英格兰,19世纪早期是一个充斥着大量社会问题的时期。这些问题是由若干相互关联的因素所引发的。这些因素包括:以蒸汽为动力的工业化进程,人口的大量增加,人们迁往新的地区(甚至跨越大洋)的能力,以及随之而来的工业化城镇的集中。在19世纪的头四分之一时间内,约克郡和兰开夏郡的许多市镇规模都扩大到了原先的三或四倍。随着这些发展的到来,之前在农业和乡村工业中那种或多或少是家长主义式(paternalistic)的管理传统,让位于布莱克笔下"昏暗的撒旦磨坊"①中的无情管束。正如沃尔特・斯科特爵士(Sir Walter Scott)在1820年时所写到的那样:"制造工厂被转移到了大的市镇中去。在那里,一个人可以在一周内召集起五百个工人,然后在下一周里解雇他们。除了为这一周的工作支付一周的工资外,他与这些工人不会有任何更多的联系,也不会对他们的未来命运有更多挂念,就像他不会挂念老旧的梭子一样。"②

在新的工业世界中所出现的问题,是令人生畏且多种多样的。然而,根据在政府圈子内占主导地位的自由放任式(laissez-faire)的个人主义原则,那些问题很可能是得不到处理的。不过,随着民主化的拓展,政府所经受的压力推动着它缓慢且不情愿地成了某种起初不曾被想象过的东西。用麦克多纳(MacDonagh 1958:57)的话来说,那些压力引发了一种"在政府的运作和功能方面的变动。直到这种变动大体确定下来之前,还很少有人注意到它"。

这种变动一会发生在矿山中,一会发生在工厂里,一会又发生在远
272 洋船舶上面。它所产生的效果影响到了社会各处的男人、女人和儿童的生活。在每一种情况下,这种变动都是由同样的因素所促成并沿着同样的途径而发展起来的。

按照麦克多纳(MacDonagh 1958:57－58)的说法,驱动了这些变化的因素是"政治活动对公众压力与日俱增的敏感性"(我们会认为民主化的进展应该会带来这种敏感性),以及"人道主义情感和更为严格的两性道德观所带来的广泛且持续增长的影响"。在"各种普通、典型的人们朴素直接的反应中"涌现出来的这种人道主义,具有极其特殊的重要性,因为它成功克服了自由放任原则和商业私利的反抗:"英格兰当时存在的普遍怜悯情绪横扫了政策与商业领域"(MacDonagh 1961:330)。这不仅

① 典出威廉・布莱克(William Blake)的诗作"耶路撒冷"。——译注

② 引文出自 MacDonagh(1977:2)。

仅是一种愚笨的、粗糙的怜悯，而且是围绕着那些在政治文化中有着深厚根基的概念与规范所组织起来的。例如，许多遭到谴责的伤害行为都被视为对自由的伤害，并且被认为与奴役别无二致。在1830年的一封著名的报纸读者来信中，改革家理查德·奥斯特勒(Richard Oastler)可以写下这样的话："数以千计像我们一样的造物和臣属，既有男性也有女性，悲苦地居住在约克郡的一个市镇上……就在此时此刻，他们正生活在奴役状态之中，这比殖民地中那种地狱式的奴隶体制中的受害者还要悲惨。这些无辜的造物努力挣扎在其无人问津的、短暂而悲苦的生活之中。"①

因此，19世纪英格兰所发生的不同变化，一般都是由以民主为后盾的人道主义所促进的。但按照麦克多纳的说法，这些变化不仅有着共同的来源，而且都是在相似的动力机制下通过类似的步骤演进而来的。

在每一种情况下，相关的变化都始于报纸或改革组织。它们揭露了在这一领域或那一领域中的状况有多么骇人听闻。在每一种情况下，这种骇人听闻的状况都在更大的人口范围内引来了一定程度的公众义愤。在每一种情况下，这种义愤都促成了政府的某种反应，尤其是某种意在矫正弊端的谋划。"一旦公众充分了解到(比如说)妇女们如何在地下隧道中吃力地推着拉煤车，或者移民如何在海船上活活饿死，或者儿童如何被缺乏保护措施的机器所致残，这些坏事就变得'不可容忍'了——而在整个维多利亚时代(甚至在此之前)，'不可容忍'乃是一个压倒性的理由"(MacDonagh 1958:58)。

将那些改革召唤出来的动力机制从来都不是毕其功于一役的。在 273
改革工作初步进行后，那种动力几乎总是会沉寂若干年。在此期间，法律并不能发挥效用，而那些骇人听闻的情况依然会存在。在第二波揭露阴暗面的风潮来临时，相关的动力机制会再次启动，最终导致政府去任

① 这封信刊登于1830年10月16日的Leeds Mercury报上，见www.makingthemodernworld.org.uk。

命负责检查工作的官员，以便将法律付诸实施。但这还不算完。随着人们认识到那些问题的顽固性，这些执行者的报告会孕育出更为深远的发展。动力机制的这第三轮运作会产生出一种进步性的、更为职业化且组织得更好的公共服务机构。这种跨越各种不同领域的转变的高峰，就是一种新式的、典型的现代国家的缓慢浮现。

我相信，在上面的叙述中，民众压力对政策制定规范所能造成的影响已经得到了很好的展现。那些规范存在于人们的各种态度之中，且不会被意识形态上的和党派上的差异所撕裂。它们对政府的运作方式有着缓慢的、不屈不挠的影响，并不断地推动政府朝着某个特定目标前进。与我们这个时代（至少是这个时代的发达国家）相比，在维多利亚时期的英格兰，一个正在逐渐民主化的政府所被驱动前行的方向，对我们来说尤其显得引人注目。但我相信，这表明了民主在把被人们所接受的规范加诸政府时，在所有地方都能够有助于达成的那类目标。这表明，本书中所描述的那种双面民主模式不一定是异想天开的。

当然，对那种模式的任何例证都不可能是理想的。在这里的例子中，我们尤其要对一些地方加以留意。首先，尽管这里的例子显示了被人们所接受的规范的某些作用（这些规范可以使某些议题进入政府的议事日程之中，还可以促成去改进相关领域中那些明显有缺陷的行为），但是，它没能展现出这些规范在维持已有的进步方面的作用。这种作用并不那么突出，但在任何发达的民主国家都是极为重要的。其次，尽管这里的例子显示出，被人们所接受的规范可以起到将某些政策排除在外的作用（比方说，某些会允许儿童在矿山中工作的政策），但是，它没能展现出那些规范的一种同等重要的作用，即将某些决策过程或决策程序排除在外。第三，这里的例子没能清楚地表明：我们所描述的长期发展过程对人道主义规范的满足，乃是一些争论的附带产物，而这些争论所聚焦的则是相对更为具体的短期的政策。诸多人道主义规范之所以能有一种积沙成塔的效应，并不是因为人们刻意地把对那些规范的服从当成了要去达到的目标，而是因为对那些规范的服从是一种共同的、很少被察觉到的约束，而当政治家们在日常政治的压力下被迫做出让步和调整时，就会受到这种约束。

尽管存在这些问题，麦克多纳的研究还是很好地向我们表明，民众 274
的压力何以能够使规范具有效力，何以能够将这些规范强加给政府，并使它们成为一种基本固定下来的行事方式。麦氏的研究展现了一种大体上得到协商式管制的民主体制的运行方式。在这种民主体制里，各种参与其短期运作的个人与团体会受到民众影响的压力，从而被驱动着去采用一种可以被辨识出来的、长期的导向。

麦克多纳所捍卫的这类命题在其他背景下也得到了证实。举一个重要的例子。埃斯克里奇和费尔约翰（Eskridge and Ferejohn 2010）在对诸多案例进行了详细考察后论证说，在美国，对于平等公民权、市场开放性和个人安全方面的规范，正是民众的压力使其在法律上得到确立，并且获得了有效的护卫。通过一种与麦克多纳的叙事有奇特相似性的方式，他们描述了这样一个过程：一场社会运动（或者是其他压力）创造出了对国家行为的需求；得到公众支持的立法产生了体现新规范的法规；该法规得到了执行，并在共同体各个不同部分的反馈与反弹下得到了扩展；立法机构在面临反对意见时，重新考量并重新肯定了相关的规范；在这之后还有更多的深入执行，更多的反馈和反弹，以及立法机构更多的重新考量（Eskridge and Ferejohn 2010：19－20）。与麦克多纳一样，他们描述了民众性规范缓慢的浮现和影响。在我看来，这证明了民主在长期内通过对政府实施导向而能够达到的成就。

我们的讨论指向了一种民众的目的或导向，在上一章所描述的那种民众影响体系下，这种目的或导向可以被加诸政府之上。这种目的就是对政策制定规范的服从。那些规范可能是用来将某些政策或程序排除在外的规范，与政府的议程、公民的身份或政府的行为联系在一起的规范，或者是在特定的机构、法律和（共同体成员之间不太正式的）习俗中所体现出来的规范。看起来，随着人们在短期内尝试去在“关于可接受性的博弈”所施加的约束下发挥影响，上述目的就可以在长期内得到系统性的促进。

有了这种双面民主的意象后，我们最后可以返回来考虑它的吸引力了。我在第一节的末尾承诺说，双面民主模式能够把现存的所有民众控制模式的优点结合起来：在第一种民众控制模式中，政府是处在人民的
275 意向性控制之下的；而在第二种模式中，政府是处在他们的非意向性控制之下的。我现在就要去兑现那个承诺。

将现存模式的吸引力结合起来

根据现存民众控制模式中的第一种，政府是围绕着人民对公共利益的判断而被组织起来的。那种判断是指他们对整个社会的境遇所具有的公正偏好。根据第二种模式，政府是在如下机制下被组织起来的：那种机制的目的在于使政府去回应更为特定的态度，即人们对自身境遇的自私偏好。我们看到，第一种模式的吸引力在于：它使我们能够聚焦于民众导向的合理目标，即公共利益的目标（这种公共利益是在后社会的、非团体性的意义上被加以理解的）。第二种模式的吸引力在于：它为我们指出了实现民众导向的合理手段，即一种不需要人民有意地保持控制的“看不见的手”机制。

双面民主模式的好处在于，它可以把这两种相互竞争的模式的各自优点结合起来。只要政府所追求的政策满足了政策制定规范，那些政策就可以被认为是促进了公共利益（即那些互竞的模式中的第一种里所理解的那种公共利益）。而当人们在短期内尝试去影响政策的制定时，只要其长远后果是迫使那些政策去满足相关的规范，则那些政策就能够呈现为一种“看不见的手”机制的产物（这种机制与第二种模式所设想的那种机制是相近的）。

为了合理地举例说明公共利益（即所有人的后社会的、非团体性的利益），我们提到了不同宗教的追随者大概会在“宗教活动的自由”上面具有的那种利益（前提是他们愿意以平等的方式彼此生活在一起）。但如果某些前提表明宗教自由是一种公共利益，则它们也同样能够表明：

很可能会存在一种规范，它要求人们在提出支持某些特定政策和反对其他政策的理由时，承认对宗教自由的援引是切题的。根据“只能援引所有人都能够加以重视的考虑”这项总的规范，对宗教自由的考虑将会被允许在公共争论中占有一席之地。再假定，有人在某种情形下援引了这项考虑（换句话说，假定在政治活动中出现了宗教议题），我们就可以期望看到一种特定的规范会浮现出来。在这种规范之下，人们虽然对其他人并不认可，但还是会被要求去认可这一规范的合理性。

这个例子有助于表明，双面民主模式何以会趋于促进某种版本的公共利益（这种版本是与意向性控制的民主图景联系在一起的）。不过，它虽然能够以这种方式展现出与那种特定模式同样的吸引力，但却不会带有与后者一样的缺陷。意向性控制的模式认定说，除非政治家（以及更 276
为广泛的公民群体）在其所赞同的判断和所支持的政策中展现出高水平的、无需受到动机驱使的美德，否则的话，民主体制就无法促进公共利益。与此相反，双面民主模式主张说，在一种“看不见的手”机制下，民主体制是能够促进公共利益的。那种机制所诉诸的，是不同于意向性控制模式的那种标准替代方案，即詹姆斯·密尔的代议制政府理论中所展现的那种像市场一样运作的民主模式。

在任何时间或任何背景下，双面民主的参与者都会涉足于对这项或那项政策的支持，或是对这项或那项决策程序的支持。“关于可接受性的博弈”的规则会要求他们找出能够得到所有各方认可的考虑。不过，随着这场博弈在社会中的不同政策领域里（或不同的政策制定背景下）持续进行，作为参与者们所涉足其中的博弈过程的附带性产品，他们必定会产生出一系列与政策相关的规范。而随着他们在某一情形下缩小备选方案的范围，并通过像投票这样的机制来做出最终的决定，他们就会确保与程序相关的规范会对所使用的机制起到约束作用。因此，如果一切顺利的话，被采用的政策和程序就很有可能会满足相应规范的要求。最终产生的这种结果并不需要是任何人所明确追求的目标。

在这种模式中，每个人都会希望避免生活在违背公认规范的政府政策或程序之下(那种规范在他们所提出和接受的政治论辩中体现了出来)。通过每个人在这种涉己欲望基础上的各自行动,他们合力确保了一种聚合起来的结果,使得每个人都能够满足那种欲望。驱使他们行动的那种欲望导向了一种行为模式,这种模式虽然满足了他们的欲望,但这并不必然意味着有人预见到了这一点,或是有人意图要使之成为现实。也就是说,这种模式是通过一只看不见的手来满足那些欲望的。在双面民主中,公民们控制着政府去满足那些人们所接受的规范,而这种控制的方式(用之前提到过的类比来说)就如同理想市场中的消费者们控制待售商品的竞争性定价一样。双面民主使公民们的政治愿望得以实现,恰如理想市场使消费者们的经济愿望得以实现。这两种组织模式都具有授人以权力的效果,都有助于确保各方的相关欲望(无论是经济欲望还是政治欲望)得到满足。①

277 公民们在双面民主模式中对政府所实施的非意向性控制,与一个群体的成员在完成共同意图的行动时所实施的那类控制形成了对比。关于共同意图的行动(jointly intentional action)的例子,可以考虑一下坐在海滩上的人们能够怎样去一起行动,以拯救一个在水中遇险的游泳者。对于能够支持共同行动的因素,已经有过很多的分析,但当群体成员们都明确意识到下述事实的时候,就出现了共同行动的明显可能性:

- 通过组成一个伸向水中的人链,他们能够一起救下那个遇险者;
- 他们每个人都希望这个群体采用那种策略并实现那种结果;
- 只要其他人也加入进来,他们每个人就都愿意去完成自己被要求去做的那份工作;

以及:

① 理想市场中生成的竞争性定价模式不仅对所有人来说都有吸引力,而且还会处于稳定的均衡状态。没人会有动机去单方面偏离这种模式,而如果确实有人偏离了,这种模式也很可能会迅速地得到恢复。我相信,对于得到协商式管制的双面民主所生成的规范满足模式来说,上述说法也是真实的。没人会有动机去单方面偏离它,至少当这样做会趋于激起他人的反应时是如此。就算发生了偏离,那些反应也很有可能会恢复那种模式。

• 其他人将会响应任何牵头去做这件事的人。

在这种情况下，必须有人牵头去做这件事，以便触发能够拯救那个孩子的合作行为。当合作行为发生的时候，我们就会自然而然地认为，这个群体的成员们进行了一项共同行动，并产生了共同的效果：他们有意地控制了他们所希望达到的结果。①

在民主体制下，人们完全可能出于共同的意图而去行动起来影响政府。这毫无疑问符合上一章所描述的模式。但在本章所描述的模式中，与意向性模式所设想的情况不同，人们并不是出于共同的意图而去行动起来影响政府的。② 双面民主模式所安排的那种集体控制，乃是以一种非常不同的方式生成的。在那种模式中，人们会结合起来，确保政府的政策和程序会符合被民众所平等接受的规范。然而，尽管这些群体成员们能够一起成就那种聚合性的、累积性的结果，但他们并不需要明确地意识到这一点。也就是说，这不需要成为他们之中的一种共同信念。因此，他们也就不必具有去那样做的明确欲望或意图。这种欲望或意图不需要成为某种意义上的普遍意志（general will）。他们是通过各自的不 278
同努力而产生那种效果的：每个人都力求去在被人们所接受的框架内支持自己的论证，而且每个人也都要求其他人去这么做。考虑到他们的努力所源自的那种欲望，每个人也都有理由去欢迎所产生的相关效果。但这种效果本身是由一只他们很可能看不见的手所引发的，是背着他们而实现的。

把对意向性模式的批评与对双面民主模式的捍卫结合起来，我们就可以看出，只有在上述那种“看不见的手”机制的基础上，才有可能去促进对政策制定规范的满足。用琼·埃尔斯特（Elster 1979，1983）

① 人们如何去合作形成这样一种共同的意图，并追求这样一种共同的行动？对于这个问题已经有了大量的文献，例如，见 Bratman（1987）；Searle（1995）；Tuomela（1995）；Gilbert（2001）。我自己倾向于大体遵循 Bratman 所采用的思路。亦见 Pettit and Schweikard（2006）；List and Pettit（2011）。

② Bratman（2004）的论文勾画了这样一种模式可能会去采取的形式。

的话来说，这种对规范的满足可能是一种必然是附带性的产品(essential by-product)。它也许属于这样的一种产物：只有作为人们在追求其他目标时所附带产生的影响，它才能够得到可靠的保障。如果人们明确地试图去在确定和实施共同规范的问题上达成一致，他们就很有可能会了解到，对恰当规范的满足会让他们在人身财产方面付出什么样的成本。而在他们了解到这些成本后，就可能无法依靠高调的美德来实现自己的目的，反而会彼此陷入不可调节的争端之中。[①] 如果想建立一种使规范得到满足的体制，唯一可靠的途径就是双面民主模式所描画的那一种。

根据从上述观察中所浮现出来的解释，双面民主的参与者将会在特定的政策问题上彼此进行斗争，也许还会形成富有敌意的对立阵营。但是，不管他们的斗争有多么尖锐，他们都会遵奉“关于可接受性的博弈”的要求，并产生出带有双重效果的规范。这些规范既可以对作为潜在实施对象的政策进行筛选，也可以对用来解决备选政策之间争议的程序进行筛选。这种双重的效果意味着，被生成出来的政策必须能够合理地表明自己符合共同的或公共的利益(这种利益是在后社会的、非团体性的意义上被加以理解的)。事实上，这些政策甚至应该合理到这种地步：它们可以开始回应共和主义的(或与之相关的)正义观所提出的要求。这些政策既然是由所有各方都能接受的考虑所支持的(也就是说，它们既是因其自身而得到支持的，也是被将它们挑选出来的程序所支持的)，就应该不会太过于偏离那些能够促进正义的政策。

279 当然，在双面民主模式下扮演相关角色的公民们，都会拥有各自的特定正义观。他们至少会对于正义所要求的某一些政策有不同的看法。因此，在提交建议、表示反对以及对政府事务的变动进行一般性的争辩时，他们就会受到那些正义观的引导，去寻求一些可以被人们共同接受

① 当然，我们有很好的理由认为，随着人们在关于可接受性的博弈中试图去确定规范，他们将会在自己中间建立起更高阶次上的规范。这一教导所遵循的论证，类似于刘易斯·卡罗尔在其关于阿基里斯与乌龟的经典论文中(Carroll 1895)所做出的论证。

的考虑(通过利用这些考虑,他们就可以将其他人争取到自己这一边来)。在一个多元化的社会里,没有哪一方(包括共和主义者)能够指望获得完全的胜利。但是,每一方还是可以期望被确立起来的政策和程序不会太过于冒犯自己的核心原则。每一方甚至还能够去盼望,随着争论过程和决策的演进,最有说服力的那种正义观——每个人都认为是自己的那种正义观——最终会占据上风。

这是对双面民主模式之成果的一种乐观展望。我得赶紧补充一句:只有在非常严格的条件下,这种成果才能得到实现。经济学中的常见情况是,几乎没有哪个市场可以满足教科书上列举的那些苛刻条件。大多数市场都受到了各种不同的扭曲性经济因素的影响,包括市场准入的限制、自然垄断以及生产者之间的共谋。同样常见的情况是,当存在这些扭曲性因素时,一般不会出现竞争性的定价机制。类似情形在涉及民主制度时也会出现,认识到这一点是很重要的。除非存在个体化的、无条件的和有效的恰当体系,除非"关于可接受性的博弈"的规则得到了充分的呈现,从而能够确保对公共事务的协商性管制,否则的话,双面民主模式是无法起作用的。如果各种扭曲性因素破坏了民众影响体系和交易体系,就会无法达到我们所描述的那种理想。可以合理地推想,那种扭曲越是严重,距离理想的状况就会越远。

上述观察有助于强调这里所发展出来的模式所带有的批判性一面。双面民主模式为我们提供了关于这样一种体系的图景:在这种体系中,"人民"(demos)享有对政府的"控制"(kratos)。然而,只有当我们在本章和上一章中所提示的那类条件得到了满足时,双面民主模式才能实现。如果那些条件没有得到满足,就会出现与经济学家所说的市场扭曲相类似的民主扭曲。尽管如此,虽然那些条件常常无法得到满足——虽然它们会要求对现存的实践加以修正,但是,满足这些条件的前景并不是一种乌托邦式的异想天开。双面民主模式会支持一种力行革新的规划,而这种规划完全是可以实现的。

280 第三节　人民,国家与宪法

民有、民治、民享的政府

对于民主,最广为人所接受的描述之一是由林肯提供的。在他的盖底斯堡演说中,林肯将民主称为民有、民治、民享的政府。若是加以合理诠释的话,这种描述对政府的要求就是:政府如果是民有的,就必须采用一种能够回应人民的愿望或需求的模式或导向;政府如果是民治的,就必须是由公民体直接(或者通过代表)执掌的;政府如果是民享的,就必须由人民实行最终的控制,也就是说,人民不需要依附于任何其他行为者或行为机构的意愿,就有能力去塑造居于他们之上的政府。双面民主模式确保了这三项条件全都能得到满足。

民众影响体系在迫使政府服从被人们所接受的政策制定规范时,其所产生的效果必定是可以被全体参与者平等接受的。在这种意义上,双面民主模式所规定的那种控制和导向体系,就能够确保政府是民有的。它对政府的意愿施加了重大的限制,尽管它或许也会为偶然性的影响留下很大空间。比方说,正如我们在上一章中所见,在碰巧被选来解决政策僵局的程序上,以及在那些程序碰巧所引向的结果上,就都可以看到偶然性的身影。那种控制和导向体系所施加的限制,将会对所有值得聆听的公民(也就是所有那些愿意和其他人以平等的方式一起生活的公民)的关切进行平等的回应,因为这将会反映出如下的这种考虑:从所有人的角度来看,这些考虑都必定是与集体决策工作相关的。因此,被采用的政策以及被用来挑选这些政策的程序,就必须能够根据人们所普遍赞同的标准而得到认可。引导了法律以及其他措施的生成的那种意志,必须要在如下条件之下加以运作:这种条件必须反映出所有相关社会成员共享的视野。

政府的双面民主模式还必定会确保政府是民治的。这种模式要求民众影响体系(这一体系对政府施加了一种可以得到平等接受的导向)是个体化的、无条件的和有效的。而在发展出一种可以满足上述要求的制度模式时,双面民主模式会支持一种兼具选举成分和争辩成分的政体。在这种政体中,塑造了政府的那些影响会直接或间接地从人民本身之中生发出来。在这种政府体系下所做成的任何事情,都将会是由人民自己所做成的。这或者需要他们在选举中集体出场,或者需要由适宜的 281
回应性或标示性人员对他们进行集体代表。这些人员能够以人民的名义来行动,前提是他们得到了适当的任命。他们的行动也将会受到人民的控制,前提是他们在发挥自己的代表作用时,必须接受民众所施加的、适宜形式的约束和审查。

最后,政府如果想要是民享的,则人民在实行直接的影响时,就不能仰赖于任何其他行为者的裁断或许可——不能仰赖于政府本身,不能仰赖于社会中的任何权力精英,也不能仰赖于任何外国势力。双面民主模式能够确保满足最后这项条件,因为它要求人民的影响在性质上应当是无条件的,其所传达的控制应当是真正属于人民自己的。任何形式的殖民主义或新殖民主义统治都会违反这项条件,哪怕这种统治允许本土的政治机构以选举方式来组织政府。同样,任何具有如下特征的政体也会违反这项条件:人民之所以能够成功地用选举和争辩的手段把政府约束起来,只不过是因为这符合握有权力者的口味,或者符合军队或警察机构的意愿,或者符合教士阶层的决定,或者符合拥有巨额财产者的利益。

我们发展出双面的民主模式,是为了界定这样一种政府:它能够宣称自己拥有共和主义意义上的合法性。就像所有的政府一样,这样的政府无法避免对其公民的事务进行干涉。但是,它是在公民们所平等享有的控制之下进行干涉的,因此不会构成支配。不过,双面民主模式并不仅仅具有这种意义上的共和主义式优点。它可以满足林肯所提的三点要求,而这就表明,根据几乎所有的标准,它都是一种出色的民主模式。如果一种体系满足了它所提出的要求,就能够保障林肯的描述所要求的那种自我统治或是自我控制。

当然，人民在双面民主模式下所确保的那种自我控制，乃是相对来说不确定的。这是因为，正如我们所知，这种自我控制给偶然性留下了太多的运作空间。这种偶然性可能来自掌管着议会的某个特定多数派，来自法院、审判庭或委员会的特定决策，来自某次特定的全民公决的投票结果，甚至是来自某种抽签机制所生成的这种或那种结果。但是，人民在双面民主模式中实行自我控制时所具有的那种不确定性，与自主的个体（无论如何去诠释自主）享有个人式自我控制时所具有的那种不确定性，其实是类似的。

例如，我们可以把自主（autonomy）诠释为第一章中提到过的“正律”（orthonomy）。在正律所涉及的那种自我统治中，你在引导自己的信念和欲望、意图和行为时，所依据的是你所赞同的价值（无论我们如何理解
282 价值的概念）（Pettit and Smith 1996）。如果你展现了一种很高程度的正律，你就会在处理信念时坚守“倾听各方意见”的价值，在形成欲望时坚守“眼光放长远”的价值，并在行动时尊重那些你承认其他人可以合理提出的各种要求。但是，即使你证明了自己在那种意义上是正律的，你还是可能会被引导着去认同各种信念和欲望，并去采取各种不同的行为。相关价值的约束仍然会留下大量的灵活性和不确定性。不过，只要这种不确定性是由基本上是偶然的或机遇性的因素所解决的，并且与意在起到控制作用的那些价值没有冲突，那么，这就不成其为问题。

即便起到控制作用的因素（亦即你的价值观）留下了大量的灵活性，个人的自我治理也不会受到威胁。这对于民主背景下的自我治理来说，也同样是真实的。即使存在着灵活性或不确定性，也不会对如下理想造成任何问题：凭借着此种理想，公民式的（civic）或建构中的（constituting）人民通过他们所接受的规范，在其共同的生活中进行自我治理，并将那些规范加诸政策制定行为之上。至少，如果那种灵活性是恰当的、与规范相容的（也就是说，并非产生于异己意志的不受约束的侵犯），就不会造成任何问题。

国家在双面民主模式下的角色

双面民主模式不仅使我们在直觉上得以认识到“人民”(demos)如何去实施“权力”(kratos),而且还为我们提供了必要的资源,使得我们能够以更为精确的方式来分析相关说法。这种模式为政治本体论(political ontology)提供了素材,使“人民”这一概念有了更为具体的指向,并以更为恰当的方式解释了“民众政府”的理念。我会在本章剩余的部分里关注这种本体论。我将首先讨论国家的角色,然后转向人民的角色这一更为重要的议题,最后总结出双面民主模式所支持的六项政治本体论原则。

我们已经看到,即便一种政治体系是多中心和多层面的——即便它是一种混合宪制,它所建立起来的国家在涉及自己的信念和行为时,也必须要有能力满足理性(rationality)的约束,并且在被指责为无法满足这种约束的时候,必须要有能力表明自己意识到了这一点。如果没有这样一种组织模式,国家就无法有效地完成自己的职责(无论你对那些职责的内容加以何种合理的界定)。尤其是,国家将不会是这样的一种实体:在共同的政策制定规范的基础上,我们这些公民能够对这一实体发
起挑战。如果国家无法回应对它的理性期望,它就无法成为一个人们能 283
够与之打交道的实体。它将只能发出各种随机的(而且可能是彼此之间相互矛盾的)回应,而不会成为一个团体性的行为者或者法人。也就是说,它不会像单个的行为者那样,成为一个积极的、具有回应能力的、可以与之进行对话的机体(List and Pettit 2011)。

如果人民能够在各种领域内对政府施加导向,使其服从规范的话,那么,他们如何确保政府在面对集体或个体的挑战时,将会敏于回应理性的要求并且可以进行适当的对话?他们如何防范如下这种可能性呢:他们所构建的共同体也许会是一个多头怪兽,会把多种相互冲突的声音混杂在一起,就像博丹、霍布斯和卢梭这样的主权主义者将之与混合宪制联系在一起的那种景象一样?我在上一章中主张说,没有理由认为混

合宪制无法支撑起协调一致的政府和国家。我还批评说，主权主义者们的思路陷入了错置具体性的谬误。但在这里也可以多谈一些，以说明为什么双面民主模式所规定的那种特定混合机制完全能够相容于政府的协调一致性。

按照主权主义者的说法，如果民主国家想要成为一个民众性的但又是协调一致的实体，那么，它就必须体现为一个多数至上形式的、由全体成员所组成的大会。讽刺的是，正如我们之前所见，他们的这一看法是错误的，因为就像离散困境所表明的那样，即使个体成员的意见都是前后一致的和富有责任心的，他们所进行的多数票决也可能会支持一套自相矛盾的集体主张。为了使这样的群体能够表现得协调一致（也就是说，对于诸如前后一致性这样的理性约束，最终形成的团体应该能够认识到这一点并加以回应），那些成员必须获得关于集体形成的态度的反馈（那种态度是基于个人投票之类的个体贡献演化而来的），而且必须能够作为一个群体来对此进行调整，以避免出现像前后不一致这样的失误。正如我们所见，传统中所想象的那种大会可以做到这一点，其方法是依靠像预演投票（straw vote）这样的机制。在这种程序下，相关群体会检查是否有某次多数票决的结果与之前的投票结果相矛盾。如果确实有的话，则该群体会继续进行反思式的协商，以决定如何才能最好地恢复到协调一致的状态。

双面民主模式所构想的宪制之所以是一种混合宪制，是因为它让法律与政策最终基于不同中心之间的互动而得到决定（无论这些决定是同时做出的还是相继做出的），包括民间的、官方的、行政的、立法的、宪法性的和司法性的中心。这样一种宪制如何能够允许一个适宜地协调一致的、能够对之加以争辩的国家浮现出来呢？

284 在大会的情形中，离散困境可以基于预演投票的思路而得到避免，因为这会要求其成员们记录下从多数票决中产生的每一次自相矛盾的情况，并且一起去决定如何最好地解决这种问题。将这个例子加以普遍化后，我们就能够看到，任何国家在制定法律与政策的时候，其行为的协调一致性和可争辩性如果想要得到保障，就必须满足某些类似的条件。首先，在某些节点上，相关体系要允许进行反馈，以便了解自己准备采取的各种行为在多大程度上是协调一致的（不管那些行为各自生成的途径是多么的分散）。其次，相关体系要将权威分配给某个或某些团体，以便根据自己得到的反馈来进行调整，从而帮助互相牵涉的法律与政策在演进过程中能够确保协调一致性。

有许多设计政治体系（甚至是存在互竞性控制中心的体系）的不同方式都可以使其满足这些约束的要求。任何设计方案如果想要令人满意，就必须要求相关的行为者们记录下国家被认为持有的各种态度（这种记录所根据的是这些行为者自己的独立表现），然后确保那些态度能够以基本上是一致的（要么就是理性的）方式组合起来（Pettit 2007b）。这些行为者不能仅仅关注自己在不同于他人的职位上的表现（就像大会中的投票者可能只会考虑自己所投的一票那样）。他们必须有意识地、持续不断地将其行为归之于国家，而不是归之于他们自己。他们的联合行动是以国家的名义而进行的，并且也是为了国家而进行的（Luhmann 1990）。

上一章中所提到的华盛顿体制和威斯敏斯特体制，向我们提供了两种令人满意但又截然有别的宪制。按照我们的说法，前者是围绕着一个诸代表人式的大会（assembly of representatives）来组织国家事务的，后者则是围绕着一个代表性的大会（representative assembly）来组织国家事务的。

在华盛顿体制下，政策的形成主要依靠被选举出来的个体代表者（包括众议员、参议员和总统）之间所达成的协议。由于没人能够事先知道这种协议会支持什么样的政策，在进行选举的时候，就没有人能够可靠地将自己与一套详细的纲领绑定在一起。因此，没有人会事先制定出这样的一个纲领，并在进行选举的时候将其呈现出来接受考察。这就引发了一个问题，因为在诸代表人式的大会所允许的那些谈判与妥协中，其所造成的喧嚣骚动可能会导向这样的一些法律与决定：这些法律与决定以各种不同的方式彼此相矛盾，或者是与宪法条款相矛盾。不过，在任何这样的难题出现的时候，法院可以出面挽回局势。它可以对浮现出来的不同法令加以诠释，从而恢复这些法令彼此之间的协调一致性，以及它们与宪法之间的协调一致性。在决策过程中，华盛顿
285 体制既要依靠国会和行政机构，同时也要依靠法院。这就帮助确保了国家（即被视为一组聚拢在一起的行为机构的政府）能够用协调一致的方式出言发声。

与华盛顿体制相比，在威斯敏斯特体制下，法院所扮演的角色并不那么重要，因为在这种体制下不存在对司法解释和司法形塑的类似需要（哪怕当议会不是一个主权主义者所要求的权威机构时——有些人认为英国的情形就是这样——也是如此）。① 无论什么时候，议会都受到某个单一政党（或是多个政党的紧密联盟）的控制，其党员被要求合力去保障行政机构掌握权力。在这一点成为共同知识后，每个政党或联盟就会被要求在其竞选过程中承诺一份较为详细的立法纲领，并将其交由选民进行查看。因此，任何政府所实施的主要法律和政策，都会在选举之前被加以决定，而为了确保这些法律和政策的协调一致性，它们会受到政党成员自身的考验，受到竞争党派和立场不确定者在选举辩论中的考验，受到选民在投票站的考验，甚至还会受到独立的或法定的部门的考验。那些法律和政策也可能会被法院要求修改甚至加以拒绝（在澳大利亚和加拿大版本的威斯敏斯特体制中，这是时常发生的事情），但它们很有可能会在不受到司法干预的情况下就达到协调一致。

这些例子表明，双面民主的运作，以及它所预设的那种混合的、争辩式的宪制的实现，完全不会导致国家成为一种其公民（以及其他团体）无

---

① 例如，见 Goldsworthy(1999)。即使我们去争论英国议会是否拥有主权（以及该国是否因此而并不存在严格意义上的混合宪制），也应该能够表明如下这一点：一种威斯敏斯特式的宪法可能并不会赋予议会以那样一种不受挑战的权威地位。因为这种宪法至少可以允许存在司法审查体系，就像澳大利亚和加拿大那样。对于这种受到约束的议会至上主义的优点，Ackerman(2000)提供了富有洞见的支持意见。

法与之打交道的行为者。我们所展望的国家是这样的一个法定人格(legal person):我们可以非常恰当地把判断、欲求和意图这些态度归之于它,就像我们可以把这些态度归之于一个个体行为者那样。对于国家这个行为者或者行为机构,我们可以将其视为它治下土地上的法律和政策的最终源头。

建构中的人民与建构后的人民的角色

与双面民主模式联系在一起的那种影响和导向体系,为民众中的普通成员和那些代表他们的人赋予了一种交织性的选举角色(以及其他角色)。这种赋予角色的方式既可以是回应性的,也可以是标示性的。在 286
每一个相互起到制衡作用的中心里,人民都会出场,或者会得到代表;那些中心在混合宪制中的互动,生成了每个人都要生活在其下的公共法律和公共政策。人民的影响会渗入到每一个以他们的名义进行决策的角落,从而引导那些决策去满足民众性的政策制定规范。

正如我们所见,这种多层面、多中心式的民众互动与决策体系的存在,使得我们可以说人民统治了他们自己。但我们现在还可以补充说,这种体系的存在,使得我们可以在两种不同的意义上说人民统治了他们自己。首先,它的存在意味着,被视为复数的人民实现了自我治理;其次,它的存在意味着,被视为单数的、团体性实体的人民也实现了自我治理。

复数的人民是这样的一些个体:他们扮演了不同的角色(有些角色是与选举有关的,有些是与争辩有关的),从而确立了他们的代表,并使那些产生出法律和政策的程序得以维持和运作下去(他们必然要生活在那些法律与政策之下)。这就是公民式的人民(civic people),或者,用从西耶斯神父(Sieyes 2003)那里借来的更好的说法,这就是建构中的人民(constituting people)。按照我对这个词的理解,它指的是总人口中的这样一些成员:他们作为公民而展开行动,以决定各种事务如何得到确立和运转。之所以说这种意义上的人民在统治他们自己,是因为他们的影响和导向塑造了他们被加以治理的方式。①

在选举和全民公决中，建构中的人民采取的是直接出场的方式。而在那些对政府加以管理的部门机构中，以及在对政府提案和决策进行争辩的私人诉讼和社会运动中，他们是通过代表而出场的。他们之所以能够统治自己，首先是因为，当上述因素在混合宪制中相互进行制衡时——当它们进行互动时（所有的政治决策都是以这种或那种方式从这样的互动中浮现出来的），人民的影响在所有的各个方面均有体现。而他们之所以能够统治自己，还因为那些经常相互冲突的民众影响浪潮，导致了能够获得政治支持的政策和程序将会受到引导，从而服从相关的规范。因此，就像我们期望会在双面民主模式之下所发生的那样，在他们的自我治理过程中，建构中的人民会扮演双重角色。一方面，他们会在短期的、日常的、针对具体政策的决策中起到积极作用。另一方面，他们同时会在长期内起到积极作用，从而对政府政策加以塑造，以使其符合得到人们共同赞成的规范的要求。

287 不过，尽管复数的、建构中的人民可以算是共和主义民主制度中的行为者，并且能够对政府施加个体化的、无条件的和有效的控制，但他们还确立了一些条件，从而使我们可以恰当地断定说：存在一种不同的、单数意义上的人民。西耶斯将这种补充性的人民概念称为建构后的人民（constituted people）。这种人民被视为一个实体。我们可以要求这样的人民去对政府的法律和政策中所支持的那一系列信念加以回应，就像要求个体行为者对某些信念加以回应一样。

正如我们所见，为了有效地推行政策制定规范，建构中的人民所建立的国家必须是一个团体性的行为者，并且能够对理性的要求进行回应。但是，假如国家是由建构后的人民所维持和操作的，那么，它作为一个行为者而持有的信念，就全都会是由那种人民所塑造的了。因此，国家就可以被描述为结为一体的人民，亦即作为单数的、团体性的实体而

① 西耶斯著作的背景见 Hont(1995)。

运作的人民。公民式的或建构中的人民是处于组织过程中的人民，而建构后的人民则是完成了组织的人民。①

按照这种理解方式，建构后的人民就是国家，国家也就是人民。用约翰·罗尔斯（Rawls 1999:26）的话来说，国家就是“人民的政治组织形式”。所以，无论什么时候，如果某些事情是在政治基础上得以完成的，我们就既可以说相关行为是由国家做出的，也可以说相关行为是由人民——有着单一声音的人民——所做出的（Pettit 2006b）。由于我们把任何地方的法律与政策都归诸制定它们的国家，因此，在双面民主模式之下，我们就能够以同样的方式将它们归诸人民（Kelsen 1961，1970）。

如果建构后的（或者说团体性的）人民在这方面是无法与国家区分开来的，那么我们就可以特别指出：不仅建构中的人民通过国家而实行了自我治理，建构后的人民也在一种对应的“自治”意义上实行了自我治理。在谈到人民的自我治理时，我们可能会对这种模糊性感到遗憾，但我们应该注意到的是，这种用法是源远流长的。它或许可以追溯到亚里士多德在《政治学》（1996）中对“人民”（demos）的用法，但无论如何，它肯定曾经在14世纪一位重要作者的著作里出现过。

在对民主理想最早的理论阐释之一中，萨索菲那多的巴托鲁斯论证说，14世纪意大利的独立城市共和国（例如他的家乡佩鲁贾）并不是没有君王，而且也不因为缺少君王而受制于神圣罗马帝国皇帝的意志——这 288
里的前提假定是：皇帝的谕旨在诸君王所统治的城市里没有效力（Canning 1983；亦见 Ryan 1999）。巴托鲁斯认为，在城市共和国中，人民是一个团体性的实体，有着法律上的人格，并在实践中体现为一个君王。用他那令人印象深刻的话来说，人民就是“它自己的君王”（sibi princeps）（Woolf 1913:155－160）②。但是，“人民”（populus）一词指的到底是谁呢？巴托鲁斯的回答是：它指的是“国民”（civitas）。在这个答

① 对于我们当前使用的国家的概念的一个早期版本的浮现过程，见 Brett（2011）的说明。关于国家理念的发展过程，见 Skinner（2009）。

② 对巴托鲁斯的进一步评论见 Canning（1983）；Ryan（1999）。

案里,他造成了那种到现在还让我们困扰不已的模糊性,因为civitas这个词既可以指建构中的人民,也可以指建构后的人民。它可以将我们引向在民众政体中进行统治的公民体;这种政体中的事务是——用巴托鲁斯的话来说——"通过代表和轮换"(secundum vices et secundum circulum)而完成的(Woolf 1913:180)。或者,那个词还可以将我们引向这样一种国家:这种国家是由结为一体的公民体在以上述方式进行运作时所建立的。作为公民体的civitas是"建构中的人民",而作为国家的civitas则是"建构后的人民"。

六项政治本体论原则

如果能够把团体性的、建构中的人民想成是自治的,将会有很大的用处。这样做可以使我们聚焦于如下事实:在前面描述过的那种民主式安排之下,人民的确可以结合为一个群体行为者。更为具体地说,他们结合的方式会赋予其公民以平等的控制。这种结合与商业公司或等级制的教会中常见的那种结合是不同的。在这种意义上的团体性人民,与通过民主方式组织起来的公寓中的成员是相近的。这种团体性人民与国家也是无法区分的,正如这种公寓中的成员与公寓本身是无法区分的一样。我们既可以说公寓采取了这样那样的措施,也可以说其成员采取了这样那样的措施。同样,我们既可以说国家采取了这样那样的行动,也可以说人民采取了这样那样的行动。在每一种情况下,那两种表达方式的意涵都是一样的。

但是,不管这种言说方式有什么样的好处,当我们谈到自治的、结合起来的人民时,不应该忽略公民性的或建构中的人民在双面民主模式下的那种更为重要的角色。为了防范这种危险,定下某些原则或许会是有用的。这些原则会确认建构中的人民相对于建构后的人民的优先性,在若干个方面淡化建构后的人民的能力,并表明正在浮现出来的这幅图景
289 如何使我们能够去解决一个熟悉的宪制悖论。这些原则有助于详细说明与双面民主模式联系在一起的那种人民和国家的图景——如果你愿

意的话，可以将这种图景称为基本的政治本体论。①

建构中的人民的优先性

第一条原则是：只有通过分立的、建构中的人民在建立和持续维护国家时所具有的角色，建构后的或结合起来的人民才能够得以存在，才能够成为如下这样一种行为者：这种行为者能够可靠地通过适当的理性方式去进行调整和行动，或者至少是对合格的行为者在理性方面的要求保持敏感(List and Pettit 2011)。② 建构中的人民的这种优先性，与那种由霍布斯发展而来并得到卢梭拥护的观点形成了对比。根据后一种观点，重要的是结合起来的或者说是建构后的人民，而不是分立的、建构中的人民。霍布斯和卢梭认为，只有当人民通过大会而得到了建构并且根据多数统治的原则来运作时，他们才能够进行自我治理。固然，两人都承认说，为了建立这种结合而成的实体——这种公共人格，建构中的人民必须全体一致投票赞成。但根据这种图景，一旦完成了那种投票，建构中的人民就不会扮演其他的角色了。用霍布斯的话来说，他们在分散的状态下只不过是一些“凑到一起”或“堆积起来”的行为者们(Hobbes 1994a:21. 11)，“一个没有组织的人群”(Hobbes 1998:7. 11)③，一群“乌合之众”④(Hobbes 1994b:6. 37)。正如我们所见，卢梭(Rousseau 1997:II. 6. 7)遵循了这种思路，否认争辩性的公民(用我们的话来说，就是建构中的人民)能够继续表达看法。他的理由是，如果他们的声音可以得到

① 下面的讨论与许多争论有着密切的关系。例如，它与如下两种观点之间的争论就存在关联。第一种观点被人们与汉斯·凯尔森联系在了一起，认为在厘清国家概念的时候，应该赋予建构后的权力以优先性。第二种观点被人们与汉娜·阿伦特联系在了一起，这种观点要远为更加强调建构中的人民的权力。对于人们在这一问题上的分歧，Hans Lindahl(2007:第1部分)提供了一个非常具有启发性的说明。显然，我大体上是同情他将之与阿伦特联系在一起的那种立场的。

② 这一点表明了我与 Negri(1999)，Hardt and Negri(2000)和 Kalyvas(2005)之间的或许是令人惊奇的关联性。对于一种有趣的、大体上类似的关于作为由宪法所塑造的程序的人民的观点，见 Espejo(2011)。

③ 霍布斯：《论公民》，应星、冯克利译，贵阳：贵州人民出版社，2003年，第81页。——译注

④ 霍布斯：《利维坦》，黎思复、黎廷弼译，北京：商务印书馆，1986年，第41页。——译注

聆听,那么就会产生荒谬的结果:我们需要有一个更高的裁断者,以便决定替人民发言的究竟是这些人,还是那种结合起来的相关团体。

建构后的人民的依附性主权

在我们所说的意义上,建构后的人民可以算是主权者吗?在对外的意义上,它当然是主权者。也就是说,如果一切顺利的话,它可以在国际
290 领域里作为一个行为者而进行运作,可以拥有它自己的目的、观点和资源。但是,在内部或者说国内情境中,在面对它自己的公民时,它还是主权者吗?答案可以是肯定的,因为从博丹那种奠基性的主权概念来看,它可以被认为是它所推行的法律的源头;而且,事实上,作为一个实体,它本身是不受制于法律的。但是,如果这有可能会削弱建构中的或者说是公民性的人民的重要性,则答案就会是否定的。[①] 在双面民主模式里,团体性的或者说建构后的人民是这样的一个行为者:它是在构成它的那些成员的控制(这种控制将规范加诸在了它的身上)之下浮现出来的。它不是一个可以对那些个体置之不理的实体。它的持续存在和它的运作方式都要依靠他们。正如上面所说,这一观察与卢梭形成了对照。对他来说,建构后的人民(在他的故事里就是民众大会)对作为复数的个体公民拥有绝对的权力。在卢梭式的理论中,每一个公民也许都是独立于他人的,但他们全都会被要求去"对城邦处于极其依附的地位"[②],而城邦就是处于大会之中的人民,就是结合起来的人民(Rousseau 1997:II. 12. 3)[③]。

---

① 当然,许多人曾经利用了这种模糊性,把人民的主权等同于国家的主权,从而剥夺了人民主权(popular sovereignty)这一理念所可能具有的力量。因此,黑格尔(Hegel 1991:318)写道:"主权掌握在人民手中,但前提是我们谈论的是作为整体的人民"。也就是说,正如他随后所解释的那样,只有当我们谈论的是"国家拥有"的主权时才是如此。他用一种类似于霍布斯的调子说道,如果离开了国家,"人民就是一群无定形的东西"。(Hegel 1991:319。引文见黑格尔:《法哲学原理》,范扬、张企泰译,北京:商务印书馆,1961 年,第 298 页。——译注)

② 卢梭:《社会契约论》,第 70 页。译文略有修改。——译注

③ 不过,我的观点与纳迪娅・乌尔比娜蒂(Urbinati 2006:223)表达的如下看法是不矛盾的:"作为一种**假设的**(as if)、引导公民的政治判断与政治行为的规制性原则,人民主权是民主代表制的一个核心动力。"

建构后的人民的非支配性意志

与其他两项主张有关的第三项主张是：尽管建构后的人民是一个团体性的行为者，而且可以被认为是在它所推行的法律和政策中表达了它的意志，但那种意志对公民来说是非支配性的。这是因为，那种意志所赖以形成的基础，是建构中的人民彼此之间互动与决策的过程；在人民与人民代表进行运作的不同中心里，在他们所赞同的规范的引导下，那些互动与决策过程才能够得到落实。考虑到这些形成意志的过程是受到规范所管理的，建构后的人民的意志就必须要去回应来自个人的那些个体化的影响和导向。如果一切顺利的话，它的意志会在事先得到逐项的检验，以确保它得到了适宜的控制，并且是非专断的。这与卢梭式的图景同样形成了鲜明对照。按照卢梭的看法，大会的意志如果能够表达公意，就应该是一种呈现在每个成员心中的意志。这种意志应该是非支 291
配性的，但不是因为它得到了适宜规范的控制，而是因为它是人们自己的意志的一个部分。

团体性的意志不是公意

建构后的人民的意志看起来很像卢梭的公意，但两者之间的差异要比它们之间的相似性更为重要。公意应当是一种呈现在每个公民心中的意志。它会与他们的特殊意志并存。用我们的话来说，它是一种建构中的人民所应该共同拥有的意志。但正如我们所见，建构中的人民并不需要有一种共同的意志，更不用说是一种他们可能会让政府去加以服从的意志了。他们所需要共同去拥有的，只是一套由各种规范组成的网络而已。当人民在“关于可接受性的博弈”的约束下去追求产生影响时，就会将那些规范加诸政府之上，而这一结果并不是他们所意图要去造成的。建构后的人民的团体型意志，是一种人工形成的实体的意志。这种实体是由建构中的人民所创造出来的。它是在对立团体的相互作用中浮现出来的，因此不需要在个体的心灵中占有任何位置。每个人可能都希望它从那种互动过程之中浮现出来，但无论是它的运作方式，还是它所导向的政策，都不必去回应他们的个人愿望、个人意图或个人欲求之类的东西。

建构后的人民的可替换性

如果想要让团体性的人民作为一个群体行为者而浮现出来，公民们就必须投入到一种组织结构中去（宽泛地说，就是投入到一套宪制中去）。从他们的互动性成果之中，这种组织结构会生成一套信念。这些信念大体上是协调一致的，并且能够协调一致地加以演化。也就是说，这种组织结构所生成的，就是一种可以归之于那个群体行为者的态度。但这就意味着，如果建构中的人民拒绝了那种宪制（也就是说，如果那种宪制在脱离任何现存的修正条款的情况下被加以改动），那么，建构后的人民就将不复存在。如果一种新的宪制能够产生的话，它就将被一个不同的团体性实体所替换。亚里士多德（Aristotle 1996：第1卷）就曾指出过这一点。他注意到，一个城邦（polis）的独特性就在于其宪制。当这套宪制被替换后，这个城邦就将被一个不同的城邦所替换，尽管城邦中的居民并没有变化（亦见 Rubenfeld 2001）。但是，与霍布斯和卢梭的看法相反，对建构后的人民所进行的替换，并不需要将人们抛回到他们所想象的自然状态之中（即一种人民解体为乌合之众的场景）。这是因为，作为一群个体，建构中的人民能够维持足够的协调性，从而平稳过渡到新
292 的宪制。当美利坚合众国的人民拒绝了《邦联条款》，转而青睐于1787年宪法的时候，可能就属于这样的情况。①

超越制宪权悖论

在人民与宪法之间的关系上，会出现一个悖论，但它可以在双面民主模式下或多或少地得到良好解决（Lindahl 2007；Shapiro 2011：37 -

---

① Akhil Amar（1988）论证说，即使在不根据第五条的情况下，现行的美国宪法也能够以合宪的方式得到修改（比如通过压倒性的多数票决）。他的一个惊人主张是：宪法第五条并不是修改宪法的唯一合宪途径。这里所采用的观点不会去考虑激发他论证的那种动机。这是因为，即使一国之内的建构中的人民以不符合宪法的方式去决定修改现存宪法，这也不一定会造成大规模的民主危机。以那种方式拒绝宪法后，将会改变建构后的人民的身份，但不会改变建构中的人民的身份。因此，我们可以想象，同一个人民——同一个建构中的人民——能够在新的安排下重新建构其自身。这并不会带来什么逻辑上的难题。

40)。团体性的人民只有通过将它确立为行为者的那种宪法或者组织，才能够得以存在。然而，悖谬的是，团体性的人民似乎又需要去负责创造宪法(至少在民主社会中是如此)。但根据我们的解释，这里并不存在悖论。首先，在民主体制下，首先需要负责去创造宪法的是建构中的人民。而且，不管怎样，造成这一悖论的是时间上的先在性(temporal precedence)，而那种责任并不需要这种先在性(Kalyvas 2005 对此有不同的意见)。如果特定的个人或群体建立了一部宪法，建构中和建构后的人民就都可以对其担负起责任来，前提是他们虽然有权力去改变这部宪法，但并没有选择去那样做。正因为如此，对于一个民主国家来说，并不必然会存在某个奠基性的民主时刻。建构后的人民可以根据修正宪法的规则来对宪法加以改变，因此，在相应的程度上，他们就要对宪法的外在形态负起责任来。建构中的人民不仅可以根据那些修正规则来改变宪法，而且还可以通过非宪定的手段来改变它。他们可以用一部新宪法来替换旧的宪法，从而建立一个崭新的国家，以及一个崭新的建构后的人民。因此，在相应的程度上，他们就要对宪法负起责任来。从这个方面(以及许多其他方面)来说，在双面民主模式中，建构中的人民具有至高无上的地位。用约翰·洛克(Locke 1960:II. 149)的话来说，他们仍然“总是最高的权力”①。②

---

① 洛克:《政府论》(下篇)，叶启芳、瞿菊农译，商务印书馆，1996 年，第 92 页。——译注

② 不过，正如我们之前所注意到的，按照洛克的看法，人民(我们所说意义上的建构中的人民)只能扮演一种遥远的观望者角色。只有在事情变得非常糟糕的极端情况下，他们才会去准备进行干预。他认为，他所设想的那种干预“不是在稍有失政的情况下就会发生的”，而是只有在“一连串的滥用权力、渎职行为和阴谋诡计”后才有可能被激发出来。(Locke 1960:II. 225)(洛克:《政府论》(下篇)，第 136 页。——译注)

结语 论述总结

293 本书的论述带我们走遍了一个宽阔的地带。它介绍了传统与当代共和主义的视角;它提出了在共和主义中占有核心地位的自由理想;它勾画了该理想所支持的社会正义理论及模式;它捍卫了相应的共和主义政治合法性理论;随后,它描述了或许会被认为能够满足这一理论的民主制度模式。我想,我在结论部分最应该做的,就是去总结一下在发展上述论证的过程中所提出的主张。这个总结必定是粗略的和不精确的,但我希望它能帮助读者理解这本书——一本我起初想写得更为简短易懂的书。

导论:新旧共和

1. 共和主义传统的主要理念包括:作为无支配的自由,混合宪制与争辩性公民体。这些理念先后曾出现于罗马共和国、中世纪与文艺复兴时期的意大利、17 和 18 世纪的欧洲与英国,最终显现在革命时期的北美。这些理念表明,国家应当用混合性的、争辩性的宪法来保护公民(不论公民的范围有多大),从而使其能够在根本性自由权的领域内作为自由的、不受支配的人而行动。

2. 在18世纪末的英格兰，杰里米·边沁和威廉·佩利引入了一种无干涉自由的理论，并以此对共和主义传统进行了持续的攻击。他们论证说，尽管国家要照顾到所有公民的自由（公民的范围现在已经扩大了），但它在这样做时，只应当考虑到上述这种要求不太高的自由理想。

3. 在18世纪后期，意大利—大西洋式共和主义还遭到了卢梭的社群主义式共和主义的挑战。尽管卢梭仍然从无支配的角度来思考自由， 294
但他追随着让·博丹和托马斯·霍布斯的脚步，抛弃了混合宪制与争辩性公民体。他论证说，在任何运作良好的国家里，都必须有一个单一的主权者。他还认为，在共和国里，这个主权者应该是集结起来的、融为一体的人民。

4. 这本书的目的是，以共和主义的主要理念为哲学基础，发展出关于社会正义和（特别是）关于政治合法性的理论。正义管理的是人们彼此之间的关系，合法性管理的是他们与国家之间的关系。共和主义的合法性理论给了国家一份关于民主的工作说明书，要求它在被平等地享有的民众控制之下运作。

5. 在方法论方面的要求上，无论是共和主义的正义理论，还是它的合法性或民主理论，都必须能够经受住约翰·罗尔斯所说的反思平衡的考验。这些理论通过与经验性事实的结合，来支持那些单独来看是言之成理的规范性判断。

6. 即使是对无支配自由的诠释，也要受到反思平衡这一方法的引导。对于自由的概念，存在着多种用法，这些用法都受限于语境，而且明显是相互冲突的。共和主义对自由概念的诠释之所以能够被证明是正当的，是因为它对一种理念进行了梳理，而在建立一种合乎情理的规范性理论的过程中，那种理念扮演了有用的角色。

7. 这里所发展出来的共和主义民主理论与以赛亚·伯林的观点形成了对立，因为它把民主与自由结合在了一起。这一理论还与约瑟夫·熊彼特的观点形成了对立，因为它要求民众的控制，而非民众的影响。它还与威廉·赖克的观点形成了对立，因为它把宪政主义的措施当作了一种民众进行控制的手段,而非对民众控制的约束。

8. 正义和民主应该分别被赋予多大的重要性呢?本书没有直接论述这个问题。但是,共和主义的思路会自然而然地视民主为更重要的理想。对民主的任何损害,都代表着对共和主义自由理想下保障无干涉的那种稳定性的更深层挑战。

第一章:无支配自由

1. 让我们假设,你就像形而上学意义上的自由意志所要求的那样,能够在特定的选项之间做出选择,那么,在什么情况下,你会无法享有进行那种选择的自由?这就是此处所要讨论的问题。与之相伴的还有人身自由这一议题。事实上,这后一个议题是共和主义思想中更为核心的部分,但我会推迟到下一章再来谈它。

295 2. 由这里所讨论的问题而引发的一个话题是:对任何选项的阻碍都会削减选择自由吗?还是说,只有对你所喜爱的选项的阻碍——只有通过对真实喜好的阻挠——才会削减选择自由?霍布斯主张后一种看法,伯林则富有说服力地为前者进行了辩护。在一个自由的选择里,敞开的必须是所有的门,而不仅仅是那些你去推的门。否则的话,为了使自己拥有选择自由,你就只需要去改造自己,以确保你可以得到你想要的东西:你想要的是一扇敞开的门,不是一扇紧闭的门。

3. 选择上的自由需要人们拥有(并意识到自己拥有)个人的、自然的和社会的资源,以便能够满足你对于各个选项的意愿。使那些资源受到影响并使选择被阻碍的方式有两种,一种是侵犯,另一种是禁绝。侵犯是指你在试图满足自己意愿时会触发的那种阻碍,而禁绝则是产生于独立原因的阻碍。事实上,侵犯来自他人意志的强加,而禁绝则来自未被意愿的阻碍。

4. 这两种形式的阻碍都是很重要的,但侵犯带有一种富于敌意的特别性质。在侵犯一个选择时,另一个行为人或行为机构篡夺了你对自己行为的控制(不管是彻底的还是部分的篡夺)。这种侵犯自然而然地会引发怨恨和愤怒。禁绝并不会在那种意义上给另一个行为者以控制权。它也许仅仅涉及自然障碍所施加的限制。

5. 禁绝和侵犯之间的差别,以及这两种形式的阻碍各自的复杂特性,使得对自由的度量成了一项极富挑战性的任务。本书大体上会避免涉及度量的问题,而是依赖于直觉上的充分性测试。因此,正如我们将要看到的,我们需要诉诸"直视测试"来决定人们在彼此关系中所应享有的平等无支配自由的基准线。

6. 这里所讨论的选择自由,取决于你可以在多大程度上根据你针对相关选项所形成的意愿或偏好而行动。这种自由不同于形而上的自由意志,也不同于心理意义上的意志自由;这种心理上的意志自由需要你去自律地形成自己的意志,不管自律是如何被理解的。

7. 共和主义的无支配自由理论为两个命题进行了辩护。首先,没有支配的话,就没有对选择的侵犯;其次,没有侵犯的话,就没有对选择的支配。对于A的一个选择来说,如果B拥有干涉或不干涉那一选择的权力,尤其是一种不受A控制的权力,那么,B就在这个选择里支配了A。如果B移除、替换或歪曲了一个选项,B就干涉了A的选择。

8. 如果没有支配,就没有侵犯,因为干涉可能是在被干涉者的控制 296
下进行的。比如说,你设定了一个安排(而且也可以取消这个安排),要求我除非是提前24小时得到通知,否则就要以拒绝给你酒柜钥匙的方式来干涉你。

9. 如果没有侵犯,就没有支配,因为如果我拥有在一个选择上进行不受控制的干涉的权力(哪怕我并没有行使这种权力),这就意味着,无论你选择了什么,你都是在对我意志的屈从下进行选择的。为了能够根据自己的愿望来行动,你需要依赖于我持续地保持善意。没有干涉的支配可能体现为我对你行为的监视,以及 / 或者(在你相信自己遭到了监视的情况下)我对你的吓阻。这种支配可能是主动为之的,也可能是被动为之的。

10. 伯林论证说,自由能够在没有实际阻挠(即对受排斥的选项的干涉)的情况下被削减,因为若非如此的话,你就可以通过改造自己(也就是说,调整自己的偏好)来使自己变得自由了。基于类似的理由,我们就有可能论证说,自由能够在没有干涉的情况下(就像在刚刚讨论的纯粹支配的例子里那样)被削减,因为若非如此的话,你就可以通过讨好(也就是说,通过软化有权势者)来使自己变得自由了。自由不仅要求所有的大门都是敞开的,而且还要求没有看门人。

11. 根据这种解释,假设不存在禁绝,则自由就可以被等同于无支配。但与对这个等式的遵守相一致的是,我们也可以承认说,没有干涉或阻挠的支配要好于有干涉而无阻挠的支配,而两者都好于既有干涉又有阻挠的支配。至于这种比较是以自由的标准来做出的,还是以其他标准来做出的,我们不需要去下定论。

12. 我们如何保障你的选择自由?我们必须确保你拥有所需的资源,以此来抵御禁绝。我们还必须保护你免遭侵犯,免遭其他任何人的支配。对你的保护不同于使干涉变得不太可能。后者可以通过对不干涉的行为给予奖励而达到。对你的保护需要阻挡干涉,而不是提高无干涉的概率。

13. 无论干涉涉及的是对选项的移除、替换还是歪曲,它都可能具有不同的严重程度。不管干涉的严重程度如何,其他人进行干涉的困难程度也都会有所不同。也就是说,干涉对他们来说可能是较为合意的或不太合意的。保护要求对干涉进行阻挡,以尽量使其对干涉者来说变得不合意。干涉越是严重,这种阻挡的力度就应该越大。这种保护的充分性标准是主观的,将在随后由"直视测试"来确定。

297 14. 如果我未能在特定的选择上去资助和保护你,这本身能算作是某种形式的干涉吗?不去进行资助和保护的权力能算作是支配吗?并不一定。不过,在这一领域内,行为与忽视之间的界线经常是模糊的。一旦资助和保护行为被作为一种标准的期望而树立起来,不继续提供的行为就可以算作是干涉。

第二章:社会正义

1. 假定公民包括一个国家的领土内所有基本上是永久性定居的、成年的和精神健全的居民,再假定国家是一个通过不同政府部门来进行运作的行为者,这就产生了两个问题。社会正义要求国家推行什么样的政策?如果国家要成为政治上的合法决策者,它又应该遵循什么样的决策过程?在标准的全面正义理论中,这两个问题都会被顾及,但最好还是给它们贴上不同的标签,并把它们清楚地分开。

2. 对这种正义观和几乎所有正义观(无论是社会正义还是全面正义)的讨论,都要受到两个假定的引导。正义要求国家在建立社会秩序时,要在公民提出的相互竞争的主张之间建立一种恰当平衡。在追求人们所要求的那些目标时,国家应该是公开地平等主义的。它应该将其所有公民作为平等的人来对待。从另一面来看,它的所有公民也都应该愿意在平等的条件下与其他人一起生活。国家要善待其公民,要促进合适的目标,并在这样做时把公民们作为平等的人来对待。

3. 各种正义理论在如下问题上产生了分歧:国家应该通过一种公开地平等主义的方式来追求什么目标?资源、效益、可行能力还是这些善品的某种混合?它们还在“公开的平等化意味着什么”这一问题上产生了分歧。有些策略涉及一种实质形式的平等(不管是机会平等还是结果平等),其他一些则不然。

4. 一种共和主义的正义理论要追求无支配自由的公开平等化,即在对每个公民的平等关怀基础上对无支配自由的促进。我们应该如何更为具体地去诠释这一目标?处于这一传统之核心地位的自由公民理想提供了一个有用的指引,至少在如下前提下是如此:社会是在正义的环境里运作的,并且在原则上能够使每个人都享有自由公民的身份。

5. 这一理想认为,公民应该在公共法律与规范的基础上,在同样的
选择范围内被确保获得资助和保护,直至达到“直视测试”所确定的限度 298

为止。这一限度就是：在不存在胆怯因素的情况下，每个人都应该能够(根据地方性的标准)去直视其他人的眼睛，而不必有理由感到恐惧和驯服。以这种方式所诠释的社会正义，要求每个公民都能享有与其他人一样的自由身份，无论是主观上的身份还是客观上的身份。它所要求的身份平等形式乃是实质性的。

6. 这种平等主义不会像反对意见所说的那样产生“拉平”效果，因为它并不意味着，仅仅为了达到平等而降低境遇较好者所处的水平是值得向往的。如果每个人都拥有(或者都可以获取)一种不受支配的身份，就不需要去进行拉平。如果不是所有人都能获取那种身份，则正义的环境就不复存在，而无支配自由的公开平等化也就不会要求实质性的身份平等。

7. 但是，身份平等这种平等主义的理想似乎还会面临另一种反对意见。尽管这种理想要求所有人都拥有自由的身份，它却允许人们在私人财富和权力上的不平等，也允许他们可以调用的私人资源和保护上的不平等。这些不平等是应该加以反对的吗？不，它们不是。平等身份自由的理想带有社会性。它要求每个人都能够获得其他人的尊敬，并对物质不平等的程度进行了极大的约束。

8. 如何才能判断共和主义正义要求人们在哪些范围内的选择得到保障？假定这一范围应该尽可能地大。从自由公民的理想中所推论出的引导性理念是：只有能够“共同行使”和“共同满足”的选择，才应该以这种方式来得到护卫。那些选择必须能够被所有人同时行使，并且每个人还都能享有与相关选择联系在一起的典型回报。

9. “可共同行使性”的约束排除了那些人们(即使在由国家提供合乎情理的资助时)所无法单独完成的选择，以及那些他们无法在同一时间完成的选择(不管是由于逻辑上的缘故，还是由于稀缺性的缘故)。在类似的基础之上，“可共同满足性”的约束排除了那些人们在其中无法找到满足的选择，或者是那些某些人的满足意味着其他人的不满足的选择(包括有害的、过分授权的和缺乏效率的选择)。

10. 对于那些必定无法实现“共同行使”和“共同满足”的选择，可以根据社会规则来加以重构，使其满足那两条约束。并非每个人都可以依其所愿而占有物品，但在适当的所有权规则之下，每个人就都可以依其所愿而进行占有。如果每个人都在同一时间发言的话，就不是所有人都能够对听众发言，但在“罗伯特议事规则”(Robert 2011)下，每个人就都能够去那么做。

11. 由于这一原因(以及其他原因)，在不同的社会里，基本自由权 299
就可能会采取不同的形式。这种自由权并非天然而成的。在各类自由权中，需要我们去加以注意的，只是能满足那两项约束的自由权里最为深远和最为宽泛的那些。如果你照看好了这些自由权，你就会自动地照看好其他自由权。

12. 共和主义的假定是，如果人们对于(以上述方式理解的)基本自由权的享用得到了公共护卫，他们就有条件去过上一种有意义的生活。你能够像一种充实的、有意义的生活所要求的那样自由，同时又仅仅和你的同胞公民们一样自由。

13. 共和主义的正义要求去护卫人们对基本自由权的行使，而罗尔斯式的正义则要求保护他们的基本自由权(第一原则)，然后再附带保护他们免于某些物质不平等(第二原则)。对这一点的观察并不能否定共和主义理论，因为对自由的护卫既涉及对保护的保障，也涉及对资源的保障；而且，要加以护卫的自由是无支配自由，而不是无干涉自由。共和主义理论建立在罗尔斯第一原则的一种强势版本的对应物上，因此，它就不需要罗尔斯第二原则的对应物。

14. 共和主义正义要求在社会生活的发展、制度与物质方面具有丰富的基础设施。它会主张在社会、医疗和法律方面为人们保险，而不是让他们依赖于慈善家的善意。在特定的、不对等的关系中，以及在一般性的层面上，它也都会为他们提供针对其他人的隔离措施。

15. 在一般层面上对人们的隔离要求一套刑事司法体系。共和主义理论清晰地说明了什么是定罪，定罪为何是必须的，哪些行为应该被定罪以及应该如何进行定罪。

16. 这种共和主义的正义理论依据一种温和的、大体上的后果论原则而运行，那种原则在理想理论和非理想理论中都适用。它支持我们对社会秩序提出一套丰富的、直觉上的要求。它还有一个显著的独特之处，即把正义与人们所享有的社会身份联系了起来，而人们是依靠他们生活于其下的那些法律以及为支持那些法律而生成的规范而享有那种身份的。

第三章：政治合法性

1. 正义是一种社会制度的美德，它对公民之间的横向关系提出了要求；合法性则是一种政治制度的美德，它对公民体与国家之间的纵向
300 关系提出了要求。在这种意义上，正义与合法性是可以分离的，因为不合法的国家可能在正义方面做得不错，而合法的国家在正义方面则可能做得很糟。从经验层面上来说，国家的合法性可能会要求一定程度的正义，而正义也可能会要求一定程度的合法性。但两者所提出的需求毕竟还是有所不同的。

2. 国家是一个通过政府官员和团体进行运作的行为者。它有能力对公民和其他人做出承诺，并且在随后遵守那些承诺。只有这样的一种行为者(而不是——比方说——社群规范的非个人化统治)才能促进正义的事业。为了促进那一事业，国家必须能够去强制其公民，并要求一种任何竞争者都不具有的权利。这就引出了合法性的问题。国家缘何有资格去把一种社会秩序(无论正义的还是不正义的)强加给它的人民，尤其是在人民内部的正义观还存在着分歧的情况下？国家何以有资格要求在这些事务上获得一种裁断者或决定者的角色？

3. 国家法律的正义性会提供一种服从它们的有限(pro tanto)理由，国家的合法性(无论是以什么标准来衡量的)会提供一种接受它的有限理由。“接受”的含义体现在了如下事实之中：虽然任何法律的不正义

性都会允许公民去尝试改变它们(甚至或许会允许去无视它们),但国家的合法性会使他们有义务去仅仅在体制内尝试改变法律。

4. 所以,与政治合法性相伴而来的政治义务,就是公民的如下这种有条件的义务:如果他们基于法律的不正义性的原因(或基于其他原因)而去反对任何法律,就必须仅仅在体制内去反对它们。不过,在体制内反对某些法律是同公民不服从运动相一致的。在公民不服从运动中,抗议者并没有挑战法庭审判和惩罚他们的权利。

5. 无论正义是否得到了实现,我们都有一种“退一步”的、不依赖于内容的理由去服从法律,因为法律提供了一种基础,使人们可以在其上形成对于他们的行为的相互预期。在合法性没有得到实现的地方,出于类似的理由,我们也应该去仅仅在体制内反对法律,因为这种反对方式提供了一种从长远来看促进与保持合法性的可靠路径。这是一个重要的观察,因为许多现实中存在的国家都缺乏合法性。不过,这一观察在本书的论证中不会扮演任何角色。

6. 是什么引入了这一意义上的合法性?霍布斯、洛克与卢梭论证说,国家要想成为合法的,就必须是建立在公民的同意之上的,并且在长时期内可以持续地获得那种同意。更为晚近的政治哲学家们(不管是功利主义者、契约主义者还是其他人)则倾向于询问国家在实现正义方面的表现(无论是社会正义还是更为全面的正义),结果忽略了它是否具有传承下来的合法性的问题。

7. “国家是否合法”的问题最好被理解为如下问题:国家对公民的 301
强制是否与后者自由的存续相一致。如果一个政权能够保存公民的自由,那么,无论它在其他方面有何不足,都必然要比不能保存自由的政权更为合法。

8. 如果自由意味着无干涉,就没有哪个国家能够保存其公民的自由。每个国家都会强加税收、法律与惩罚,因此就会对它的公民进行干涉。这种自由观的拥护者必须去集中关注国家的绩效并忽略其谱系传承,或者论证说得到了同意的干涉就不是干涉。第一种思路会忽视合法性问题,第二种则会使这一问题变得无法解决。

9. 然而,如果自由意味着无支配,就出现了另外一种可能性。这种可能性就是:如果公民控制了国家的干涉(就像在第一章里提到的饮酒案例中你控制了我的干涉一样),则那种干涉就不是支配性的,而国家也就不会剥夺人们的自由。

10. 此处所设想的这种意义上的控制,会要求人们不仅对政府行为产生影响,而且所产生的影响要对那种行为施加一种受人欢迎的引导。他们不能仅仅是使政府的行为有所不同,因为所造成的那种不同也许会是混乱的或随意的,就像我在试图扮演警察时对交通所带来的影响。人们必须去造成在某种意义上是事先设计好的不同。

11. 这种控制与其他合法国家理论中出现的“同意”是非常不同的。你可能会同意某种安排,但无法控制它所允许发生的事情,像在奴役契约中就是如此。你也可能是在一个你没有做出同意的安排下长大的,但仍然能够控制它所允许发生的事情——你可能保留了退出的权利,或者保留了当它牵涉到你时决定相关条件的权利。

12. 公民能够采取何种形式的控制,以使国家成为他们生活中的非支配性力量,从而确保其合法性?这一问题首先涉及人们应该在什么领域里去控制国家,其次涉及他们在该领域里所应该能够实行的控制的本质。

13. 你所生活于其中的国家并没有约束你必须去生活在政治社会之中,因为那种约束是作为历史的必然性而被强加的。如果它允许向外移民的话,就没有约束你必须生活在这个国家而不是任何其他国家;这种约束源于如下这种政治上的必然性:其他国家必须否定移民不受限制
302 进入的权利。最后,你的国家并没有约束你必须去生活在强制执行(而非自愿接受)的法律之下。支持了普遍强制这种功能上的必然性的,是对国家“把它的所有公民当作平等的人来对待”的要求,以及某些公民必须受到强制这一事实。

14. 上述观察表明,那种将会给予国家以共和主义合法性的民众控

制，并非必须要能使其公民生活在政治社会之外，或使其生活在自己所选择的社会里，或使其生活在一个不强制他们服从法律的政权之下。这种控制只需要在国家拥有选择权的领域内——也就是说，在国家通过强加税收、法律以及其他措施而进行的干涉的方式上——给予他们以控制。

15. 但是，假如国家能够算作是合法的，公民们必须在这一领域内所进行的控制又会有什么样的性质呢？这种控制有三项独特且重要的要求：所进行的民众控制必须是适宜地个体化的、无条件的和有效的。

16. 如果人们享有一种能够平等介入的民众影响体系，而这种影响又对政府施加了一种可以被平等地接受的导向，那么，这种控制就是个体化的。如果人们那种进行导向的影响能够独立于任何其他人的善意而得到实现，如果民众反抗的威胁足以使控制变得稳固，那么，这种控制就是无条件的。如果人们的影响能够施加明确无误的导向，以至于当政府决策不利于特定的公民时，他们只能认为自己运气不好，而不能认为这表明某种带有恶意的意志入侵了他们的生活，那么，这种控制就是有效的。

17. 因此，共和主义合法性的要求就是：在他们的国家拥有自由裁量权的领域里，人们能够控制这个国家，并且是以一种个体化的、无条件的和有效的方式来进行这种控制的。这是一种民主理论，因为它为民主体制勾画了一种直觉上的工作指南。这一指南告诉我们，如果一种体制要为人民赋予某种独特形式的权力，它都应该做到什么。

18. 这种民主理论激发了对能够实施这种工作指南的制度的寻求。它推动着我们去设计一种共和主义模式的民众影响与导向体系，使其能够确保合法性并建立一种恰当的民主制度。

19. 这里所展望的正义且民主的国家，乃是一种富有吸引力的理想。在人们彼此之间的关系这一横向维度上，以及在人们与国家之间的关系这一纵向维度上，这种国家都使得人们能够去享用公民的自由身份。

20. 哪怕是在康德的“目的王国”中，其成员的美德倾向也无法确保那种身份，因为权势较少的成员为了逃避较有权势的成员的干涉，将会
303 依赖于后者的善意。他们将会遭受支配。因此，一个正义且民主的国家的法律，能够确保人们获得一种公共物品，而这甚至是最高水准的个人道德也无法带来的。

21. 对社会正义与政治合法性加以区分（就像我们这里所做的那样），或许是有用的，因为这样做能够强调民主的重要性。但即使某种思路把正义看成是全面的、兼具社会性与程序性内容的理想（就像罗尔斯所做的那样），只要它支持无支配自由这种共和主义的核心理想，则这种思路还是会被迫使去承认民主的重要性的。

第四章：民主影响

1. 为了像共和主义民主所要求的那样去平等分享对政府的控制，人们必须能够平等地介入某种适宜地无条件且有效的影响体系，而这种体系必须能够对国家施加一种可以被所有人接受的导向。在本章里，我们会考察这样一种民众影响体系如何实现。在下一章里，我们会问到这种体系如何对政府施加一种适当的导向。

2. 一种全体立法大会似乎会保证带来一个强有力的民众影响体系与一种民主模式。具有讽刺意味的是，起到这种作用的大会最早是由两位绝对君主制的支持者——让·博丹与托马斯·霍布斯——所引介的。他们反对混合宪制，认为必须有一个绝对的主权者。虽然他们偏向于君主制，但也做出了妥协，承认主权者在原则上可以是一个精英的委员会，或者是（不管如何难以想象）一个包括了所有人的委员会。

3. 然而，被赋予权力的全体大会这种理念（该理念在卢梭那里得到了最为夸张的拥护）会碰上离散困境的问题。任何由自身不存在矛盾的个体成员来进行投票的体制，都有可能会产生自相矛盾的政策。补救这一问题的最合理方法，就是由成员们针对每一件具体的事情，逐个去决

定整个团体应该如何去恢复一致性。全体大会没有能力去进行这种方法所要求的反思性协商。

4. 对此,一种引人注目的修正方式就是去选择一个代表性的大会。但有两个备选项都能扮演这种角色。一种是标示性的,或者说在统计学意义上具有代表性的团体。这种团体的成员所具有的倾向,将会反映出民众的倾向。另一种是回应性的代表团体。这种团体的成员之所以被选择(例如通过选举的方式而被选择),是为了去持有某种倾向,以便对作为整体的人民所具有的倾向产生感应。

5. 我们不太可能将这两种模式混合起来,因为对于回应性大会的成员来说,他们被选举所诱发的动机很可能会削弱他们的标示身份的可信度。比例性的选举式大会也许是一个吸引人的想法,但这种吸引力的 304
基础不可能是对如下前景的向往:让代表大会同时以那两种模式来代表人民。

6. 回应性的、选举式的大会是更有吸引力的选项。它应该会在人民中间培育对言论、结社和迁徙自由的使用,并因此而使这些自由展现出来。通过"产生—检测"式的方法,它应该会消除错误的消极与积极不作为,而这两种不作为都会对公共政策产生误导。通过选举而进行的制裁应该有助于使其受到民众的控制。

7. 上面所设想的这种选举式大会既可以是一个作为整体而对人民的期望进行回应的代表性大会,也可以是一个由诸多代表人所组成的、每个人首先回应自己选区的代表性大会。这种区别大致对应于威斯敏斯特体制与华盛顿体制之间的区别。然而,尽管在更为精细的制度设计中,"两者中的哪一个更为可取"必定是一个重要的问题,但我在这里不得不略过这个问题。

8. 然而,无论一种选举式的影响体制采取什么样的形式,我们都无法保证它能够提供共和主义民主所需要的那种导向性的民众影响体系,即一种个体化的、无条件的、有效的体系。至少从实践上看,选举对于民主来说是必需的,但它不太可能是充分的。

9. 选举可以使每个公民的选票具有相同的价值，但这不足以确保他们拥有个体化所要求的那种产生影响的平等机会。这种平等机会所要求的是：在任何随机选择的问题上，都能拥有处于获胜一方的平等机会。如果存在某些固定的少数派，其身份决定了他们在各种问题上可能会去如何投票，那么，上述要求就无法得到满足。这就是"多数暴政"这个老问题。

10. 补救这一问题的唯一希望，就是允许个人或亚群体基于如下理由而去对各种决定进行争辩：多数主义的程序并未使他们在相关领域内有平等的机会去产生影响。个体的可争辩性有着深远的制度性含义。它会要求公共决策上的透明性与在争端解决上的公正性。对特定问题的解决可以采取各种不同的方式，包括将某些问题排除在常规的选举议程之外。

11. 如果政府本身或某个行为者（如军队、警察或任何掌握权力的精英）的权力决定了，选举式和争辩式的努力只有在对他们胃口的情况下，才能够被允许去产生效果，那么，选举式的体制就无法赋予人民以一
305 种无条件的影响。为了防范这种危险，人们必须做好准备，以反抗削弱他们的影响的措施。他们必须倾向于反抗。政府则必须倾向于进行让步。它必须是惧怕反抗的。但怎样才能确保这些条件得到满足呢？

12. 使政府惧怕反抗的一个好办法，就是去使用一种类似于传统的混合宪制的设计。这会确保政府的许多权力被分离，其中每一种都由不同的权威所共享，并使民众的臧否成为宪法的最终保障。这将会限制掌权者们齐心协力反对人民的能力，并迫使政府去避免激起或镇压民众的反抗。

13. 在混合宪制下，人民的声音是从不同的、互动的个体或团体的协调中浮现出来的，而不是由某个单一的发言人的声音所界定的（就像霍布斯——甚至卢梭——这样的主权论者所认定的那样）。他们犯下了错置具体性的谬误，认为如果没有建立一个单一的个体或法人主权者，人民的声音就不可能具有一致性和统一性。

14. 再说说第二个条件。只要人们在各方面都倾向于对政府的提案或决策进行争辩,他们就是具有反抗精神的,能够确保他们的影响不依赖于任何其他人的善意。这种戒备需要那些认同于社会运动的人所展现出来的美德。那些社会运动使得人们可以在能够被公开接受的基础之上进行公开的论证。这是一种驱动式的美德。它源于个人的利益或自发的信念,理应不会短缺。

15. 卢梭所赞美的那种人民主权大会理想意味着,只有这个团体才能替人民发声。因此,这种理想就会基于如下理由(这种理由是卢梭从霍布斯那里所得来的)而对个人的争辩权利加以挑战:如果个人被允许拥有这种权利,那么,在那些个人与作为整体的人民之间,就需要有一个更进一步的权威来进行裁断,而在这种情况下,那个权威就成了主权者。这表明了混合宪制与争辩性公民体这对孪生的共和主义理想之间的联系是多么紧密。

16. 一种选举式的影响体系所必须满足的最后一项要求就是:它应该是适宜地有效的。不论它对政府施加了何种导向(这是下一章的主题),它的行为都应当具有如下这种效果:那些不喜欢政府所作所为的个体(无论他们是不喜欢政府的总体政策,还是不喜欢政府对待他们的方式)都能够把这看作是一种坏运气,而不是自己屈从于异己意志的结果。

17. 在一种选举式的体制下,人民所能具有的潜在影响是巨大的。306
这种影响来自他们实际的选举式和争辩式的努力,来自他们准备在政府采取他们所不喜欢的路线时去做出那些努力的倾向,或者来自准备在自己关于政府政策的看法改变时去做出那些努力的倾向。这种影响可以采取主动型、实际型或者预备型的形式。

18. 尽管如此,在某些领域中,如果民选的政治家会被自己在选举方面和党派政治方面的动机所支配,或者如果私人性的利益集团被允许去对政府产生隐蔽的或操控性的影响,并迫使政府去回应它们的特殊利益,那么,上面所说的那种民众影响就很可能会被淡化。

19. 防范那些影响的唯一希望,就是去建立不经选举产生的机关。

这些机关是由民选代表所任命的,但不会服从于他们的意愿。这些机关包括选举委员会或中央银行这样的行政性权威机构,以及特派员或稽核员团体这样的争辩性权威机构,当然还有由各种法院和审判庭所代表的司法性权威机构。这些都能够帮助确保上述问题得到防范。

20. 但是,那些权威机构本身难道不会淡化民众的影响吗?如果它们是在公众所决定的工作指示下和公众所施加的约束下进行运作的,并且要面对公开的挑战与评估,那么,他们就不会淡化民众的影响。在这种情况下,它们可以被算作是受到适当约束的、标示性的人民代表。

第五章:民主控制

1. 不管一种民众影响体系多么有力,除非它有助于对政府施加一种民众导向,否则就无法支持共和主义的民主。与约瑟夫·熊彼特在其著作中所塑造并且被政治科学的大部分分支所接受的那种意象相反,民主所要求的比民众影响要更多。

2. 民众影响可以通过两种模式来为政府政策打上导向性的印记,并以此来赋予人民以控制权。在一种模式之下,人民会有意地去施加其所要求的那种导向。在另一种模式之下,当施加特定的导向时,他们的行为方式造成的是并非有意但效果良好的影响。

3. 意向性的模式认为,人民能够形成并推行关于公共利益的观点。对公共利益的最佳诠释是:在他们需要以平等的方式与他人生活在一起时,他们每个人在"事情应当如何得到处理"的问题上所具有的利益。然
307 而,这种模式的问题在于:它要求人民及其代表都具备大量无需受到动机驱使的美德。如果他们不能保持美德,这种模式就将无以为继。

4. 在詹姆斯·密尔的提议中得到经典展示的非意向性模式认为,如果人们仅仅根据他们的私人利益来投票,且代表们必须在非常频繁的选举中去宣示他们是如何服务于那些利益的,那么,掌权者就会像被一只"看不见的手"所推动一样,趋于促使总体满足(即功利主义版本的公

共利益)最大化。这种模式同样是有问题的,因为它无法抵挡选民或代表的特定联盟为其自身的特殊目标而进行的努力。

5. 不过,无论这些模式有多大的问题,它们都具有能够相互补充的吸引人之处。第一种模式将我们导向了一种富有吸引力的公共利益概念;第二种则将我们引向了一种富有吸引力的“看不见的手”机制,使得公共利益可以通过民众影响而得到促进。事实上,在接下来的内容中将会发展出第三种模式,并且能够将这些不同的吸引人之处结合起来。

6. 为了引入这一模式,在人们试图界定出并保障一种集体性的、对大家都有益的安排时,我们就需要区分出两种相关的不同程序。在关于接受的博弈中,他们每个人都寻求去做出最低程度的让步(这或许需要一系列的讨价还价行为)。在关于可接受性的博弈中,他们每个人在试图说动群体中的其他人时,都会诉诸所有人都能够觉得可以接受的考虑。对于这些考虑,所有人都需要能够承认它们在进行公共决策时是切题的,哪怕某些人会比其他人更看重这些考虑。

7. 在关于可接受性的博弈中,如果参与者们遵守“向所有人提出诉求”这项规范,则一项考虑若是能够使一项合理主张成为切题的,它就会得到某些特定规范的支持。对于每一个浮现出来的考虑来说,作为一种共同的信念,每个人都会认为它是切题的,每个人都预期每个人会对这种看法表示认可并对拒绝这种看法的行为表示不认可,并且每个人都会被这种关于认可的模式所驱动,从而使自己去具有那种看法。

8. 以这种方式得到规范支持的考虑,也许会标识出群体成员在某些一般性的好处上的一致利益,也许会标识出个体成员或亚群体在获得特殊对待时所具有的协同利益。就像亚群体在“被当作与其他人平等的人来对待”时所具有的利益一样,协同利益是这样的一些特殊利益:承认这种利益对每个人的重要性,将会符合所有人的一致利益。

9. 当任何群体在关于可接受性的博弈中进行运作时,通过使用那些应该浮现出来的关于公共政策制定的规范,人们会排除掉多种政策,
从而减少在任何领域内的备选政策。但他们也会排除掉在那些领域里 308

用来筛选备选政策的多种程序。在某个领域中得到认可的程序可能会涉及成员之中的选举、某些种类的抽签机制、对其他团体的委托或者随便别的什么方案。

10. 关于可接受性的博弈明显会出现在私人社团(比如公寓的住户们)的运作之中。但它也应该出现在上一章所描述的那种兼具选举和争辩的政体之中。在这种体制所建立起来的各种可以相互介入的争论途径中(不管是正式的还是非正式的),关于可接受性的博弈都会为政策制定规范的浮现留出空间。

11. 我们所可能期望会浮现出来的那种规范,将会认可平等影响的重要性(以及平等身份的相关方面的重要性),会承认对个人空间和自由的需要,会建立用来引导公共决策的标准,并且会帮助确定国家被期望去促进的义务的范围。那些规范还会把相关体系从历史上继承下来的特征确立为固定不变的、不能修改的东西(这可能是也可能不是好事)。

12. 这种浮现出来的政策制定规范必然会发挥约束性和管制性的功能,确保当不同的政策以有利于不同派系的方式得到确认和决定时,它们都能够以符合人们共同赞成的规范之要求的方式得到确定。并不是每件事都要以协商的方式来加以决定,但每件事都会在协商式管制的形式下被完成。

13. 当这种管制运转良好的时候,它可能就不会凸显出来。它的作用是把无数的政策与程序清除到台面之外,使它们对相关共同体的成员来说基本上是不值一提的。这种作用可能会是非常重要的,但却没有在共同体内得到很多关注。

14. 如果一种政治体系在上一章所描述的那类民众影响下运作,并推行了本章所描述的那种规范,那么,它就会具有双重的面相,其中每一个面相都有自己专属的时间段。在短期内,这种体系会接触到人们在选举和争辩中那些为人熟知的行为。但从长期来看,该体系所接触到的人们会去确保对那些在公民之中(或至少是在那些愿意以平等的方式与他人生活在一起的公民之中)得到建立起来的政策制定规范的服从。

15. 一个正常运转的民主体制的这种双重面相，可以在现实世界的政治中得到展现。奥利弗·麦克多纳的研究就很好地起到了这种作用。他的研究所涉及的，是 19 世纪的英国在大约五十年的民主化过程中政府政策上的变迁。这些研究揭示了如下模式：在不同的领域中，一些根 309
据当时的规范来看是骇人听闻的事件得到了曝光，激起了民众的义愤，藉此便迫使政府通过提出补救性措施来进行回应。随着进一步的曝光揭示出现有干预措施无法矫正相关弊端，那些措施便开始逐渐变得愈发实质化。

16. 双面民主模式结合了意向性和非意向性图景的吸引力。在这种模式里，政府会被迫去促进公共利益，并使其所采用的政策和用来决定那些政策的程序去符合公共规范。并且，在这种模式里，它在完成上述工作时，所依靠的不是普遍意志或意图的形成与实施，而是与公开市场中的运作机制相似的“看不见的手”机制。市场统制了人们的经济影响，用以支持竞争性的定价，而上述模式则统制了人们的政治影响（在理想的情况下将会是个体化的、无条件的和有效的影响），以确保他们服从于政策制定规范。

17. 这种模式解释了政府如何能够满足林肯的三项要求。如果政府是民有的，它就必须被迫使去满足被人们所接受的规范。如果它是民治的，迫使它去那么做的那种影响就必须源自人民（不管是直接的还是间接的）。而如果它是民享的，那种（无条件的）影响就必须独立于任何其他各方的善意，也就是说，不论政府中的掌权者、地方性权力精英或者甚至外国势力的意愿是什么，那种影响都必须居于主导地位。

18. 双面民主模式允许出现这样的一个国家：它有着单一的声音，针对着一套协调一致的目标进行运作，而且能够可靠地承担和执行它对自己的公民以及其他国家性或国际性团体的承诺。这种模式允许国家采取一种人们可以与之对话的形式，而正如我们所见，任何国家如果想要有能力去执行那些常见义务的话，就必须采用那种形式。

19. 在双面民主模式之下，人民表现为两种角色。作为复数的人民为了建立和维持国家,就需要使他们的影响(直接或间接地)去塑造政策制定过程,并将一种遵循规范的模式施加于这种过程之上。但是,在建立国家的过程中,那些人民结合成了一个群体式的实体,从而采取了一种单数行为者的形式,而不是许多行为者的复数形式。这种意义上的人民与国家是完全等同的。

20. 人民的第一种角色可以被描述为——用西耶斯的术语来说——建构中的人民。第二种角色可以被描述为建构后的人民。无论是在建构中还是在建构后,人民都能够统治他们自己,从而满足林肯的三项要求。在谈论民众自治时所表现出的这种模糊性,有着古老的渊
310 源,曾出现在中世纪对 civitas 一词的用法上(这个词既可以指公民体,也可以指国家)。

21. 与主权主义者所设想的图景不同,在双面民主模式下,建构中的人民要优先于建构后的人民。就像在博丹和霍布斯的理想中那样,建构后的人民可以算是制定法律的主权者,而其本身又不会受制于法律。然而,只有通过建构中的人民,它才能够得以存在。由于它是通过建构中的人民而形成的,所以它不能支配他们。而如果建构中的人民把宪法抛在一边,建构后的人民(它正是凭借这种宪法才得以存在)就可以被替换掉。

22. 最后,在双面民主模式中,下述说法不会存在悖论:人民需要去负责创造宪法,但人民又只有通过宪法才能存在。从历史的角度来看,负责创造宪法的是建构中的人民,而他们不需要宪法也能够存在。由于建构中和建构后的人民都有能力去随时修改宪法,因此,在这种意义上,他们就都要对宪法负责。建构后的人民可以通过在修正宪法的规则之内活动来修改宪法,而建构中的人民即使不去遵循那些规则,也能够对宪法加以修改。

参考文献

Abizadeh, A. (2008). 'Democratic Theory and Border Coercion: No Right to Unilaterally Control Your Own Borders'. *Political Theory* 36:37 - 65.

Abramson, J. (1994). *We, the Jury: The Jury System and the Ideal of Democracy*. New York, Basic Books.

Ackerman, B. (2000). 'The New Separation of Powers'. *Harvard Law Review* 113:633 - 729.

Adams, J. (1776). *Thoughts on Government Applicable to the Present State of the American Colonies*. Philadelphia, John Dunlap.

Agamben, G. (2005). *State of Exception*. Chicago University Press.

Alexander, J. M. (2008). *Capabilities and Social Justice: The Political Philosophy of Amartya Sen and Martha Nussbaum*. Aldershot, Ashgate.

Amar, A. R. (1988). 'Philadelphia Revisited: Amending the Constitution outside Article V'. *University of Chicago Law Review* 55:1043 - 1104.

Anderson, E. (1999). 'What is the Point of Equality?' *Ethics* 109:287 - 337.

Anscombe, G. E. M. (1957). *Intention*. Oxford, Blackwell.

Appiah, K. A. (2010). *The Honor Code: How Moral Revolutions Happen*. New York, Notrons.

Arendt, H. (1958). *The Human Condition*. University of Chicago Press.

(1973). *On Revolution*. Harmondsworth, Pelican Books.

Aristotle (1996). *The Politics*, ed. S. Everson. Cambridge University Press.

Arneson, R. (1989). 'Equality and Equal Opportunity for Welfare'. *Philosophical Studies* 56:77 - 93.

Arrow, K. (1963). *Social Choice and Individual Values*. New York, Wiley.

Atiyah, P. S. (1979). *The Rise and Fall of Freedom of Contract*. Oxford University Press.

Bailyn, B. (1967). *The Ideological Origins of the American Revolution*. Cambridge, MA, Harvard University Press.

Bakan, J. (2004). *The Corporation: The Pathological Pursuit of Profit and Power*. New York, Free Press.

Baldwin, T. (1984). 'MacCallum and the Two Concepts of Freedom'. *Ratio* 26:125-142.

Barry, B. (1995). *Justice as Impartiality*. Oxford University Press.

Bartels, L. M. (2008). *Unequal Democracy*. Princeton University Press.

Beitz, C. (1989). *Political Equality: An Essay in Democratic Theory*. Princeton University Press.

(2009). *The Idea of Human Rights*. Oxford University Press.

Bell, D. (2010). *China's New Confucianism: Politics and Everyday Life in a Changing Society*. Princeton University Press.

Bellamy, R. (1999). *Liberalism and Pluralism: Towards a Politics of Compromise*. London, Routledge.

(2007). *Political Constitutionalism: A Republican Defense of the Constitutionality of Democracy*. Cambridge University Press.

Benhabib, S. (1996). 'Towards a Deliberative Model of Democratic Legitimacy' in *Democracy and Difference: Contesting the Boundaries of the Political*, ed. Benhabib. Princeton University Press.

Bentham, J. (1843). 'Anarchical Fallacies' in *The Works of Jeremy Bentham*, ed. J. Bowring. Edinburgh, W. Tait, vol. ii.

Berlin, I. (1969). *Four Essays on Liberty*. Oxford University Press.

Besold, C. (1618). *Politicorum Libri duo*. Frankfurt, J. A. Cellii.

Besson, S. and J. L. Marti (2008). *Law and Republicanism*. Oxford University Press.

Bodin, J. (1967). *Six Books of the Commonwealth*, ed. M. J. Tooley. Oxford, Blackwell.

Bohman, J. (2007). *Democracy Across Borders: From Demos to Demoi*. Cambridge, MA, MIT Press.

Braithwaite, J. (1997). 'On Speaking Softly and Carrying Big Sticks: Neglected Dimensions of a Republican Separation of Powers'. *University of Toronto Law Journal* 47:305-361.

(2002). *Restorative Justice and Responsive Regulation*. New York, Oxford University Press.

Braithwaite, J., H. Charlesworth and A. Soares (2012). *Networked Governance of Freedom and Tyranny: Peace in East Timor*. Canberra, ANU Press.

Braithwaite, J. and P. Pettit (1990). *Not Just Deserts: A Republican Theory of Criminal Justice*. Oxford University Press.

Bramhall, J. (1658). 'The Catching of Leviathan or the Great Whale' in *Castigations of Mr Hobbes . . . Concerning Liberty and Universal Necessity*, J. Bramhall. London, John Crooke.

Bratman, M. (1987). *Intention, Plans, and Practical Reason*. Cambridge, MA, Harvard University Press.

(2004). 'Shared Valuing and Frameworks for Practical Reasoning' in Reason and Value: Themes from the Moral Philosophy of Joseph Raz, ed. J. Wallace, P. Pettit, S. Scheffler and M. Smith. Oxford University Press, pp. 1-27.

(2007). *Structures of Agency*. New York, Oxford University Press.

Brennan, G. and A. Hamlin (1995). 'Economizing on Virtue'. *Constitutional Political Economy* 6:35-36.

Brennan, G. and L. Lomasky (1993). *Democracy and Decision: The Pure Theory of Electoral Preference*. Oxford University Press.

(2006). 'Against Reviving Republicanism'. *Politics, Philosophy and Economics* 5:221-252.

Brennan, G. and P. Pettit (2004). *The Economy of Esteem: An Essay on Civil and Political Society*. Oxford University Press.

Brennan, J. (2011). *The Ethics of Voting*. Princeton University Press.

Brett, A. S. (2011). *Changes of State: Nature and the Limits of the City in Early Modern Natural Law*. Princeton University Press.

Brettschneider, C. (2007). *Democratic Rights: The Substance of Self-Government*. Princeton University Press.

Brugger, W. (1999). Republican Theory in Political Thought: Virtuous or Virtual? New York, Macmillan.

Buchanan, A. (2002). 'Political Legitimacy and Democracy'. *Ethics* 112: 689-719.

(2004). *Justice, Legitimacy and Self-Determination: Moral Foundations for International Law*. Oxford University Press.

Burke, E. (1999). 'Speech to the Electors of Bristol' in *Select Works of Edmund Burke*. Indianapolis, Liberty Fund.

Burnheim, J. (1985). *Is Democracy Possible?* Cambridge, Polity Press.

Cabot, V. (1751). 'Quod Non Omnis Status Reipublicae Simplex Est' in *Novus Thesaurus Juirs Civilis et Canonici*. *G. Meerman*. Amsterdam, Pieter de Hondt. 2:622-623.

Canning, J. P. (1983). 'Ideas of the State in Thirteenth and Fourteenth Century Commentators on the Roman Law'. *Transactions of the Royal Historical Society* 33:1-27.

Carroll, L. (1895). 'What the Tortoise said to Achilles'. *Mind* 4:278-280.

Carter, I. (1999). A Measure of Freedom. Oxford University Press. (2008). 'How are Power and Unfreedom Related?' in *Republicanism and Political Theory*, ed. C. Laborde and J. Maynor. Oxford, Blackwell.

Christiano, T. (2008). *The Constitution of Equality: Democratic Authority and its Limits*. Oxford University Press.

Christman, J. (2009). *The Politics of Persons: Individual Autonomy and Sociohistorical Selves*. Cambridge University Press.

Cicero, M. T. (1998). *The Republic and the Laws*. Oxford University Press.

Clark, A. (1997). *Being There: Putting Brain, Body and World Together Again*. Cambridge, MA, MIT Press.

Cohen, G. A. (1979). 'Capitalism, Freedom and the Proletariat' in *The Idea of Freedom*, ed. A. Ryan. Oxford University Press.

(1993). 'Equality of What? On Welfare, Goods, and Capabilities' in *The Quality of Life*, ed. M. C. Nussbaum and A. Sen. Oxford University Press, pp. 9-29.

(2008). *Rescuing Justice and Equality*. Cambridge, MA, Harvard University Press.

Cohen, J. (1989). 'Deliberation and Democratic Legitimacy' in*The Good Polity*, ed. A. Hamlin and P. Pettit. Oxford, Blackwell, pp. 17-34.

(2004). 'Minimalism About Human Rights: The Most We Can Hope For'. *Journal of Political Philosophy* 12:190-213.

(2009). *Philosophy, Politics, Democracy*. Cambridge, MA, Harvard University Press.

(2010). *Rousseau: A Free Community of Equals*. Oxford University Press.

Cohen, M. (1933). 'The Basis of Contract'. *Harvard Law Review* 4:

553 -592.

Coleman, J. (1974). Power and the Structure of Society. New York, Norton.

(1990). 'The Emergence of Norms' in *Social Institutions: Their Emergence, Maintenance, and Effects*, ed. M. Hechter, K.-D. Opp and R. Wippler, Berlin, de Gruyter, pp. 35 - 59.

Connolly, W. E. (1969). *The Bias of Pluralism*. New York, Atherton.

(1993). *The Terms of Political Discourse*. Oxford, Blackwell.

Constant, B. (1988). *Constant: Political Writings*. Cambridge University Press.

(2003). *Principles of Politics Applicable to All Governments*. Indianapolis, Liberty Fund.

Cornish, W. R. and G. d. N. Clark (1989). *Law and Society in England 1750 - 1950*. London, Sweet and Maxwell.

Costa, M. V. (2007). 'Freedom as Non-Domination, Normativity and Indeterminacy'. *Journal of Value Inquiry* 41:291 - 307.

Dagger, R. (1997). *Civic Virtues: Rights, Citizenship, and Republican Liberalism*. Oxford University Press.

Demosthenes (1939). *Against Meidias*, trans. A. T. Murray. London, Heinemann.

Dennett, D. C. (1992). *Consciousness Explained*. New York, Penguin.

(1996). *Darwin's Dangerous Idea: Evolution and the Meanings of Life*. New York, Simon and Schuster.

Dietrich, F. and C. List (2007). 'Arrow's Theorem in Judgment Aggregation'. *Social Choice and Welfare* 29:19 - 33.

(2008). 'A Liberal Paradox for Judgment Aggregation'. *Social Choice and Welfare* 31:59 - 78.

Dowlen, O. (2008). *The Political Potential of Sortition*. Exeter, Imprint Academic.

Dryzek, J. (2003). *Deliberative Democracy and Beyond: Liberals, Critics, Contestations*. Oxford University Press.

Duff, R. A. (2001). *Punishment, Communication, and Community*. Oxford University Press.

Dunn, J. (2005). *Democracy: A History*. New York, Atlantic Monthly Press.

Dworkin, G. (1988). *The Theory and Practice of Autonomy*. Cambridge University Press.

Dworkin, R. (1978). *Taking Rights Seriously*. London, Duckworth.

(1986). *Law's Empire*. Cambridge, MA, Harvard University Press.

(2000). *Sovereign Virtue: The Theory and Practice of Equality*. Cambridge, MA, Harvard University Press.

(2006). *Is Democracy Possible Here? Principles for a New Political Debate*. Princeton University Press.

(2011). *Justice for Hedgehogs*. Cambridge, MA, Harvard University Press.

Eisgruber, C. L. (2001). *Constitutional Self-Government*. Cambridge, MA, Harvard University Press.

(2002). 'Constitutional Self-Government and Judicial Review: A Reply to Five Critics'. *University of San Francisco Law Review* 37:115 - 190.

Elster, J. (1979). *Ulysses and the Sirens*. Cambridge University Press.

(1983). *Sour Grapes*. Cambridge University Press.

(1986). 'The Market and the Forum: Three Varieties of Political Theory' in *Foundations of Social Choice Theory*, ed. J. Elser and A. Hillard. Cambridge University Press.

(1999). *Alchemies of the Mind: Rationality and the Emotions*. Cambridge University Press.

Ely, J. H. (1981). *Democracy and Distrust: A Theory of Judicial Review*. Cambridge, MA, Harvard University Press.

Eskridge, W. N., Jr and J. Ferejohn (2010). *A Republic of Statutes: The New American Constitution*. New Haven, CT, Yale University Press.

Espejo, P. O. (2011). *The Time of Popular Sovereignty: Process and the Democratic State*. University Park, Pennsylvania State University Press.

Estlund, D. (2007). *Democratic Authority: A Philosophical Framework*. Princeton University Press.

Ferguson, A. (1767). *An Essay on the History of Civil Society*. Edinburgh, Millar and Caddel (reprinted New York, Garland, 1971).

Fishkin, J. (1991). *Democracy and Deliberation: New Directions for Democratic Reform*. New Haven, CT, Yale University Press.

(1997). *The Voice of the People: Public Opinion and Democracy*. New Haven, CT, Yale University Press.

Fleurbaey, M. (2008). *Fairness, Responsibility and Welfare*. Oxford University Press.

Forst, R. (2002). *Contexts of Justice: Political Philosophy beyond Liberalism and Communitarianism*. Berkeley, University of California Press.

Frankfurt, H. (1969). 'Alternate Possibilities and Moral Responsibility'. *Journal of Philosophy* 66:829 - 839.

(1987). 'Equality as a Moral Ideal'. Ethics 98:21 - 43.

(1988). *The Importance of What We Care About*. Cambridge University Press.

Franklin, J. (1991). 'Sovereignty and the Mixed Constitution: Bodin and his Critics' in *The Cambridge History of Political Thought 1450—1700*, ed. J. H. Burns and M. Goldie. Cambridge University Press.

Fukuyama, F. (2011). *The Origins of Political Order: From Prehuman Times to the French Revolution*. New York, Farrar, Straus and Giroux.

Fuller, L. L. (1971). *The Morality of Law*. New Haven, CT, Yale University Press.

Garsten, B. (2006). *Saving Persuasion: A Defense of Rhetoric and Judgment*. Cambridge, MA, Harvard University Press.

Gaus, G. (1983). *The Modern Liberal Theory of Man*. London, Croom Helm.

(2011). *The Order of Public Reason: A Theory of Freedom and Morality in a Diverse and Bounded World*. Cambridge University Press.

Gauthier, D. (1986). *Morals by Agreement*. Oxford University Press.

Geuss, R. (1981). *The Idea of Critical Theory*. Cambridge University Press.

Gilbert, M. (2001). 'Collective Preferences, Obligations, and Rational Choice'. *Economics and Philosophy* 17:109 - 120.

(2006). *A Theory of Political Obligation*. Oxford University Press.

Gilovich, T., D. Griffin and D. Kahneman, eds. (2002). *Heuristics and Biases: The Psychology of Intuitive Judgment*. Cambridge University Press.

Goldberg, J. (2005—2006). 'The Constitutional Status of Tort Law: Due Process and the Right to a Law for the Redress of Wrongs'. *Yale Law Journal* 115: 524 - 627.

Goldman, A. (1999). 'Why Citizens Should Vote: A Causal Responsibility Approach'. *Social Philosophy and Policy* 16:201 - 217.

Goldsworthy, J. (1999). *The Sovereignty of Parliament*. Oxford University Press.

Goodin, R. E. (1996). 'Institutionalizing the Public Interest: The Defense of Deadlock and Beyond'. American Political Science Review 90:331 - 343.

Goodin, R. E. and F. Jackson (2007). 'Freedom from Fear'. *Philosophy and Public Affairs* 35:249 - 265.

Green, J. E. (2004). 'Apathy: The Democratic Disease'. *Philosophy and*

Social Criticism 30:745 - 768.

Guerrero, A. (2010). 'The Paradox of Voting and the Ethics of Political Representation'. *Philosophy & Public Affairs* 38:272 - 306.

Guinier, L. (1994). *Tyranny of the Majority: Fundamental Fairness in Representative Democracy*. New York, The Free Press.

Gutmann, A. and D. Thompson (1996). *Democracy and Disagreement*. Cambridge, MA, Harvard University Press.

Gwyn, W. B. (1965). *The Meaning of the Separation of Powers*. Nijhoff, The Hague.

Habermas, J. (1984—1989). *A Theory of Communicative Action*. Cambridge, Polity Press, vols. i and ii.

(1994). 'Three Normative Models of Democracy'. *Constellations* 1:1 - 10.

(1995). *Between Facts and Norms: Contributions to a Discourse Theory of Law and Democracy*. Cambridge, MA, MIT Press.

Hansen, M. H. (1991). *The Athenian Democracy in the Age of Demosthenes*. Oxford, Blackwell.

Hardt, M. and A. Negri (2000). *Empire*. Cambridge, MA, Harvard University Press.

Harman, G. (1986). *Change in View*. Cambridge, MA, MIT Press.

Harrington, J. (1992). *The Commonwealth of Oceana and a System of Politics*. Cambridge University Press.

Hart, H. L. A. (1955). 'Are There Any Natural Rights?' Philosophical Review 64:175 - 191.

(1961). *The Concept of Law*. Oxford University Press.

(1973). 'Rawls on Liberty and its Priority'. *University of Chicago Law Review* 40:534 - 555.

Hayek, F. A. (1988). *The Fatal Conceit: The Errors of Socialism*. University of Chicago Press.

Hayward, C. (2011). 'What Can Political Freedom Mean in a Multicultural Democracy? On Deliberation, Difference and Democratic Government'. *Political Theory* 39:468 - 497.

Hegel, G. W. F. (1991). *Elements of the Philosophy of Right*, ed. A. W. Wood. Cambridge University Press.

Held, D. (2006). *Models of Democracy*, 3rd edn. Cambridge, Polity.

Herreros, F. (2006). 'Screening Before Sanctioning: Elections and the Republican Tradition'. *European Journal of Political Theory* 5:415 - 435.

Hill, L. (2000). 'Compulsory Voting, Political Shyness and Welfare Outcomes'. Journal of Sociology 36:30 - 49.

Hobbes, T. (1994a). *Human Nature and De Corpore Politico: The Elements of Law, Natural and Politic*. Oxford University Press.

(1994b). *Leviathan*, ed. E. Curley. Indianapolis, Hackett.

(1998). *On the Citizen*, ed. and trans. R. Tuck and M. Silverthorne. Cambridge University Press.

Hobbes, T. and J. Bramhall (1999). *Hobbes and Bramhall on Freedom and Necessity*, ed. Vere Chappell. Cambridge University Press.

Hoekstra, K. (2001). 'Tyrannus Rex vs. Leviathan'. *Pacific Philosophical Quarterly* 82:420 - 446.

(2006). 'A Lion in the House: Hobbes and Democracy' in *Rethinking the Foundations of Modern Political Thought*, ed. A. S. Brett and J. Tully. Cambridge University Press.

Holmes, S. (1995). *Passions and Constraint: On the Theory of Liberal Democracy*. University of Chicago Press.

Honig, B. (2001). *Democracy and the Foreigner*. Princeton University Press.

Honneth, A. (1996). *The Struggle for Recognition*. Cambridge, MA, MIT Press.

Honohan, I. (2002). *Civic Republicanism*. London, Routledge.

Honohan, I. and J. Jennings, eds. (2006). *Republicanism in Theory and Practice*. London, Routledge.

Hont, I. (1995). 'The Permanent Crisis of a Divided Mankind: "Contemporary Crisis of the National State" in Historical Perspective' in *The Contemporary Crisis of the Nation State?*, ed. J. Dunn. Oxford, Blackwell, pp. 166 - 231.

Hume, D. (1875). *Of the Independence of Parliament*. *Hume's Philosophical Works*, ed. T. H. Green and T. H. Grose. London, vol. iii.

(1994). *Political Essays*. Cambridge University Press.

Husak, D. (2008). *Overcriminalization*. Oxford University Press.

Jackson, F. (1987). 'Group Morality' in *Metaphysics and Morality: Essays in Honour of J. J. C. Smart*, ed. P. Pettit, R. Sylvan and J. Norman. Oxford, Blackwell, pp. 91 - 110.

James, S. (1997). *Passion and Action: The Emotions in Seventeenth-Century Philosophy*. Oxford University Press.

Joyce, J. M. (1999). *The Foundations of Causal Decision Theory*. Cambridge University Press.

Kalyvas, A. (2005). 'Popular Sovereignty, Democracy and the Constituent Power'. Constellations 12:223 – 244.

Kalyvas, A. and I. Katznelson (2008). *Liberal Beginnings: Making a Republic for the Moderns*. Cambridge University Press.

Kant, I. (1996). Practical Philosophy, trans. M. J. Gregor. Cambridge University Press.

(2005). *Notes and Fragments*, ed. Paul Guyer. Cambridge University Press.

Kaufman, A. (2006). *Capabilities Equality: Basic Issues and Problems*. London, Routledge.

Kelly, E. (2009). 'Criminal Justice without Retribution'. *Journal of Philosophy* 106:440 – 462.

Kelsen, H. (1961). *General Theory of Law and State*. New York, Russell and Russell.

(1970). *The Pure Theory of Law*. Berkeley, CA, University of California Press.

Keohane, N. O. (1980). *Philosophy and the State in France: The Renaissance to the Enlightenment*. Princeton University Press.

Ketcham, R., ed. (2003). *The Anti-Federalist Papers*. New York, Signet Classic.

Kharkhordin, O. and R. Alipuro, eds. (2011). *Political Theory and Community Building in Post-Soviet Russia*. London, Routledge.

Knights, M. (2005). *Representation and Misrepresentation in Later Stuart Britain: Partisanship and Political Culture*. Oxford University Press.

Kornhauser, L. A. (1992a). 'Modelling Collegial Courts. I. Path-Dependence'. *International Review of Law and Economics* 12:169 – 185.

(1992b). 'Modelling Collegial Courts. ii. Legal Doctrine'. *Journal of Law, Economics and Organization* 8:441 – 470.

Kornhauser, L. A. and L. G. Sager (1993). 'The One and the Many: Adjudication in Collegial Courts'. *California Law Review* 81:1 – 59.

Kramer, M. (2003). *The Quality of Freedom*. Oxford University Press.

(2008). 'Liberty and Domination' in *Republicanism and Political Theory*, ed. C. Laborde and J. Maynor. Oxford, Blackwell, pp. 31 – 57.

Kukathas, C. (1989). *Hayek and Modern Liberalism*. Oxford University Press.

Kymlicka, W. (1995). *Multicultural Citizenship*. Oxford University Press.

Laborde, C. (2008). *Critical Republicanism: The Hijab Controversy and Political Philosophy*. Oxford University Press.

Laborde, C. and J. Maynor, eds. (2007). *Republicanism and Political Theory*. Oxford, Blackwell.

Langton, R. (1997). 'Disenfranchised Silence' in *Common Minds: Themes from the Philosophy of Philip Pettit*, ed. H. G. Brennan, R. E. Goodin, F. C. Jackson and M. Smith. Oxford University Press.

Languet, H. (1994). *Vindiciae, Contra Tyrannos*. Cambridge University Press.

Larmore, C. (2003). 'Public Reason' in *The Cambridge Companion to Rawls*, ed. S. Freeman. Cambridge University Press, pp. 368 - 393.

(2012). 'What is Political Philosophy?' *Journal of Moral Philosophy* 9.

Lessig, L. (2011). *Republic, Lost: How Monday Corrupts Congress-And a Plan to Stop it*. New York, Hachette.

Levin, M. (1984). 'Negative Liberty'. *Social Philosophy and Policy* 2:84 - 100.

Lewis, D. (1969). *Convention*. Cambridge, MA, Harvard University Press.

Libourne, J. (1646). *The Legal Fundamental Liberties of the People of England, Asserted, Revived, and Vindicated*. London.

Lieberman, D. (2006). 'The Mixed Constitution and the Common Law' in *The Cambridge History of Eighteenth-Century Political Thought*, ed. M. Goldie and R. Wokler. Cambridge University Press, pp. 317 - 346.

Lind, J. (1776). Three Letters to Dr Price. London, T. Payne.

Lindahl, H. (2007). 'The Paradox of Constituent Power: The Ambiguous Self-Constitution of the European Union'. *Ratio Juris* 20:485 - 505.

Lipset, S. M. (1960). *Political Man: The Social Bases of Politics*. New York, Doubleday.

List, C. (2004). 'The Impossibility of a Paretian Republican? Some Comments on Pettit and Sen'. *Economics and Philosophy* 20:1 - 23.

(2006a). 'The Discursive Dilemma and Public Reason'. Ethics 116: 362 - 402.

(2006b). 'Republican Freedom and the Rule of Law'. *Politics, Philosophy and Economics* 5:201 - 220.

List, C. and P. Pettit (2002). 'Aggregating Sets of Judgments: An Impossibility Result'. *Economics and Philosophy* 18:89 - 110.

(2004). 'Aggregating Sets of Judgments: Two Impossibility Results

Compared'. *Synthese* 140:207 - 235.

(2011). *Group Agency: The Possibility, Design and Status of Corporate Agents*. Oxford University Press.

List, C. and B. Polak (2010). 'Symposium on Judgment Aggregation'. Journal of *Economic Theory* 145(2):441 - 466.

Lively, J. (1975). *Democracy*. Oxford, Blackwell.

Lively, J. and J. Rees, eds. (1978). *Utilitarian Logic and Politics: James Mill's 'Essay on Government', Macaulay's Critique, and the Ensuing Debate*. Oxford University Press.

Locke, J. (1960). *Two Treatises of Government*. Cambridge University Press.

Long, D. C. (1977). *Bentham on Liberty*. University of Toronto Press.

Lovett, F. (2001). 'Domination: A Preliminary Analysis'. *Monist* 84:98 - 112.

(2010). *Justice as Non-domination*. Oxford University Press.

Lovett, F. and P. Pettit (2009). 'Neo-Republicanism: A Normative and Institutional Research Program'. *Annual Review of Political Science* 12:18 - 29.

Luhmann, N. (1990). *Essays on Self-Reference*. New York, Columbia University Press.

MacCallum, G. C. (1967). 'Negative and Positive Freedom'. *Philosophical Review* 74:312 - 334.

McCormick, J. P. (2011). *Machiavellian Democracy*. Cambridge University Press.

MacDonagh, O. (1958). 'The 19th Century Revolution in Government: A Reappraisal'. *Historical Journal* 1:52 - 67.

(1961). *A Pattern of Government Growth 1800—60*. London, MacGibbon and Kee.

(1977). Early Victorian Government. London, Weidenfeld and Nicolson.

McGeer, V. and P. Pettit (2009). 'Sticky Judgment and the Role of Rhetoric' in *Political Judgment: Essays in Honour of John Dunn*, ed. R. Bourke and R. Geuss. Cambridge University Press, pp. 48 - 73.

McGilvray, E. (2011). *The Invention of Market Freedom*. Cambridge University Press.

Machiavelli, N. (1965). *The Complete Works and Others*. Durham, NC, Duke University Press.

Mackie, G. (2003). *Democracy Defended*. Cambridge University Press.

McLean, J. (2004). 'Government to State: Globalization, Regulation, and Governments as Legal Persons'. *Indiana Journal of Global Legal Studies* 10:173 -

197.

McMahon, C. (2005). 'The Indeterminacy of Republican Policy'. *Philosophy and Public Affairs* 33:67 - 93.

Madison, J., A. Hamilton and J. Jay (1987). *The Federalist Papers*. Harmondsworth, Penguin.

Mandeville, B. (1731). *Free Thoughts on Religion, the Church and National Happiness*. London.

Manin, B. (1997). *The Principles of Representative Government*. Cambridge University Press.

Mansbridge, J. (2009). 'A "Selection Model" of Political Representation'. *Journal of Political Philosophy* 17:369 - 398.

Margalit, A. (2010). *On Compromise and Rotten Compromises*. Princeton University Press.

Markell, P. (2008). 'The Insufficiency of Non-Domination'. *Political Theory* 36:19 - 36.

Markovits, D. (2005). 'Democratic Disobedience'. *Yale Law Journal* 114: 1897 - 1952.

Marti, J. L. and P. Pettit (2010). *A Political Philosophy in Public Life: Civic Republicanism in Zapatero's Spain*. Princeton University Press.

Maynor, J. (2003). Republicanism in the Modern World. Cambridge, Polity Press.

Mercier, H. and D. Sperber (2011). 'Why Do Humans Reason? Arguments for an Argumentative Theory'. *Brain and Behavioral Sciences* 34:57 - 111.

Michelman, F. I. (1999). *Brennan on Democracy*. Princeton University Press.

Mill, J. S. (1964). *Considerations on Representative Government*. London, Everyman Books.

(1978). *On Liberty*. Indianapolis, Hackett.

Millar, F. (1998). *The Crowd in Rome in the Late Republic*. Ann Arbor, University of Michigan Press.

Miller, D. (1984). 'Constraints on Freedom'. *Ethics* 94:66 - 86.

Milton, J. (1953 - 1982). *Complete Prose Works of John Milton*. New Haven, CT, Yale University Press, vols. i - viii.

Montesquieu, C. d. S. (1989). *The Spirit of the Laws*. Cambridge University Press.

Morris, I. (2010). *Why the West Rules-For Now: The Patterns of History, and What they Reveal about the Future*. New York, Farrar, Straus and Giroux.

Mueller, J. W. (2007). *Constitutional Patriotism*. Princeton University Press.

Murphy, L. and T. Nagel (2004). *The Myth of Ownership*. New York, Oxford University Press.

Nagel, T. (1987). 'Moral Conflict and Political Legitimacy'. *Philosophy and Public Affairs* 16:215 - 240.

(1991). *Equality and Partiality*. Oxford University Press.

Nathan, G. (2010). *Social Freedom in a Multicultural State: Towards a Theory for Intercultural Justice*. New York, Palgrave Macmillan.

Negri, A. (1999). *Insurgencies: Constituent Power and the Modern State*. Minneapolis, MN, University of Minnesota Press.

Nelson, E. (2004). *The Greek Tradition in Republican Thought*. Cambridge University Press.

Niederberger, A. and P. Schink, eds. (2012). *Republican Democracy: Liberty, Law and Politics*. Edinburgh University Press.

Nozick, R. (1974). *Anarchy, State, and Utopia*. Oxford, Blackwell.

Nussbaum, M. (1992). 'Human Functioning and Social Justice'. *Political Theory* 20:202 - 246.

(2006). *Frontiers of Justice*. Cambridge, MA, Harvard University Press.

O'Donnell, G. (2004). 'Why the Rule of Law Matters'. *Journal of Democracy* 15:32 - 46.

O'Neill, M. (2008). 'What Should Egalitarians Believe?' *Philosophy and Public* Affairs 36:119 - 156.

O'Neill, O. (1979—1980). 'The Most Extensive Liberty'. *Proceedings of the Aristotelian Society* 80:45 - 59.

Ober, J. (1996). *The Athenian Revolution*. Princeton University Press.

Olsaretti, S. (2004). *Liberty, Desert and the Market*. Cambridge University Press.

Otsuka, M. (2003). *Libertarianism without Inequality*. Oxford University Press.

Paley, W. (2002). *The Principles of Moral and Political Philosophy*. Indianapolis, Liberty Fund.

Parfit, D. (1984). *Reasons and Persons*. Oxford University Press.

(2000). 'Equality or Priority?' in *The Ideal of Equality*, ed. M. Clayton and A. Williams. New York, St Martin's Press, pp. 81 - 125.

Patten, A. (2002). *Hegel's Idea of Freedom*. Oxford University Press.

Pettit, P. (1986). 'Free Riding and Foul Dealing'. *Journal of Philosophy* 83:

361－379.

(1990). 'Virtus Normativa: A Rational Choice Perspective'. *Ethics* 100: 725－755; reprinted in P. Pettit (2002) *Rules, Reasons, and Norms*. Oxford University Press.

(1991). 'Decision Theory and Folk Psychology' in *Essays in the Foundations of Decision Theory*, ed. M. Bacharach and S. Hurley. Oxford, Blackwell; reprinted in P. Pettit (2002) *Rules, Reasons, and Norms*. Oxford University Press.

(1993). *The Common Mind: An Essay on Psychology, Society and Politics*, paperback edition 1996. New York, Oxford University Press.

(1994). 'Enfranchising Silence: An Argument for Freedom of Speech' in *Freedom of Communication*, ed. T. Campbell and W. Sadurksi. Aldershot, Dartmouth, pp. 45－56.

(1996a). 'Freedom and Antipower'. *Ethics* 106:576－604.

(1996b). 'Institutional Design and Rational Choice' in *The Theory of Institutional Design*, ed. R. E. Goodin. Cambridge University Press.

(1997a). 'A Consequentialist Perspective on Ethics' in *Three Methods of Ethics: A Debate*. M. Baron, M. Slote and P. Pettit. Oxford, Blackwell.

(1997b). 'Republican Theory and Criminal Punishment'. *Utilitas* 9: 59－79.

(1997c). *Republicanism: A Theory of Freedom and Government*. Oxford University Press.

(1998). 'Reworking Sandel's Republicanism'. *Journal of Philosophy* 95: 73－96.

(1999). 'Republican Liberty, Contestatory Democracy' in *Democracy's Value*, ed. C. Hacker-Cordon and I. Shapiro. Cambridge University Press.

(2000a). 'Democracy, Electoral and Contestatory'. *Nomos* 42:105－144.

(2000b). 'Minority Claims under Two Conceptions of Democracy' in *Political Theory and the Rights of Indigenous Peoples*, ed. D. Ivison, P. Patton and W. Sanders. Cambridge University Press, pp. 199－215.

(2001a). 'Capability and Freedom: A Defence of Sen', *Economics and Philosophy* 17:1－20.

(2001b). 'The Capacity to Have Done Otherwise' in *Relating to Responsibility: Essays in Honour of Tony Honore on his 80th Birthday*, ed. P. Cane and J. Gardner. Oxford, Hart, pp. 21－35; reprinted in P. Pettit (2002) *Rules, Reasons, and Norms*. Oxford University Press.

(2001c). 'Deliberative Democracy and the Discursive Dilemma'. *Philosophical Issues* (supp. to Nous) 11:268 – 299.

(2001d). 'Non-Consequentialism and Political Philosophy' in *Robert Nozick*, ed. D. Schidmtz. Cambridge University Press.

(2001e). *A Theory of Freedom: From the Psychology to the Politics of Agency*. Cambridge and New York, Polity and Oxford University Press.

(2002a). 'Is Criminal Justice Politically Feasible?' *Buffalo Criminal Law Review*, Special Issue ed. Pablo de Greiff, 5(2):427 – 450.

(2002b). 'Keeping Republican Freedom Simple: On a Difference with Quentin Skinner'. *Political Theory* 30:339 – 356.

(2003a). 'Akrasia, Collective and Individual' in *Weakness of Will and Practical Irrationality*, ed. S. Stroud and C. Tappolet. Oxford University Press.

(2003b). 'Deliberative Democracy, the Discursive Dilemma, and Republican Theory' in *Philosophy, Politics and Society Vol. 7: Debating Deliberative Democracy*, ed. J. Fishkin and P. Laslett. Cambridge University Press, pp. 138 – 162.

(2004a). 'The Common Good' in *Justice and Democracy: Essays for Brian Barry*, ed. K. Dowding, R. E. Goodin and C. Pateman. Cambridge University Press, pp. 150 – 169.

(2004b). 'Depoliticizing Democracy'. *Ratio Juris* 17:52 – 65.

(2005a). 'The Domination Complaint'. *Nomos* 86:87 – 117.

(2005b). 'The Elements of Responsibility'. *Philosophical Books* 46: 210 – 219.

(2005c). 'On Rule-Following, Folk Psychology, and the Economy of Esteem: Reply to Boghossian, Dreier and Smith': contribution to *Symposium on P. Pettit's Rules, Reasons, and Norms*. *Philosophical Studies* 124: 233 – 259.

(2006a). 'The Determinacy of Republican Policy'. *Philosophy and Public Affairs* 34:275 – 283.

(2006b). 'Rawls's Peoples' in *Rawls's Law of Peoples: A Realistic Utopia*, ed. R. Martin and D. Reidy. Oxford, Blackwell.

(2007a). 'Joining the Dots' in *Common Minds: Themes from the Philosophy of Philip Pettit*, ed. H. G. Brennan, R. E. Goodin, F. C. Jackson and M. Smith. Oxford University Press, pp. 215 – 344.

(2007b). 'Rationality, Reasoning and Group Agency'. *Dialectica* 61:495 –

519.

(2007c). 'Resilience as an Explanandum of Social Theory' in *Contingency*, ed. I. Shapiro and S. Bedi. New York University Press.

(2007d). 'Responsibility Incorporated'. *Ethics* 117:171 - 201.

(2007e). 'Free Persons and Free Choices'. History of Political Thought, Special Issue on 'Liberty and Sovereignty', 28:709 - 718.

(2008a). 'The Basic Liberties' in *Essays on H. L. A. Hart*, ed. M. Kramer. Oxford University Press, pp. 201 - 224.

(2008b). 'Freedom and Probability: A Comment on Goodin and Jackson'. *Philosophy and Public Affairs* 36:206 - 220.

(2008c). *Made with Words: Hobbes on Language, Mind and Politics*. Princeton University Press.

(2008d). 'Republican Liberty: Three Axioms, Four Theorems' in *Republicanism and Political Theory*, ed. C. Laborde and J. Manor. Oxford, Blackwell.

(2008e). 'Value-mistaken and Virtue-mistaken Norms' in *Political Legitimization without Morality?*, ed. J. Kuehnelt. New York, Springer, pp. 139 - 156.

(2009a). 'Corporate Responsibility Revisited'. *Rechtsfilosofie & Rechtstheorie*, Special Issue on 'Philip Pettit and the Incorporation of Responsibility', 38:159 - 176.

(2009b). 'Varieties of Public Representation' in *Representation and Popular Rule*, ed. I. Shapiro, S. Stokes and E. J. Wood. Cambridge University Press.

(2010a). 'Legitimate International Institutions: A Neorepublican Perspective' in *The Philosophy of International Law*, ed. J. Tasioulas and S. Besson. Oxford University Press.

(2010b). 'Representation, Responsive and Indicative'. *Constellations* 3: 426 - 434.

(2010c). 'A Republican Law of Peoples'. *European Journal of Political Theory*, Special Issue on 'Republicanism and International Relations', 9: 70 - 94.

(2011a). 'The Hedgehog's Fantasies': review of Ronald Dworkin, 'Justice for Hedgehogs'. *Times Literary Supplement*. London, News International.

(2011b). 'The Instability of Freedom as Non-Interference: The Case of

Isaiah Berlin'. *Ethics* 121:693 - 716.

(2012a). 'The Inescapability of Consequentialism' in *Luck, Value and Commitment: Themes from the Ethics of Bernard Williams*, ed. U. Heuer and G. Lang. Oxford University Press.

(2012b). 'Two Republican Traditions' in *Republican Democracy: Liberty, Law and Politics*, ed. A. Niederberger and P. Schink. Edinburgh University Press. (in press). Just Freedom. New York, W. W. Norton and Co.

Pettit, P. and D. Schweikard (2006). 'Joint Action and Group Agency'. *Philosophy of the Social Sciences* 36:18 - 39.

Pettit, P. and M. Smith (1996). 'Freedom in Belief and Desire'. *Journal of Philosophy* 93:429 - 449; reprinted in F. Jackson, P. Pettit and M. Smith (2004)*Mind, Morality and Explanation*. Oxford University Press.

Pinker, S. (2011). *The Better Angels of our Nature: Why Violence has Declined*. New York, Viking Penguin.

Pitkin, H. (1972). *The Concept of Representation*. Berkeley, University of California Press.

Pitkin, H. F., ed. (1969). *Representation*. New York, Atherton Press.

Pocock, J. (1975). *The Machiavellian Moment: Florentine Political Theory and the Atlantic Republican Tradition*. Princeton University Press.

Pogge, T. (1990). *Realizing Rawls*. Ithaca, NY, Cornell University Press.

Polybius (1954). *The Histories*. Cambridge, MA, Harvard University Press.

Prentice, D. A. and D. T. Miller (1993). 'Pluralistic Ignorance and Alcohol Use on Campus'. *Journal of Personality and Social Psychology* 64:243 - 256.

Price, R. (1991). *Political Writings*. Cambridge University Press.

Priestley, J. (1993). *Political Writings*. Cambridge University Press.

Przeworski, A. (1999). 'A Minimalist Conception of Democracy: A Defense' in *Democracy's Value*, ed. C. Hacker-Cordon and I. Shapiro. Cambridge University Press.

Quiggin, J. (2011). *Zombie Economics: How Dead Ideas Still Walk Among Us*. Princeton University Press.

Raab, F. (1965). *The English Face of Machiavelli: A Changing Interpretation 1500—1700*. London, Routledge.

Raventos, D. (2007). *Basic Income: The Material Conditions of Freedom*. London, Pluto Press.

Rawls, J. (1955). 'Two Concepts of Rules'. *Philosophical Review* 64:3 - 32.

(1971). *A Theory of Justice*. Oxford University Press.

(1993). *Political Liberalism*. New York, Columbia University Press.

(1995). 'Political Liberalism: Reply to Habermas'. *Journal of Philosophy* 92:132 – 180.

(1999). *The Law of Peoples*. Cambridge, MA, Harvard University Press.

(2001). *Justice as Fairness: A Restatement*. Cambridge, MA, Harvard University Press.

Raz, J. (1986). *The Morality of Freedom*. Oxford University Press.

Rehfield, A. (2005). *The Concept of Constituency: Political Representation, Democratic Legitimacy, and Institutional Design*. Cambridge University Press.

(2006). 'Towards a General Theory of Political Representation'. *Journal of Politics* 68:1 – 21.

Reid, J. P. (1988). *The Concept of Liberty in the Age of the American Revolution*. Chicago University Press.

Reidy, D. (2007). 'Reciprocity and Reasonable Disagreement: From Liberal to Democratic Legitimacy'. *Philosophical Studies* 132:243 – 291.

Richardson, H. (2002). *Democratic Autonomy*. New York, Oxford University Press.

Richter, M. (1977). *The Political Theory of Montesquieu*. Cambridge University Press.

Riker, W. (1982). *Liberalism against Populism*. San Francisco, W. H. Freeman and Co.

Ripstein, A. (2009). *Force and Freedom: Kant's Legal and Political Philosophy*. Cambridge, MA, Harvard University Press.

Risse, M. (2004). 'Arguing for Majority Rule'. *Journal of Political Philosophy* 12:41 – 64.

Robbins, C. (1959). *The Eighteenth Century Commonwealthman*. Cambridge, MA, Harvard University Press.

Robert, H. M., H. M. Robert, III, D. H. Honemann, T. J. Balch, D. E. Seabold and S. Gerber (2011). *Robert's Rules of Order Newly Revised*, 11th edn. Cambridge, MA, Da Capo Press.

Roemer, J. (1998). *Equality of Opportunity*. Cambridge, MA, Harvard University Press.

Rosanvallon, P. (2006). *Democracy, Past and Future*. New York, Columbia University Press.

Rousseau, J. J. (1997). *Rousseau: 'The Social Contract' and Other Later Political Writings*, trans. Victor Gourevitch. Cambridge University Press.

Rubenfeld, J. (2001). *Freedom and Time: A Theory of Constitutional Self-Government*. New Haven, CT, Yale University Press.

Ryan, M. (1999). 'Bartolus of Sassoferrato and Free Cities'. *Transactions of the Royal Historical Society* 6:65 - 89.

Ryle, G. (1949). *The Concept of Mind*. University of Chicago Press.

Sandel, M. (1996). *Democracy's Discontent: America in Search of a Public Philosophy*. Cambridge, MA, Harvard University Press.

Sanyal, S. (forthcoming). 'A Defence of Democratic Egalitarianism'.

Scanlon, T. M. (1998). *What We Owe to Each Other*. Cambridge, MA, Harvard University Press.

Scheffler, S. (2005). 'Choice, Circumstance and the Value of Equality', *Politics, Philosophy and Economics* 4:5 - 28.

Schmidtz, D. and J. Brennan (2010). *A Brief History of Liberty*. Oxford, Wiley-Blackwell.

Schmitt, C. (2005). *Political Theology: Four Chapters on the Concept of Sovereignty*. Chicago University Press.

Schumpeter, J. A. (1984). *Capitalism, Socialism and Democracy*. New York, Harper Torchbooks.

Schwartzberg, M. (2007). *Democracy and Legal Change*. Cambridge University Press.

Searle, J. (1995). *The Construction of Social Reality*. New York, Free Press.

Sellers, M. N. S. (1995). *American Republicanism: Roman Ideology in the United States Constitution*. New York University Press.

Sen, A. (1970). 'The Impossibility of a Paretian Liberal'. *Journal of Political Economy* 78:152 - 157.

(1983a). 'Liberty and Social Choice'. *Journal of Philosophy* 80:18 - 20.

(1983b). 'Poor, Relatively Speaking'. *Oxford Economic Papers* 35: 153 - 168.

(1985). *Commodities and Capabilities*. Amsterdam, North-Holland.

(2002). *Rationality and Freedom*. Cambridge, MA, Harvard University Press.

(2009). *The Idea of Justice*. Cambridge, MA, Harvard University Press.

Shapiro, I. (2003). *The State of Democratic Theory*. Princeton University Press.

Shapiro, S. (2011). *Legality*. Cambridge, MA, Harvard University Press.

Sharp, A., ed. (1998). *The English Levellers*. Cambridge University Press.

Shiffrin, S. (2000). 'Paternalism, Unconscionability Doctrine, and Accommodation'. *Philosophy and Public Affairs* 29:205-250.

Sidney, A. (1990). *Discourses Concerning Government*. Indianapolis, Liberty Classics.

Sieyes, E. J. (2003). *Political Writings*. Indianapolis, Hackett.

Simmons, A. J. (1976). 'Tacit Consent and Political Obligation'. *Philosophy and Public Affairs* 5(3):274-291.

(1979). *Moral Principles and Political Obligations*. Princeton University Press.

(1999). 'Justification and Legitimacy'. *Ethics* 109:739-771.

Sintomer, Y. (2007). *Le Pouvoir au Peuple: Jurys citoyens, tirage au sort et democratie participative*. Paris, Edition la Decouverte.

Skinner, Q. (1974). 'The Principles and Practice of Opposition: The Case of Bolingbroke versus Walpole' in *Historical Perspectives: Studies in English Thought and Society in Honour of J. H. Plumb*, ed. N. McKendrick. London, Europa Publications.

(1978). *The Foundations of Modern Political Thought*. Cambridge University Press.

(1996). *Reason and Rhetoric in the Philosophy of Hobbes*. Cambridge University Press.

(1998). *Liberty Before Liberalism*. Cambridge University Press.

(2005). 'Hobbes on Representation'. *European Journal of Philosophy* 13:155-184.

(2008a). 'Freedom as the Absence of Arbitrary Power' in *Republicanism and Political Theory*, ed. J. Maynor and C. Laborde. Oxford, Blackwell.

(2008b). *Hobbes and Republican Liberty*. Cambridge University Press.

(2009). 'A Genealogy of the Modern State'. *Proceedings of the British Academy* 162:325-370.

Slaughter, S. (2005). *Liberty beyond Neo-Liberalism: A Republican Critique of Liberal Government in a Globalising Age*. London, Macmillan Palgrave.

Smith, A. (1976). *An Inquiry into the Nature and Causes of the Wealth of Nations*. Oxford University Press.

(1982). *The Theory of the Moral Sentiments*. Indianapolis, Liberty Classics.

Smith, M. (1994). *The Moral Problem*. Oxford, Blackwell.

Sober, E. and D. S. Wilson (1998). *Unto Others: The Evolution and*

Psychology of Unselfish Behavior. Cambridge, MA, Harvard University Press.

Sosa, E. (2007). *A Virtue Epistemology*. Oxford University Press.

Spitz, J.-F. (1995). *La Liberte Politique*. Paris, Presses Universitaires de France.

Steiner, H. (1994). *An Essay on Rights*. Oxford, Blackwell.

Stewart, A. T. Q. (1993). *A Deeper Silence: The Hidden Roots of the United Irish Movement*. London, Faber.

Stilz, A. (2009). *Liberal Loyalty: Freedom, Obligation, and the State*. Princeton University Press.

Stout, J. (2004). *Democracy and Tradition*. Princeton University Press.

Strauss, L. (2000). *On Tyranny*. Chicago University Press.

Strawson, P. (1962). *Freedom and Resentment and Other Essays*. London, Methuen.

Sugden, R. (1998). 'The Metric of Opportunity'. *Economics and Philosophy* 14:307 - 337.

Sunstein, C. R. (2009). *Republic. com 2. 0*. Princeton University Press.

Talisse, R. B. (2007). *A Pragmatist Philosophy of Democracy*. London, Routledge.

(2009). *Democracy and Moral Conflict*. Princeton University Press.

Tan, K.-C. (2008). 'A Defense of Luck Egalitarianism'. *Journal of Philosophy* 105:665 - 690.

Taylor, C. (1985a). *Philosophy and the Human Sciences*. Cambridge University Press.

(1985b). *Philosophy and the Human Sciences: Philosophical Papers 2*. Cambridge University Press.

Temkin, L. (1996). *Inequality*. Oxford University Press.

Thaler, R. and C. Sunstein (2008). *Nudge: Improving Decisions about Health, Wealth and Happiness*. London, Penguin Books.

Tilly, C. (1975). 'Reflections on the History of European State-Making' in*The Formation of National States in Western Europe*, ed. C. Tilly. Princeton University Press.

(2007). *Democracy*. Cambridge University Press.

Tomasi, J. (2012). *Free Market Fairness*. Princeton University Press.

Trenchard, J. and T. Gordon (1971). *Cato's Letters*. New York, Da Capo.

Tuck, R. (2006). 'Hobbes and Democracy' in *Rethinking the Foundations of Modern Political Thought*, ed. A. S. Brett and J. Tully. Cambridge University Press.

(2008). *Free Riding*. Cambridge, MA, Harvard University Press.

Tully, J. (2009). *Public Philosophy in a New Key*. Cambridge University Press, vols. i and ii.

Tuomela, R. (1995). *The Importance of Us*. Stanford University Press.

Tyler, T. R. (1990). *Why People Obey the Law*. New Haven, Yale University Press.

Urbinati, N. (2006). *Representative Democracy: Principles and Genealogy*. University of Chicago Press.

Vallentyne, P. and H. Steiner, eds. (2000a). *Left-Libertarianism and its Critics*. New York, Palgrave.

(2000b). *The Origins of Left-Libertarianism*. New York, Palgrave.

Van der Rijt, J.-W. (2012). *The Importance of Assent: A Theory of Coercion and Dignity*. New York, Springer.

Van Gelderen, M. and Q. Skinner (2002). *Republicanism: A Shared European Heritage*, 2 vols., Cambridge University Press.

Van Parijs, P. (1995). *Real Freedom for All*. Oxford University Press.

Vatter, M. (2011). 'Natural Right and States of Exception in Leo Strauss' in *Crediting God: Sovereignty and Religion in the Age of Global Capitalism*, ed. M. Vatter. New York, Fordham University Press.

Vieira, M. B. and D. Runciman (2008). *Representation*. Cambridge, Polity Press.

Vile, M. J. C. (1967). *Constitutionalism and the Separation of Powers*. Oxford University Press.

Viroli, M. (1995). *For Love of Country*. Oxford University Press.

(2002). *Republicanism*. New York, Hill and Wang.

Waldron, J. (1999a). *The Dignity of Legislation*. Cambridge University Press.

(1999b). *Law and Disagreement*. Oxford University Press.

(2006). 'The Core of the Case Against Judicial Review'. *Yale Law Journal* 115:1346 - 1406.

(2007). 'Pettit's Molecule' in *Common Minds: Themes from the Philosophy of Philip Pettit*, ed. G. Brennan, R. E. Goodin, F. Jackson and M. Smith. Oxford University Press, pp. 143 - 160.

Waley, D. (1988). *The Italian City-Republics*, 3rd edn. London, Longman.

Walzer, M. (1981). 'Philosophy and Democracy'. *Political Theory* 9:379 - 399.

(1983). *Spheres of Justice*. Oxford, Martin Robertson.

Warren, M. E. (2011). 'Voting with Your Feet: Exit-based Empowerment in Democratic Theory'. *American Political Science Review* 105:683 - 701.

Warren, M. E. and H. Pearse, eds. (2008). *Designing Deliberative Democracy*. Cambridge University Press.

Watson, A. (1985). *The Digest of Justinian*, Four Volumes. Philadelphia, University of Pennsylvania Press.

Watson, G. (2003). 'Free Agency' in *Free Will*, 2nd edn, ed. G. Watson. Oxford University Press.

(2005). *Agency and Answerability: Selected Essays*. Oxford University Press.

Weber, M. (1947). *The Theory of Social and Economic Organization*. London, William Hodge.

Weingast, B. (1997). 'The Political Foundations of Democracy and the Rule of Law'. *American Political Science Review* 91:245 - 263.

Weinstock, D. and C. Nadeau, eds. (2004). *Republicanism: History, Theory and Practice*. London, Frank Cass.

White, S. and D. Leighton, eds. (2008). *Building a Citizen Society: The Emerging Politics of Republican Democracy*. London, Lawrence and Wishart.

Whitehead, A. N. (1997). *Science and the Modern World*. New York, Simon and Schuster.

Williams, B. (2005). *In the Beginning was the Deed: Realism and Moralism in Political Argument*. Princeton University Press.

Williamson, T. (2000). *Knowledge and its Limits*. Oxford University Press.

Winch, D. (1978). *Adam Smith's Politics: An Essay in Historiographic Revision*. Cambridge University Press.

Winch, P. (1963). *The Idea of a Social Science and Its Relation to Philosophy*. London, Routledge.

Wirszubski, C. (1968). *Libertas as a Political Ideal at Rome*. Oxford University Press.

Wolf, S. (2010). *Meaning in Life and Why it Matters*. Princeton University Press.

Woolf, C. N. S. (1913). *Bartolus of Sassoferrato*. Cambridge University Press.

Young, I. (1990). *Justice and the Politics of Difference*. Princeton University Press.

(2000). *Inclusion and Democracy*. Oxford University Press.

Zucca, L. (2007). *Constitutional Dilemmas: Conflicts of Fundamental Legal Rights in Europe and the USA*. Oxford University Press.

人名索引

（条目后面的数字为原书页码，见本书边码）

名词索引

（条目后面的数字为原书页码，见本书边码）